21世纪经济管理类精品教材

（第**2**版）

# 注册会计师审计经典案例教程

颜晓燕　朱清贞　陈福庭／编著

*Auditing Cases of Certified*

*Public Accounting*

清华大学出版社
北京

# 内 容 简 介

本书以注册会计师审计为主线，按照通用审计教材体系编写，分为注册会计师职业、审计业务的承接、风险评估与计划审计工作、销售与收款循环审计、采购与付款循环审计、生产与存货循环审计、筹资与投资循环审计、货币资金审计、特殊项目审计、终结审计与审计报告十章，共二十个案例。

本书体例新颖，以案例分析为主导，在引导学生简要回顾相关知识点之后，自然地引出相关案例，并进行探讨、分析和点评，真正贯彻了"知识从案例中来，应用到实践中去"的思想，是一本真正意义上的审计案例教程。全书共援引了二十个经典案例，每个案例均由案情、评析、思考与讨论、参考文献四部分组成，思路清晰，分析到位，且与知识点密切相关，力求理论与实践的更好统一。

本书既可以作为独立的审计案例教材，又可以与其他审计教材配合使用，适合普通高等院校会计学、财务管理、审计学等经济管理类相关专业在校本科生用作教材，同时也适于从事会计和审计相关工作的业内人士阅读参考。

**图书在版编目（CIP）数据**

注册会计师审计经典案例教程 / 颜晓燕，朱清贞，陈福庭编著. —2 版. —北京：清华大学出版社，2017 (2024.10重印)

（21 世纪经济管理类精品教材）

ISBN 978-7-302-47416-6

Ⅰ.①注⋯　Ⅱ.①颜⋯　②朱⋯　③陈⋯　Ⅲ.①注册会计师－审计－案例－中国－高等学校－教材　Ⅳ.①F239.22

中国版本图书馆 CIP 数据核字（2017）第 127101 号

责任编辑：杜春杰
封面设计：康飞龙
版式设计：楠竹文化
责任校对：何士如
责任印制：杨　艳

出版发行：清华大学出版社
　　　　　网　　址：https://www.tup.com.cn, https://www.wqxuetang.com
　　　　　地　　址：北京清华大学学研大厦 A 座　　邮　　编：100084
　　　　　社 总 机：010-83470000　　　　　　　　邮　　购：010-62786544
　　　　　投稿与读者服务：010-62776969，c-service@tup.tsinghua.edu.cn
　　　　　质 量 反 馈：010-62772015，zhiliang@tup.tsinghua.edu.cn
印 装 者：三河市君旺印务有限公司
经　　销：全国新华书店
开　　本：185mm×230mm　　印　　张：17.75　　字　　数：394 千字
版　　次：2010 年 4 月第 1 版　2017年6月第2版　印　　次：2024 年10月第 7 次印刷
定　　价：46.80元

产品编号：050461-02

# 第 2 版前言

《注册会计师审计经典案例教程》自 2010 年问世以来，受到教师和学生们的好评。六年来，随着审计环境的变化和实践的发展，审计准则及其指南、审计实务、企业内部控制规范等均进行了调整。鉴于对内容时效性的考虑，根据教学实践和审计准则的最新变化情况，我们对第 1 版教材进行了修订：（1）调整了教材体系，以注册会计师承接审计业务为主线进行编写；（2）更换了全部十六个案例，并增加了四个，共二十个案例。所有案例均来自公开的审计案例。

第 2 版共设置了十章，分别为注册会计师职业、审计业务的承接、风险评估与计划审计工作、销售与收款循环审计、采购与付款循环审计、生产与存货循环审计、筹资与投资循环审计、货币资金审计、特殊项目审计、终结审计与审计报告等内容，每章两个案例。

本书由江西师范大学财政金融学院颜晓燕、朱清贞和东华理工大学的陈福庭编著，江西农业大学经管学院的肖小玮也参与了第 2 版的改版编写工作，江西师范大学财政金融学院 2015 级会计专业硕士研究生周珊、蒋少颜、齐羚、刘章辉、胡涛、邓泽军、肖文负责资料收集和参与初稿撰写。

书中可能存在不足与不当之处，敬请专家和读者批评指正。

编　者
2017 年 1 月

# 第 1 版前言

目前世界各国已经比较倾向于这样一种认识，即学历会计教育的目的不是训练学生毕业时就成为一个专业人员，不是授之以鱼，而是授之以渔，注重对他们未来成为一个专业人员应有的素质的培养，也就是要使学生具有作为一名专业会计人员所应具备的学习能力和创新能力，要使其保持终生学习的态度，终生从事学习。

审计学是会计学及相关专业的核心课程之一。但是审计学的教学中却一直存在着老师难教、学生难学的问题。如何提高审计学的教学效果，培养学生认识和解决实际问题的能力，改进审计学的教学方式至关重要。我们认为，将长期被割裂的案例教学法和实践教学法有机地组合起来，在实践中组织案例教学，在案例教学中结合实践内容，可能是审计学教学的最佳模式。

由于审计学科的特殊性，许多审计资料因保密原因而很难取得相关资料，因此造成市场上的审计案例范围窄、年代久远，与新企业会计准则和环境存在很大差异，现实感差，在实际教学中难以营造亲临现场的氛围，也起不到以点带面、一叶知秋的作用：有的案例选择不符合教学要求和规律，所列问题过于简单直白，不能引发学生分析兴趣和深入思考；有的则不加分析地直接采用国外的案例，然而国外的法律制度、税收制度以及公司形式、商业环境、会计制度与我国有着很大的差别，"拿来主义"难免会出现资料或分析结论与我们的日常经验不符，或者由于对其商业环境缺乏了解得出一些不合实际的推断结论。

因此，作者不揣浅陋，大胆尝试，多方收集资料，力争编写一本适合我国审计教学环境的审计案例教材。

与其他审计学教材相比，本书具有以下特点。

1. 全面性。本书所选案例，以注册会计师审计为主线，囊括了企业财务报表审计的绝大部分内容和其他法定审计的部分内容。

2. 真实性。本书的案例均来自公开的审计案例，既有国外的经典案例，也有国内的鲜活案例。

3. 适用性。本书的每一个案例都由案情、评析、思考与讨论、参考文献四部分组成，思路清晰，分析到位，且与知识点密切相关。

本书由江西师范大学财政金融学院的颜晓燕、朱清贞和东华理工大学的陈福庭编著。朱清贞编写了第一篇；陈福庭编写了第二篇的第五章、第四篇和第五篇；颜晓燕编写了第二篇的第六~第八章和第三篇。

由于编者才疏学浅，虽倾力投入，不足之处仍在所难免，恳请各位读者不吝赐教。

编　者
2010 年 1 月

# 目　录

# 第一章 注册会计师职业

📖 **学习目标**

- 了解注册会计师审计的基本概念
- 掌握注册会计师职业道德基本原则
- 熟悉注册会计师职业道德如何运用
- 掌握会计师事务所业务质量控制的准则
- 了解注册会计师的法律责任

在我国，民间审计作为一项职业，在接受审计业务委托时，它的专业职责究竟是什么？这是审计理论界和实务界以及社会各界颇为关注而又颇具争议的问题。引起职责不明确及争论的原因，主要是对某些审计问题在理论上尚未阐明，以及法律不够完善。例如，在审计理论中，审计目标究竟是什么？审计在执行业务过程中究竟应遵循什么样的行为规范？审计究竟应对谁负责？如此等等，由于对诸如此类的问题都还未有较为明确的理论解释，或者说虽然有，但其含义仍不十分明确，因而造成对审计职业责任判断的困难。

为了规范中国注册会计师职业行为，提高职业道德水准，维护职业形象，中国注册会计师协会制定了《中国注册会计师职业道德守则》，它规定了中国注册会计师职业道德的基本原则。中国注册会计师应当遵守职业道德基本原则，解决职业道德问题。

本章的知识框架包括四部分内容：一是注册会计师审计的基本概念；二是注册会计师职业道德的基本原则；三是会计师事务所质量控制的准则；四是注册会计师的法律责任概述。本章用"利安达和新大地"两个审计案例具体分析注册会计师职业。

## 一、注册会计师审计的基本概念

### （一）审计的概念

审计经过不断地完善和发展，至今已经形成为一套比较完备的科学体系。人们对审计的概念也进行了深入的研究，最具代表性的是美国会计学会（AAA）在其颁布《基本审计概念说明》的公告中，把审计概念描述为："为了确定关于经济行为及经济现象的结论和所制定的标准之间的一致程度，而对与这种结论有关的证据进行客观收集、评定，并将结果传达给利害关系人的有系统的过程。"

《中国注册会计师审计准则第 1101 号——财务报表审计的目标和一般原则》对审计

概念描述为："财务报表审计的目标是注册会计师通过执行审计工作，对财务报表的下列方面发表审计意见：（1）财务报表是否按照适用的会计准则和相关会计制度的规定编制；（2）财务报表是否在所有重大方面公允反映被审计单位的财务状况、经营成果和现金流量。"

财务报表审计是注册会计师的传统核心业务。财务报表审计是注册会计师对财务报表是否不存在重大错报提供合理保证，以积极方式提出意见，增强除管理层之外的预期使用者对财务报表信赖的程度。

（二）审计的类别

审计可以从不同的角度加以考察，从而做出不同的分类。以下按目的和内容的不同，对审计类别进行介绍。

1. 财务报表审计

财务报表审计的目标是注册会计师通过执行审计工作，对财务报表是否按照规定的标准编制发表审计意见。通常包括资产负债表、利润表、现金流量表、所有者权益（或股东权益）变动表以及财务报表附注。

2. 经营审计

经营审计是注册会计师为了评价被审计单位经营活动的效果和效率，而对其经营程序和方法进行的评价。在某种意义上，经营审计更像是管理咨询。

3. 合规性审计

合规性审计的目的是确定被审计单位是否遵循了特定的程序、规则或条例。合规性审计的结果通常报送被审计单位管理层或外部特定使用者。

（三）审计的方法

一百多年来，虽然审计的根本目标没有发生重大变化，但审计环境却发生了很大的变化。注册会计师为了实现审计目标，一直随着审计环境的变化调整着审计方法。

1. 账项基础审计

在审计发展的早期（19 世纪以前），由于企业组织结构简单，业务性质单一，注册会计师审计的重心在资产负债表，旨在发现和防止错误与舞弊，审计方法是详细审计。详细审计又称账项基础审计，由于早期获取审计证据的方法比较简单，注册会计师将大部分精力投向会计凭证和账簿的详细检查。根据有关文献记载，当时的注册会计师在整个审计过程中约 3/4 的时间花费在合计和过账上。从方法论的角度上讲，这种审计方法就是账项基础审计方法（accounting number-based audit approach）。

2. 制度基础审计

19 世纪即将结束时，会计和审计步入了快速发展时期。注册会计师审计的重点从检查受托责任人对资产的有效使用转向检查企业的资产负债表和利润表，判断企业的财务状况、经营成果是否真实和公允。为了进一步提高审计效率，注册会计师将审计的视角转向企业的管理制度，特别是会计信息赖以生成的内部控制，从而将内部控制与抽样审计结合起来。

从 20 世纪 50 年代起，以控制测试为基础的抽样审计在西方国家得到广泛应用，从方法论的角度上讲，该种方法称作制度基础审计方法（system-based audit approach）。

3. 风险导向审计

由于审计风险受到企业固有风险因素的影响，又受到内部控制风险因素的影响，即账户余额或各类交易存在错报，内部控制未能防止、发现或纠正的风险。此外，还受到注册会计师实施审计程序未能发现账户余额或各类交易存在错报风险的影响，职业界很快开发出了审计风险模型。审计风险模型的出现，从理论上解决了注册会计师以制度为基础采用抽样审计的随意性，又解决了审计资源的分配问题，要求注册会计师将审计资源分配到最容易导致财务报表出现重大错报的领域。从方法论的角度，注册会计师以审计风险模型为基础进行的审计，称为风险导向审计方法（risk-oriented audit approach）。

## 二、注册会计师职业道德基本原则

注册会计师为实现执业目标，必须遵守一系列前提或基本原则。与职业道德有关的基本原则包括诚信、独立性、客观和公正、专业胜任能力和应有的关注、保密、良好的职业行为。

### （一）诚信

诚信，是指诚实、守信。也就是说，一个人的言行与内心思想一致，不虚假；能够履行与别人的约定而取得对方的信任。诚信原则要求注册会计师应当在所有的职业关系和商业关系中保持正直和诚实，秉公处事、实事求是。

注册会计师如果认为业务报告、申报资料或其他信息存在下列问题，则不得与这些有问题的信息发生牵连。

（1）含有严重虚假或误导性的陈述。

（2）含有缺乏充分依据的陈述或信息。

（3）存在遗漏或含糊其辞的信息。

### （二）独立性

独立性，是指不受外来力量控制、支配，按照一定之规行事。独立性原则通常是对注册会计师不是非职业会员提出的要求。在执行鉴证业务时，注册会计师必须保持独立性。在市场经济条件下，投资者主要依赖财务报表判断投资风险，在投资机会中做出选择。如果注册会计师不能与客户保持独立性，而是存在经济利益、关联关系，或屈从于外界压力，就很难取信于社会公众。注册会计师的独立性包括两个方面——实质上的独立和形式上的独立。注册会计师执行审计和审阅业务以及其他鉴证业务时，应当从实质上和形式上保持独立性，不得因任何利害关系影响其客观性。

会计师事务所在承办审计和审阅业务以及其他鉴证业务时，应当从整体层面和具体业务层面采取措施，以保持会计师事务所和项目组的独立性。

### （三）客观和公正

客观，是指按照事物的本来面目去考察，不添加个人的偏见。公正，是指公平、正直、不偏袒。客观和公正原则要求注册会计师应当公正处事、实事求是，不得由于偏见、利益冲突或他人的不当影响而损害自己的职业判断。如果存在导致职业判断出现偏差，或对职业判断产生不当影响的情形，注册会计师不得提供相关专业服务。

### （四）专业胜任能力和应有的关注

专业胜任能力和应有的关注原则要求注册会计师通过教育、培训和执业实践获取和保持专业胜任能力。注册会计师应当持续了解并掌握当前法律、技术和实务的发展变化，将专业知识和技能始终保持在应有的水平，确保为客户提供具有专业水准的服务。

注册会计师作为专业人士，在许多方面都要履行相应的责任，保持和提高专业胜任就是其中的重要内容。专业胜任能力，是指注册会计师具有专业知识、技能和经验，能够经济、有效地完成客户委托的业务。

注册会计师在应用专业知识和技能时，应当合理运用职业判断。专业胜任能力可分为两个阶段：（1）专业胜任能力的获取；（2）专业胜任能力的保持。注册会计师应当持续了解和掌握相关的专业技术和业务的发展，以保持专业胜任能力。持续职业发展能够使注册会计师发展和保持专业胜任能力，使其能够胜任特定业务环境中的工作。

应有的关注，要求注册会计师遵守执业准则和职业道德规范要求，勤勉尽责，认真、全面、及时地完成工作任务。在审计过程中，注册会计师应当保持职业怀疑态度，运用专业知识、技能和经验，获取和评价审计证据。同时，注册会计师应当采取措施以确保在其授权下工作的人员得到适当的培训和督导。在适当情况下，注册会计师应当使客户、工作单位和专业服务以及业务报告的其他使用者了解专业服务的固有局限性。

### （五）保密

注册会计师能否与客户保持正常的关系，有赖于双方能否自愿而又充分地进行沟通和交流，不掩盖任何重要的事实和情况。只有这样，注册会计师才能有效地完成工作。注册会计师与客户的沟通，必须建立在为客户信息保密的基础上。这里所说的客户信息，通常是指涉密信息。一旦涉密信息被泄露或被利用，往往会给客户造成损失。因此，许多国家规定，在会计师事务所工作的注册会计师，在没有取得客户同意的情况下，不能泄露任何客户的涉密信息。

保密原则要求注册会计师应当对在职业活动中获知的涉密信息予以保密，不得有下列行为。

（1）未经客户授权或法律法规允许，向会计师事务所以外的第三方披露其所获知的涉密信息。

（2）利用所获知的涉密信息为自己或第三方牟取利益。

注册会计师在下列情况下可以披露涉密信息。

（1）法律法规允许披露，并且取得客户或工作单位的授权。

（2）根据法律法规的要求，为法律诉讼、仲裁准备文件或提供证据，以及向有关监管机构报告发现的违法行为。

（3）法律法规允许的情况下，在法律诉讼、仲裁中维护自己的合法权益。

（4）接受注册会计师协会或监管机构的执业质量检查，答复其询问和调查。

（5）法律法规、执业准则和职业道德规范规定的其他情形。

（六）良好的职业行为

注册会计师应当遵守相关法律法规，避免发生任何损害职业声誉的行为。

注册会计师在向公众传递信息以及推介自己和工作时，应当客观、真实、得体，不得损害职业形象。

注册会计师应当诚实、实事求是，不得有下列行为。

（1）夸大宣传提供的服务、拥有的资质或获得的经验。

（2）贬低或无根据地比较其他注册会计师的工作。

## 三、会计师事务所质量控制准则

（一）质量控制制度的目标

会计师事务所应当根据会计师事务所质量控制准则，制定质量控制制度，以合理保证业务质量。质量控制制度的目标主要在以下两个方面提出合理保证。

（1）会计师事务所及其人员遵守职业准则和适用的法律法规的规定。

（2）会计师事务所和项目合伙人出具适合具体情况的报告。

项目合伙人，是指会计师事务所中负责某项业务及其执行，并代表会计师事务所在出具的报告上签字的合伙人。

（二）质量控制制度的要素

会计师事务所的质量控制制度应当包括针对下列要素而制定的政策和程序。

（1）对业务质量承担的领导责任。

（2）相关职业道德要求。

（3）客户关系和具体业务的接受与保持。

（4）人力资源。

（5）业务执行。

（6）业务工作底稿。

（7）监控。

（8）记录。

会计师事务所应当将质量控制政策和程序形成书面文件，并传达到全体人员。在记录和传达时，应清楚地描述质量控制政策和程序及其拟实现的目标，包括用适当信息指明每个人都负有各自的质量责任，并被期望遵守这些政策和程序。

## （三）对业务质量承担的领导责任

会计师事务所内部重视质量的文化氛围，为会计师事务所质量控制设定了较好的基调，将对制定和实施质量控制制度产生广泛和积极的影响。明确质量控制制度的最终责任人，也对会计师事务所的业务质量控制起着决定作用。为此，会计师事务所应当制定政策和程序，培育以质量为导向的内部文化。这些政策和程序应当要求会计师事务所主任会计师对质量控制制度承担最终责任，在制度上保证质量控制制度的地位和执行力，建立强有力的高层基调。

在审计实务中，会计师事务所需要建立与业务规模相匹配的质量控制部门，以具体落实各项质量控制措施。质量控制措施的实施，一部分可能由专职的质量控制人员执行，一部分可能是由业务人员或职能部门的人员执行。

## （四）相关职业道德要求

会计师事务所应当制定政策和程序，以合理保证会计师事务所及其人员遵守职业道德要求。

会计师事务所及其人员执行任何类型的业务，都应当遵守相关职业道德要求。这里所说的遵守相关职业道德要求，不仅包括遵守职业道德的基本原则，如诚信、独立性、客观和公正、专业胜任能力和应有的关注、保密、良好职业行为等，还包括遵守有关职业道德的具体规定。会计师事务所如不能合理保证相关职业道德要求得到遵守，就无法保证业务质量。

值得说明的是，执行鉴证业务还应当遵守独立性要求。

## （五）客户关系和具体业务的接受与保持

会计师事务所应当制定有关客户关系和具体业务接受与保持的政策和程序，以合理保证只有在下列情况下，才能接受或保持客户关系和具体业务。

（1）能够胜任该项业务，并具有执行该项业务必要的素质、时间和资源。

（2）能够遵守相关职业道德要求。

（3）已考虑客户的诚信，没有信息表明客户缺乏诚信。

在接受新客户的业务前，或者决定是否保持现有业务或考虑接受现有客户的新业务时，会计师事务所应当根据具体情况获取上述信息。

当识别出问题而又决定接受或保持客户关系或具体业务时，会计师事务所应当记录问题如何得到解决。

## （六）人力资源

会计师事务所应当制定政策和程序，合理保证拥有足够的具有必要素质和专业胜任能力并遵守职业道德规范的人员，以使会计师事务所和项目负责人能够按照法律法规、职业道德规范和业务准则的规定执行业务，并根据具体情况出具恰当的报告。

## （七）业务执行

业务执行是指会计师事务所委派项目组按照法律法规、职业道德规范和业务准则的规定具体执行所承接的某项业务，使会计师事务所和项目负责人能够根据具体情况出具恰当的报告。业务执行是编制和实施业务计划，形成和报告业务结果的总称。由于业务执行对业务质量有直接的重大影响，是业务质量控制的关键环节，因此，会计师事务所应当按照本准则的规定，要求项目负责人负责组织对业务执行实施指导、监督与复核。

会计师事务所应当制定政策和程序，以合理保证按照法律法规、职业道德规范和业务准则的规定执行业务，使会计师事务所和项目负责人能够根据具体情况出具恰当的报告。

（八）业务工作底稿

业务工作底稿的归档要求如下。

（1）遵守及时性原则。会计师事务所在出具业务报告后，及时将工作底稿归整为最终业务档案，不仅有利于保证业务工作底稿的安全完整性，还便于使用和检索业务工作底稿。为此，会计师事务所应当制定政策和程序，以使项目组在出具业务报告后及时将工作底稿归整为最终业务档案。

（2）确定适当的归档期限。在遵循及时性原则的前提下，会计师事务所应当根据业务的具体情况，确定适当的业务工作底稿归档期限。

由于鉴证业务的职业责任较大，而其工作底稿又对证明会计师事务所是否履行了规定责任起着关键性作用，因此，鉴证业务的工作底稿，包括历史财务信息审计和审阅业务、其他鉴证业务的工作底稿的归档期限为业务报告日后六十日内。

（3）针对客户同一财务信息执行不同业务时的归档要求。如果针对客户的同一财务信息执行不同的委托业务，出具两个或多个不同的报告，会计师事务所应当将其视为不同的业务，根据制定的政策和程序，在规定的归档期限内分别将业务工作底稿归整为最终业务档案。

（九）监控

监控质量控制制度的有效性，不断修订和完善质量控制制度，对于实现质量控制的两大目标也起着不可替代的作用。为此，会计师事务所应当制定监控政策和程序，以合理保证质量控制制度中的政策和程序是相关、适当的，并正在有效运行。这些监控政策和程序应当包括持续考虑和评价会计师事务所的质量控制制度，如定期选取已完成的业务进行检查。

（十）记录

记录质量控制情况，使执行监控程序的人员能够评价质量控制制度的遵守情况，对会计师事务所有着特殊的作用。为此，会计师事务所应当制定政策和程序，对质量控制制度各项要素的运行情况形成适当记录。

## 四、注册会计师的法律责任概述

（一）注册会计师法律责任的表现形式

注册会计师职业受到影响甚至受到阻碍或冲击的原因归结为以下几个方面：一是消费

者利益的保护主义兴起；二是有关审计保险论的运用；三是所有商业领域，注册会计师的参与日益增加。

1. 诉讼爆炸

近十年来，企业经营失败或者因管理层舞弊造成破产倒闭的事件剧增，投资者和贷款人蒙受重大损失，因而指控注册会计师未能及时揭示或报告这些问题，并要求其赔偿有关的损失。迫于社会的压力，许多国家的法院判决逐渐倾向于增加注册会计师在这些方面的法律责任。注册会计师法律责任不断扩大，履行责任的对象随之拓宽，这些都使得注册会计师很容易被指控为民事侵权，"诉讼爆炸"（litigation explosion）也由此产生。在目前的法律环境下，注册会计师职业引人关注的一个问题是，指控会计师事务所和注册会计师执业不当的诉讼案件和赔偿金额日益增多。

2. 保险危机

伴随着诉讼迅速增长的趋势，出现了另外一个重要的现象：职业过失保险赔付急剧增长，而保险赔付的增加又不可避免地导致保险费用的攀升。早期的司法制度倾向于限定注册会计师对第三方的法律责任，但自 20 世纪 70 年代末以来，不少法官已放弃上述判例原则，转而规定注册会计师对已知的第三方使用者或财务报表的特定用途必须承担法律责任。当注册会计师涉及民事侵权的案件时，诉讼带来的直接后果就是赔偿金额的持续上涨。这又导致注册会计师由于支付高额保险费用而引发提供的服务价格持续上涨。

**（二）注册会计师法律责任的成因**

合约、习惯法（已有法律判决案例的积累）以及成文法律，都要求注册会计师承担法律责任。法律责任的出现，经常是因为注册会计师在执业时没有保持应有的职业谨慎，并因此导致了对其他人权利的损害。应有的职业谨慎，指的是注册会计师应当具备足够的专业知识和业务能力，按照执业准则的要求执业。在职业谨慎方面出现问题就构成了过失。在习惯法下，注册会计师有责任履行对客户承担法律责任。如果因过失或违约而没有提供服务，或在工作中未能恪守应有的职业谨慎，则要对客户承担法律责任。此外，依据习惯法，在某些情况下，注册会计师可能要对客户以外的其他人承担责任，如对"已预见"将依赖财务报表的有限第三者承担责任。

从目前看，注册会计师涉及法律诉讼的数量和金额都呈上升趋势，除了法律因素外，还有以下原因。

（1）财务报表使用者对注册会计师的责任日趋了解。

（2）政府监管部门保护投资者的意识日益加强，监管措施日益完善，处罚力度日益增大。

（3）由于审计环境发生很大变化，企业规模扩大，业务全球化以及企业经营的错综复杂性，使会计业务更加复杂，审计风险变大。

（4）"深口袋"理论的盛行。社会日益赞同受害的一方向有能力提供赔偿的一方提起诉讼，而不论错在哪一方。

（5）注册会计师败诉的案例日益增多。民事法庭在审理起诉会计师事务所的案件中，会计师事务所败诉的案例日益增多。这便促使律师以或有收费为基础提供法律服务，无论是否有道理，都将会计师事务所作为起诉的对象。

（6）许多会计师事务所宁愿在庭外和解法律问题，以避免高昂的法律费用和公开的负面影响，而不愿通过司法程序来解决这些问题。

（7）法庭在理解专业性事项方面存在困难。

（三）对注册会计师责任的认定

**1. 违约**

所谓违约，是指合同的一方或几方未能达到合同条款的要求。当违约给他人造成损失时，注册会计师应负担违约责任。例如，会计师事务所在商定的时期内，未能提交纳税申报表，或违反了与被审计单位订立的保密协议等。

**2. 过失**

所谓过失，是指在一定条件下缺少应具有的合理的谨慎。评价注册会计师的过失，是以其他合格注册会计师在相同条件下可做到的谨慎为标准的。当过失给他人造成损害时，注册会计师应负过失责任。通常将过失按其程度不同分为普通过失和重大过失两种。

（1）普通过失。普通过失（也称"一般过失"）通常是指没有保持职业上应有的合理的谨慎。对注册会计师则是指没有完全遵循专业准则的要求。例如，未按特定审计项目取得必要和充分的审计证据就出具审计报告的情况，可视为一般过失。

（2）重大过失。重大过失是指连起码的职业谨慎都不保持，对重要的业务或事务不加考虑，满不在乎；对注册会计师而言，则是指根本没有遵循专业准则或没有按专业准则的基本要求执行审计。

另外，还有一种过失叫"共同过失"，即对他人过失，受害方自己未能保持合理的谨慎，因而蒙受损失。例如，被审计单位未能向注册会计师提供编制纳税申报表所必要的信息，反而又控告注册会计师未能妥当地编制纳税申报表，这种情况可能使法院判定被审计单位有共同过失。再如，在审计中未能发现现金等资产短少时，被审计单位可以过失为由控告注册会计师，而注册会计师又可以说现金等问题是由缺乏适当的内部控制造成的，并以此为由反击被审计单位的诉讼。

**3. 欺诈**

欺诈又称舞弊，是以欺骗或坑害他人为目的的一种故意的错误行为。作案具有不良动机是欺诈的重要特征，也是其与普通过失和重大过失的主要区别之一。对于注册会计师而言，欺诈就是为了达到欺骗他人的目的，明知委托单位的财务报表有重大错报，却加以虚伪的陈述，出具无保留意见的审计报告。

与欺诈相关的另一个概念是"推定欺诈"，又称"涉嫌欺诈"，是指虽无故意欺诈或坑害他人的动机，但却存在极端或异常的过失。推定欺诈和重大过失这两个概念的界限往往很难界定，在美国许多法院曾经将注册会计师的重大过失解释为推定欺诈，特别是近年来有些法院放宽了"欺诈"一词的范围，使得推定欺诈在法律上成为等效的概念。这样，具有重大过失的注册会计师的法律责任就进一步加大了。

4. 没有过失、普通过失、重大过失和欺诈的界定

注册会计师过失程度的大小没有特别严格的界定，在实务中也往往很难界定。前面提到了它们之间的主要区别，具体到每一个案例则由法院根据具体情况给予解释。

（四）注册会计师承担法律责任的种类

注册会计师因违约、过失或欺诈给被审计单位或其他利害关系人造成损失的，按照有关法律和规定，可能被判负行政责任、民事责任或刑事责任。这三种责任可单处，也可并处。行政处罚对注册会计师个人来说，包括警告、暂停执业、吊销注册会计师证书；对会计师事务所而言，包括警告、没收违法所得、罚款、暂停执业、撤销等。民事责任主要是指赔偿受害人损失。刑事责任主要是指按有关法律程序判处一定的徒刑。一般来说，因违约和过失可能使注册会计师负行政责任和民事责任，因欺诈可能会使注册会计师负民事责任和刑事责任。

# 案例一　利安达审计案例

## 案　情

### 一、案件的起因

2016年3月11日，财政部公告称，利安达会计师事务所（特殊普通合伙）（以下简称利安达）因在执行审计业务中未能勤勉尽责，财政部、证监会决定责令利安达自公告发布之日起暂停承接新的证券业务。

证监会的另一处处罚书显示，此次处罚源于利安达未恰当执行对赛迪传媒的审计程序，致使其未发现赛迪传媒资产和业绩的重大错报，为赛迪传媒2012年度财务报表出具了无保留意见的审计报告，发表了不恰当的审计意见。

财政部和证监会联合下发的《限期整改公告》显示，利安达还分别于2014年2月、2015年11月受到过两次行政处罚（中国证监会行政处罚决定书〔2014〕21号、〔2015〕67号），涉及项目情况依次为天丰节能IPO、华锐风电2011年度审计报告，且责令利安达改正，并被没收业务收入，对直接责任人罚款。

### 二、利安达会计师事务所简介

REANDA，中文简称利安达，在中国注册会计师协会注册的名称为利安达会计师事务所有限责任公司，为特殊普通合伙企业。利安达成立于1993年，注册资本为1 591万元人

民币，累计提取的职业风险金 2 300 多万元人民币，职业责任保险累计赔偿限额达到 1 亿元人民币。利安达在全国设有近 30 家分支机构，系具有相当规模的国内会计集团网络之一：2014 年，全国会计师事务所综合排名第 20 位，有 428 名注册会计师，事务所本身业务收入 41 346.01 万元；2015 年，全国会计师事务所综合排名第 22 位，注册会计师 514 人，事务所本身业务收入 47 851.19 万元。

利安达目前具有财政部和中国证监会批准的执行证券、期货相关业务审计资格、财政部和中国人民银行批准的从事金融审计相关业务资格、中国注册会计师协会和国务院国资委核准的承担大型及特大型国有企业审计资格、中国银行间市场交易商协会会员资格、北京市司法局批准的司法鉴定资格及在美国 PCAOB 和加拿大 CPAB 注册，具有为在美国和加拿大等北美国家证券市场上市的公司提供专业服务的资格。业务涉及审计、资产评估、金融、会计、工程造价、税务、财务、投融资及管理咨询等领域。

截至 2016 年 3 月 21 日，聘请利安达作为事务所的 A 股上市公司共有 16 家，在新三板上市公司中聘任利安达作为事务所的公司共计 129 家。从上述数据可以看出，新三板是利安达证券业务的重要领域。

**三、主要审计问题**

经证监会查明，利安达在对天丰节能、华锐风电、赛迪传媒实施审计过程中，存在以下违法事实。

（一）被审计单位：天丰节能

利安达及其注册会计师在审计天丰节能 IPO 和执行首次公开发行股票公司审计业务专项核查工作时未勤勉尽责，2013 年 2 月 17 日出具的审计报告和 2013 年 3 月 28 日出具的《利安达会计师事务所有限责任公司关于河南天丰节能板材科技股份有限公司落实〈关于做好首次公开发行股票公司 2012 年度财务报告专项检查工作的通知〉的自查报告》（以下简称《自查报告》）存在虚假记载。

（1）IPO 审计底稿中计划类工作底稿缺失或没有在计划中对评估出的重大错报风险做出恰当应对，没有设计进一步审计程序，没有对舞弊风险进行评估和计划应对。

利安达 IPO 审计底稿（2010 年）无计划类工作底稿，无总体审计策略、具体审计计划、重要性水平确定表等；无"风险评估汇总表"或其他风险评估底稿。

利安达 IPO 审计底稿（2011 年）无总体审计策略、具体审计计划；无"风险评估汇总表"或其他风险评估底稿。

利安达 IPO 审计底稿（2012 年）具体审计计划中将"评估的重大错报风险"索引至 C47，但未见该份底稿。2012 年"风险评估汇总表"中将销售收款循环评估为财务报表层次的重大错报风险、最高风险，并将对报表的影响描述为虚增营业收入和虚增应收账款；将固定资产循环评估为高风险，对报表的影响描述为虚增资产，涉及在建工程、固定资产科目。但总体应对措施仅描述为"控制测试及实质性测试"，也没有就认定层次重大错报风险设计进一步审计程序。

利安达 IPO 审计底稿（2010—2012 年）中没有舞弊风险评估的相关底稿。

（2）IPO 审计时应收账款函证过程未保持控制，对明显异常回函没有关注，替代程序未得到有效执行。

利安达 2010 年函证的 20 家应收账款客户中有 1 家为虚假客户（即天丰节能虚构的客户），10 家存在虚假销售（即天丰节能以该客户名义虚构销售），IPO 审计底稿中留存了此 11 家客户中 7 家的询证函回函。2010 年天丰节能虚增对上述 11 家客户的销售收入 1 079.61 万元，利润 390.49 万元，占当期利润总额的 13.47%。利安达 2012 年函证的 51 家应收账款客户中有 5 家为虚假客户，2 家存在虚假销售，IPO 审计底稿中留存了这 7 家客户的询证函回函。2012 年天丰节能虚增对上述客户的销售收入 495.64 万元，利润 165.15 万元，占当期利润总额的 2.33%。

（3）IPO 审计时银行账户函证程序缺失或未有效执行，银行账户函证范围存在遗漏，函证未保持控制，未回函的银行账户和异常的询证函回函未予追查，对获取的明显异常的银行对账单未予关注，也未采取进一步审计程序，未能发现天丰节能在建设银行新乡牧野支行开立的 41001557710050203102 账户 2011 年年末实际余额比账面余额少 3 000 万元的事实，以及天丰节能伪造银行询证函回函、伪造银行对账单的事实。

（4）对固定资产的审计程序未能有效执行，检查固定资产新增发生额时，未关注原始凭证异常情况，盘点时未关注大额进口设备及构件，未核对设备编号，检查付款凭证时没有关注合同异常，未能发现天丰节能虚增固定资产 2 581.3 万元。

（5）IPO 审计过程中，未有效执行关联方识别和披露的审计程序，未能发现天丰节能通过第三方公司隐瞒关联交易的事实。

利安达 2010 年 IPO 审计底稿中仅有关联方及关联方交易"审计程序表"，虽标有程序执行索引号，但未见相关底稿。2011 年 IPO 审计底稿中没有任何执行关联方审计程序的记录。2012 年 IPO 审计底稿没有执行其他实质性审计程序的记录，关联方关系及披露没有审计结论。

（6）自查时关联方核查程序未有效执行，对客户的走访流于形式，部分结论没有底稿支持。

自查底稿以及 IPO 审计底稿中均没有注册会计师核对天丰节能与河南天丰钢结构建设有限公司（以下简称天丰建设）等关联方的往来明细账、现金日记账、银行日记账的记录，也没有访谈上述关联方的记录。

自查底稿显示，走访重庆强捷钢结构有限公司（以下简称重庆强捷）没有访谈记录，底稿中仅取得一份"重庆强捷钢结构有限公司基本情况及财务数据"的说明，未加盖重庆强捷公章。该说明后附的明细清单为天丰节能对重庆强捷的往来明细账，会计师未对双方交易进行核查。同时，会计师未对天丰节能向安阳宏午商贸有限公司、安阳宏信达公司、自贡东方彩钢结构有限公司的销售金额与利安达 IPO 审计底稿中记录的差异进行核查。

自查底稿结论称"项目组核查关联方财务报告、成本、费用、营业外支出明细以及现金银行账款科目明细表、往来科目明细表",但自查底稿中未见关于上述情况的任何记录。

（二）被审计单位：华锐风电

2012 年 4 月 9 日，利安达作为华锐风电 2011 年年报审计机构，出具了标准无保留意见的审计报告（利安达审字〔2012〕第 1190 号）。华锐风电 2011 年年报审计项目的费用总额为 95 万元，利安达已收取。

1. 识别、评估舞弊风险因素存在缺陷

2011 年，受国家风电行业政策的较大影响，华锐风电整体业绩出现大幅下滑，未见会计师执行相关审计程序以获取相应审计证据的风险识别轨迹，会计师对"竞争激烈或市场饱和，且伴随着利润率的下降""客户需求大幅下降，所在行业或总体经济环境中经营失败的情况增多"的风险评估结果是"不存在"，其风险评估结果与当时企业所处的行业状况明显不符。

2. 了解、评价销售与收款循环内部控制设计和有效性测试存在缺陷

会计师没有根据企业自身特点，对确认销售收入的流程控制点，如客服部提供的项目日动态表、货到现场后设备验收单进行描述或测试。

3. 执行收入循环审计程序存在缺陷

（1）吊装单可靠性问题。华锐风电确认收入的关键证据即吊装单，会计师未对吊装单的可靠性进行合理判断。根据华锐风电 2011 年审计底稿，大部分吊装单仅有个人签字，而无业主方的盖章确认，会计师未对签字人员是否有权代表业主方签署吊装单进行有效验证；大部分吊装单未注明吊装日期，对于其吊装完成时点以及确认当期收入的合理性，会计师未予以充分关注。在吊装单存在上述严重不确定性的情况下，会计师未向公司索取项目日动态表、发货验收单等资料予以比对判断，未对吊装情况获取进一步的审计证据。

（2）集中确认及合同执行问题。虚增或提前确认收入项目中有部分项目合同执行情况异常，吊装单标注日期或收入确认时点为临近资产负债表日，公司存在资产负债表日前集中确认收入的情形。在审计底稿中未见会计师对上述情况的原因进行关注和分析，并追加必要的审计程序予以解决。

（3）发货单问题。根据华锐风电披露的确认收入的会计政策，"货到现场后双方已签署设备验收手续"是确认销售收入的依据之一，根据华锐风电 2011 年审计底稿，会计师未取得货物发运、验收手续相关证据，未能按照公司既定的会计政策履行相应的审计程序。

（4）函证问题。会计师在审计计划中将应收账款函证作为重点审计程序，会计师执行函证程序存在以下问题。

① 将甘肃华电玉门风力发电有限公司（218 544 000 元）、国华能源投资有限公司（165 652 300 元）、大唐（科右中旗）新能源有限公司（59 202 042.73 元）作为函证样本，但实际未发函。

② 函证金额不完整，未对应收账款余额中未开具发票但已确认销售收入部分金额进行函证。

③ 回函比例过低，回函确认金额占年末应收账余额比例仅为 17%。函证程序虽已执行，但未对应收账款余额、收入确认的真实性进行有效验证。

（5）替代测试问题。会计师称他们对应收账款开票部分通过函证程序加以确认，而对于未开票部分、未回函客户以及未函证的样本采取了替代测试，替代性测试中查看了吊装单、合同和项目回款，但其替代测试存在以下问题：未对部分未发函的函证样本进行替代测试。其替代性程序依赖的核心证据吊装单存在严重缺陷，在审计底稿中未见会计师对合同执行情况异常、无回款的项目予以关注和分析，并追加必要的审计程序予以解决。

（6）截止性测试问题。会计师在审计计划中将"进行期末截止性测试，结合公司的期后发生额，检查公司收入确认的完整性"作为收入应履行的重点审计程序。但会计师未有效执行截止性测试，没有对收入确认的关键依据吊装单进行有效验证，其对截止性样本选择的解释缺乏专业判断和应有的职业谨慎。

（三）被审计单位：北京赛迪传媒

2007 年 5 月，赛迪传媒主办刊物《和谐之旅》杂志获准在动车组列车上免费摆放。此后，铁道媒体业务逐步发展为赛迪传媒主营业务之一。2011 年度，由《和谐之旅》产生的业务收入占赛迪传媒经审计营业收入的 29.65%。2012 年 11 月 29 日，全国高铁列车杂志摆放权（以下简称摆放权）由免费上车方式变更为全国统一招标方式，中标企业须缴纳一定的渠道费用（据测算，赛迪传媒如中标则每年将额外支付约 2 450 万元渠道费用）。2013 年 1 月 17 日，赛迪传媒董事会审议通过赛迪传媒 2012 年年度报告，并于同日召开专题会议决定退出参与摆放权招标，安排铁道媒体业务善后事宜。作为对赛迪传媒 2012 年年度财务报表进行审计的会计师事务所，利安达在出具审计报告前知悉上述事项。

2012 年 12 月 20 日，北京中天华资产评估有限责任公司（以下简称中天华）对赛迪传媒 2012 年年末股东权益进行评估，为商誉减值测试工作提供价值参考依据。2013 年 1 月 6 日，在未考虑摆放权招标事项影响的情况下，中天华出具了关于商誉的资产评估咨询报告。利安达在审计赛迪传媒 2012 年年度财务报表时，主要利用该资产评估咨询报告，确认赛迪传媒 2012 年年末不需对商誉计提减值准备。

摆放权由免费上车方式变更为全国统一招标方式对赛迪传媒 2012 年年度财务报表产生重大影响，赛迪传媒决定退出参与摆放权招标属于资产负债表日后调整事项。审计过程中，利安达未恰当执行审计程序，致使其未发现赛迪传媒资产和业绩的重大错报，为赛迪传媒 2012 年度财务报表出具了无保留意见的审计报告，发表了不恰当的审计意见。

2013 年 10 月 28 日，赛迪传媒重新对商誉减值进行测试并追溯调整 2012 年年度报告，调减商誉 9 434.59 万元，调减无形资产 5 798.63 万元，共计调减资产 15 233.22 万元；调增资产减值损失 15 233.22 万元，净利润由盈利 114.93 万元调减为亏损 15 118.29 万元。

### 四、相关案件结果

（一）天丰节能

依据《证券法》第二百二十三条的规定，证监会决定：

（1）对利安达没收业务收入60万元，并处以120万元罚款。

（2）对天丰节能IPO审计报告利安达签字注册会计师黄程、温京辉给予警告，并分别处以10万元罚款；认定黄程、温京辉为证券市场禁入者，自宣布决定之日起，10年内不得在任何机构中从事证券业务或担任上市公司董事、监事或高级管理人员职务。

（3）对天丰节能IPO审计项目负责人汪国海给予警告，并处以8万元罚款。

（二）华锐风电

依据《证券法》第二百二十三条的规定，证监会决定：

（1）责令利安达改正，没收业务收入95万元，并处以95万元罚款。

（2）对华锐风电2011年年度审计报告签字注册会计师温京辉、王伟给予警告，并分别处以10万元罚款。

依据《证券法》第二百三十三条和《证券市场禁入规定》第五条的规定，证监会决定：

（1）对温京辉采取5年证券市场禁入措施，鉴于温京辉已被采取10年证券市场禁入措施（中国证监会市场禁入决定书〔2014〕6号），待该证券市场禁入期满后，追加实施5年证券市场禁入，在禁入期间内，不得从事证券业务或者担任上市公司董事、监事、高级管理人员职务。

（2）对王伟采取5年证券市场禁入措施，自宣布决定之日起，在禁入期间内，不得从事证券业务或者担任上市公司董事、监事、高级管理人员职务。

（三）北京赛迪传媒

依据《证券法》第二百二十三条的规定，证监会决定：

（1）没收利安达业务收入35万元，并处以35万元罚款。

（2）对利安达执业注册会计师汪应华、雷波涛给予警告，并分别处以5万元罚款。

（四）暂停承接证券业务

利安达会计师事务所（特殊普通合伙）因在执行审计业务中未能勤勉尽责，分别于2014年2月、2015年11月、2016年2月受到行政处罚（中国证监会行政处罚决定书〔2014〕21号、〔2015〕67号和〔2016〕20号）。证监会决定：

（1）责令利安达自本公告发布之日起暂停承接新的证券业务。

（2）自本公告发布之日起，利安达应在5个工作日内向财政部、证监会提交书面整改计划，于2个月内完成整改并提交书面整改报告。

（3）财政部、证监会将对利安达整改情况进行核查，根据核查情况研判利安达在质量控制和总分所一体化管理等方面是否存在系统性风险，据此做出是否允许利安达恢复承接新的证券业务的决定，并于2016年8月31日前予以公告。在整改和接受核查期间，利安达不得承接新的证券业务，首席合伙人、审计业务主管合伙人和质量控制主管合伙人不得离职、办理退伙或转所手续。

## 评 析

### 一、利安达三份处罚的原因

2010年10月至2013年3月期间，利安达处于"动荡时期"，内部出现严重的股东纠纷，所涉及的3份问题报告均产生于此期间。包括利安达首席合伙人黄锦辉在内的现合伙团队被排除出决策层，当时利安达的实际掌控者中，正包括3份被处罚审计报告的签字合伙人和注册会计师，而这些人士绝大多数已于2013年前转所离开。

2010年，为规范会计师事务所发展，财政部、证监会推动我国大型会计师事务所进行由有限责任公司转向特殊普通合伙转制。

为响应两部委的号召，利安达于2010年10月16日在北京饭店举行了利安达（特殊普通合伙）会计师事务所《合伙协议》签字仪式，率先启动了特殊普通合伙转制行动。在随后举行的利安达（特殊普通合伙）会计师事务所（筹）第一届第一次执行合伙人会议上，经过全体执行合伙人举手表决，一致同意推举黄锦辉担任利安达（特殊普通合伙）会计师事务所（筹）首席合伙人兼主任会计师。

然而，从2010年10月25日开始，事情发生了变化，利安达进入了混乱期。因改制为特殊普通合伙之后，合伙人责任加大了，而且还要拿自己的财产抵押，这让很多合伙人心里没底。特别是搞了合伙制后，很重视合伙人的业绩，有一部分合伙人因为业绩不够，没选上高级合伙人，替代他们的是一批相对年轻的合伙人。一些没有被选上高级合伙人或管理合伙人的董事认为只有不改制才能保住他们已经获取的地位和利益。但是，要阻止改制，就只能把黄锦辉（利安达董事长兼主任会计师、首席合伙人）拿下。因此，部分股东依据事后被法院判决证明不合法的文件，强行进行了法定代表人变更、银行印鉴变更，并全部掌控了包括公章、财务在内的证照、印鉴等。在此期间，黄锦辉被强制排除出利安达的管理层。

这一股东纠纷事件目前最直观的表现就是，2010年10月16日利安达举行的《合伙协议》签字仪式相关新闻报道在利安达官网上被第一时间删除。同时，2010年12月31日至2011年11月1日近一年间，利安达官方网站没有"公司动态"的新闻发布。2011年12月28日，北京市第二中级人民法院做出了终审判决（【2011】二中民终字第11152、11153号判决书），全部撤销了变更利安达法定代表人的董字第4-2010-临301号、302号、303号临时董事会决议和2010年临时股东会决议，恢复了黄锦辉为利安达会计师事务所有限责任公司的董事长、法定代表人、主任会计师的身份，使事务所内部股东纠纷在法律框架下有了一个最终的明确答案。到2012年4月24日，北京市朝阳区公安局同意刻制新的利安达公章。

在法院生效判决后,有事务所介入并与利安达股东签订了拟整体吸收合并利安达的《合并协议》,经过多轮谈判,2013 年 1 月各方在特殊背景下签署了《分立合并协议》和《股东和解协议》。想离开利安达的人分立合并到其他所,黄锦辉留了下来。最后的结果是走了持有 47%股份的股东,剩下 53%。2013 年 3 月 21 日,利安达移交了离开的部分股东 2010—2012 年度职业风险金的汇款资料。

前述被处罚的包括 2012 年 1 月 30 日出具的"天丰节能"【2012】第 1093 号审计报告、2012 年 8 月 15 日出具"天丰节能"三年审计报告加一期的审计报告;2012 年 4 月 9 日出具的"华锐风电"《审计报告》均是在人民法院判决生效后至《股东和解协议》和《分立合并协议》签署之前出具的。

2013 年 6 月 6 日,利安达举行特殊普通合伙转制《合伙协议》签字仪式,转制迈出了实质而又关键的一步。2013 年 12 月 10 日,利安达举行成立二十周年暨完成向特殊普通合伙转制庆祝典礼。黄锦辉在致辞中指出,经过近三年的探索,利安达终于在 2013 年 10 月转制成功。

**二、谁的责任**

在目前的利安达团队看来,在已转所的那部分合伙人"掌权"时期,由其所属一派注册会计师出具的审计报告出现的质量问题,相关处罚却要由现在的利安达团队承受,有些"委屈"。利安达方面也曾在针对天丰节能、华锐风电行政处罚的申辩中,说明过相关情况,但证监会在听证会中强调,"在上述违法事项发生期间利安达的法人主体始终存续,证券服务机构不得以股东或者管理人员之间的纠纷为由,规避或者逃避其应当承担的法律责任"。由此可见,在监管部门看来,涉案的审计报告在出具时,仍然是在"利安达"品牌之下,理论上执行利安达的内部执业质量标准,会计服务机构的内部纷争不能成为其在审计中未能勤勉尽责的理由。事实上,利安达受罚,恰恰表明监管部门对内部治理失当、质量控制存在风险隐患的重大关切。对于监管部门而言,规范证券市场经济行为、维护资本市场健康稳定是第一要务。

以利安达名义出具的审计报告连续三年被处罚,并引发两部委采取的进一步监管处理,在法理上没有失当之处,但利安达方面却也希望通过法律渠道,让"真正的肇事者"付出代价。利安达接受财政部、证监会的处罚。利安达正在依据《股东和解协议》中的有关条款,准备起诉文件,计划对利安达受到三次行政处罚时违规的相关合伙人及注册会计师进行起诉,开展追责行动。

作为法人组织,会计师事务所的业务在形式上必然表现为注册会计师的行为。专家认为,在对会计师事务所进行处罚时,有必要区分注册会计师的行为是否构成职务行为还是个人行为。法律专家认为,可以根据"利益归属"标准来审查判断行为人实施该行为的利益归属,以此来认定该行为是否构成职务行为。只有当该行为的利益归属于单位,则无论行为人是以何种名义实施的，都应当认定为职务行为；反之，则应当认定为个人行为。

法律专家认为，当利安达会计师事务所的营业执照被工商管理机关宣告作废，该所的营业资格和权限尚处于不确定的状态时，并不能以该所的名义对外执业、出具报告。在利安达经营资格受限期间，任何以该所名义执行业务的行为均应当被认定为个人行为，应当根据"谁有过错，谁受益，谁承担责任"的原则，确定违法主体。

黄锦辉表示："尽管事务所当前面临很大困难，但利安达希望经过此事后，能够放下包袱，轻装前进，重塑市场形象。"针对利安达相关事项，财政部方面表示，下一步将按照国务院要求，继续会同有关部门严惩资本市场会计审计造假行为，推动加快修订《会计法》和《注册会计师法》，把追究上市公司会计责任与追究会计师事务所审计责任结合起来，把加强诚信教育与加大检查处罚力度结合起来，把强化上市公司、会计师事务所主要负责人的领导责任与直接负责人员的主办责任结合起来，进一步织密会计审计监管网，规范会计审计行为，重点治理上市公司会计审计乱象，切实维护社会公众利益和资本市场秩序。

行业内一位资深人士就此做出评价："利安达近年来遭遇的一连串处罚，教训非常深刻。这个教训就在于，事务所治理体系的建设对于保证执业质量是何等重要；合伙人合伙文化的建设对于事务所合伙制的落实是何等重要。这个教训不仅是利安达的，也是行业其他事务所的。"事实上，处罚利安达，本身就是给注册会计师业敲响了警钟。尤其重要的是，在行业做强做大、规范发展的大背景下，加强内部治理，推进"人合"的合伙文化，强化执业质量监督检查，尤为重要。利安达受罚能够让注册会计师行业更加重视执业质量，重视合伙文化。如此，则善莫大焉！

### 三、会计师事务所特殊普通合伙制会提高审计质量吗

有限责任组织体制的固有局限性降低了我国会计师事务所的执业质量，审计失败案件持续发生。为解决我国会计师事务所在组织形式上的弊端，财政部、工商行政管理总局联合制订了《关于推动大中型会计师事务所采用特殊普通合伙组织形式的暂行规定》（财会〔2010〕12 号），并印发了实施细则。实施细则要求大型会计师事务所应当于 2010 年 12 月 31 日前转制为特殊普通合伙组织形式，鼓励中型会计师事务所于 2011 年 12 月 31 日前转制为特殊普通合伙组织形式。2012 年 1 月，财政部、证监会进一步发布了《关于调整证券资格会计师事务所申请条件的通知》，规定只有合伙制或者特殊普通合伙制会计师事务所才具备申请从事证券、期货相关业务的资格。2012 年 5 月 2 日，财政部、工商总局、商务部、外汇局、证监会制定了《中外合作会计师事务所本土化转制方案》（以下简称《方案》），《方案》要求中外合作会计师事务所在合作到期日之后或自愿在合作到期日之前采用符合中国法律法规规定的组织形式，即特殊普通合伙组织形式。截至 2013 年年底，国内前"二十大"会计师事务所均已完成转制。

根据《合伙企业法》的规定，在会计师事务所普遍现行的特殊普通合伙制下，一个或数个合伙人在执业活动中因故意或重大过失造成合伙企业债务的，应当承担无限责任或者

无限连带责任。

国内一家会计师事务所合伙人表示，这种制度是在保护事务所，"所以现在很少有事务所被吊销执业证书，更多的是涉案合伙人'出走'"。

利安达随后发布的声明，也在一定程度上印证了上述合伙人的说法。利安达声明，此次处罚并不影响利安达的证券从业资格；事务所将整改并接受核查，争取尽快恢复新的证券业务的承接。声明还强调，通报中涉案的签字合伙人及注册会计师均已离开本所。

会计师事务所上述合伙人同时强调，制度的保护是建立在完善的质量控制前提下，如果事务所质量控制有缺陷、合伙人不诚信，那么事务所信誉也难免遭受重创。

值得注意的是，涉案注册会计师离开事务所也并非其审计工作的终止，转所后继续任职，已经是业内会计师常用的应对之策。以深圳鹏城为例，在其被合并当年证监会公布的IPO 审核情况中，部分上市公司的审计机构就由鹏城变更为国富浩华，部分会计师更换事务所后仍处于执业状态。

因此，为提高会计师事务所特殊普通合伙制的审计质量，应从以下方面着手。

（1）健全民事赔偿机制。特殊普通合伙制主要是通过影响注册会计师可能承担的民事责任来提高审计质量，要使事务所转制产生更好的效果，充分发挥特殊普通合伙制下无限责任的威慑作用，应当进一步建立健全民事赔偿机制。

（2）深化事务所转制。对已完成转制的大中型事务所，进一步完善内部治理。同时尽快推进小型事务处开展转制工作。

（3）建立注册会计师的责任认定机制。特殊普通合伙制实行中的一个重点和难点就是注册会计师个人责任的认定问题，判断注册会计师是存在故意或重大过失，直接决定了相关责任的认定。

（4）健全配套制度。第一，要逐步建立个人财产登记制度和共有财产分割制度；第二，建立健全替代赔偿制度。通过建立、完善执业责任保险或执业责任风险基金，减轻无过失的注册会计师的赔偿负担。

## 思考与讨论

1. 查阅相关资料，讨论利安达的分立情况及对利安达事务所造成的影响。
2. 你认为，利安达遭受处罚的原因仅仅是源于其内部发生的动荡吗？

## 参考文献

1. 中国证券监督管理委员会（http://www.csrc.gov.cn）
2. 利安达会计师事务所网站（http://www.reanda.com/）
3. 中国会计视野（http://www.esnai.com）

4. 中国注册会计师协会. 审计［M］. 北京：经济科学出版社，2016.

5. 李晓慧. 审计学实务与案例［M］. 北京：中国人民大学出版社，2014.

6. 郝新华. 利安达受罚，谁之过？［N］. 财会信报，2016-03-02（A09）.

7. 王凯. 利安达的"罪与罚"［N］. 中国会计报，2016-03-25（001）.

8. 张建锋. 利安达被二罚之后再遭重处［N］. 中国经营报，2016-04-04（B03）.

# 案例二　新大地审计案例

## 案　情

### 一、案件的起因

2012 年 4 月 12 日，证监会网站对新大地通过首次公开发行股票在创业板上市的申请进行预先披露。2012 年 5 月 18 日，证监会召开了 2012 年第 36 次创业板发审委会，审核 2 家公司的首发，两家公司均顺利通过了审核，广东新大地生物科技股份有限公司就是其中一家。2012 年 6 月 28 日，有媒体报道了对新大地的质疑，主要涉及隐瞒关联方、虚增利润等，引起了广泛关注，新大地上市的梦想开始崩塌。2012 年 7 月 3 日，新大地向证监会提交了终止发行上市的申请，证监会对新大地立案稽查。3 个月后，证监会通报了对新大地立案稽查的相关情况。

新大地是继立立电子、苏州恒久、胜景山河之后，A 股市场第 4 家、也是创业板首家已成功过、但因媒体质疑而被证监会终止审查的案例，因而备受各界关注。

### 二、被审计单位基本情况及主要会计问题

（一）被审计单位基本情况

广东新大地生物科技股份有限公司设立于 2004 年 6 月 11 日，于 2008 年 8 月 22 日整体变更为股份有限公司。公司坐落于广东省梅州市平远县长田镇，是一家主要从事油茶产业的现代农业企业，是行业内首批通过国家认定的高新技术企业，致力于打造现代油茶产业化体系，提出了油茶全产业链循环发展模式。公司的业务包括了油茶产业链上游的种苗培育与种植，中游的油茶加工、精炼，下游的茶油以及其副产品茶粕、茶壳的综合利用。公司的主要产品有"曼佗""曼陀神露"牌茶油、"伊丽康"牌洗涤系列产品、"科米乐"牌茶巧有机肥系列产品、良种油茶苗等，其中作为主要产品的"曼佗"茶油对公司的销售收入贡献最大。

2012 年 4 月，广东新大地生物科技股份有限公司在证监会网站上刊登了招股说明书，拟发行 1 268 万股新股。

（二）主要会计问题

经证监会查明，新大地在 2012 年 4 月 12 日预披露的招股说明书申报稿以及上会稿中存在重大遗漏，且在 2009 年至 2011 年年度报告中虚假记载。具体事实如下。

1. 新大地通过多种手段虚增 2011 年利润总额 1 521.07 万元，占当年利润总额的 36.13%

第一，新大地 2011 年财务账册多记向梅州市喜多多超市连锁有限公司（以下简称喜多多超市）、平远县农业局、梅州市林业局、深圳市铁汉生态环境股份有限公司、深圳致君药业有限公司、平远县飞龙实业有限公司飞龙超市（以下简称飞龙超市）、平远县林业局、平远县金利贸易有限公司（以下简称平远金利）、平远县财政局等 9 家客户的商品销售，共计虚增 2011 年营业收入 2 246 928.38 元，虚增营业成本 1 169 434.58 元，虚增利润总额 1 077 493.8 元。

第二，新大地 2011 年财务账册多记向梅州市梅江区风火综合商行、平远县健记土特产（以下简称健记土特产）、平远县通汇自选商场（以下简称通汇自选商场）、五华县春晖燃气发展有限公司县城总经销等 4 家客户的商品销售，多记部分的销售回款资金来源于新大地或其控制使用的公司及个人银行账户，共计虚增 2011 年营业收入 850 544.3 元，虚增营业成本 529 016.74 元，虚增利润总额 321 527.56 元。

第三，新大地利用黄运江向吴某平的借款，及其子黄某斌获得的贷款资金，从出借方账户直接转入新大地账户，或经新大地控制使用的账户转账至客户，并最终转入新大地，新大地据此确认销售回款 917.94 万元，虚增 2011 年营业收入 8 001 161.81 元，虚增营业成本 3 828 530.1 元，虚增利润总额 4 172 631.71 元。

第四，2011 年 6 月，新大地转款 135.2 万元至其他账户，其中部分资金再转入新大地控制使用的平远县源源农副产品销售部（以下简称源源农副）账户，随即分别转款至梅塘西路宏德建材经营部等 5 家单位，该 5 家单位于收款当日转出等额资金至新大地；12 月，新大地转款 40 万元至新大地控制使用的账户，其中 23.44 万元再转入梅州市九州贸易有限公司（以下简称九州贸易），九州贸易于收款当日转出等额资金至新大地；12 月，新大地向其董事黄鲜露邮政储蓄银行账户存入资金 200 100 元，黄鲜露于当日向广州市越秀区嘉阳贸易商行（以下简称嘉阳贸易）转账 200 050 元（另付转账手续费 50 元），嘉阳贸易于收款当日转款 20 万元至新大地。上述最终划回新大地账户的资金被确认为销售回款，虚增 2011 年营业收入 1 170 541.4 元，虚增营业成本 524 813.19 元，虚增利润总额 645 728.21 元。

第五，2011 年 11 月，新大地将五华县财政局应拨付其的政府补贴款 100 万元，经新大地控制使用的梅州维运新农业发展有限公司（以下简称维运新农业，原名新大地油茶发展有限公司）账户转款 45 万元至九州贸易，九州贸易于收款当日转出等额资金至新大地，新大地据此确认销售回款，虚增 2011 年营业收入 387 584.53 元，虚增营业成本 123 204.7 元，虚增利润总额 264 379.83 元。

第六，2011 年 12 月，凌梅兰向天津久丰股权投资基金合伙企业（以下简称天津久丰）转让新大地股份应收的股权转让款 300 万元，经新大地控制使用的梅州志联实业有限公司

（以下简称梅州志联）账户，分别转款 30 万元、23.19 万元和 20.44 万元至梅州市梅江区伟梅商行、梅州市鸿隆实业有限公司和嘉阳贸易，以上 3 家公司于收款当日转出等额资金至新大地。新大地据此确认销售回款，虚增 2011 年营业收入 646 920.66 元，虚增营业成本 341 016.8 元，虚增利润总额 305 903.86 元。

第七，2011 年，由新大地提供资金，经新大地的关联方梅州市曼陀神露山茶油专卖店（以下简称曼陀神露）、梅州志联账户等最终回到新大地，虚增 2011 年营业收入 3 920 221.5 元，虚增营业成本 2 383 143.75 元，虚增利润总额 1 537 077.75 元。

第八，2011 年 3—5 月、11 月、12 月，2012 年 6 月，由新大地提供资金，经梅州志联、新大地关联方梅州市三鑫有限公司（以下简称梅州三鑫）、源源农副账户转款至梅州市康之基农业科技发展有限公司（以下简称康之基）账户，再转入新大地；此外以康之基名义向新大地存入现金，以上共转入或存入新大地资金 2 919 500 元，由新大地确认为销售回款，虚增 2011 年营业收入 2 342 035.4 元，虚增营业成本 1 643 835.32 元，虚增利润总额 698 200.08 元。

第九，2011 年 3 月，新大地从维运新农业账户转出资金，经维顺农工贸发展有限公司（以下简称维顺农工贸）转入新大地；4 月、5 月和 10 月，新大地将其自有资金及平远县人民政府办公室拨付其的资金，通过维运新农业、梅州志联、梅州三鑫、源源农副等账户，经维顺农工贸转入新大地；12 月，新大地将来源于黄运江向吴某平的借款资金，经维顺农工贸转入新大地。以上共转入新大地资金 3 225 840 元，新大地据此确认为销售回款，虚增 2011 年营业收入 2 827 970.59 元，虚增营业成本 1 793 117.77 元，虚增利润总额 1 034 852.82 元。

第十，2011 年 11—12 月，新大地以采购货物、支付劳务费名义向其控制使用的个人账户转入资金，之后全额或部分取出，同时从源源农副等其他账户（资金最终来源为新大地获取的财政补贴款，黄运江、凌梅兰及其子黄某斌的借款或新大地股权转让款）取现，并先后于取现当日以 178 个客户销售回款的名义存入新大地银行账户。共有 14 天存在上述存取款业务在同一天、同一银行网点由新大地同一经办人办理，存取金额全部或基本相同的情形，合计确认销售回款 9 112 794 元，虚增 2011 年营业收入 7 996 270.6 元，虚增营业成本 4 979 457.29 元，虚增利润总额 3 016 813.31 元。

第十一，2011 年 2 月、6—8 月，新大地将获取的财政补贴款等多项资金转入新大地控制使用的账户后，以采购货物，支付差旅费、备用金名义取现，并先后于取现当日以 52 个客户销售回款的名义直接存入新大地。共有 6 天存在上述存取款业务在同一天、同一银行网点由新大地同一经办人办理，存取金额全部或基本相同的情形，合计确认销售回款 2 557 495 元，虚增 2011 年营业收入 2 260 328.3 元，虚增营业成本 1 425 691.55 元，虚增利润总额 834 636.75 元。

第十二，2011 年 1 月至 6 月、9 月、11 月、12 月，新大地获取的财政补贴款等多项资金，转入梅州三鑫、梅州志联银行账户后，再转入源源农副账户或新大地关联方凌某平、黄某燕等个人账户后取现，并先后于取现当日以 129 个客户销售回款的名义直接存入新大地。共有 19 天存在上述存取款业务在同一天、同一银行网点由新大地同一经办人办理，存取金额全部或基本相同的情形，合计确认销售回款 10 150 723 元，虚增 2011 年营业收入 8 909 015.58 元，虚增营业成本 5 268 758.14 元，虚增利润总额 3 640 257.45 元。

上述第一项至第十二项存在重复计算的虚增营业收入 6 150 129.86 元、虚增营业成本 3 811 340.55 元、虚增利润总额 2 338 789.31 元，在合并计算时已予以剔除。

2. 新大地通过多种手段虚增 2010 年利润总额 289.15 万元，占当年利润总额的 10.89%

第一，新大地 2010 年财务账册多记向喜多多超市、平远县农业局、梅州市林业局、飞龙超市、平远金利和平远县财政局等 6 家客户的销售业务，虚增 2010 年营业收入 1 297 533.83 元，虚增营业成本 625 420.2 元，虚增利润总额 672 113.63 元。

第二，新大地 2010 年财务账册多记向健记土特产、通汇自选商场 2 家客户的商品销售，多记部分的销售回款资金来源于新大地的关联方梅州市绿康农副产品经营部（以下简称梅州绿康）账户和凌某平账户，共计虚增 2010 年营业收入 55 574.18 元，虚增营业成本 29 180.21 元，虚增利润总额 26 393.97 元。

第三，2010 年 5 月、8 月、11 月，新大地关联方陈某、梅州三鑫转款至新大地控制使用的银行账户，随即分别转款 11 万元、8.2 万元和 19.9 万元至新大地账户，新大地确认为销售回款，虚增 2010 年营业收入 344 792.45 元，虚增营业成本 206 768.91 元，虚增利润总额 138 023.54 元。

第四，2010 年 6 月，新大地经其他账户转款至其控制使用的平远县绿丰农业科技发展有限公司（以下简称绿丰农业）账户、梅州绿康账户，最终从曼陀神露转款 25 万元回到新大地；2010 年，新大地关联方凌某平和梅州市鸿达装饰有限公司（以下简称鸿达装饰）分 6 次转款合计 644 787 元至曼陀神露，曼陀神露随即转入新大地，合计转入 651 947 元。新大地将以上收到的资金确认为销售回款，虚增 2010 年营业收入 791 882.86 元，虚增营业成本 393 847.8 元，虚增利润总额 398 035.06 元。

第五，2010 年 3 月至 12 月，新大地从凌梅兰、凌某平个人银行账户提取现金，并先后于取现当日以 163 个客户销售回款的名义存入新大地。共有 16 天存在上述存取款业务在同一天、同一银行网点由新大地同一经办人办理，存取金额全部或基本相同的情形，合计确认销售回款 2 557 900 元，虚增 2010 年营业收入 2 251 792.90 元，虚增营业成本 1 491 888.25 元，虚增利润总额 759 904.65 元。

第六，2010 年 6 月至 11 月，新大地自有资金、新大地获取的专项资金或鸿达装饰账户的资金，通过往来款等名义转出至平远县二轻建筑工程公司（以下简称平远二轻建）、梅州三鑫账户，再经绿丰农业、梅州绿康账户多次转账并取现后，以客户名义存入新大地。共有 15 天存在上述存取款业务在同一天、同一银行网点由新大地同一经办人办理，存取金额全部或基本相同的情形。合计确认销售回款 2 919 000 元，虚增 2010 年营业收入 2 573 223.65 元，虚增营业成本 1 509 565.34 元，虚增利润总额 1 063 658.31 元。

上述第一项至第六项存在重复计算的虚增营业收入 320 748.49 元、虚增营业成本 154 075.59 元、虚增利润总额 166 672.90 元，在合并计算时已予以剔除。

3. 新大地通过多种手段虚增 2009 年利润总额 251.9 万元，占当年利润总额的 14.87%

第一，新大地 2009 年财务账册多记向喜多多超市、梅州市林业局、平远金利和平远县财政局等 4 家客户的销售业务，虚增 2009 年营业收入 405 310.92 元，虚增营业成本 194 131.97 元，虚增利润总额 211 178.95 元。

第二，2009 年 5 月，鸿达装饰及梅州三鑫账户转款至梅州绿康，5 月、6 月、7 月梅州绿康分别向新大地转款 2.2 万元、15.93 万元、5.3 万元，新大地确认为销售回款，虚增 2009 年营业收入 207 345.12 元，虚增营业成本 76 713.01 元，虚增利润总额 130 632.11 元。

第三，新大地通过其控制的账户及曼陀神露虚增 2009 年营业收入 2 929 538.99 元，虚增营业成本 952 265.95 元，虚增利润总额 1 977 273.04 元。

第四，2008 年，新大地与立信会计师事务所有限公司签订《业务约定书》，约定分期支付中介服务费用，新大地将已支付的 20 万元中介服务费用记录为预付账款，少计 2009 年管理费用 20 万元，多计预付账款 20 万元。

4. 新大地 2009—2011 年虚增固定资产

新大地 2009—2011 年以支付工程款的名义划款至平远二轻建，由此形成在建工程，并最终计入固定资产项下，而平远二轻建并未为其实施工程建造，由此，新大地 2009 年虚增固定资产 227.68 万元，2010 年虚增固定资产 648.73 万元，2011 年虚增固定资产 264.5 万元。

5. 新大地在 2012 年 4 月 12 日预披露的招股说明书申报稿以及上会稿中遗漏关联方关系及其交易

第一，由于曼陀神露及其经营者与新大地及其实际控制人之间存在特殊关系，以及新大地可能或已经为曼陀神露及其经营者提供了利益倾斜，新大地报告期前 10 大客户之一的曼陀神露为新大地的关联方。2009—2011 年，新大地与曼陀神露交易金额分别为 19.89 万元、122.13 万元和 104.31 万元。该关联方关系及其交易均未在招股说明书申报稿以及上会稿中披露。

第二，鸿达装饰法定代表人黄某光于 2009—2011 年担任新大地监事，且黄某光是黄运江的弟弟，鸿达装饰为新大地的关联方。2009 年新大地与鸿达装饰交易金额为 23.41 万元。该关联方关系及其交易未在招股说明书申报稿以及上会稿中披露。

第三，梅州绿康经营者陈某系凌洪之妻，凌洪系凌梅兰的哥哥，凌洪于 2009—2010 年 10 月任新大地监事，2010 年 10 月任新大地财务总监，梅州绿康为新大地的关联方。2009—2010 年新大地与梅州绿康交易金额分别为 38.86 万元和 23.88 万元。该关联方关系及其交易均未在招股说明书申报稿以及上会稿中披露。

6. 新大地在 2012 年 4 月 12 日预披露的招股说明书申报稿以及上会稿中遗漏控股股东股份转让情况

2011 年 12 月 20 日，凌梅兰与天津久丰和广东富升投资管理有限公司签订股份转让合同，将其持有的 300 万股新大地股份以 2 100 万元转让给上述 2 家公司，该重大事项未在招股说明书申报稿以及上会稿中披露。

### 三、审计主体的基本情况及主要审计问题

（一）审计主体的基本情况

负责新大地审计的是大华会计师事务所。大华会计师事务所创立于 1985 年，是国内最具规模的四大会计师事务所之一，是国内首批获准从事 H 股上市审计资质的事务所，是财政部大型会计师事务所集团化发展试点事务所。大华会计师事务所出资额 1 200 万元，现有从业人员 3 800 余名，拥有中国注册会计师资格者近 1 000 人，具有美国、英国和澳大利亚等国外发达国家注册会计师资格、能够提供国际业务服务的专业人员约 100 人；获得"中国注册会计师行业领军后备人才"称号的专家有 14 人，另外还有业内外知名的各类杰出业务专家，这些专家在财务会计、审计、税务、公司治理和战略管理咨询、内部控制、风险管理、全面预算管理、企业购并重组、IT 审计和国际化业务等方面具有业内领先的水平。

根据中国注册会计师协会发布的关于《2015 年会计师事务所综合评价前百家信息》公示通告，大华会计师事务所（特殊普通合伙）排名第十，事务所本身业务收入 127 395.64 万元。

在新大地的招股书上显示：验资机构为立信会计师事务所，经办注册会计师为赵合宇、王海滨；审计机构为大华会计师事务所，经办注册会计师为王海滨、刘春奎。大华所对新大地 IPO 审计出具了标准审计报告。

（二）主要审计问题

经证监会查明，大华所及其注册会计师在为新大地 IPO 提供审计鉴证服务过程中，未能勤勉尽责，出具的审计报告、核查意见等文件存在虚假记载。具体违法事实如下。

（1）在审计新大地 2009 年主营业务收入项目的过程中，大华所对新大地 2009 年主营业务毛利率进行了统计，并将统计结果记录于工作底稿，但未对毛利率巨幅波动（3 月份为-104.24%，11 月份为 90.44%）做出审计结论，也未对异常波动的原因进行分析。

在审计新大地 2011 年主营业务收入项目的过程中，在 12 月份毛利率与全年平均毛利率偏离度超过 33%的情况下，未保持适当的职业谨慎，得出全年毛利率无异常波动的结论；且在审计当年应收账款过程中，也未保持适当的职业谨慎，未发现 2011 年 12 月新大地现金销售回款占当月销售回款 43%的异常情形，也未对上述两项异常进一步查验。

（2）大华所工作底稿显示，2011 年 10 月 21 日，大华所在深圳对梅州市绿康农副产品经营部（以下简称梅州绿康）经营者陈某进行了实地访谈，访谈笔录中记载新大地对梅州绿康 2010 年度销售金额与新大地账面数相同。经查明，大华所等中介机构及其人员当日并未对梅州绿康进行实地访谈，且 2010 年新大地向梅州绿康虚假销售 34.48 万元。而大华所在关于新大地有关举报问题的核查意见中称，大华所与保荐机构、律师事务所等 3 家中介机构对梅州绿康进行了实地访谈，其向新大地采购茶油情况与发行人 2010 年度茶油销售情况一致。

## 四、案件结果

**（一）被审计单位——新大地**

根据当事人违法行为的事实、性质、情节与社会危害程度，依据《证券法》第一百九十三条第一款、第二款规定，证监会决定：

（1）对新大地给予警告，并处以 60 万元罚款。

（2）对黄运江（新大地董事长兼总经理）、凌梅兰（新大地副董事长）给予警告，并分别处以 30 万元罚款，为证券市场禁入者，自宣布决定之日起，终身不得从事证券业务或者担任上市公司董事、监事、高级管理人员职务。

（3）对凌洪（新大地监事）、黄鲜露（新大地董事）、赵罡（新大地董事、董事会秘书）给予警告，并分别处以 20 万元罚款，其中凌洪为证券市场禁入者，自宣布决定之日起，10年内不得从事证券业务或者担任上市公司董事、监事、高级管理人员职务。

（4）对樊和平（新大地董事、副总经理）、邱礼鸿（新大地独立董事）、支晓强（新大地独立董事）、何日胜（新大地独立董事）、奚如春（新大地独立董事）、马建华（新大地监事）、陈增湘（新大地监事）、林明华（新大地监事）、李明（新大地副总经理）、何敏（新大地副总经理）给予警告，并分别处以 15 万元罚款。

**（二）审计主体——大华所**

根据当事人违法行为的事实、性质、情节与社会危害程度，依据《证券法》第二百二十三条的规定，证监会决定：

（1）没收大华所业务收入 90 万元，并处以 90 万元的罚款。

（2）对新大地 IPO 审计报告签字注册会计师王海滨给予警告，并处以 10 万元的罚款，7 年内不得从事证券业务或者担任上市公司董事、监事、高级管理人员职务。

（3）对新大地 IPO 审计报告签字注册会计师刘春奎给予警告，并处以 5 万元的罚款，7年内不得从事证券业务或者担任上市公司董事、监事、高级管理人员职务。

## 评　析

### 一、独立性缺失

独立性是注册会计师执行审计业务的质量保证。独立性不受外界因素的干扰，注册会计师依照审计准则规范执行审计业务。独立性体现在实质上和形式上两个方面。实质上的独立性是一种心理状态，注册会计师在得出审计结论时，不会受到其他因素的干扰，秉持诚信原则，尊重客观事实，坚持自己的职业判断。形式上的独立性是一种外在表现，使得注册会计师作为一个充分掌握信息有理性的第三方，对相关的事实证据做出判断后，认为事务所和项目组的成员没有损害有关审计的客观公正原则、诚实守信原则、谨慎原则和职业怀疑态度。上述论证说明，审计的独立性必须在实质上和形式上都能体现出来，缺少任何一个方面都不能体现出审计的独立性。

因为会计师事务所与客户存在非鉴证业务，使得两者之间的联系更加紧密，为了经济利益，注册会计师在执行审计业务时，对股东和利益相关者的利益不够重视，不遵守审计准则和职业道德，串通管理层，出具的审计报告意见不当，误导投资人，导致审计失败，审计结果有效性也丧失殆尽。

从 2001 年 12 月至今，作为新大地招股书验资声明的签字注册会计师赵合宇一直担任中兴新世纪事务所董事长、法人代表。但是，查看新大地公司的招股说明书，在验资机构声明中，签字的注册会计师就是赵合宇。然而，中兴新世纪不是验资声明中落款盖章的验资机构，而是立信会计师事务所发布验资声明。实际上，中兴新世纪不具备证券资质，立信会计师事务所具有证券资质，而且在行业中处于翘楚地位，2011 年承办了 92 个 IPO 项目，数量为全国第二位。

赵合宇同时担任大昂集团总裁、中兴新世纪董事长、法人代表，在执行审计业务时，挂靠到具有证券资质的立信会计师事务所，并且审计自己作为股东且担任高管的公司。可以推断，这种现象的背后存在严重的利益交换问题。这种行为严重违反独立、公正的原则，可能利用执行业务之便，牟取不正当的利益。

赵合宇同时在两家会计师事务所执业，而且，赵合宇审计过程中，还担任大昂集团总裁，大昂集团还持有新大地公司的股份，这种行为严重违反《中华人民共和国注册会计师法》中的相关条例。

注册会计师与被审计单位的关系保持其独立性，是使审计结果达到客观、中立，并保证工作维持其高质量的基本条件，也是美国证券交易委员会（SEC）对注册会计师进行监管的重点关注范围。

### 二、缺少职业怀疑态度与应有的关注

应有的关注要求注册会计师在遵守审计准则和职业道德规范的前提下，勤勉尽责，认真、全面、及时地完成工作任务，在审计过程中，审计人员应当保持职业怀疑态度，运用专业知识、技能和经验，获取和评价审计证据。职业怀疑态度与注册会计师的业务能力没有必然的联系，在执行业务的时候保持应有的关注和谨慎，对财务报告中的重大事项进行重点关注，就不会导致发表审计意见不适当。

在新大地的案例中，大华事务所的审计人员没有保持必要的职业怀疑态度，在实施审计过程中，忽略了一些令人质疑的财务信息。在茶油行业，整个行业的平均盈利能力并不高，而且新大地的生产规模及销售网络在行业内都不处于领先的地位，但是连续三年保持超高的业绩增长率，与行业的整体增长率和业内其他企业的增长率是不相称的。然而，审计人员并没有重点关注这些异常信息，对新大地的招股说明书没有进行详细审查，就发表对发行人在招股说明书中引用的审计报告、内部控制鉴证报告及经本所核验的非经常性损益明细表的内容无异议的声明，这种缺乏职业怀疑态度的行为导致了大华事务所的审

计失败。注册会计师应当在审计过程中持谨慎和合理的怀疑，关注一些比较重要或重大的交易和业务，获得充分且适当的审计证据支持所做出的审计意见。

负责为新大地 IPO 提供审计鉴证服务的大华事务所，在审计过程中，没有保持职业怀疑态度，对一些异常事项没有应有的关注，具体表现为：在对新大地 2009 年财务报告审计的过程中，大华会计师事务所统计了新大地 2009 年主营业务每个月的毛利率，并将统计结果记录于审计工作底稿中，当年 3 月份的毛利率为-104.24%，11 月份的为 90.44%，注册会计师没有关注到毛利率存在大幅波动的现象，未进行进一步审计程序，分析其原因，也未给出审计结论。

还有，在审计新大地 2011 年财务报告的过程中，出现当年 12 月份的毛利率与全年的平均毛利率差异率超过 33%的情况下，仍没有保持职业怀疑态度，仍坚持新大地全年毛利率正常的结论；还有审核 2011 年应收账款的过程中，也没有保持适当的职业怀疑态度，没有注意到 2011 年 12 月新大地现金销售回款占当年销售回款额达 43%的这一重大异常情况，没有对上述两项异常做出进一步审查的决定。

### 三、未充分执行分析性复核

分析性复核，是指注册会计师通过分析不同财务数据之间以及财务数据与非财务数据之间的内在关系，对财务信息做出评价。分析程序还包括在必要时对识别出的、与其他相关信息不一致或与预期值差异重大的波动或关系进行调查。

在审计实施阶段，分析性复核可以帮助注册会计师发现财务状况或盈利能力发生变化的征兆和信号，识别那些证明被审计单位持续经营存在问题的事项。在已评估出存在重大错报风险时，需要实施进一步审计程序，此时运用分析性复核可以减少细节测试的工作量，节省审计成本，控制审计风险，使审计工作具有效率和效果。

具体分析新大地案例。据新大地的招股说明书显示，该公司 2009、2010 和 2011 连续三个年度主营业务收入分别是 47 970 122.29 元、87 737 998.35 元和 123 560 505.11 元，主营业务收入的年增长率达到 60.36%，远高于同行业其他企业，如图 1-1 所示。

在茶油行业，湖南金浩、江西青龙高科等创始于二十多年前的企业，处于领先地位并有着很深的品牌积淀，它们的品牌"金浩""润心"已成为该行业的著名品牌，拥有较高的市场占有率。分析这两家具有行业龙头地位的企业的销售渠道，分公司到和连锁专卖店遍布全国各地，还有 KA 卖场（大型超市）、BC 店（中型超市）和团购销售队伍等渠道，它们都建立了多层次的、密集分布的销售网络。

与这两家公司相比，新大地的销售渠道显得过于单一：新大地的主打品牌"曼陀神露"系列商标从 2009 年 10 月底到 2011 年年初才相继注册生效，缺乏知名度；分公司设立方面，只在江西遂川建立了初加工基地，除此之外，在全国各地没有任何分公司；2011 年 8 月 19 日，只有一家，在广东平远注册成立销售分公司，目前只有这一家，在广东之外没有设立任何销售机构；唯一的专卖店在公司当地，公司所在地之外没有建立任何专卖店等营销渠道。所以，新大地的营业收入的高增长率是不符合客观事实的。

此外，根据新大地的招股说明书显示，新大地在 2009、2010、2011 连续三年的茶油毛利率分别高达 60.66%、43.50% 和 36.19%。在一个平均毛利率为 20%～25% 的行业里，高出平均毛利率如此之多，令人感到惊讶。无论与食用油行业上市公司的业绩相比，还是与精炼茶油企业的业绩相比，这种毛利率还是高出一般水平不少。

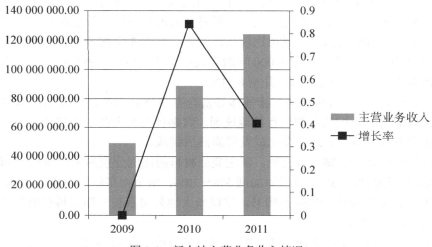

图 1-1　新大地主营业务收入情况

根据行业的资料，目前从事食用油加工业的较大规模的企业有东凌粮油、金健米业、西王食品这几家上市公司，在 2009、2010、2011 年三个年度，食用油加工行业毛利率普遍在 6% 的水平上下波动，只有以加工玉米油为主营业务的西王食品毛利率相对较高，近三年的毛利率分别为 15.47%、20.86%、18.57%，行业内其他的公司毛利率水平保持在 5%～7% 之间，如图 1-2 所示。

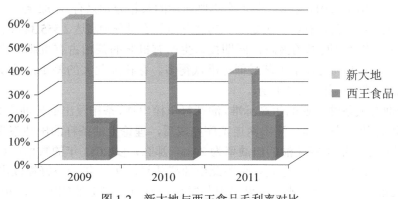

图 1-2　新大地与西王食品毛利率对比

　　尽管新大地公司在招股说明书里称，茶油加工行业的平均毛利率高于食用植物油加工行业的平均毛利率，但它的毛利率还是远高于行业平均水平，甚至远高于行业内的龙头企业，新大地的毛利率最高时达到 60%，而茶油加工行业内规模较大企业的平均毛利率为 20%～25%，超出范围达到 80%～142%。对于这种离奇的现象，新大地的招股说明书没有做出合理解释。

　　还有，根据新大地的招股说明书的描述，新大地的主营业务收入中除了销售茶油外，另外两个重要来源分别是茶粕和有机肥，它们对新大地的业绩增长也起到一定作用。

　　其中，茶粕占营业收入的比重也比较高，销售额最近 3 年均为销售茶油收入的 50%左右。而在 2010 年投产一条年产量 9 000 吨的有机肥生产线后，销售有机肥的收入占主营业务收入的比重由 2010 年的 2.92%上升至 8.31%。

　　以茶粕、茶壳、畜禽粪便、动植物残体等富含有机质的副产品资源生产原料主要为主的有机肥，将原料与无机调理剂、有机调理剂、腐熟促进剂和微生物接种剂按一定比例混合，将各堆肥参数调节好，最终在完成发酵腐熟后制成。

　　新大地生产的高效杀螺型有机肥，其主要原材料的比例分别为茶粕 45%～60%、鸡粪 25%～45%、磷肥 0.5%～3%、有机添加剂 5%～20%、微生物腐熟剂 0.5%～3%、杀螺增效剂 1%～4%。查阅新大地的招股说明书，发现新大地公司茶粕一项原料在所生产的有机肥中所占比重就高达 45%。

　　根据主要原材料的配比情况，主要的原材料是茶粕、茶壳和配料，所需的茶粕、茶壳及配料三者间比例分别为 0.45∶0.45∶0.1。新大地招股说明书中显示，2010 年度、2011 年度有机肥的销量分别为实现 440.90 吨、9 312.49 吨，依据茶粕占比最低 45%的生产标准推算，推算出相对应的茶粕原材料分别为 1 098.41 吨、4 190.62 吨。

　　但是，根据招股说明书中披露的茶粕的用途，实际上投入生产有机肥的茶粕的数量，大幅低于上述推算出的理论需求量。

　　查阅新大地的招股说明书的"公司用于生产洗涤品、茶皂素和有机肥的茶粕数量及占比情况"部分，在 2010、2011 年度，生产有机肥所用的茶粕分别只有 64.82 吨、118.14 吨。同样来自招股说明书的信息，有机肥在 2010、2011 年度的产量分别高达 2 555.34 吨、9 254.16 吨。然而，同样根据招股说明书的披露，同期投入生产有机肥的茶粕占有机肥的比例分别只有 2.54%、1.28%，比 45%的技术工艺最低标准低得多。存在如此大的差距，足以说明新大地的收入存在虚假部分，如图 1-3 所示。

　　最后，查询有关茶油行业的生产标准，油茶籽压榨出油、茶粕浸出的出油率分别为 20%、5%；按此标准测算，在压榨、浸出两道工序完成后，理论上油茶籽的出油率为 24%。

　　按照行业标准，油茶籽榨油的出油率为 24%，那么，以 2011 年的数据计算，新大地的油茶籽当年采购价格为 8 573 元/吨，按照此出油率估算，2011 年油茶籽提取出油的直接材料单位成本应该为 35 721 元/吨；如果采用茶饼作为原料浸出毛油的方法，2011 年的茶饼采购价格为 2 044 元/吨，按照茶饼浸出毛油 5%的出油率推算，当年用茶饼提取毛油所需的直接材料成单位成本也高达 40 883 元/吨。

将毛油再提纯为精炼油，还需经过脱水、脱酸、去除杂质等工艺，再加上损耗，可以肯定精炼油的直接材料单位成本将超过 35 721 元/吨。

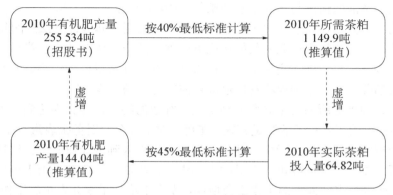

图 1-3　2010 年新大地成本产出推理

在新大地的招股说明书中，精炼茶油 2011 年的销售单价为 52 684 元/吨，按照 2011 年 36.19% 的毛利率推算，营业成本应当为 33 618 元/吨，但这其中包含三大部分：直接材料、直接人工及制造费用，即使是这三项之和（33 618 元/吨），还是大幅低于推算出的直接材料单位成本 35 721 元/吨。由此可知，新大地一定虚减了成本。

但在审计实务中，很多注册会计师并没有重视，没有充分运用，认为分析性复核的审计方法在实际工作中用处不大，不能找到实际的证据，因此很少采用。

在新大地的案例中，新大地产品的成本利润率存在异常，如此大的差距，审计人员没有运用分析性复核，发现其中的异常。实际上，审计时只要稍微分析一下公司的财务报表，一些异常的情况就可以被发现，就可以确定审计工作的重点领域，这种方法可以提高审计工作的效率。

### 四、审计人员缺乏专业胜任能力

专业胜任能力是指注册会计师应具备的专业知识、技能和经验，能经济、有效地完成审计业务。注册会计师只有保持和提高专业胜任能力，才可以完成审计业务并保持较高的审计质量。专业胜任能力包括两个方面的内容：专业、技能和专业知识。如果一个注册会计师在执行业务时缺乏必要的知识、能力、经验，就构成了欺骗。一个合格的注册会计师首先要获取必备的专业胜任能力，随后要保持这种专业胜任能力，不能给被审计单位或社会公众造成伤害。

查阅大华所工作底稿，据记载，2011 年 10 月 21 日，大华会计师事务所在深圳与梅州市绿康农副产品经营部（以下简称梅州绿康）的经营者陈某进行实地访谈，访谈笔录中记载新大地对梅州绿康 2010 年度的销售金额与新大地的账表数目相同。经调查，该实地访谈为虚构的，大华所及其他中介机构并没有与陈某进行访谈，并且新大地 2010 年向梅州绿康虚假销售的金额为 34.48 万元。但大华所在对新大地有关举报问题的核查后，发表意见称，大华所与律师事务所、保荐机构等三家中介机构与梅州绿康进行过实地访谈，而且梅州绿康向新大地采购茶油的情况与新大地茶油销售 2010 年度的情况一样。

大华所的上述做法违反了《中国注册会计师审计准则》和《证券法》的相关规定。

目前，我国注册会计师行业人员的构成不合理，部分审计人员的素养不高。

例如，很少有经过专业化高标准训练的人才。在审计市场，规模小、水平低的会计师事务所仍然大部分存在。这种现状难以适应目前国内市场的客观需求。

此外，会计师事务所的员工离职率高是这一行业的特点，并且为达到节省人工成本的目的，一些事务所的正式员工的数量有限。在每年对上市公司财务报表进行审计的高峰期，一些事务所会招聘一些在校大学生，他们作为实习生加入到审计业务中。这种做法虽然可以降低事务所的成本，但同样审计人员的平均素质也降低了。还有，由于事务所审计人员数量不足，平均每个审计人员的工作量会增加，无形中增加了审计人员的工作负担。同时，一些事务所比较注重工作效率，对效率低的人员克扣工资，会使一些审计人员不注重工作的质量，而只注重完成工作的数量。

## 思考与讨论

1. 结合案例具体分析注册会计师职业道德缺失的原因？
2. 结合案例，从注册会计师的角度提出一些对"新大地"公司审计风险的防范建议？

## 参考文献

1. 广东新大地生物科技股份有限公司（http://www.gdxdd.cn/）
2. 中华会计网校（http://www.chinaacc.com）
3. 中国证券监督管理委员会（http://www.csrc.gov.cn）
4. 大华会计师事务所（http://www.reanda.com）
5. 中国注册会计师协会. 审计 [M]. 北京：经济科学出版社，2016.
6. 李晓慧. 审计学实务与案例 [M]. 北京：中国人民大学出版社，2014.
7. 郝玉贵，刘李晓. 关联方交易舞弊风险内部控制与审计 [J]. 审计与经济研究，2012（02）：26-35.
8. 梁箫. IPO 过程中报表粉饰动因、手段及防范措施探析 [J]. 现代商贸工业，2012（12）：112-113.
9. 中国会计视野（http://www.esnai.com）

# 第二章 审计业务的承接

📖 **学习目标**

- 了解业务承接的两大目标及其基本程序
- 熟悉如何初步了解和评价客户
- 掌握如何利用其他专家/注册会计师工作
- 掌握初步评价舞弊的相关内容
- 熟悉审计业务约定书的基本内容

会计师事务所应当按照执业准则的规定，谨慎决策是否接受或保持某客户关系和具体审计业务。在接受委托前，注册会计师应当初步了解审计业务环境，包括业务约定事项、审计对象特征、使用的标准、预期使用者的需求、责任方及其环境的相关特征，以及可能对审计业务产生重大影响的事项、交易、条件和惯例等其他事项。

只有在了解后认为符合专业胜任能力、独立性和应有的关注等职业道德要求，并且拟承接的业务具备审计业务特征时，注册会计师才能将其作为审计业务予以承接。如果审计业务的工作范围受到重大限制，或者委托人试图将注册会计师的名字和审计对象不适当地联系在一起，则该项业务可能不具有合理的目的。接受业务委托阶段的主要工作包括：了解和评价审计对象的可审性；决策是否考虑接受委托；商定业务约定条款；签订审计业务约定书等。

## 一、业务承接的目标

业务承接有两大目标：一是审查目标客户，确定是否承接业务；二是说服客户聘用注册会计师。在确定是否承接业务时，注册会计师必须保持谨慎，对与缺乏诚信客户打交道而导致的严重后果和昂贵代价保持清醒认识，拒绝接受高风险客户；但对于一些尚未认识到注册会计师能够为其提供什么服务的潜在客户，注册会计师应当以自身专业价值能够满足并超越客户期望的方案和实例，说服客户聘用注册会计师，把潜在客户转变为现实的客户。

从会计师事务所与客户接触起，审计活动就开始了，我们称之为初步的业务活动。注册会计师执行初步的业务活动目的是帮助注册会计师确保已对所有可能会影响其审计计划的制定和执行，以将审计风险降至可接受水平的事项和情况予以考虑。

## 二、承接业务的初步业务活动

在实务中，注册会计师承接业务是在开展下列初步业务活动的过程中进行质量控制的。

**（一）针对保持客户关系和具体审计业务实施相应的质量控制程序**

无论是连续审计还是首次接受审计委托，注册会计师均应当考虑下列主要事项，以确定保持客户关系和具体审计业务的结论是恰当的。

（1）被审计的单位的主要股东、关键管理人员和治理层是否诚信。

（2）项目组是否具备执行审计业务的专业胜任能力以及必要的时间和资源。

（3）会计师事务所和项目组能否遵守职业道德规范。

**（二）评价遵守职业道德规范的情况**

虽然保持客户关系及具体审计业务和评价注册会计师职业道德的工作须贯彻审计业务的全过程，但这两项活动需要安排在其他审计工作之前，以确保注册会计师已具备执行业务所需的独立性和专业胜任能力，且不存在因管理层诚信问题而影响注册会计师保持该项业务意愿等情况。在连续审计的业务中，这些初步业务活动通常是在上期审计工作结束后不久或将要结束时就已开始了。

**（三）及时签订或修改审计业务约定书**

在做出接受或保持客户关系及具体审计业务的决策后，注册会计师与被审计单位就审计业务约定条款达成一致，签订或修改审计业务约定书，以避免双方对审计业务的理解产生分歧。

审计业务承接的实务流程具体如图 2-1 所示。

## 三、初步评价业务承接

1. 初步了解和评价客户

会计师事务所在同意承接审计业务之前，需要对客户进行充分了解，其主要目的是避免因接受该客户的委托而使事务所遭受损失。这种因与客户合作而使事务所发生损失的可能性通常称为履约风险（区别于审计风险）。履约风险可能由以下事项所导致：被起诉、职业名誉的损失和缺乏营利性。

注册会计师初步了解和评价目标客户的资料来源主要有三个部分：一是通过巡视客户的经营场所，检查客户文件资料，与客户的管理层和员工进行讨论等获取来自客户的信息。二是利用搜索客户、行业和政府的网站、媒体，以及政府数据库等获取公共信息。三是利用会计师事务所的经验，如对于老客户，注册会计师应当复核其以前年度的工作底稿；对于新客户，后任注册会计师应当向前任注册会计师咨询，对新客户的基本情况进行初步审查。

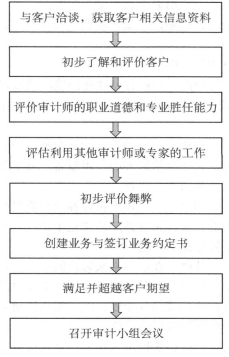

图 2-1 审计业务承接的实务流程

2. 获取与评价业务承接的相关信息

在业务承接中，注册会计师应当正视来自客户和事务所自身两个方面的风险，一般会客观评价以下影响注册会计师承接业务的相关因素（见表 2-1），以决定是否接受客户委托。

表 2-1 影响注册会计师承接业务的相关因素

| 项　　目 | 因　　素 |
|---|---|
| 注册会计师可控因素 | 1. 专业知识和人员配备：事务所的员工是否具备或能够获取必要的专业知识，可以按照执业准则及时完成审计业务 |
| | 2. 独立性：事务所是否独立于客户，能够提供无偏见的结论 |
| 注册会计师必须加以评估的因素 | 3. 诚信：公司管理层的诚信是否足以让事务所有理由相信管理层不会有意进行重大欺诈或做出违法行为 |
| | 4. 声誉和形象：公司的声誉是否良好，事务所接受其作为客户是否会招致损失或麻烦 |
| | 5. 会计实务：公司是否积极遵守会计准则，其财务报表能否全面、公允地反映公司的财务状况以及经营业绩 |
| | 6. 财务状况：公司是否存在极糟糕的业绩或其他负面因素导致其近期面临停业的危险 |
| | 7. 盈利情况：接受并完成这项审计业务约定能否给事务所带来合理的利润 |

注册会计师获取以上七个因素相关信息的途径如下。

（1）多数情况下，注册会计师通过大众传媒或企业媒体对公司的形象及管理层的声誉进行初步了解。

（2）事务所与未来客户的管理层面谈。

（3）注册会计师需要与客户的开户银行和律师面谈，获取客户业务的详细信息。

（4）事务所也可能向证券经纪人、其他业务伙伴、事务所的雇员或共同的朋友了解情况。

有时事务所可能会采用一些更正式的调查，如从数据库中查找出与公司相关的媒体报道、获取具有权威的杜邦分析表和其他形式的信用报告，甚至偶尔也会雇用专业调查人员深入了解公司关键负责人或股东的个人背景。

注册会计师也可以浏览公司网站、公司上报证券交易委员会的文件、有关公司的媒体报道、市场表现和分析人士的评级，了解其产品和竞争特性、产品质量检查、负责人的外事活动以及目前影响公司所处行业的问题。

如果客户存在前任注册会计师，在取得未来客户同意之后，注册会计师还需要与前任注册会计师联系。一旦获得客户许可，前任注册会计师必须对后任注册会计师提出的合理问询给予答复。如果未来客户全部或部分予以拒绝，那么注册会计师应当考虑客户拒绝对审计产生的影响，尤其要联系到管理层的诚信。

经过以上程序，注册会计师能很快得出未来客户是否可以接受的结论。如果决策不能明确做出，注册会计师就应根据表 2-1 中所列的七个方面去考虑是否接受未来客户。如果未来客户信息从表面看不是很糟糕，注册会计师通常会接受该项业务；不过，如果上述七个方面有一个方面存在重大问题，并且不能得到很好解决，注册会计师就应拒绝接受委托。

## 四、评估利用专家或其他注册会计师的工作

### （一）评估利用专家的工作

注册会计师评估利用的专家是指在会计或审计之外的某一领域具有专长，并且其工作被注册会计师利用，以协助注册会计师获取充分、适当的审计证据的个人或组织。专家既可能是会计师事务所内部的专家（如会计师事务所或其网络事务所的合伙人或员工，包括临时员工），也可能是会计师事务所外部的专家。

事务所应当评价专家的工作，考虑对专家的利用程度及如何利用，其一般决策过程如图 2-2 所示。

### （二）评估利用其他注册会计师的工作

主审注册会计师应当考虑自己对审计工作的参与程度是否足以担任此任：

（1）主审注册会计师审计的财务报表部分的重要性。如果主审注册会计师认为其审计

的财务报表部分不够重要，不足以获取充分、适当的审计证据将审计风险降至可接受的低水平，就不应当接受委托担任主审注册会计师。

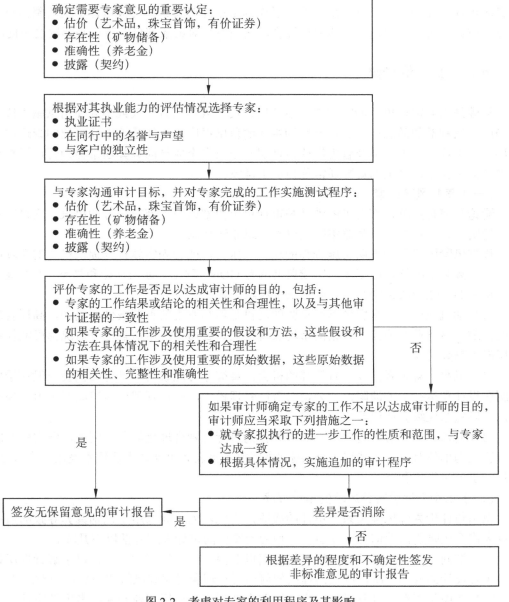

图 2-2　考虑对专家的利用程序及其影响

（2）主审注册会计师对组成部分业务的了解程度。

（3）其他注册会计师审计的组成部分财务信息的重大错报风险。

（4）主审注册会计师在何种程度上参与对组成部分的审计。如果注册会计师认为，其自身对审计工作的参与程度有限，不足以作为主审注册会计师对被审计单位的整体财务报表进行审计，可以考虑通过实施追加程度，适当参与对组成部分的审计来解决这一问题。

## 五、初步评价舞弊

舞弊是指被审计单位的管理层、治理层、员工或第三方一人或多人使用欺骗手段获取不当或非法利益的故意行为。舞弊行为主体的范围很广，可能是被审计单位的管理层、治理层、员工或第三方。涉及管理层或治理层一个或多个成员的舞弊通常称为管理层舞弊，只涉及被审计单位员工的舞弊通常称为员工舞弊。

### （一）舞弊风险因素

无论是何种舞弊，都有可能涉及被审计单位内部或与外部第三方的串谋，而舞弊行为的目的则是为特定个人或利益集团获取不当或非法利益。

舞弊风险因素是指表明实施舞弊的动机或压力，或者为实施舞弊提供机会的事项或情况。关于舞弊动因的理论很多，比较典型的有 GONE 理论、冰山理论和舞弊三角理论。

舞弊的发生一般都同时具备以下三个风险因素。

（1）动机或压力。舞弊者具有舞弊的动机是舞弊发生的首要条件。例如，高层管理人员的报酬与财务业绩或公司股票的市场表现挂钩、公司正在申请融资等情况都可能促使管理层产生舞弊的动机。

（2）机会。舞弊者需要具有舞弊的机会，舞弊才可能成功。舞弊的机会一般源于内部控制在设计和运行上的缺陷，如公司对资产管理松懈，公司管理层能够凌驾于内部控制之上，可以随意操纵会计记录等。

（3）借口。舞弊者可能对自身的舞弊行为进行各种合理化解释。例如，侵占资产的员工可能认为单位对自身的待遇不公，编制虚假财务报表者可能认为造假不是出于个人私利，而是出于公司集体利益。

### （二）识别与评价舞弊风险的审计程序

识别与评价舞弊风险关系到审计的成败，为此，为了获取用于识别舞弊导致的财务报表重大错报风险所需的信息，注册会计师应当实施的审计程序包括以下几项。

（1）询问被审计单位的管理层、治理层以及内部的其他相关人员，以了解管理层针对舞弊风险设计的内部控制，以及治理层如何监督管理层对舞弊风险的识别和应对过程。

（2）考虑是否存在舞弊风险因素。注册会计师应当运用职业判断，考虑被审计单位的规模、复杂程度、所有权结构及所有行业等，以确定舞弊风险因素的相关性和重要程度。

（3）考虑在实施分析程序时发现的异常关系或偏离预期的关系。注册会计师实施分析程序有助于识别异常的交易或事项，以及对财务报表和审计产生影响的金额、比率和趋势。

（4）考虑有助于识别舞弊导致的重大错报风险的其他信息。注册会计师应当考虑在了解被审计单位及其环境时所获取的其他信息，分析这些信息是否表明被审计单位存在舞弊导致的重大错报风险。

## 六、创建业务与签订业务约定书

### （一）创建业务

1. 创建业务的实践活动

在实务中，创建业务不是为了签一单业务，而是为了会计事务所拓展众多业务而规范建立客户资料库的基础工作。初步业务活动程序表（见表 2-2）是注册会计师执行承接业务的初步业务活动中所执行的程序及其实现目标的汇总。

表 2-2 初步业务程序表

| 初步业务活动程序 | 索 引 号 | 执 行 人 |
|---|---|---|
| 1. 如果首次接受业务委托，实施下列程序。<br>（1）与委托人面谈，讨论下列事项。<br>① 审计的目标。<br>② 审计报告的用途。<br>③ 管理层对财务报表的责任。<br>④ 审计范围。<br>⑤ 执行审计工作的安排，包括出具审计报告的时间要求。<br>⑥ 审计报告格式和对审计结果的其他沟通形式。<br>⑦ 管理层提供必要的工作条件和协助。<br>⑧ 注册会计师不受限制地接触任何与审计有关的记录、文件和所需要的其他信息。<br>⑨ 与审计涉及的客户内部审计人员和其他员工工作上的协调（必要时）。<br>⑩ 审计收费，包括收费的计算基础和收费安排。<br>（2）初步了解客户及其环境，进行初步业务风险评估并予以记录。<br>（3）征得客户书面同意后，与前任注册会计师沟通 | | |
| 2. 如果是连续审计，实施下列程序。<br>（1）了解审计的目标、审计报告的用途、审计范围和时间安排等是否发生变化。<br>（2）查阅以前年度审计工作底稿，重点关注非标准审计报告、管理建议书和重大事项概要等。<br>（3）初步了解客户及其环境发生的重大变化，进行初步业务风险评估并予以记录。<br>（4）考虑是否需要修改业务约定条款，是否需要提醒客户注意现有的业务约定条款 | | |

续表

| 初步业务活动程序 | 索　引　号 | 执　行　人 |
|---|---|---|
| 3.评价是否具备执行该项审计业务所需要的独立性和专业胜任能力 | | |
| 4. 完成业务承接/保持评价表 | | |
| 5. 签订审计业务约定书（适用于首次接受业务委托，以及连续审计中修改长期审计业务约定书条款的情况） | | |

2. 审计的前提

只有通过实施下列工作就执行审计工作的基础达成一致意见后，会计师事务所才能承接和保持审计业务。

（1）注册会计师已具备执行业务所需要的独立性和专业胜任能力。

（2）不存在因管理层诚信问题而影响注册会计师承接或保持该项业务意愿的情况。

（3）与被审计单位不存在对业务约定条款的误解。

（二）签署审计业务约定书

审计业务约定书是指会计事务所与被审计单位签订的，用以记录和确认审计业务的委托与受托关系、审计目标和范围、双方的责任以及报告的格式等事项的书面协议。其参考格式（合同式）如格式 2-1 所示。

格式 2-1
审计业务约定书

甲方：ABC 股份有限公司

乙方：××会计事务所

兹由甲方委托乙方对××年度财务报表进行审计，经双方协商，达成以下约定：

一、业务范围与审计目标

1. 乙方接受甲方委托，对甲方按照企业会计制度编制的××年 12 月 31 日资产负债表，××年度的利润表、股东权益变动表和现金流量表以及财务报表附注（以下统称财务报表）进行审计。

2. 乙方通过执行审计工作，对财务报表的下列方面发表审计意见：（1）财务报表是否按照企业会计制度的规定编制；（2）财务报表是否在所有重大方面公允反映甲方的财务状况、经营成果和现金流量。

二、甲方的责任和义务

（一）甲方的责任

1. 根据《中华人民共和国会计法》及《企业财务会计报告条例》，甲方及甲方负责人有责任保证会计资料的真实性和完整性。因此，甲方管理层有责任妥善保存和提供会计记录（包括但不限于会计凭证、会计账簿及其他会计资料），这些记录必须真实、完整地反映甲方的财务状况、经营成果和现金流量。

2. 按照企业会计制度的规定编制财务报表是甲方管理层的责任，这种责任包括：（1）设计、实施和维护与财务报表编制相关的内部控制，以使财务报表不存在由于舞弊或错误而导致的重大错报；（2）选择和运用恰当的会计政策；（3）做出合理的会计估计。

（二）甲方的义务

1. 及时为乙方的审计工作提供其所要求的全部会计资料和其他有关资料，并保证所提供资料的真实性和完整性。

2. 确保乙方不受限制地接触任何与审计有关的记录、文件和所需的其他信息。

3. 甲方管理层对其做出的与审计有关的声明予以书面确认。

4. 为乙方派出的有关工作人员提供必要的工作条件和协助，主要事项将由乙方于外勤工作开始前提供清单。

5. 按本约定书的约定及时足额支付审计费用以及乙方人员在审计期间的交通、食宿和其他相关费用。

6. 在××年××月××日之前提供审计所需的全部资料。

三、乙方的责任和义务

（一）乙方的责任

1. 乙方的责任是在实施审计工作的基础上对甲方财务报表发表审计意见。乙方按照中国注册会计师审计准则（以下简称审计准则）的规定进行审计。审计准则要求注册会计师遵守职业道德规范，计划和实施审计工作，以对财务报表是否不存在重大错报获取合理保证。

2. 审计工作涉及实施审计程序，以获取有关财务报表金额和披露的审计证据。选择的审计程序取决于乙方的判断，包括对由于舞弊或错误导致的财务报表重大错报风险的评估。在进行风险评估时，乙方考虑与财务报表编制相关的内部控制，以设计恰当的审计程序，但目的并非对内部控制的有效性发表意见。审计工作还包括评价管理层选用会计政策的恰当性和做出会计估计的合理性，以及评价财务报表的总体列报。

3. 乙方需要合理计划和实施审计工作，以使乙方能够获取充分、适当的审计证据，为甲方财务报表是否不存在重大错报获取合理保证。

4. 乙方有责任在审计报告中指明所发现的甲方在某重大方面没有遵循企业会计制度编制财务报表且未按乙方的建议进行调整的事项。

5. 由于测试的性质和审计的其他固有限制，以及内部控制的固有局限性，不可避免地存在着某些重大错报在审计后可能仍然未被乙方发现的风险。

6. 在审计过程中，乙方若发现甲方内部控制存在乙方认为的重要缺陷，应向甲方提交管理建议书。但乙方在管理建议书中提出的各种事项，并不代表已全面说明所有可能存在的缺陷或已提出所有可行的改善建议。甲方在实施乙方提出的改善建议前应全面评估其影响。未经乙方书面许可，甲方不得向任何第三方提供乙方出具的管理建议书。

7. 乙方的审计不能减轻甲方及甲方管理层的责任。

（二）乙方的义务

1. 按照约定时间完成审计工作，出具审计报告。乙方应于××年××月××日前出具审计报告。

2. 除以下情况外，乙方应当对执行业务过程中知悉的甲方信息予以保密：（1）取得甲方的授权；（2）根据法律法规的规定，为法律诉讼准备文件或提供证据，以及向监管机构报告发现的违反法规行为；（3）接受行业协会和监管机构依法进行的质量检查；（4）监管机构对乙方进行行政处罚（包括监管机构处罚前的调查、听证）以及乙方对此提出行政复议。

四、审计收费

1. 本次审计服务的收费按照依据乙方不同职务级别工作人员在本次审计工作中所耗费的时间为基础计算的。乙方预计本次审计服务的费用总额为人民币××万元。

2. 甲方应于本约定书签署之日起××日内支付×%的审计费用，其余款项于××年××月××日结清。

3. 如果由于无法预见的原因，致使乙方从事本约定书所涉及的审计服务实际时间较本约定书签订时预计的时间有明显的增加或减少时，甲乙双方应通过协商，相应调整本约定书第四条第 1 项下所述的审计费用。

4. 如果由于无法预见的原因，致使乙方人员抵达甲方的工作现场后，本约定书所约定的审计服务不再进行，甲方不得要求退还预付的审计费用；如上述情况发生于乙方人员完成现场审计工作，并离开甲方的工作现场后，甲方应另行向乙方支付人民币××元的补偿费，该补偿费应于甲方收到乙方的收款通知之日起××日内支付。

5. 与本次审计有关的其他费用（包括交通费、食宿费等）由甲方承担。

五、审计报告和审计报告的使用

1. 乙方按照《中国注册会计师审计准则第 1501 号——审计报告》和《中国注册会计师审计准则第 1502 号——非标准审计报告》规定的格式和类型出具审计报告。

2. 乙方向甲方致送审计报告一式××份。

3. 甲方在提交或对外公布审计报告时，不得修改乙方出具的审计报告及其后附的已审计财务报表。当甲方认为有必要修改会计数据、报表附注和所作的说明时，应当事先通知乙方，乙方将考虑有关的修改对审计报告的影响，必要时，将重新出具审计报告。

六、本约定书的有效期间

本约定书自签署之日起生效，并在双方履行完毕本约定书约定的所有义务后终止。但其中第三项第二条第二则、第四项、第五项、第八项、第九项、第十项规定并不因本约定书终止而失效。

七、约定事项的变更

如果出现不可预见的情况，影响审计工作的如期完成，或需要提前出具审计报告，甲、乙双方均可要求变更约定事项，但应及时通知对方，并由双方协商解决。

八、终止条款

1. 如果根据乙方的职业道德及其他有关专业职责、适用的法律或其他任何法定的要求，乙方认为已不适宜继续为甲方提供本约定书约定的审计服务时，乙方可以采取向甲方提出合理通知的方式终止履行本约定书。

2. 在终止业务约定的情况下，乙方有权就其于本约定书终止之日前对约定的审计服务项目所做的工作收取合理的审计费用。

九、违约责任

甲、乙双方按照《中华人民共和国合同法》的规定承担违约责任。

十、适用法律和争议解决

本约定书的所有方面均应适用中华人民共和国法律进行解释并受其约束。本约定书履行地为乙方出具审计报告所在地，因本约定书所引用的或与本约定书有关的任何纠纷或争议（包括关于本约定书条款的存在、效力或终止，或无效之后果），双方选择以下第×种解决方式：

（1）向有管辖权的人民法院提起诉讼。

（2）提交××仲裁委员会仲裁。

十一、双方对其他有关事项的约定

本约定书一式两份，甲、乙双方各执一份，具有同等法律效力。

甲方：ABC 股份有限公司（盖章）　　　乙方：××会计事务所（盖章）

授权代表：（签名并盖章）　　　　　　授权代表：（签名并盖章）

××××年××月××日　　　　　　　××　××年××月××日

# 案例三　华锐风电审计案例

## 案　情

### 一、案件的起因

2011 年 1 月 13 日，华锐风电以每股 90 元的发行价登陆上交所，一举创下沪市主板发行价纪录，公司总市值达到 900 亿元，备受瞩目。华锐风电被业界誉为"风电冠军"，成为风电概念第一股。

然而好景不长，2013 年 3 月 7 日，华锐风电发布《华锐风电科技（集团）股份有限公司关于前期会计差错更正的提示性公告》，公告称公司经自查发现其 2011 年度财务报表的有关账务处理存在会计差错。同年 4 月 20 日，华锐风电对 2011 年财务报表进行更正。其中，营业收入由 104 亿元调整到 95 亿元，净利润由 7.75 亿元调整至 5.98 亿元，前后相差约 22%。也就是说，华锐风电因会计差错虚增利润 1.77 亿元。

2013 年 3 月 10 日，华锐风电时任董事长韩俊良深陷造假漩涡，辞去公司董事长一职。

2013 年 5 月 29 日，华锐风电被中国证监会立案调查，公司涉嫌存在虚增收入、虚转成本、虚增利润等一系列违法违规行为。

2013 年 9 月 17 日，上交所对华锐风电的"业绩变脸"行为做出认定：华锐风电涉嫌披露虚假信息，公司 2011 年年报未能如实反映其财务数据和经营情况。上交所同时对华锐风电时任董事长韩俊良进行公开谴责，认定韩俊良作为公司主要负责人，对企业在生产、销售、记账过程中存在的造假行为负有不可推卸的责任。

2014 年 1 月 12 日，证监会在众多大小非股东解禁流通的前一天再次对华锐风电下达《立案调查通知书》，这也是 7 个月内监管层第二次对华锐风电立案调查。

2015 年 11 月 10 日，证监会针对华锐风电信息披露违法一案做出处罚决议。

截至 2015 年 12 月，华锐风电的股价仅剩 4 元左右，这意味着，如果按 90 元的发行价买入的中小投资者持股至今，其损失已超过 95%。这一曾经创造纪录的"风电冠军"沦为"股民绞肉机"。

## 二、被审计单位的基本情况及主要会计问题

### （一）被审计单位的基本情况

华锐风电科技（集团）股份有限公司，原名称为华锐风电科技有限公司，成立于 2006 年 2 月 9 日，由大重成套、方海生惠、西藏新盟、东方现代、新能华起五家法人单位出资设立，注册资本为 1 亿元。2009 年 9 月 16 日，整体变更为股份有限公司，变更后的名称为华锐风电科技股份有限公司。2009 年 12 月 31 日，公司名称由"华锐风电科技股份有限公司"变更为"华锐风电科技（集团）股份有限公司"。2011 年 1 月 13 日，公司股票在上海证券交易所上市交易，上市代码为 601558。

华锐风电是国内首家集开发、设计、制造和销售风电机组于一体的高新技术企业，其产品能适应陆地、海上和潮间带等多种风资源和环境条件。经营范围包括开发、设计、生产、销售风力发电设备；施工总承包；货物进出口、技术进出口等。

### （二）主要会计问题

2013 年 4 月 20 日，华锐风电自曝公司 2011 年财务报表存在会计差错，称公司 2011 年度确认收入的项目中部分项目前期虽已签署销售合同，但未满足其他条件要求，导致公司 2011 年度相关财务数据存在差错。应调减公司 2011 年度营业收入 929 026 312.1 元、营业成本 657 113 039.56 元以及净利润 176 923 453.26 元，并对公司 2011 年度其他相关财务数据一并调整。

2015 年 11 月 10 日，证监会对华锐风电财务舞弊案做出正式认定：因受风电行业政策调整的影响，2011 年风电行业出现整体性业绩下滑。华锐风电为粉饰其上市首年业绩，在时任董事长韩俊良的安排下，公司生产、销售、客服、财务等 4 部门通过伪造单据等方式，

在 2011 年提前确认了 413 台风电机组收入。这一行为对其 2011 年年度财务报告的影响为：虚增营业收入 2 431 739 125.66 元、营业成本 2 003 916 651.46 元，多预提运费 31 350 686.83 元，多计提坏账 118 610 423.77 元，虚增利润总额 277 861 363.6 元，占 2011 年利润总额的 37.58%。经公司自查公告和证监会处罚决定书整理得到华锐风电财务舞弊情况如表 2-3 所示。

表 2-3 华锐风电财务舞弊情况                    单位：亿元

| 项　　目 | 2011 年 | | 公司自查虚增 | 证监会认定虚增 |
|---|---|---|---|---|
| | 调 整 前 | 调 整 后 | | |
| 营业收入 | 104.36 | 95.06 | 9.29 | 24.32 |
| 营业成本 | 87.36 | 80.78 | 6.57 | 20.04 |
| 利润总额 | 7.39 | 5.31 | 2.08 | 2.78 |

根据华锐风电 2011 年年报披露的商品销售收入确认和计量方法，公司关于收入确认的具体依据为同时满足以下三项条件：（1）公司已与客户签订销售合同；（2）货到现场后双方已签署设备验收手续；（3）完成吊装并取得双方认可。

然而在时任董事长韩俊良的安排下，生产部门、客服部门和财务部门相互配合，共同完成了造假过程。其中，生产部门的人员在产品的入库和出库过程中进行虚假记录，客服人员伪造了吊装报告，财务人员进而根据虚假的记录和报告进行了账务处理，以致在未签署设备验收手续，完成吊装且取得双方认可的情况下，将部分项目确认了收入。

### 三、审计主体的基本情况及主要审计问题

（一）审计主体的基本情况

负责华锐风电科技审计的是利安达会计师事务所。REANDA，中文简称利安达，注册名称为利安达会计师事务所（特殊普通合伙）。利安达注册资本为 1 591 万元人民币，累计提取的职业风险金 2 300 多万元人民币，职业责任保险累计赔偿限额达到 1 亿元人民币。利安达目前具有财政部和中国证监会批准的执行证券、期货相关业务审计资格、财政部和中国人民银行批准的从事金融审计相关业务资格、中国注册会计师协会和国务院国资委核准的承担大型及特大型国有企业审计资格、中国银行间市场交易商协会会员资格、北京市司法局批准的司法鉴定资格及在美国 PCAOB 和加拿大 CPAB 注册，具有为在美国和加拿大等北美国家证券市场上市的公司提供专业服务的资格。

利安达事务所对华锐风电 2011 年年度进行审计为连续审计，上年度审计报告由注册会计师温京辉、李国审计，并出具了标准无保留意见的审计报告。

（二）主要审计问题

2012 年 4 月 9 日，利安达作为华锐风电 2011 年年报审计机构，出具了标准无保留意见的审计报告（利安达审字〔2012〕第 1190 号），签字注册会计师为温京辉、王伟。华锐

风电 2011 年年报审计项目的费用总额为 95 万元，利安达已收取。

温京辉称，他复核了总体审计策略和具体审计计划、审计总结、审计报告等，并在重大问题上负责与客户管理层的沟通；对审计底稿，他只关注了母公司第 1 卷（如审计计划等）项目，对风险评估、内控测试类以及具体的科目底稿，他只是小部分关注一下。王伟称，他是签字会计师和现场负责人，母公司和子公司的底稿都是由他复核。

审计工作具体存在以下问题。

1. 识别、评估舞弊风险因素存在缺陷

2011 年，受国家风电行业政策的较大影响，华锐风电整体业绩出现大幅下滑，未见注册会计师执行相关审计程序以获取相应审计证据的风险识别轨迹，注册会计师对"竞争激烈或市场饱和，且伴随着利润率的下降""客户需求大幅下降，所在行业或总体经济环境中经营失败的情况增多"的风险评估结果是"不存在"，其风险评估结果与当时企业所处的行业状况明显不符。

2. 了解、评价销售与收款循环内部控制设计和有效性测试存在缺陷

注册会计师没有根据企业自身特点，对确认销售收入的流程控制点，如客服部提供的项目日动态表、货到现场后设备验收单进行描述或测试。

3. 执行收入循环审计程序存在缺陷

（1）吊装单可靠性问题。华锐风电确认收入的关键证据即吊装单，注册会计师未对吊装单的可靠性进行合理判断。根据华锐风电 2011 年审计底稿，大部分吊装单仅有个人签字，而无业主方的盖章确认，注册会计师未对签字人员是否有权代表业主方签署吊装单进行有效验证；大部分吊装单未注明吊装日期，对于其吊装完成时点以及确认当期收入的合理性，注册会计师未予以充分关注。在吊装单存在上述严重不确定性的情况下，注册会计师未向公司索取项目日动态表、发货验收单等资料予以比对判断，未对吊装情况获取进一步的审计证据。

（2）集中确认及合同执行问题。虚增或提前确认收入项目中有部分项目合同执行情况异常，吊装单标注日期或收入确认时点为临近资产负债表日，公司存在资产负债表日前集中确认收入的情形。在审计底稿中未见会计师对上述情况的原因进行关注和分析，并追加必要的审计程序予以解决。

（3）发货单问题。根据华锐风电披露的确认收入的会计政策，"货到现场后双方已签署设备验收手续"是确认销售收入的依据之一，根据华锐风电 2011 年审计底稿，注册会计师未取得货物发运、验收手续相关证据，未能按照公司既定的会计政策履行相应的审计程序。

（4）函证问题。注册会计师在审计计划中将应收账款函证作为重点审计程序，注册会计师执行函证程序存在以下问题：① 将甘肃华电玉门风力发电有限公司（218 544 000 元）、国华能源投资有限公司（165 652 300 元）、大唐（科右中旗）新能源有限公司（59 202 042.73 元）作为函证样本，但实际未发函；② 函证金额不完整，未对应收账款余额中未开具发票但已确认销售收入部分金额进行函证；③ 回函比例过低，回函确认金额占年末应收账余额

比例仅为 17%。函证程序虽已执行，但未对应收账款余额、收入确认的真实性进行有效验证。

（5）替代测试问题。注册会计师称他们对应收账款开票部分通过函证程序加以确认，而对于未开票部分、未回函客户以及未函证的样本采取了替代测试，替代性测试中查看了吊装单、合同和项目回款，但其替代测试存在以下问题：未对部分未发函的函证样本进行替代测试。其替代性程序依赖的核心证据吊装单存在严重缺陷，在审计底稿中未见注册会计师对合同执行情况异常、无回款的项目予以关注和分析，并追加必要的审计程序予以解决。

（6）截止性测试问题。注册会计师在审计计划中将"进行期末截止性测试，结合公司的期后发生额，检查公司收入确认的完整性"作为收入应履行的重点审计程序。但注册会计师未有效执行截止性测试，没有对收入确认的关键依据吊装单进行有效验证，其对截止性样本选择的解释缺乏专业判断和应有的职业谨慎。

**四、案件结果**

（一）被审计单位——华锐风电

依据《证券法》第一百九十三条第一款、第二百三十三条和《证券市场禁入规定》第五条的规定，证监会对华锐风电科技的处罚决定：

（1）责令华锐风电改正，给予警告，并处以 60 万元罚款。

（2）对董事长、总裁韩俊良给予警告，并处以 30 万元罚款；对韩俊良采取终身证券市场禁入措施，自宣布决定之日起，在禁入期间内，不得从事证券业务或者担任上市公司董事、监事、高级管理人员职务。

（3）对陶刚（副总裁、财务总监）、于建军（副总裁）、刘征奇（副总裁）、汪晓（副总裁）给予警告，并分别处以 30 万元罚款；对陶刚采取 10 年证券市场禁入措施，自宣布决定之日起，在禁入期间内，不得从事证券业务或者担任上市公司董事、监事、高级管理人员职务；对于建军、刘征奇、汪晓采取 5 年证券市场禁入措施，自宣布决定之日起，在禁入期间内，不得从事证券业务或者担任上市公司董事、监事、高级管理人员职务。

（4）对常运东（董事、副董事长）、刘会（董事、副董事长）、陆朝昌（董事）、王原（董事）、于国庆（董事）、张宁（独立董事）、张勇（独立董事）、赵鲁平（独立董事）、方红松（副总经理、董事会秘书）给予警告，并分别处以 10 万元罚款。

（二）会计师事务所——利安达

依据《证券法》第二百二十三条的规定，证监会对利安达会计师事务所的处罚决定：

（1）责令利安达改正，没收业务收入 95 万元，并处以 95 万元罚款。

（2）对华锐风电 2011 年年度审计报告签字注册会计师温京辉、王伟给予警告，并分别处以 10 万元罚款；对温京辉采取 5 年证券市场禁入措施，鉴于温京辉已被我会采取 10 年证券市场禁入措施（中国证监会市场禁入决定书〔2014〕6 号），待该证券市场禁入期满后，追加实施 5 年证券市场禁入，在禁入期间内，不得从事证券业务或者担任上市公司董事、监事、高级管理人员职务；对王伟采取 5 年证券市场禁入措施，自证监会宣布决定之日起，在禁入期间内，不得从事证券业务或者担任上市公司董事、监事、高级管理人员职务。

## 评 析

### 一、造假背后的原因分析

#### （一）内部控制制度不完善

不合理的公司治理结构严重影响了华锐风电的决策程序。韩俊良是华锐风电的创始人，2006 年同其他股东一起创立华锐风电，并从创立公司开始直到 2012 年一直担任公司董事长兼总裁的职务。华锐风电这种一股独大的公司治理结构，使得韩俊良能够绝对掌控公司的所有重大决策，也一手操控了公司的管理高层；再加上韩俊良的强势使得个人意志凌驾于整个公司的意志之上，公司决策时难有不同的意见出现；同时企业内部控制制度的不完善，使得董事会能够随心所欲地控制公司。这些很大程度上影响了华锐风电的决策程序，为财务造假事件埋下了隐患。

#### （二）遮掩经营缺陷，吸引投资，获得超额收益

华锐风电曾是中国风电行业的龙头企业。上市当年，华锐风电新增装机容量 2 939MW，中国市场份额 16.7%，排名第二；累计装机容量 12 977MW，市场份额 20.8%，排名第一。但是随着风电行业大环境的不乐观，市场经济情况的不景气，再加上企业自身疯狂扩张，使得华锐风电造成"产能过剩"，募集到的资金都用于了扩张，而企业利润又大幅减少。在这种情况下，企业通过财务报表进行造假掩盖其经营情况，并向市场中传递失真的公司信息，以此吸引更多的投资者，募集到更多的资金，进行企业业务的开展。同时我国的证券市场对于申请上市的企业的要求之一是企业在最近三年连续盈利，这就使一些企业通过粉饰财务报表来换取上市的资格。

#### （三）保荐机构的保荐和监督功能缺位

华锐风电从辉煌到暗淡，陨落速度如此之快，担任其保荐机构、仍在督导期内的安信证券难辞其咎。华锐风电是 2011 年上市，财务造假、虚增业绩也是这一年。根据《证券发行上市保荐业务管理办法》第三十六条规定，首次公开发行股票并在主板上市的，持续督导的期间为证券上市当年剩余时间及其后 2 个完整会计年度。也就是说，在被证监会立案调查期间，安信证券还在对华锐风电进行持续督导。而在上市当年，华锐给了其承销保荐费用为 1.28 亿元，巨额的保荐费用也使得安信失去了保荐人的谨慎性，损害到投资者的利益。

### 二、完善受损股民民事赔偿制度

华锐风电的股价从上市之初的 90 元/股跌至 4 元/股，下跌超过 95%，让股民损失惨重，

被冠以"散户绞肉机"的称号。依据《证券法》第六十三条规定，如证监会以虚假陈述为由对公司作出行政处罚的，因该公司虚假陈述行为而遭受损失的投资者可向该公司索赔。此次证监会认定华锐风电存在财务欺诈的年份，为其上市后的第一年，即 2011 年年报披露时，所以此次可以参加集体索赔的股民，买入时间范围为 2012 年 4 月 11 日至 2013 年 3 月 1 日或者至 2013 年 5 月 29 日之间买入，并在前述时间至少持有 1 股，则可以参加索赔。

然而目前我国对造假企业进行的处罚多属于行政处罚，民事赔偿制度建设滞后，在民事责任主体、举证责任、赔偿依据等方面规定不明确，一些受损失的投资者求偿困难。即使有据可依，一些投资者也因为没有足够的精力和费用望而却步。

建设切实可行的民事赔偿制度，可以让造假的企业承担对投资者应有的经济赔偿责任，增强对造假企业的威慑，挽回投资者一部分损失，同时也能够激发广大投资者对企业进行监督的积极性，带动投资者积极行使自己的权利，让企业的财务舞弊行为更容易被及时发现，及时惩处。因此，要进一步完善民事赔偿制度建设：第一，要完善集体诉讼制度。中小股东相比舞弊企业，往往势单力薄，处于弱势。如果对舞弊企业进行诉讼，则将面临巨大的时间和经济成本，因而要完善集体诉讼制度，充分联合其他投资者，发挥集体优势，增强与舞弊企业的抗争能力。第二，要细化民事赔偿法律依据。对举证责任、赔偿依据要做出明确的规定，让民事赔偿有据可依，防止舞弊企业借法律法规的空当打"擦边球"。第三，要完善股民法律援助制度。作为中小投资者，其法律意识和业务能力可能并不能支撑其完成诉讼。因而监管部门可以从对舞弊企业收取的罚金中，提取一部分用于建设法律援助体系，聘请专业律师帮助受损投资者进行诉讼，让民事赔偿得以开展。

## 思考与讨论

1. 对于华锐风电这类新能源企业来说，注册会计师在承接审计业务时应关注哪些风险？
2. 查阅相关资料，除了文中提及原因，还有哪些因素导致华锐风电的陨落？

## 参考文献

1. 新浪财经网（http://finance.sina.com.cn）
2. 人民网（www.people.com.cn）
3. 中国证券监督管理委员会（http://www.csrc.gov.cn）
4. 利安达会计师事务所（http://www.reanda.com）
5. 中国注册会计师协会. 审计［M］. 北京：经济科学出版社，2016.
6. 李晓慧. 审计学实务与案例［M］. 北京：中国人民大学出版社，2014.
7. 肖作平，尹林辉. 华锐风电盛极而衰"病例解剖"［J］. 董事会，2014（3）：64-65.

8. 吉利. 新能源企业财务舞弊动因及治理策略研究——以"华锐风电"为例［D］. 北京：首都经贸大学，2016.

9. 中华会计网校（http://www.chinaacc.com）

10. 中国会计视野（http://www.esnai.com）

# 案例四　新中基审计案例

## 案　情

### 一、案件起因

2012 年 3 月 21 日，新中基在指定信息披露网站上发布了关于中国证监会新疆监管局立案调查的公告，公告称 2012 年 3 月 20 日，"因公司涉嫌违反证券法律法规，接到证监会新疆监管局立案通知书"。

2012 年 4 月，新中基发布 2011 年年度业绩修正的公告，公告显示修改后预计亏损达到 12 亿元，比之前公布的 2011 年年度业绩预告亏损又增加了 3.2 亿元。

2012 年 4 月 27 日，新中基发出关于公司股票交易实行退市风险警示的公告，公告说明由于公司在 2010 年与 2011 年连续两年亏损，公司股票实行"退市风险警示"特别处理。

历经约两年的调查，2014 年 6 月 27 日，证监会发布 2014 年第 68 号文，处罚决定书中详细揭露了新中基在 2006—2011 年长达 6 年的时间中进行的会计舞弊行为。公司与时任管理层、关联人士因此受到处罚。

### 二、被审计单位的基本情况及主要会计问题

#### （一）被审计单位的基本情况

新疆中基实业股份有限公司（简称新中基）成立于 1992 年 5 月，1994 年 7 月改制为股份有限公司。2000 年 9 月 26 日，在深圳证券交易所上市，股票代码 000972。是"新疆生产建设兵团重点扶持发展的，集番茄、生产种植、加工、贸易、科研开发为一体的农业产业化国家重点龙头企业"。截至 2015 年 12 月 31 日新中基向社会公开发行的总股数为 73 475 万股，总资产为 12 629 834 559.2 元。

公司的重要组成机构包括：番茄集团以及其下属的 18 家现代化番茄制品加工厂、天津中辰番茄有限公司、法国普罗旺斯食品公司、中基国际贸易公司、新建招标公司等，并在中国台湾和香港、德国、俄罗斯、巴基斯坦、美国等设有常驻办事机构。

新中基的主要经营业务则包括以下几个方面：农业种植；农副产品的加工、销售；机

电产品、金属材料、建筑材料、五交化产品、办公用品、服装鞋帽、针纺织品、工艺美术品的销售。

（二）主要会计问题

经证监会查明，新中基主要存在以下违法事实。

1. 隐瞒关联关系，利用非关联企业

2006 年 1 月，在新中基董事长刘一的指使下，经新中基副总经理、总会计师吴光成等人策划与操办，新中基通过隐蔽出资，设立了空壳公司天津晟中国际贸易有限公司（以下简称天津晟中）。天津晟中表面上与新中基在法律上没有任何关系，但其业务与财务实际上完全由新中基控制。天津晟中成立后，先从新中基采购番茄酱，再销售给新中基的控股子公司天津中辰番茄制品有限公司（以下简称天津中辰）。在 2006 年年报中，新中基并未披露成立天津晟中国际贸易有限公司，也未在年报重大关联交易中披露新中基与天津中辰的关联关系。

2007 年，刘一找到曾任新中基销售负责人、已辞职独立经商的吴新安，请其帮忙从新中基采购番茄酱之后再卖给天津中辰。2007—2010 年，吴新安控制的新疆豪客国际贸易有限公司（以下简称新疆豪客）先从天津晟中采购番茄酱，加上应缴税款与新疆豪客获得的纯利润后，再转手全部销售给天津中辰。相关证据显示，新中基利用非关联企业新疆豪客中转与过账，货物基本不动，实际上的交易就是仓单的转移。

2. 虚增销售收入与利润

根据证监会处罚决定书，新中基利用隐蔽的关联关系与非关联企业的中转过账，虚构购销业务，直接导致了财务报表的不实。

2006—2008 年，新中基各分、子公司向天津晟中累计销售番茄酱 15.27 万吨，总额 66 336.62 万元，占期间天津晟中采购额的 99.22%。

2006—2010 年，天津晟中向天津中辰累计销售番茄酱 3.45 万吨，总额 13 731.75 万元，占期间天津晟中销售总额的 19.75%；向新疆豪客累计销售番茄酱 11.73 万吨，总额 54 647.5 万元，占期间天津晟中销售总额的 78.61%；两项合计 15.18 万吨，总额 68 379.25 万元，占期间天津晟中销售总额的 98.36%。

2007—2010 年，新疆豪客向天津中辰累计销售番茄酱 11.73 万吨，总额 54 853.94 万元。

此外，根据新中基 2006 年年报，新中基在 2006 年前 5 名客户的销售收入为 1 040 359 545.68 元，占总销售收入的比例为 58.35%；而在 2005 年新中基前 5 名客户的销售收入为 401 458 724.76 元，占总销售收入的比例为 38.96%。可以发现，新中基在一年内销售收入足足增长了 159%。新中基对此解释为需求增加以及国际市场番茄酱价格的攀升，而其中一大部分的销售收入实际上是虚增的。

按照调查核查计算口径，涉案事项对新中基年度财务报表数据的影响情况如表 2-4 所示。

表 2-4  新中基 2006—2011 年违法金额                     单位：万元

| 项　　目 | 2006 年 | 2007 年 | 2008 年 | 2009 年 | 2010 年 | 2011 年 |
|---|---|---|---|---|---|---|
| 虚增收入 | 31 566.92 | 26 849.77 | 7 559.67 | 0 | 0 | 0 |
| 虚增成本 | 22 481.37 | 24 915.95 | 10 365.51 | 675.04 | 5 648.11 | 1 890.47 |
| 虚增利润 | 9 085.55 | 1 933.81 | −2 805.84 | −675.04 | −5 648.11 | −1 890.47 |
| 虚增/减利润占经核查更正后净利润% | 138.57% | 34.50% | 68.57% | 25.43% | 26.25% | 1.64% |

从表 2-4 可见，2006 年涉及虚增收入与利润的金额最大。根据证监会的调查，新中基在 2006 年虚增利润达 9 085.55 万元，直接导致了 2006 年利润由亏损转为赢利，性质严重。而在 2006 年与 2007 年，新中基对外解释国际市场番茄酱价格不断攀升，仅 2007 年就较 2006 年上涨近 20%，且市场对番茄酱的需求不断增大，在 2006 年，新中基凭借"喜人"的业绩与财报，完成了非公开增发计划，募集了上亿资金，可见新中基还利用虚假的经营业绩成功地进行了再融资。在 2009—2011 年的 3 年中，想要填平之前 3 年虚增的收入与利润而虚增成本虚减利润，在 2010 年新中基的年报中，其资产减值损失科目较 2009 年增长了 1 978.33%，大幅计提存货跌价准备 1.56 亿元，坏账计提 3 400 万元，而其理由仅仅是因为市场番茄酱价格的低迷，可见牵强，也是新中基蓄意填平之前业绩造假的手段之一。

### 三、审计主体的基本情况及主要审计问题

（一）审计主体的基本情况

因上海立信长江会计师事务所作为新中基审计机构已满 5 年，按照相关规定须更换主审人员及签字注册会计师。2016 年 11 月，新中基召开董事会审议，决定改聘万隆亚洲会计师事务所（以下简称万隆亚洲）作为公司 2006 年审计机构。

万隆亚洲签字注会张玉林、张森对新中基 2016 年年报出具无保留审计意见；在随后的 2007 年、2008 年，万隆亚洲又继续担任新中基年报审计机构。

2009 年，万隆亚洲与国富浩华会计师事务合并，合并后的事务所更名为"国富浩华会计师事务所有限公司"（以下简称国富浩华）。由此，新中基于 2009 年将财务审计机构变更为国富浩华，马波涛再次担任财务审计会计师，2007—2009 年审计机构均给予了新中基如同 2006 年财报的评价。

2010 年 9 月，新中基将审计机构变更为信永中和会计师事务所（以下简称信永中和），并交由其负责公司 2010 年和 2011 年财报的审计工作。信永中和对新中基 2010 年年报出具标准审计意见；对其 2011 年年报出具非标准性审计意见。

1. 万隆亚洲会计师事务所

万隆会计师事务所系由地方各路万隆号组成，2007 年合并营业收入 1.9 亿元，371 名 CPA，全国排名前 5；亚洲会计师事务所，原名湖北发展会计师事务所，2003 年北上改弦

亚洲，2007 年营业收入 1 亿元，151 名 CPA，全国排名列位 18。2008 年双方合并万隆亚洲，总部在上海，2008 年营业收入 3.9 亿元，拥有 556 名 CPA。

### 2. 国富浩华会计师事务所有限公司

国富浩华会计师事务所曾经是一家专业化、规模化、国际化的大型会计师事务所，具有证券期货相关业务审计特许资格和 H 股企业审计资格。

2009 年 9 月，由北京五联方圆会计师事务所、万隆亚洲会计师事务所、中磊总部部分执业团队及其安徽、江苏、福建、广东佛山分所合并组建成立了国富浩华会计师事务所。

2013 年 2 月，国富浩华合并了因绿大地欺诈上市而被撤销证券服务业务资格的深圳鹏城所，以及利安达部分分所团队。

2013 年 5 月底，与中瑞岳华会计师事务所合并为新的瑞华会计师事务所（特殊普通合伙），合并后的瑞华所已经超过"四大"中的两家事务所，目前已经成为中国本土成立的最大事务所。

2015 年会计师事务所综合评价排名第 4，事务所本身业务收入 306 202.57 万元，拥有注册会计师 2 357 人。

### 3. 信永中和会计师事务所

信永中和会计师事务所于 1999 年创立，总部设在北京。信永中和的业务涉及审计、管理咨询、会计税务、工程造价等板块，目前在华北、华东、华南、西北和西南各大区域以及香港和东南亚地区均有分布。其服务的客户包括了大型国有企业、民营企业和三资企业，这些客户中包含了大型上市公司和拟上市的公司。

2015 年，全国综合评价排名第 8，事务所本身业务收入 128 288.93 万元，拥有注册会计师 1 186 人。

### （二）主要审计问题

新中基的审计机构，在 2006—2011 年长达 6 年的时间里，只出具过一次保留意见的审计报告，而其余均为标准无保留意见的审升报告，而唯一一次的保留意见也是因为新中基受到证监会新疆监管分局的立案调查而出具的。而在证监会的处罚决定书中，也可发现审计机构对新中基 6 年会计舞弊案难辞其咎。

（1）从舞弊审计准则，即《中国注册会计师审计准则第 1141 号——财务报表审计中与舞弊相关的责任》来看，准则对注册会计师保持职业怀疑有较高的要求。而在新中基案中，6 年审计报告只一次保留意见，其余均为标准无保留意见。6 年的时间中进行会计舞弊总会有一些蛛丝马迹，例如新中基异常的会计科目、过账只转仓单不转货物的漏洞等，而这些会计舞弊迹象在保持高度职业怀疑的情况下是可以被发现的。从一个角度也反映出审计人员对公司的管理层与治理层过度信赖，没有在整个审计过程中时刻保持怀疑的职业态度，以致在具体审计程序中有所放松懈怠。虽然准则也说到被审计单位管理层与治理层对防治与发现舞弊行为负有主要责任，但在舞弊行为可以被发现的时候，审计人员也理应及时发现审计风险，对其负有一定的责任。此外，态度会影响行动，审计程序的执行也与保持合理职业怀疑息息相关，只有在整个审计过程中保持职业怀疑才会在行动上认真执行审计程序。

（2）我国第 1141 号审计准则强调了通过收入确认是否存在舞弊的风险，提醒注册会计师关注异常的重大交易。在新中基会计舞弊案中，2006 年是新中基涉案金额最大的一年，虚增收入 31 566.92 万元，利润达 9 085.55 万元，直接导致了 2006 年利润由亏损转为赢利，2006 年新中基营业收入增加明显，收入翻番。此外，在 2007 年新中基的年报中，其对前 5 大客户的销售额增长也极为明显，对于一个主营农业副产品的企业来说，销量的急剧增加是一个异常事项。在新中基的年报中将业绩的大幅提升归因于良好的市场环境、不断攀升的国际市场价格等因素，但是营业收入仅在一年增加幅度之大，仍应受到审计人员的关注。在审计准则中，收入类科目提高到了重要的高度，认为企业进行会计舞弊一般多在收入类账目上做文章，审计人员在审计的时候更加应该提高职业怀疑，认真分析异常的变动。

（3）第 1323 号中国注册会计师审计准则是关于关联方的审计准则，准则也规定注册会计师有责任实施与关联方有关的相关审计程序识别舞弊风险因素，提及被审计单位隐瞒关联方进行舞弊的可能性。在新中基会计舞弊案中，新中基与其隐蔽公司天津晟中交易多年，且在 2007 年，天津晟中已成为新中基第一大欠款方，欠有款项超过 2 亿元，天津晟中从 2006 成立，开始于新中基进行所谓的购销业务，对于新增的往来金额较大的交易方，审计人员应该引起关注，并进行合理的职业怀疑。

（4）第 1313 号审计准则——分析程序规定，注册会计师在进行风险评估程序时，"分析不同财务数据之间以及财务数据与非财务数据之间的内在关系"来进行审计工作，新中基 2006 年、2007 年的营业收入，2010 年的资产减值科目存在着异常的波动，这些财务数据根据时间段进行级向对比就会发现异常，必要时审计人员可以进行实质性程序，帮助确认是否存在舞弊迹象。明显，审计机构并未进行恰当的审计分析程序。

（5）第 1311 号审计准则对存货的审计也进行了规定，认为审计人员应该就"存货的存在和状况获取充分、适当的审计证据"。而在《中国注册会计师执业准则应用指南》也具体对相关审计技术进行了指导与详细的分析，里面有相关介绍与解释性材料，帮助注册会计师更好地进行审计操作。在证监会的处罚决定书中提到新中基通过非关联方及壳公司两层关系来进行虚假交易，"货物基本不动，交易仅仅是仓单的转移"，这里的"仓单"是指保管人收到仓储物后给存货人开付的提取仓储物的凭证。新中基是通过仓单在自身、壳公司及控股子公司等间进行转移，从而虚构交易。具体的购销业务肯定会涉及货物的转移，这里就会涉及出库单、发货单、发运凭证、发车记录等。在新中基一案中，如果审计人员能够认真进行存货盘点、监盘、抽查发车记录、发运凭证，就能发现其中的伎俩，相对而言，这是比较容易发现的。在新中基会计舞弊案件中，其舞弊手法中虚构业务只转仓单不转货物是一个比较明显的漏洞，而审计人员在其会计舞弊期间均未发现，是其审计失败的重要原因。

### 四、案件结果

**（一）被审计单位——新中基**

依据《证券法》第一百九十三条、第二百三十三条以及《证券市场禁入规定》第三条至第五条的规定，证监会决定：

（1）对新中基给予警告，并处以 40 万元罚款。

（2）对董事长刘一给予警告，并处以 30 万元罚款；认定刘一为市场禁入者，自宣布决定之日起，终身不得从事证券业务或担任上市公司董事、监事、高级管理人员职务。

（3）对副总经理、总会计师吴光成给予警告，并处以 20 万元罚款；认定吴光成为市场禁入者，自宣布决定之日起，10 年内不得从事证券业务或担任上市公司董事、监事、高级管理人员职务。

（4）对财务部经理侯守军、曾任新中基销售负责人吴新安给予警告，并分别处以 10 万元罚款；认定侯守军为市场禁入者，自宣布决定之日起，3 年内不得从事证券业务或担任上市公司董事、监事、高级管理人员职务。

（5）对天津中辰财务部经理李方给予警告，并处以 5 万元罚款。

（6）对总经理文勇、董事会秘书成屹给予警告，并分别处以 3 万元罚款。

**（二）会计事务所——万隆亚洲、国富浩华、信永中和**

新中基的造假手法其实并不难发现，证监会查证的情况显示，新中基利用非关联企业中转、过账，货物基本不动，交易只是仓单的转移。如果负责审计的会计师足够负责任，可以看出这其中的漏洞。例如，如此大金额的货物往来会产生物流运输等费用，如果只是仓单的转移，未必会有此笔费用，这是明显的漏洞；空壳公司和上市公司有大笔生意往来，是重大客户，审计时如果能去这家空壳公司的办公地点看一眼，也能戳破这层造假的窗户纸。

所以，如果审计机构未勤勉尽责或故意参与做假，负责审计的会计师事务所应该承担相应的责任，即虚假陈述的连带责任。

## ▌评 析

### 一、新中基财务舞弊的动因

**（一）常年巨亏使公司面临破产的压力**

根据规定，如果上市公司连续 2 年出现亏损，公司股票将被证券交易所处以退市风险警示；如果上市公司连续 3 年出现亏损，公司股票将被证券交易所处暂停上市的处罚，公司面临破产压力。

而且，一旦上市公司戴帽 ST 后，在筹集资金扩张产业上将非常困难，严重影响整个公司的正常运营。上述情况的出现，无疑都是公司的管理人员、投资者、债权人等所不愿意看到的。为了成功保壳，不被戴上 ST 的"帽子"，一些公司的管理层迫于外在的压力，不惜采用虚增利润等不当方式来粉饰其财务报表。虚增利润对于上市公司来说，不但可以实现账面上的盈利，也会给投资者传递公司业绩良好的虚假信息，抬高公司股价，给公司带来收益。新中基财务舞弊的目的就在于避免股票退市，希望能扭亏为盈，进而维持公司的股票价格。一般情况下，投资者不会选择亏损的企业或者业绩持续下降的公司进行投资。新中基通过伪造财务数据等信息，骗取投资者的支持与信赖，拆东墙补西墙，用新筹集的资金去弥补之前的损失。

（二）缺乏有效的治理机制给舞弊提供了肥沃的土壤

在目前市场经济条件下，上市公司要保证正常的生产经营，必须有一套健全的内部控制制度。上市公司内部的董事会、管理层及监事会要各司其职，积极发挥模范带头作用，相互依存、相互监督，这样才能促使公司的健康发展。很明显，新中基缺乏有效的内部控制制度以及健全的公司治理机制。新中基的前董事长刘一，自公司 2000 年上市到 2011 年，一直担任董事长一职。在此期间，大部分董事、高管都未曾更换，公司一直未有新鲜的血液加入。长此以往，董事会、管理层有绝对的时间和空间来架空整个公司的治理结构，掌握财务大权，进而使公司传统的控制机制对高管人员的舞弊行为无能为力。一旦公司遇到经营业绩严重下滑，或者经营过程中出现重大失误或失职，其董事会、管理层完全可能通过自己的"权威"强迫财务人员或与财务人员合谋通过实施会计舞弊来达到自己的目的。

（三）法律对财务舞弊的惩罚不严让舞弊变得明目张胆

当前，我国法律法规对上市公司财务舞弊的行为惩罚并不严厉，起不到杜绝舞弊事件发生的效用。证监会对违规的上市公司及个人的处罚仅仅是行政处分或罚款，罚款的力度也很小，无关痛痒。

此次，新中基 2006—2011 年各年度的财务报告信息披露均存在虚假记载及重大遗漏。证监会对新中基及其多名高管开出罚单总共仅为 121 万元，与其凭虚假业绩成功融资近 10 亿元相比，不值一提。这种较轻的惩罚力度对于高管的舞弊行为根本起不到警示和杜绝作用，与巨大的非法利益相比，公司高管仍会前赴后继地参与舞弊行动。

（四）高管人员存侥幸心理

上市公司的财务造假通常是以高管人员为主体，他们的行为经过了精巧的设计，想方设法隐瞒自己的罪证，使得注册会计师在审计过程中难以识别。由于存在某些客观原因，例如技术限制或人手不足，证监会无法对上市公司的方方面面进行彻底的监察与管控，难免存在疏漏。这样一来，财务舞弊行为人的侥幸心理也会得以助长，企图逃避被证监会追究责任。

新中基的财务造假思路源于"保壳"。公司的部分高层考虑到，被 ST 之后将极大损害公司的形象，不利于公司的短期融资以及未来的长期发展。事实上上市公司完全可以通过并购、资产重组等手段改善公司的现状，且对公司今后的发展并没有太大影响，无非是交易受到了一些限制。但是为什么新中基的高管费尽心思、铤而走险来虚构这一连串的业绩呢？不难看出，保壳的背后是新中基高层的价值观导向出现了偏差。他们认为舞弊的行为是为了帮助公司渡过难关，顺利融资，以便未来可以发展得更好。

## 二、六年造假没有被发现的原因

### （一）管理层精心筹划

根据证监会的处罚公告，2006年1月新中基隐蔽出资设立天津晟中，当期集团内公司通过向天津晟中销售产品，并隐瞒集团内交易的事实，规避了合并报表时对集团内交易的抵销处理，造成虚增营业利润。

本案例的另外两个特点是：第一，天津晟中从集团内公司采购的存货并没有在当年转售回集团内的天津中辰，甚至是在购入存货的两年后才转售回天津中辰；第二，除了天津晟中这个空壳公司，天津晟中是通过第三方新疆豪客间接地把从集团内采购的存货转售给天津中辰，更增加了关联交易的隐蔽性。

### （二）财务指标预警失效

表2-5报告了2004—2009年根据新中基未更正之前（包含虚假财务数据）的财务数据计算的营业收入、毛利率、应收账款与营业收入比率三个指标，也列示了处于同一行业的中粮屯河的比较财务数据。中粮屯河是世界第二大番茄酱生产企业，与新中基同属于国内番茄酱行业巨头。新中基经营活动主要集中于番茄加工，中粮屯河涉及包括番茄加工在内的四大业务类型。为了实现财务指标的可比性，表2-5中只列示了中粮屯河番茄加工业务的营业收入和毛利率。

表2-5　2004—2009年新中基和中粮屯河相关财务指标对照　　单位：百万元

|  | 项　　目 | 2004年 | 2005年 | 2006年 | 2007年 | 2008年 | 2009年 |
|---|---|---|---|---|---|---|---|
| 新中基 | 营业收入 | 695.72 | 1 030.32 | 1 782.82 | 2 411.29 | 2 043.13 | 1 660.02 |
|  | 毛利率 | 33.77% | 24.90% | 19.06% | 17.57% | 22.70% | 20.82% |
|  | 应收账款与收入比 | 0.52 | 0.37 | 0.36 | 0.27 | 0.53 | 0.49 |
| 中粮屯河 | 营业收入 | 845.79 | 926.47 | 1 045.12 | 1 254.34 | 1 982.09 | 1 436.65 |
|  | 毛利率 | — | 22.28% | 22.38% | 25.25% | 35.84% | 43.05% |

对表2-5中新中基虚增营业利润前后期间的财务指标进行纵向比较。在虚增营业利润的前2年，即2004年、2005年，新中基的毛利率分别为33.77%和24.90%。毛利率在2005年出现下降，2006年、2007年毛利率进一步下降，分别降至19.06%和17.57%。与中粮屯河的横向比较也可以看到，新中基2006年、2007年的毛利率也明显低于中粮屯河的毛利率22.38%和25.25%。一般认为，企业虚增营业利润，同时也会虚增毛利率。从新中基的案例可以看到，2006年、2007年新中基虚增营业利润，但毛利率反而低于以前年度，也低于同行业水平。无论是纵向还是横向比较，都难以通过这些关键的财务指标发现新中基财务造假的任何疑点。

同时，新中基2006年、2007年应收账款占营业收入的比重分别为0.36、0.27，也低于以前年度，投资者通过报表分析较难发现会计应计的异常。

（三）大量并购增加财务报表分析的难度

新中基 2004 年、2005 年先后收购法国普罗旺斯食品公司、增资控股天津中辰、成立中基番茄制品有限责任公司，经营规模迅速扩大。从表 2-5 可以看到，2006 年，新中基营业收入大幅增长，新中基对此的解释是天津中辰全面投产，销量大幅增加，当期合并了法国普罗旺斯公司全年的销售收入。而 2005 年仅合并了一个季度的收入。对 2007 年营业收入增长的解释是增加合并报表单位内蒙中基番茄 2007 年 8 月至 10 月主营业务收入；增加合并报表单位中辰制罐 2007 年 7 月至 12 月主营业务收入；天津中辰出口番茄制品收入大幅增加。虽然众多的财务舞弊案例告诉我们，收入的惊人增长往往是企业财务舞弊的重要信号，但由于新中基将营业收入的变化归因于投资并购的子公司，从而增加了投资者识别财务造假的难度。

## 思考与讨论

1. 新中基前后任注册会计师在审计业务承接方面应该注意的事项和遵守的执业准则？

2. 上海立信长江会计师事务所、万隆会计师事务所、信永中和会计师事务所在承接过程中的审计行为是否构成"串通舞弊"，使新中基成为"受害者"？

## 参考文献

1. 中国注册会计师协会网站（http://www.cicpa.org.cn/）

2. 中国证监会网站（http://www.csrc.gov.cn/pub/newsite/）

3. 杨模荣，邓姣. 对"新中基"财务造假案例的分析、思考与启示［J］. 财会月刊，2015（19）：78-81.

4. 成询磊. 新中基财务舞弊案例分析［D］. 北京：财政部财政科学研究所，2015.

5. 周怡. 我国上市公司会计舞弊问题研究——以新中基为例［D］. 北京：财政部财政科学研究所，2015.

6. 林建宗. 上市公司财务舞弊分析［J］. 商情（财经研究），2008（05）：49-50，127.

7. 刘辉. 新中基任性造假背后［J］. 董事会，2015（01）：78-80.

8. 吴灿森. 浅议企业财务舞弊的特征与审计方法［J］. 财经界，2014（18）：250，252.

9. 桂小笋. 新中基买空卖空耍财技造假 律师指审计机构难辞其咎［N］. 证券日报，2014-7-11（C02）.

10. 曾永静. 企业收入确认舞弊［J］. 时代金融，2013（2）：101-102.

11. 新中基. 关于公司股票交易实行退市风险警示的公告［EB/OL］.［2012-04-27］. 巨潮资讯网.

# 第三章　风险评估与计划审计工作

**学习目标**

- 了解风险评估总流程
- 掌握如何了解被审计单位及其环境
- 掌握如何评价企业整体内部控制
- 熟悉如何从业务流程层面了解企业内部控制
- 掌握审计风险应对措施
- 掌握总体审计策略与具体审计计划的关系

注册会计师实施审计，其目标是对财务报表不存在由于错误或舞弊导致的重大错报获取合理保证。风险导向审计是当今主流的审计方法，它要求注册会计师识别和评估重大错报风险，设计和实施进一步审计程序以应对评估的错报风险，并根据审计结果出具恰当的审计报告。本章介绍如何对重大错报风险进行识别、评估和应对，并介绍总体审计策略与具体审计计划内容。本章用"天丰节能和洪良国际"两个审计案例对风险评估与计划审计工作进行具体分析。

## 一、风险导向审计方法概述

风险导向审计以战略观和系统观思想指导重大错报风险评估和整个审计流程，其核心思想可以概括为：审计风险主要来源于企业财务报告的错报风险，而错报风险主要来源于整个企业的经营风险。因此，有效的审计应该是建立在对企业所处社会和行业的宏观环境、战略目标和关键经营环节分析的基础上，通过综合评价经营风险以确定实质性测试的范围、时间和程序。现代风险导向审计的业务流程如表 3-1 所示。

表 3-1　现代风险导向审计的业务流程

| 审计业务流程和程序 | | 目　　的 | 用以规范的国家审计准则 |
| --- | --- | --- | --- |
| 1. 风险评估程序 | 了解被审计单位及其环境，包括内部控制 | 为了评估财务报表总体层次和认定层次的重大错报风险 | 中国注册会计师审计准则第 1211 号《了解被审计单位及其环境并评估重大错报风险》 |

续表

| 审计业务流程和程序 | | 目　的 | 用以规范的国家审计准则 |
|---|---|---|---|
| 2. 进一步审计程序 | （必要时）控制测试 | 测试内部控制在防止、发现和纠正认定层次重大错报方面的有效性，并据此重新评估认定层次的重大错报风险 | 中国注册会计师审计准则第 1231 号《针对评估的重大错报风险实施的程序》 |
| 3. 进一步审计程序 | 实质性程序 | 发现认定层次的重大错报，降低检查风险 | 第 1301 号《审计证据》 |

## 二、风险评估

### （一）风险评估程序、信息来源以及项目组内部的讨论

1. 风险评估程序

注册会计师了解被审计单位及其环境，目的是识别和评估财务报表重大错报风险。为了解被审计单位及其环境而实施的程序称为"风险评估程序"。

注册会计师应当实施下列风险评估程序，以了解被审计单位及其环境：（1）询问被审计单位管理层和内部其他相关人员；（2）实施分析程序；（3）观察和检查。

2. 其他审计程序和信息来源

（1）除了采用上述程序从被审计单位内部获取信息以外，如果根据职业判断认为从被审计单位外部获取的信息有助于识别重大错报风险，注册会计师应当实施其他审计程序以获取这些信息。

（2）其他信息来源。

3. 项目组内部的讨论

（1）讨论的目标：使成员更好地了解在各自分工负责的领域中，由于舞弊或错误导致财务报表重大错报的可能性，并了解各自实施审计程序的结果如何影响审计的其他方面，包括对确定进一步审计程序的性质、时间和范围的影响。

（2）讨论的内容：被审计单位面临的经营风险、财务报表容易发生错报的领域以及发生错报的方式。特别是由于舞弊导致重大错报的可能性。

（3）参与讨论的人员：项目组的关键成员应当参与讨论，如果项目组需要拥有信息技术或其他特殊技能的专家，这些专家也应参与讨论。

（4）讨论的时间和方式：项目组应当根据审计的具体情况，在整个审计过程中持续交换有关财务报表发生重大错报可能性的信息。项目组在讨论时应当强调在整个审计过程中保持职业怀疑态度，警惕可能发生重大错报的迹象，并对这些迹象进行严格追踪。

### （二）了解被审计单位及其环境

注册会计师应当从下列方面了解被审计单位及其环境：（1）行业状况、法律环境与监

管环境以及其他外部因素；（2）被审计单位的性质；（3）被审计单位对会计政策的选择和运用；（4）被审计单位的目标、战略以及相关经营风险；（5）被审计单位财务业绩的衡量和评价；（6）被审计单位的内部控制。

上述第（1）项是被审计单位的外部环境，第（2）项至第（4）项以及第（6）项是被审计单位的内部因素，第（5）项则既有外部因素也有内部因素。注册会计师在对被审计单位及其环境的各个方面进行了解和评估时，应当考虑各因素之间的相互关系。

（三）了解被审计单位的内部控制

1. 了解控制环境

（1）了解的内容：① 对诚信和道德价值观念的沟通与落实；② 对胜任能力的重视；③ 治理层的参与程度；④ 管理层的理念和经营风格；⑤ 组织结构及职权与责任的分配；⑥ 人力资源政策与实务。

（2）控制环境的评估：在评价控制环境各个要素时，注册会计师应当考虑控制环境各个要素是否得到执行，控制环境的总体优势是否为内部控制的其他要素提供了适当的基础，并且未被控制环境中存在的缺陷所削弱。由于控制环境本身并不能防止或发现并纠正各类交易、账户余额、列报认定层次的重大错报，注册会计师在评估重大错报风险时应当将控制环境连同其他内部控制要素产生的影响一并考虑。

此外，在小型被审计单位，可能无法获取以文件形式存在的有关控制环境要素的审计证据，注册会计师应当重点了解管理层对内部控制设计的态度、认识和措施。

2. 了解被审计单位的风险评估过程

（1）被审计单位面临的风险及风险评估过程。可能产生风险的事项和情形包括：监管及经营环境的变化；新员工的加入；新信息系统的使用或对原系统进行升级；业务快速发展；新技术；新生产型号、产品和业务活动；企业重组；发展海外经营；新的会计准则。

被审计单位的风险评估过程包括识别与财务报告相关的经营风险，以及针对这些风险所采取的措施。

（2）对风险评估过程的了解。在评价被审计单位风险评估过程的设计和执行时，注册会计师应当确定管理层如何识别与财务报告相关的经营风险，如何估计该风险的重要性，如何评估风险发生的可能性，以及如何采取措施管理这些风险。

此外，在小型被审计单位，管理层可能没有正式的风险评估过程，注册会计师应当与管理层讨论其如何识别经营风险以及如何应对这些风险。

3. 了解信息系统与沟通

（1）与财务报告相关的信息系统的含义。与财务报告相关的信息系统，包括用以生成、记录、处理和报告交易、事项和情况，对相关资产、负债和所有者权益履行经营管理责任的程序和记录。与财务报告相关的信息系统通常包括下列职能：① 识别与记录所有的有效交易；② 及时、详细地描述交易，以便在财务报告中对交易做出恰当分类；③ 恰当计量交易，以便在财务报告中对交易的金额做出准确记录；④ 恰当确定交易生成的会计期间；

⑤ 在财务报表中恰当列报交易。

（2）对与财务报告相关的信息系统的了解。注册会计师应当从下列方面了解与财务报告相关的信息系统：① 在被审计单位经营过程中，对财务报表具有重大影响的各类交易；② 在信息技术和人工系统中，交易生成、记录、处理和报告的程序；③ 与交易生成、记录、处理和报告有关的会计记录、支持性信息和财务报表中的特定项目；④ 信息系统如何获取除各类交易之外的对财务报表具有重大影响的事项和情况；⑤ 被审计单位编制财务报告的过程，包括做出的重大会计估计和披露；⑥ 管理层凌驾于账户记录控制之上的风险。

（3）与财务报告相关的沟通的含义。与财务报告相关的沟通包括使员工了解各自在与财务报告有关的内部控制方面的角色和职责、员工之间的工作联系，以及向适当级别的管理层报告例外事项的方式。

（4）对与财务报告相关沟通的了解。注册会计师应当了解被审计单位内部如何对财务报告的岗位职责，以及与财务报告相关的重大事项进行沟通。注册会计师还应当了解管理层与治理层（特别是审计委员会）之间的沟通，以及被审计单位与外部（包括与监管部门）的沟通。

（5）对小型被审计单位的考虑。在小型被审计单位，与财务报告相关的信息系统和沟通可能不如大型被审计单位正式和复杂。管理层可能会更多地参与日常经营管理活动和财务报告活动，不需要很多书面的政策和程序指引，也没有复杂的信息系统和会计流程。由于小型被审计单位的规模较小、报告层次较少，因此，小型被审计单位可能比大型被审计单位更容易实现有效的沟通。

4. 了解控制活动

（1）相关的控制活动的含义。控制活动是指有助于确保管理层的指令得以执行的政策和程序。包括：① 授权；② 业绩评价；③ 信息处理；④ 实物控制；⑤ 职责分离。

（2）对控制活动的了解。在了解控制活动时，注册会计师应当重点考虑一项控制活动单独或连同其他控制活动，是否能够以及如何防止或发现并纠正各类交易、账户余额、列报存在的重大错报。

（3）对小型被审计单位的考虑。小型被审计单位的控制活动可能没有大型被审计单位那样正式和复杂，并且某些控制活动可能直接由管理层执行。因此，通常难以实施适当的职责分离，注册会计师应当考虑小型被审计单位采取的控制活动（特别是职责分离）能否有效实现控制目标。

5. 了解对控制的监督

（1）对控制的监督的含义。对控制的监督是指被审计单位评价内部控制在一段时间内运行有效性的过程，该过程包括及时评价控制的设计和运行，以及根据情况的变化采取必要的纠正措施。通常，被审计单位通过持续的监督活动、专门的评价活动或两者相结合来实现对控制的监督。

（2）了解对内部控制的监督。注册会计师考虑的主要因素可能包括：① 被审计单位是否定期评价内部控制;② 被审计单位人员在履行正常职责时,能够在多大程度上获得内部控制是否有效运行的证据;③ 与外部的沟通能够在多大程度上证实内部产生的信息或者指出存在的问题;④ 管理层是否采纳内部审计人员和注册会计师有关内部控制的建议;⑤ 管理层是否及时纠正控制运行中偏差;⑥ 管理层根据监管机构的报告及建议是否及时采取纠正措施;⑦ 是否存在协助管理层监督内部控制的职能部门(如内部审计部门)。

(3)对小型被审计单位的考虑。小型被审计单位通常没有正式的持续监督活动,且持续的监督活动与日常管理工作难以明确区分,业主往往通过其对经营活动的密切参与来识别财务数据中的重大差异和错报,并对控制活动采取纠正措施,注册会计师应当考虑业主对经营活动的密切参与能否有效实现其对控制的监督目标。

6. 在整体层面对内部控制了解和评估的总结

在了解上述内部控制的各构成要素时,注册会计师应当对被审计单位整体层面的内部控制的设计进行评价,并确定其是否得到执行。实际上,这一评价过程需要大量的职业判断,并没有固定的公式或指标可供参考。被审计单位整体层面的内部控制是否有效将直接影响重要业务流程层面控制的有效性,进而影响注册会计师拟实施的进一步审计程序的性质、时间和范围。

7. 在业务流程层面了解和评价内部控制

在初步计划审计工作时,注册会计师需要确定在被审计单位财务报表中可能存在重大错报风险的重大账户及其相关认定。为实现此目的,通常采取下列步骤:(1)确定被审计单位的重要业务流程和重要交易类别;(2)了解重要交易流程,并记录获得的了解;(3)确定可能发生错报的环节;(4)识别和了解相关控制;(5)执行穿行测试,证实对交易流程和相关控制的了解;(6)进行初步评价和风险评估。

(四)评估重大错报风险

1. 识别和评估财务报表层次和认定层次的重大错报风险

(1)识别和评估重大错报风险的审计程序。① 在了解被审计单位及其环境的整个过程中识别风险,并考虑各类交易、账户余额、列报;② 将识别的风险与认定层次可能发生错报的领域相联系;③ 考虑识别风险是否重大;④ 考虑识别的风险导致财务报表发生重大错报的可能性。

(2)可能表明被审计单位存在重大错报风险的事项和情况:在经济不稳定的国家或地区开展业务;在高度波动的市场开展业务;在严格、复杂的监管环境中开展业务;持续经营和资产流动性出现问题,包括重要客户流失;融资能力受到限制;行业环境发生变化;供应链发生变化;开发新产品或提供新服务,或进入新的业务领域;开辟新的经营场所;发生重大收购、重组或其他非经常性事项;拟出售分支机构或业务分部;复杂的联营或合资;运用表外融资、特殊目的实体以及其他复杂的融资协议;重大的关联交易;缺乏具备胜任能力的会计人员;关键人员变动;内部控制薄弱;信息技术战略与经营战略不协调;信息技术环境发生变化;安装新的与财务报告有关的重大信息技术系统;经营活动或财务报告受到监管机构的调查；以往存在重大错报或本期期末出现重大会计调整；发生重大的非常规交易；按照管理层特定意图记录的交易；应用新颁布的会计准则或相关会计制度；会计计量过程复杂；事项或交易在计量时存在重大不确定性；存在未决诉讼、或有负债。

（3）识别两个层次的重大错报风险。在对重大错报风险进行识别和评估后，注册会计师应当确定，识别的重大错报风险是与特定的某类交易、账户余额、列报的认定相关，还是与财务报表整体广泛相关，进而影响多项认定。

（4）控制环境对评估财务报表层次重大错报风险的影响。财务报表层次的重大错报风险很可能源于薄弱的控制环境。薄弱的控制环境带来的风险可能对财务报表产生广泛影响，难以限于某类交易、账户余额、列报，注册会计师应当采取总体应对措施。

（5）控制对评估认定层次重大错报风险的影响。在评估重大错报风险时，注册会计师应当将所了解的控制与特定认定相联系。在评估重大错报发生的可能性时，除了考虑可能的风险外，还要考虑控制对风险的抵消和遏制作用。有效的控制会减少错报发生的可能性，而控制不当或缺乏控制，错报就会由可能变成现实。

（6）考虑财务报表的可审计性。如果通过对内部控制的了解发现下列情况，并对财务报表局部或整体的可审计性产生疑问，注册会计师应当考虑出具保留意见或无法表示意见的审计报告：（1）被审计单位会计记录的状况和可靠性存在重大问题，不能获取充分、适当的审计证据以发表无保留意见；（2）对管理层的诚信存在严重疑虑。必要时，注册会计师应当考虑解除业务约定。

2. 需要特别考虑的重大错报风险（简称特别风险）

（1）特别风险的判定：① 风险是否属于舞弊风险；② 风险是否与近期经济环境、会计处理和其他方面的重大变化有关；③ 交易的复杂程度；④ 风险是否涉及重大的关联方交易；⑤ 财务信息计量的主观程度，特别是对不确定事项的计量存在较大区间；⑥ 风险是否涉及异常或超出正常经营过程的重大交易。

（2）特别风险的处理。对特别风险，注册会计师应当评价相关控制的设计情况，并确定其是否已经得到执行。由于与重大非常规交易或判断事项相关的风险很少受到日常控制约束，所以，注册会计师应当了解被审计单位是否针对该特别风险设计和实施了控制。

如果管理层未能实施控制以恰当应对特别风险，注册会计师应当认为内部控制存在重大缺陷，并考虑其对风险评估的影响。在此情况下，注册会计师应当考虑就此类事项与治理层沟通。

（3）仅通过实质性程序无法应对的重大错报风险。作为风险评估的一部分，如果认为仅通过实质性程序获取的审计证据无法将认定层次的重大错报风险降至可接受的低水平，注册会计师应当评价被审计单位针对这些风险设计的控制，并确定其执行情况。

（4）对风险评估的修正。注册会计师对认定层次重大错报风险的评估应以获取的审计证据为基础，并可能随着不断获取审计证据而做出相应的变化。

### 三、风险应对

**（一）针对财务报表层次重大错报风险的总体应对措施**

1. 财务报表层次重大错报风险的总体应对措施

（1）向项目组强调在收集和评价审计证据过程中保持职业怀疑态度的必要性。

（2）分派更有经验或具有特殊技能的审计人员，或利用专家的工作。

（3）提供更多的督导。

（4）在选择进一步审计程序时，应当注意使某些程序不被管理层预见或事先了解。

（5）对拟实施审计程序的性质、时间和范围做出总体修改。

2. 控制环境对财务报表层次重大错报风险评估的影响

（1）在期末而非期中实施更多的审计程序。

（2）主要依赖实质性程序获取审计证据。

（3）修改审计程序的性质，获取更具说服力的审计证据。

（4）扩大审计程序的范围。

3. 财务报表层次的重大错报风险及其总体应对措施对总体方案的影响

注册会计师评估的财务报表层次重大错报风险以及采取的总体应对措施，对拟实施进一步审计程序的总体方案具有重大影响。

拟实施进一步审计程序的总体方案包括实质性方案和综合性方案。其中，实质性方案是指注册会计师实施的进一步审计程序以实质性程序为主；综合性方案是指注册会计师在实施进一步审计程序时，将控制测试与实质性程序结合使用。当评估的财务报表层次重大错报风险属于高风险水平（并相应采取更强调审计程序不可预见性、重视调整审计程序的性质、时间和范围等总体应对措施）时，拟实施进一步审计程序的总体方案往往更倾向于实质性方案。

**（二）针对认定层次重大错报风险的进一步审计程序**

1. 进一步审计程序的含义和要求

进一步审计程序相对风险评估程序而言，是指注册会计师针对评估的各类交易、账户余额、列报（包括披露，下同）认定层次重大错报风险实施的审计程序，包括控制测试和实质性程序。

注册会计师应当针对所评估的认定层次重大错报风险来设计和实施进一步审计程序，包括审计程序的性质、时间和范围。在设计进一步审计程序时，注册会计师应当考虑下列因素：（1）风险的重要性；（2）重大错报发生的可能性；（3）涉及的各类交易、账户余额和列报的特征；（4）被审计单位采用的特定控制的性质；（5）注册会计师是否拟获取审计证据，以确定内部控制在防止或发现并纠正重大错报方面的有效性。

2. 进一步审计程序的性质

进一步审计程序的性质是指进一步审计程序的目的和类型。其中，进一步审计程序的目的包括通过实施控制测试以确定内部控制运行的有效性，通过实施实质性程序以发现认定层次的重大错报；进一步审计程序的类型包括检查、观察、询问、函证、重新计算、重新执行和分析程序。

注册会计师应当根据认定层次重大错报风险的评估结果选择审计程序。评估的认定层次重大错报风险越高，对通过实质性程序获取的审计证据的相关性和可靠性的要求越高，从而可能影响进一步审计程序的类型及其综合运用。

3. 进一步审计程序的时间

进一步审计程序的时间是指注册会计师何时实施进一步审计程序，或审计证据适用的期间或时点。有关进一步审计程序的时间的选择问题，第一个层面是注册会计师选择在何时实施进一步审计程序的问题，第二个层面是选择获取什么期间或时点的审计证据的问题。第一个层面的选择问题主要集中在如何权衡期中与期末实施审计程序的关系；第二个层面的选择问题分别集中在如何权衡期中审计证据与期末审计证据的关系、如何权衡以前审计获取的审计证据和本期审计获取的审计证据的关系。这两个层面的最终落脚点都是如何确保获取审计证据的效率和效果。

注册会计师在确定何时实施审计程序时应当考虑的几项重要因素：控制环境；何时能得到相关信息；错报风险的性质；审计证据适用的期间或时点。

4. 进一步审计程序的范围

进一步审计程序的范围是指实施进一步审计程序的数量，包括抽取的样本量，对某项控制活动的观察次数等。

在确定审计程序的范围时，注册会计师应当考虑下列因素：确定的重要性水平；评估的重大错报风险；计划获取的保证程度。

（三）控制测试

1. 控制测试的含义和要求

（1）控制测试的含义。控制测试指的是测试控制运行的有效性。在测试控制运行的有效性时，注册会计师应当从下列方面获取关于控制是否有效运行的审计证据：① 控制在所审计期间的不同时点是如何运行的；② 控制是否得到一贯执行；③ 控制由谁执行；④ 控制以何种方式运行（如人工控制或自动化控制）。

（2）控制测试的要求。作为进一步审计程序的类型之一，控制测试并非在任何情况下都需要实施。当存在下列情形之一时，注册会计师应当实施控制测试：① 在评估认定层次重大错报风险时，预期控制的运行是有效的；② 仅实施实质性程序不足以提供认定层次充分、适当的审计证据。

2. 控制测试的性质

（1）控制测试性质的含义。控制测试的性质是指控制测试所使用的审计程序的类型及其组合。虽然控制测试与了解内部控制的目的不同，但两者采用审计程序的类型通常相同，包括询问、观察、检查和穿行测试。此外，控制测试的程序还包括重新执行。

（2）确定控制测试性质时的要求。① 考虑特定控制的性质；② 考虑测试与认定直接相关和间接相关的控制；③ 如何对一项自动化的应用控制实施控制测试。

（3）实施控制测试时对双重目的的实现。控制测试的目的是评价控制是否有效运行；细节测试的目的是发现认定层次的重大错报。尽管两者目的不同，但注册会计师可以考虑针对同一交易同时实施控制测试和细节测试，以实现双重目的。

（4）实施实质性程序的结果对控制测试结果的影响。注册会计师应当考虑实施实质性程序发现的错报对评价相关控制运行有效性的影响（如降低对相关控制的信赖程度、调整实质性程序的性质、扩大实质性程序的范围等）。

3. 控制测试的时间

（1）测试时间的含义。控制测试的时间包含两层含义：一是何时实施控制测试；二是测试所针对的控制适用的时点或期间。一个基本的原理是，如果测试特定时点的控制，注册会计师仅得到该时点控制运行有效性的审计证据；如果测试某一期间的控制，注册会计师可获取控制在该期间有效运行的审计证据。

（2）如何考虑期中审计证据。如果已获取有关控制在期中运行有效性的审计证据，并拟利用该证据，注册会计师应当实施下列审计程序：① 获取这些控制在剩余期间变化情况的审计证据（针对期中已获取审计证据的控制）；② 确定针对剩余期间还需获取的补充审计证据（针对期中证据以外的、剩余期间的补充证据）。

（3）如何考虑以前审计获取的审计证据。① 基本思路：考虑拟信赖的以前审计中测试的控制在本期是否发生变化；② 当控制在本期发生变化时：注册会计师应当考虑以前审计获取的有关控制运行有效性的审计证据是否与本期审计相关，如果拟信赖的控制自上次测试后已发生变化，注册会计师应当在本期审计中测试这些控制的运行有效性；③ 当控制在本期未发生变化时：注册会计师应当运用职业判断确定是否在本期审计中测试其运行有效性，以及本次测试与上次测试的时间间隔，但两次测试的时间间隔不得超过两年。

4. 控制测试的范围

其含义主要是指某项控制活动的测试次数。注册会计师在确定某项控制的测试范围时通常考虑的一系列因素：（1）在整个拟信赖的期间，被审计单位执行控制的频率；（2）在所审计期间，注册会计师拟信赖控制运行有效性的时间长度；（3）为证实控制能够防止或发现并纠正认定层次重大错报，所需获取审计证据的相关性和可靠性；（4）通过测试与认定相关的其他控制获取的审计证据的范围；（5）在风险评估时拟信赖控制运行有效性的程度；（6）控制的预期偏差。

（四）实质性程序

1. 实质性程序的内涵和要求

实质性程序是指注册会计师针对评估的重大错报风险实施的直接用以发现认定层次重大错报的审计程序。注册会计师实施的实质性程序应当包括下列与财务报表编制完成阶段相关的审计程序：（1）将财务报表与其所依据的会计记录相核对；（2）检查财务报表编制过程中做出的重大会计分录和其他会计调整。

如果认为评估的认定层次重大错报风险是特别风险，注册会计师应当专门针对该风险实施实质性程序。如果针对特别风险仅实施实质性程序，注册会计师应当使用细节测试，或将细节测试和实质性分析程序结合使用，以获取充分、适当的审计证据。

2. 实质性程序的性质

（1）实质性程序的性质的含义。实质性程序的性质，是指实质性程序的类型及其组合。其两种基本类型包括细节测试和实质性分析程序。细节测试是对各类交易、账户余额、列报的具体细节进行测试，目的在于直接识别财务报表认定是否存在错报。实质性分析程序从技术特征上仍然是分析程序，主要是通过研究数据间关系评价信息，只是将该技术方法用作实质性程序，即用以识别各类交易、账户余额、列报及相关认定是否存在错报。

（2）实质性程序的设计。细节测试适用于对各类交易、账户余额、列报认定的测试，尤其是对存在或发生、计价认定的测试；对在一段时期内存在可预期关系的大量交易，注册会计师可以考虑实施实质性分析程序。

3. 实质性程序的时间

（1）如何考虑是否在期中实施实质性程序。注册会计师在考虑是否在期中实施实质性程序时应当考虑的一系列因素：① 控制环境和其他相关的控制；② 实施审计程序所需信息在期中之后的可获得性；③ 实质性程序的目标；④ 评估的重大错报风险；⑤ 各类交易或账户余额以及相关认定的性质；⑥ 针对剩余期间，能否通过实施实质性程序或将实质性程序与控制测试相结合，降低期末存在错报而未被发现的风险。

（2）如何考虑期中审计证据。如果在期中实施了实质性程序，注册会计师应当针对剩余期间实施进一步的实质性程序，或将实质性程序和控制测试结合使用，以将期中测试得出的结论合理延伸至期末。在如何将期中实施的实质性程序得出的结论合理延伸至期末时，注册会计师有两种选择：其一，针对剩余期间实施进一步的实质性程序；其二，将实质性程序和控制测试结合使用。

（3）如何考虑以前审计获取的审计证据。在以前审计中实施实质性程序获取的审计证据，通常对本期只有很弱的证据效力或没有证据效力，不足以应对本期的重大错报风险。

4. 实质性程序的范围

评估的认定层次重大错报风险和实施控制测试的结果是注册会计师在确定实质性程序的范围时的重要考虑因素。注册会计师评估的认定层次的重大错报风险越高，需要实施实质性程序的范围越广。如果对控制测试结果不满意，注册会计师应当考虑扩大实质性程序的范围。

（五）评价列报的适当性

注册会计师应当实施审计程序，以评价财务报表总体列报是否符合适用的会计准则和相关会计制度的规定。在评价财务报表总体列报时，注册会计师应当考虑评估的认定层次重大错报风险。

（六）评价审计证据的充分性和适当性

1. 完成审计工作前对进一步审计程序所获取审计证据的评价

主要体现在根据发现的错报或控制执行偏差考虑修正重大错报风险的评估结果。在完成审计工作前，注册会计师应当评价是否已将审计风险降至可接受的低水平，是否需要重新考虑已实施审计程序的性质、时间和范围。

2. 形成审计意见时对审计证据的综合评价

在形成审计意见时，注册会计师应当从总体上评价是否已经获取充分、适当的审计证据，以将审计风险降至可接受的低水平。在评价审计证据的充分性和适当性时，注册会计师应当考虑的一系列因素如下。

（1）认定发生潜在错报的重要程度，以及潜在错报单独或连同其他潜在错报对财务报表产生重大影响的可能性。

（2）管理层应对和控制风险的有效性。

（3）在以前审计中获取的关于类似潜在错报的经验。

（4）实施审计程序的结果，包括审计程序是否识别出舞弊或错误的具体情形。

（5）可获得信息的来源和可靠性。

（6）审计证据的说服力。

（7）对被审计单位及其环境的了解。

如果对重大的财务报表认定没有获取充分、适当的审计证据，注册会计师应当尽可能获取进一步的审计证据。如果不能获取充分、适当的审计证据，注册会计师应当出具保留意见或无法表示意见的审计报告。

（七）审计工作记录

注册会计师应当就下列事项形成审计工作记录。

（1）对评估的财务报表层次重大错报风险采取的总体应对措施。

（2）实施进一步审计程序的性质、时间和范围。

（3）实施的进一步审计程序与评估的认定层次重大错报风险的联系。

（4）实施进一步审计程序的结果。

## 四、总体审计策略和具体审计计划

注册会计师应当为审计工作制定总体审计策略。总体审计策略用以确定审计范围、时间安排和方向，并指导具体审计计划的制订。

具体审计计划比总体审计策略更加详细，其内容包括为获取充分、适当的审计证据以将审计风险降至可接受的低水平，项目组成员拟实施的审计程序的性质、时间安排和范围。可以说，为获取充分、适当的审计证据，而确定审计程序的性质、时间安排和范围的决策是具体审计计划的核心。具体审计计划应当包括风险评估程序、计划实施的进一步审计程序和其他审计程序。

# 案例五　天丰节能审计案例

## 案　情

### 一、案件的起因

2013年4月上旬，IPO财务专项检查工作进入抽查后的现场核查阶段。第一阶段抽取的13家中小板拟上市公司进入核查阶段，由光大证券保荐的天丰节能位列其中。而"不幸"被抽中的天丰节能很快被财务专项检查小组发现存在银行提供的流水账跟企业实际的账本存在较大的差异等问题。随后，证监会对天丰节能立案调查。调查结果显示，天丰节能不仅涉嫌虚增收入，还存在虚增资产、关联交易非关联化、关联交易未入账等违法违规行为，在报送IPO申请文件及财务自查报告中虚假记载等问题。

4月25日，网上传出处于"落实反馈意见中"的河南天丰节能板材科技股份有限公司虚构收入，伪造银行单据，核查组已撤。当天下午，有记者从一位接近该项目组的人士获悉，天丰节能已被终止核查。"天丰节能的银行对账单没对上，核查进行没几天后就终止了。"据上述知情人士透露，按流程，核查第一步是核查组去银行打流水账单，然后核对。如此，天丰节能在核查的万里长征第一步便倒下了。

### 二、被审计单位基本的情况及主要会计问题

#### （一）被审计单位的基本情况

河南天丰节能板材科技股份有限公司（以下简称天丰节能），2007年11月19日成立，注册资金8 660万元，河南天丰投资发展有限公司持股54.37%，新乡玖玖玖投资管理有限公司持股19.99%，董事长李续禄持股12.24%，其他自然人13.40%。虽然李续禄只占有12.24%的股份，却是天丰节能的实际控制人。李续禄最早于2002年开始做钢材贸易，之后跟随河南六建承接钢结构工程。2006年，天丰钢结构公司成立。2007年成立天丰节能板材公司，主打聚氨酯板材的生产销售，同年登记注册了天丰集团。至此，李续禄掌控下的天丰集团旗下公司包括钢铁贸易、钢结构生产、钢结构地产、冷弯机械、节能板材"五大产业"，但是五方面业务都相互交叉。

天丰节能经营范围包括建筑幕墙工程的设计、施工，建筑外墙保温工程的施工，高强度聚氨酯复合板、多层复合板、保温节能板、新型建材材料、新型墙体材料的生产、销售，节能建筑的围护体系、新型建筑材料的房屋的技术开发、研制、销售，从事货物和技术进

出口业务（国家法律法规规定应经审批方可经营或禁止进出口的货物和技术除外）等。其在四川和新疆分别设立两个控股子公司——四川天丰节能板材和新疆天之丰节能板材。近几年，中原地区最大的钢结构生产企业——河南天丰集团以钢结构绿色、节能的建筑产业为核心，破解了一系列钢结构的节能课题，企业在节能板材领域中抢占了先机。由此，"绿色建筑"成为天丰响当当的品牌。

（二）主要会计问题

为严把 IPO 关，证监会于 2012 年年底启动对首发公司财务会计信息专项检查，在发行人及中介机构等自查完毕的情况下，从 2013 年 4 月开始，监管部门对拟 IPO 企业进行抽查，包括天丰节能等在内的 30 家公司被第一批抽中。其后，在 IPO 现场检查中天丰节能被发现有问题。2013 年 6 月，证监会正式通报天丰节能及其相关中介机构被立案调查。

经查证，证监会认定天丰节能存在以下违法事实："天丰节能在 2010—2012 年，通过虚增销售收入、虚增固定资产、虚列付款等多种手段虚增利润且存在关联交易披露不完整等行为，导致报送的 IPO 申报文件（含《招股说明书》、相关财务报表等）及《天丰节能检查说明》存在虚假记载。"

具体造假细节如下。

1. 虚增收入、利润

天丰节能通过虚构客户、虚构销售业务、提前确认收入等手段虚增销售收入达到虚增业绩的目的，如表 3-2 和图 3-1 所示。

表 3-2　天丰节能年度销售收入与利润总额

| 年　　份 | 2010 | 2011 | 2012 |
|---|---|---|---|
| 销售收入（万元） | 10 800.00 | 20 800.00 | 27 100.00 |
| 利润总额（万元） | 2 846.48 | 4 166.67 | 6 782.61 |
| 虚增利润总额（万元） | 398.00 | 1 000.00 | 1 560.00 |

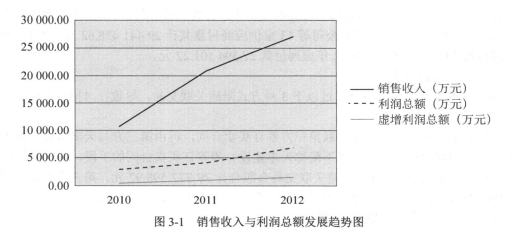

图 3-1　销售收入与利润总额发展趋势图

从表 3-2 和图 3-1 可以分析，天丰节能 2010 年实现销售收入 1.08 亿元，利润总额 2 846.48 万元；2011 年实现销售收入 2.08 亿元，同比增长 92%；2012 年，公司销售收入更达到 2.71 亿元。可以看出，天丰节能销售业绩以 35% 左右的速度飙升，净利润增长也超过 30%。

调查取证后提交的结果是：2010—2012 年，天丰节能通过虚构客户、虚构销售业务等手段虚增销售收入 3 年共计 92 560 597.15 元，约占报告期 3 年内总收入的 15.7%。其中，2010 年虚增 11 302 460.63 元，2011 年虚增 36 642 518.14 元，2012 年虚增 44 615 618.38 元，分别占当年账面销售收入的 10.22%、17.54%、16.43%。具体包括：虚构安徽长彦水利工程有限公司等 74 家公司客户及其销售业务，虚增销售收入 58 232 201.59 元；虚构与广东恒耀工程有限公司等 14 家公司客户的销售业务，虚增销售收入 18 797 508.79 元；虚构与河南汇能建筑装饰工程有限公司等 7 家公司客户的销售业务，虚增销售收入 8 361 386.46 元；虚构与湖北天福建筑安装工程有限公司等 2 家公司客户的销售业务，虚增销售收入 2 327 418.09 元；虚构李彦斌等 6 个自然人客户的销售业务，虚增销售收入 4 842 082.22 元。

2010—2012 年，天丰节能虚增利润共计 34 390 224.35 元，其中，2010 年虚增利润 4 088 464.23 元，占当年利润总额的 14.11%；2011 年虚增利润 14 044 687.34 元，占当年利润总额的 23.46%；2012 年虚增利润 16 257 072.78 元，占当年利润总额的 22.94%。

2. 虚增固定资产、虚列付款

天丰节能通过虚构固定资产采购和贷款利息支出资本化，2010—2011 年累计虚增固定资产和在建工程 10 316 140.12 元，占 2011 年年末公司资产总额的 3.08%；2010—2012 年共计虚增固定资产和在建工程 27 923 990.26 元，占公司 2012 年年末资产总额的 5.83%。具体包括：虚构向中国台湾后东机械公司和意大利 OMS 进口设备采购交易虚增固定资产与在建工程 25 812 879.11 元，其中 2011 年虚增固定资产 9 595 120.94 元，2012 年虚增固定资产 8 738 985.04 元，2012 年虚增在建工程 7 478 773.13 元；通过国家开发银行河南省分行贷款利息支出资本化虚增在建工程 2 111 111.15 元，其中 2011 年 721 019.18 元，2012 年 1 390 091.97 元。

天丰节能 2010—2012 年虚列向开封市升龙化工物资贸易有限公司、上海昱业实业有限公司、新乡市天发节能建材有限公司等 13 家供应商付款共计 29 441 438.62 元。其中，2011 年虚列付款 2 047 337.4 元，2012 年虚列付款 27 394 101.22 元。

3. 关联交易披露不完整

2010—2012 年，天丰节能通过以下 3 种方式隐瞒关联交易，导致在《招股说明书》中关联交易披露不完整：

（1）天丰节能采取先与无关联第三方签订买卖合同，再由第三方与天丰节能关联方河南天丰钢结构建设有限公司（以下简称天丰建设）等签订买卖合同的手段，将实质性关联交易转化为非关联交易，3 年规避关联交易金额合计 29 777 598.92 元。第三方公司包括安阳宏午商贸有限公司、重庆强捷钢结构有限公司、新乡市汇鑫商贸有限公司、武汉奥克商贸有限公司、自贡东方彩钢结构有限公司。

（2）天丰节能将关联交易资金往来在财务记账时直接篡改为与非关联第三方往来，3年共计 3 622 411.02 元，其中 2011 年为 747 953.25 元，2012 年为 2 874 457.77 元。

（3）天丰节能与河南天丰投资发展有限公司（以下简称天丰投资）、河南天丰钢结构有限公司（以下简称天丰钢构）、天丰建设银行账户间存在大额资金拆借，未计入财务账，3年合计 544 211 105.3 元。其中，2010 年 97 630 000 元、2011 年 437 581 105.3 元、2012 年9 000 000 元。

4. 账银不符，伪造银行对账单

天丰节能《招股说明书》存在"母公司资产负债表中 2011 年 12 月 31 日货币资金余额为 65 499 487.33 元"的虚假记载，实际货币资金余额应为 35 499 487.33 元。

天丰节能明细账显示建设银行新乡牧野支行 41001557710050203102 账户（以下简称建行牧支 3102 账户）2011 年 12 月 31 日的财务账面余额为 30 380 019.96 元，建设银行对账单显示，2011 年 12 月 31 日该银行账户余额为 380 019.96 元。

为了掩盖上述差异，天丰节能伪造了建行牧支 3102 账户 2011 年度银行对账单。此外，为了配合前述财务造假行为，天丰节能还伪造了新乡市区农村信用联合社 32106232596012账户等账户自 2010—2012 年的全套对账单。

除以上会计问题之外，天丰节能财务不独立，在独立性方面有严重缺陷，《招股说明书》中相关内容存在虚假记载具体如下。

（1）天丰节能的资金运营不独立。自 2010 年 6 月至 2012 年年底，天丰节能的所有资金运转包括银行账户开立、资金收付、票据开立、借款都是由天丰投资统一管理。《招股说明书》存在"本公司设置了独立的财务部门，建立了独立规范的会计核算体系和财务管理制度。公司根据有关会计制度的要求，依法独立进行财务决策"、"公司不存在货币资金或其他资产被控股股东、实际控制人及其控制的其他企业占用的情况"的虚假记载。

（2）高级管理人员任职不独立。天丰节能财务总监孙玉玲实际履行天丰投资财务总监的职能，总体负责天丰投资的财务工作。《招股说明书》存在"公司财务会计人员未在控股股东、实际控制人及其控制的其他企业兼职"的虚假记载。

### 三、审计主体的基本情况及主要审计问题

（一）审计主体的基本情况

天丰节能的审计单位是北京利安达会计师事务所。该所在中国注册会计师协会注册的名称为利安达会计师事务所有限责任公司，其注册资本为 600 万元人民币。该所自 1993 年成立以来，经过 17 年的长足发展，在 2009 年进入了全国注册会计师行业前 10 的行列。但是，该所曾经有多次未能勤勉尽责而被证监会行政处罚的记录。2012 年 8 月 1 日，证监会对利安达在华阳集团信息披露违法案中的违法行为做出了处理，责成该所整改，并没收业务收入 70 万元。

（二）主要审计问题

利安达及其注册会计师温京辉等在审计天丰节能 IPO 和执行首次公开发行股票公司审计业务专项核查工作时未勤勉尽责，2013 年 2 月 17 日出具的审计报告和 2013 年 3 月 28 日出具的《利安达会计师事务所有限责任公司关于河南天丰节能板材科技股份有限公司落实〈关于做好首次公开发行股票公司 2012 年度财务报告专项检查工作的通知〉的自查报告》（以下简称《自查报告》）存在虚假记载。

1. IPO 审计工作底稿问题

IPO 审计底稿中计划类工作底稿缺失或没有在计划中对评估出的重大错报风险做出恰当应对，没有设计进一步审计程序，没有对舞弊风险进行评估和计划应对。利安达 IPO 审计底稿（2010 年）无计划类工作底稿，无总体审计策略、具体审计计划、重要性水平确定表等；无"风险评估汇总表"或其他风险评估底稿。利安达 IPO 审计底稿（2011 年）无总体审计策略、具体审计计划；无"风险评估汇总表"或其他风险评估底稿。利安达 IPO 审计底稿（2012 年）具体审计计划中将"评估的重大错报风险"索引至 C47，但未见该份底稿。2012 年"风险评估汇总表"中将销售收款循环评估为财务报表层次的重大错报风险，最高风险，并将对报表的影响描述为虚增营业收入和虚增应收账款；将固定资产循环评估为高风险，对报表的影响描述为虚增资产，涉及在建工程、固定资产科目。但总体应对措施仅描述为"控制测试及实质性测试"，也没有就认定层次重大错报风险设计进一步审计程序。

利安达 IPO 审计底稿（2010—2012 年）中没有舞弊风险评估的相关底稿。

2. IPO 审计应收账款函证问题

IPO 审计时应收账款函证过程未保持控制，对明显异常回函没有关注，替代程序未得到有效执行，未能发现天丰节能虚构客户、虚增收入的行为。利安达 2010 年函证的 20 家应收账款客户中有 1 家为虚假客户（即天丰节能虚构的客户），10 家存在虚假销售（即天丰节能以该客户名义虚构销售），IPO 审计底稿中留存了此 11 家客户中 7 家的询证函回函。2010 年天丰节能虚增对上述 11 家客户的销售收入 1 079.61 万元，利润 390.49 万元，占当期利润总额的 13.47%。利安达 2012 年函证的 51 家应收账款客户中有 5 家为虚假客户，2 家存在虚假销售，IPO 审计底稿中留存了这 7 家客户的询证函回函。2012 年天丰节能虚增对上述客户的销售收入 495.64 万元，利润 165.15 万元，占当期利润总额的 2.33%。

3. IPO 审计银行账户函证问题

IPO 审计时银行账户函证程序缺失或未有效执行，银行账户函证范围存在遗漏，函证过程未保持控制，未回函的银行账户和异常的询证函回函未予追查，对获取的明显异常的银行对账单未予关注，也未采取进一步审计程序，未能发现天丰节能在建设银行新乡牧野支行开立的 41001557710050203102 账户 2011 年年末实际余额比账面余额少 3 000 万元的事实，以及天丰节能伪造银行询证函回函、伪造银行对账单的事实。

4. 固定资产审计程序问题

对固定资产的审计程序未能有效执行，检查固定资产新增发生额时，未关注原始凭证异常情况，盘点时未关注大额进口设备及构件，未核对设备编号，检查付款凭证时没有关注合同异常，未能发现天丰节能虚增固定资产 2 581.3 万元。

5. 关联方识别和披露审计问题

IPO 审计过程中，未有效执行关联方识别和披露的审计程序，未能发现天丰节能通过第三方公司隐瞒关联交易的事实。利安达 2010 年 IPO 审计底稿中仅有关联方及关联方交易"审计程序表"，虽标有程序执行索引号，但未见相关底稿。2011 年 IPO 审计底稿中没有任何执行关联方审计程序的记录。2012 年 IPO 审计底稿没有执行其他实质性审计程序的记录，关联方关系及披露没有审计结论。

6. 自查时关联方核查程序问题

自查时关联方核查程序未有效执行，对客户的走访流于形式，部分结论没有底稿支持。自查底稿以及 IPO 审计底稿中均没有注册会计师核对天丰节能与河南天丰钢结构建设有限公司（以下简称天丰建设）等关联方的往来明细账、现金日记账、银行日记账的记录，也没有访谈上述关联方的记录。

自查底稿显示，走访重庆强捷钢结构有限公司（以下简称重庆强捷）没有访谈记录，底稿中仅取得一份"重庆强捷钢结构有限公司基本情况及财务数据"的说明，未加盖重庆强捷公章。该说明后附的明细清单为天丰节能对重庆强捷的往来明细账，会计师未对双方交易进行核查。同时，会计师未对天丰节能向安阳宏午商贸有限公司、安阳宏信达公司、自贡东方彩钢结构有限公司的销售金额与利安达 IPO 审计底稿中记录的差异进行核查。

自查底稿结论称"项目组核查关联方财务报告、成本、费用、营业外支出明细以及现金银行账款科目明细表、往来科目明细表"，但自查底稿中未见关于上述情况的任何记录。

## 四、案件结果

（一）被审计单位——天丰节能

证监会结合《证券法》第二十条规定的发行人的保证义务、第一百九十三条第二款关于责任人员的规定，以及《首次公开发行股票并上市管理办法》第五十四条关于董事的保证义务的规定来看，独立董事应对本案违法行为的发生承担相应的责任。

根据当事人违法行为的事实、性质、情节与社会危害程度，依据《证券法》第一百九十三条第二款的规定，证监会决定：

（1）对天丰节能给予警告，并处以 60 万元罚款。

（2）对李续禄（法定代表人、董事长）、孙玉玲（财务总监）给予警告，并分别处以 30 万元罚款。

（3）对王文立（董事）给予警告，并处以 10 万元罚款。

（4）对张爱军（董事、总经理）、刘存芳（董事）、王敏康（独立董事）、贺颖奇（独立董事）、张武（独立董事）、李公杰（监事会主席）、郭新胜（监事）、张明（监事）、谢晓飞（副总经理）、袁伟（副总经理）、杨俊杰（副总经理）、张辉（副总经理）、杨建峰（副总经理）、李公壮（副总经理）、赵鹏（副总经理）给予警告，并分别处以 5 万元罚款。

（二）会计师事务所——利安达

基于上述种种情况，证监会认定，公司报送的 IPO 申请文件等存在虚假记载，同时利安达会计师事务所未按照行业标准履行勤勉尽责义务，出具报告存在虚假记载，违反证券法相关条款，构成违法行为。

根据当事人违法行为的事实、性质、情节与社会危害程度，依据《证券法》第二百二十三条的规定，证监会决定：

（1）对利安达没收业务收入 60 万元，并处以 120 万元罚款。

（2）对天丰节能 IPO 审计报告利安达签字注册会计师黄程和温京辉给予警告，并分别处以 10 万元罚款。

（3）对天丰节能 IPO 审计项目负责人汪国海给予警告，并处以 8 万元罚款。

# 评 析

天丰节能梦断 IPO，相关审计机构被证监会开罚单，作为一名注册会计师，从以上案例的分析可以获得如下启示。

## 一、保持职业怀疑，认真贯彻风险导向审计准则

职业怀疑，是指注册会计师执行审计业务的一种态度，包括采取质疑的思维方式，对可能表明由于错误或舞弊导致错报的迹象保持警觉，以及对审计证据进行审慎评价。SEC（美国证券交易委员会）对审计失败的处罚案例中，缺乏职业怀疑在导致审计失败的原因中排名第三，而排在前两位的原因分别是证据收集不足和职业关注不够，这也与职业怀疑息息相关。

风险导向审计要求审计师保持职业怀疑，它在现实中的具体表现就是"大胆怀疑，小心求证"。"大胆怀疑"是指注册会计师在计划和执行审计的整个过程中都应当实施风险评估，对任何疑点（异常、相互矛盾、波动大）都要质疑；"小心求证"要求注册会计师"眼观六路、耳听八方"地执行针对性的审计程序进行取证。本案例中签字注册会计师提出的"计划类工作底稿和舞弊风险评估工作底稿缺失与审计失败没有必然联系，客户虚增收入是客户与银行串通提供虚假银行对账单及与第三方串通函证，与审计程序的执行程度不存在必然关系"，显然不符合职业怀疑的实质要求。如果签字注册会计师和项目负责人都不甚理解职业怀疑的实质，会计师事务所的其他一般审计人员可能更难掌握职业怀疑的实质精神，这必然使计划和执行审计工作出现各种各样的问题，导致审计失败。

"对舞弊进行风险评估""对所有本年度存有款项的银行存款（包括余额为零已经结清）都要实施函证程序""对异常的银行对账单和函证回函实施进一步的审计程序""对关联交易应当实施进一步追查""关注主要客户和供应商"……这都是财务报表审计公认的审计程

序，如果注册会计师连公认的审计程序都不执行或仅仅是形式上执行，就丧失了职业资格的基本要求，更无法说明他们具有专业的质疑能力。

风险导向审计要求注册会计师保持职业怀疑，即使注册会计师认为管理层是正直的，也不能降低对职业怀疑的要求，不允许存在通过说服力不足的证据获取合理保证的情况。特别是当出现本例中无法接触到管理层与治理层的情况下，注册会计师更应该对足以引起怀疑的情形保持审慎怀疑，充分考虑错报发生的可能性，恰当设计进一步审计程序的性质、范围，同时对获取的审计证据是否充分、适当给予合理的评价。

这些要求不是仅仅通过后续培训就能够灌输给注册会计师，必须通过会计师事务所采取切实可行的在职培训措施，才能不断引导和强化注册会计师对职业怀疑实质的理解，这些措施有：强制要求每年每个注册会计师都要翻阅一定数量的审计档案，找出以往审计的问题或比较好的做法；岗前（执行某一具体业务前）培训要利用头脑风暴方法充分讨论被审计单位的基本情况及其环境，充分提醒风险；鼓励"干中学"，任何注册会计师都可以提炼自己的执业心得，在业务总结会中进行交流和汇报；把执业中咨询讨论的问题汇总提炼出来，编制成问题提示发布给所有注册会计师学习讨论。以上所有过程中如果注册会计师提交相应的文字资料，都应当归入后续培训档案中。

### 二、用制度保障注册会计师实质地执行审计程序，并合理地记录在审计工作底稿中

证监会的稽查人员能够查证天丰节能 IPO 造假的关键在于他们能够"调取了最近三年该企业的进出口海关报关单"，"通过关联方的账本发现，2010 年至 2012 年天丰节能与其关联方发生大量资金划转未计入公司财务账"，"找到上一家会计师事务所为其报送的工作底稿"，甚至到财务总监孙玉玲的办公室内取得没来得及删除数据的 U 盘。但注册会计师在接受天丰节能 IPO 审计委托后，只能对天丰节能的账簿和报表进行审计，即便是怀疑什么，需要追查也只能向天丰节能接待人员索要相关方的资料；注册会计师进驻上市公司做现场审计时，接触最多的是账簿和报表，其次是公司特派的接待人员，与公司的财务总监、董事、监事等高管接触不充分。

尽管审计准则及其指南中已经详实地列示了审计程序，但实质地执行审计程序包括以下四个层次的含义：一是公认的审计程序一定要执行；二是跟进风险设计和实施针对性的审计程序；三是不能仅仅是形式上执行审计程序，应当根据具体情况决定什么时间、什么情况、如何执行进行审计程序，并对执行获取的证据进行评价和分析，以判断是否可以采信来支持审计结论；四是把执行审计程序的轨迹及其专业判断记录在审计工作底稿中。

因此，会计师事务所应当建立以下制度来保障注册会计师实质地执行审计程序：一是动态更新事务所各种执业规范流程、程序和规范性的底稿；二是设置专职复核人员对每一项目实施企业背景资料、企业财务报表和审计工作底稿三维综合分析，凡是不协调或缺失的地方，指导现场取证人员追加取证；三是定期不定期抽查审计工作底稿，对缺乏针对风险做进一步追查的底稿或底稿记录不充分、相互矛盾者，予以处罚；四是利用审计指令对

每个审计项目的重点审计风险和关注予以提示，并跟踪检查具体项目重点审计风险的应对是否及时、合理。

### 三、IPO 财务造假及其审计

#### （一）IPO 财务造假类型

IPO 财务造假的情形，简单可以分为以下三种：一是在上市发行之前被发现财务造假（主要是这种情形，典型的如胜景山河、天丰节能）；二是上市之后发现 IPO 时存在财务造假情形并涉及发行条件（典型的如欣泰电气、万福生科）；三是在上市之后发现 IPO 存在财务造假的情形，但是不涉及退市的情形（典型如华锐风电、海联讯）。

#### （二）处罚程度

从证监会最终决定的处罚方案来看，不同的造假情形处罚程度还是不一样的，万福生科类造假案例处罚程度最高，而上市之后发现的或者上市之前就发现的处罚程度较低。当然，这个也比较好理解：IPO 造假但是没有上市成功的企业最终没有对投资者利益和资本市场秩序造成重大损害，IPO 上市成功才发现的财务造假情形如果不是特别严重，不会严重到退市的情形，那么处罚程度也会比较轻。关于行政处罚，还需要注意的两个特点是：第一，近期的处罚力度要高于以前的处罚力度（如罚款金额以前是一倍收入而现在是两倍收入）；第二，IPO 造假的案例中为此服务的中介机构都无一例外地也受到了相应的处罚。

#### （三）IPO 财务造假目标

IPO 财务造假的目标就是虚增利润，其最终目的或者是让不满足上市条件的企业满足上市条件，或者是保证企业在上市的时候可以募集更多的资金。关于 IPO 造假的方式，当然也就是围绕利润的指标来进行了，最典型的无非是虚增收入或者虚减成本；当然在某些案例中，不仅对利润数量造假还对利润质量造假，对应收账款等指标进行优化。

#### （四）IPO 财务造假手段

从处罚决定书所披露的 IPO 造假的具体情况来看，企业财务造假的手段基本上都属于非常典型的，也是实践中重点关注的问题。如果在实践中能够充分履行尽职调查准则规定的义务，那么大部分造假情形应该能够发现或者至少能够引起必要的重视。从相关总结来看，关于中介机构对于 IPO 财务造假核查程序方面的几个建议如下。

（1）根据相关准则的规定，完整充分地进行尽职调查并收集工作底稿，保证在形式上保证尽职调查的充分完整。

（2）对于重点财务需要进行专项核查并穷尽可能的调查手段。

① 在外部核查方面，应该重点关注：客户和供应商的实地走访、电话访谈，独立的函证核查手段、关联方的核查和验证等。

② 在内部控制程序方面，应重点关注：企业银行流水以及重要人员银行流水的核查，收入费用截止性测试以及穿行测试的核查，存货盘点以及存货管理制度的核查，成本结转

流程以及内部控制措施的核查，关联方资金往来的核查等。

（3）各方中介机构应该在各自的尽职调查领域，根据各自依据的相关规则对企业财务状况进行核查，如果尽职调查不到位，就有可能承担相关责任。

（4）中介机构在信息披露文件中发表结论必须有充分的依据，不然就可能会构成虚假记载、误导性陈述和重大遗漏（这在对律师处罚的方面更加明显）。

## 思考与讨论

1. 结合案例，阐述分析性程序在 IPO 审计中的运用。
2. 结合案例，分析会计师事务所在 IPO 审计中的风险防范及控制。

## 参考文献

1. 中国证券监督管理委员会（http://www.csrc.gov.cn）
2. 中国会计网（http://www.canet.com.cn）
3. 网易财经（http://money.163.com）
4. 中国注册会计师协会. 审计［M］. 北京：经济科学出版社，2016.
5. 韩超. 天丰节能造假细节曝光［EB/OL］.［2014-04-15］. 中国青年网.
6. 刘永. 天丰节能边缘资产蹒跚变身［EB/OL］.［2013-05-18］. 中国资本证券网.
7. 李素平. IPO 审计风险及控制［D］. 北京：首都经济贸易大学，2011.
8. 李晓慧，周羽杰. 对注册会计师职业怀疑缺失的问题分析及建议——以利安达对天丰节能 IPO 审计失败为例［J］. 中国注册会计师，2015（11）：35-41.

# 案例六　洪良国际审计案例

## 案　情

### 一、案件的起因

洪良国际控股有限公司（以下简称洪良国际）IPO 上市不久，香港证监会调查发现，其营业额、税前盈利和现金数据均失实。营业额虚报超过 20 亿元人民币，盈利夸大近 6 亿元人民币，招股章程内载有多项不实及严重夸大陈述，使其在 2008 年国际金融危机期间的毛利率远远高于同行，并以"粉饰"后的报表完成上市。

2010 年 3 月 30 日，洪良国际上市仅仅 3 个月，香港证监会上诉高等法院，指控其招股书资料虚假具误导性、严重夸大财务状况，勒令洪良国际即日停牌。香港证监会还成功从高等法院取得临时禁令，冻结了洪良国际 8 亿多港元，为两年后的回购埋下了伏笔。2013 年的 9 月，洪良国际被撤销了上市地位，彻底退出了港交所。自此，洪良国际这只"短命"的新股"落马"于香港证券市场。

## 二、被审计单位的基本情况及主要会计问题

### （一）被审计单位的基本情况

洪良国际控股有限公司（Hontex International Holdings Co.）由台商萧登波 1993 年创立于福建福清，生产基地在内地，董事会设在台湾，而注册地在离岸金融中心开曼群岛。2009 年 12 月 24 日，洪良国际以每股 2.15 港元在香港交易所挂牌上市，股票代码为 HK0946，募集 10.75 亿港元，获得超过 38 倍的超额认购。其主要股东为珍源国际有限公司（56.94%）、志陪投资有限公司（21.71%）、京熹控股有限公司（10.72%）。

洪良国际在内地经营著名的连锁品牌——MXN，同时也是领先的纵向整合化纤类的针织布料生产商，专业生产功能性高质布料。目前它是中国最大功能及高科技布料生产商公司，就运动、休闲服设计及生产布料，为 Kappa、迪卡侬、美津浓等多个海外服装品牌以及安踏、李宁等中国品牌的拥有人，并用原设备生产制造成衣。同时，洪良国际把握先机踏足零售集团，于 2008 年踏足服装零售业务，并以 MXN 品牌销售，洪良国际成功将 MXN 打入 18～35 岁的消费阶层。代表个性、时尚、健康及阳光的 MXN，以清晰的市场定位、具针对性的营销策略和大众化价位，迅速打开内地市场。销售网络遍布西南部地区（如四川、贵州、西藏、云南及重庆）、华北地区（如天津、河北、山西、北京及内蒙古）、东北部地区（如黑龙江、辽宁及吉林等）、华东地区（如江苏、浙江、安徽、山东、江西及福建）、华南地区（如湖北、湖南、河南、广西、广东及海南等）等，零售销售点超过 600 个。

### （二）主要会计问题

招股说明书显示，公司计划把上市融资所得中的 35% 用作扩展 MXN 品牌旗舰店、26% 将用作拓展 MXN 的品牌业务、22.5% 用作购买设备、超过 10% 将用作收购扩张、其余款项用作营运资金。

而萧登波本人在台湾有"鞋材大王"之称，其在台湾控制的南良集团，在纺织品产业也拥有完整的供应链体系。2005 年中国台湾《商业周刊》一篇文章提到，"22 岁的萧登波从嘉义到台南创业，用 61 万元新台币（约 14 万港元）创业。"但 IPO 财务造假使上市仅 3 个月的洪良国际还没有来得及披露首份成绩单便被证监会勒令停牌。

#### 1. 布料偏高的毛利率

洪良国际的主营业务布料生产属于传统的低毛利加工企业，毛利普遍偏低，最多的 10% 左右，但 2006—2008 年报告的毛利率分别为 23%、25% 和 28%，远高于同业水平。如表 3-3 所示。

表 3-3　洪良国际 2006—2008 年报告的毛利率　　　　　单位：千元

| 年　份<br>项　目 | 2006 | 2007 | 2008 |
|---|---|---|---|
| 营业额 | 653 380 | 932 476 | 1 266 050 |
| 销售成本 | 502 275 | 697 969 | 911 631 |
| 毛利 | 151 105 | 234 507 | 354 419 |
| 毛利率 | 23% | 25% | 28% |

### 2. 收购品牌膨胀的销售额

2008 年 5 月，洪良国际以 1.4 亿元人民币收购麦根服饰（MXN），作为上市的最重要卖点。洪良国际 2006—2009 年半年度报告的销售结构情况，如表 3-4 和 3-5 所示。

表 3-4　洪良国际 2006—2008 年报告的销售结构　　　　　单位：千元

| 年　份<br>项　目 | 2006 | | 2007 | | 2008 | |
|---|---|---|---|---|---|---|
| | 销售额 | 百分比 | 销售额 | 百分比 | 销售额 | 百分比 |
| 布料销售 | 548 476 | 83.94% | 769 841 | 82.56% | 888 984 | 70.22% |
| 便服与运动服原设备制造销售 | 104 904 | 16.06% | 162635 | 17.44% | 154 381 | 12.19% |
| 品牌休闲服（MXN）销售 | 0 | 0.00% | 0 | 0.00% | 222 685 | 17.59% |
| 总　计 | 653 380 | 100% | 932 476 | 100% | 1 266 050 | 100% |

表 3-5　洪良国际 2008—2009 年半年度报告的销售结构比较　　　　　单位：千元

| 年　份<br>项　目 | 2008（半年度） | | 2007（半年度） | |
|---|---|---|---|---|
| | 销售额 | 百分比 | 销售额 | 百分比 |
| 布料销售 | 431 213 | 82.64% | 511 537 | 62.59% |
| 便服与运动服原设备制造销售 | 72 912 | 13.97% | 60 091 | 7.35% |
| 品牌休闲服（MXN）销售 | 17 658 | 3.39% | 245 677 | 30.06% |
| 总　计 | 521 783 | 100% | 817 305 | 100% |

公开资料显示，麦根服饰于 2002 年 6 月以 20 万美金作为注册资本金成立。麦根服饰的目标消费群为 18～35 岁，品牌定位与美特斯邦威、森马等较为相似，只能算是专卖店里的批发，卖价比较低。而这个市场格局趋于稳定，留给麦根服饰的空间并不大。但截至 2008 年，麦根服饰的特许经营店为 420 家，仅仅半年之后增至 665 家门店。至 2009 年 6 月底的 13 个月内，麦根服饰贡献超过 4.68 亿元收入，毛利达 1.55 亿元，已高出收购价；每店每月平均销售高达 6.2 万元，较安踏等知名品牌高出一倍。

### 3. 相悖的业绩报告

洪良国际招股书显示，2008 年的税前溢利（即税前利润）超过 3 亿元人民币，但内地的报税资料显示实际利润仅 1 090 万元。由于中国内地会计准则与香港地区会计准则已实现等效认同，向香港监管部门提交的上市资料与在内地用作报税的财务资料不应有太大差距。更令人惊讶的是，洪良国际内地附属公司竟然有两本账，其中一本用作上市，而内地附属公司订立的外部会计顾问协议，不但未要求对方核实账目，反而要求对方将公司综合盈利"提升"至 1.5 亿元人民币。上市招股书还显示，金融危机影响依然深重的 2009 年上半年，其营业额同比增加 56.6%，至 8.17 亿元；净利润同比增加 93.4%，至 1.83 亿元，同样令人难以置信。

事实上，香港证监会调查发现，洪良国际的营业额、税前盈利和现金数据均失实。营业额虚报超过 20 亿元人民币，盈利夸大近 6 亿元人民币，招股章程内载有多项不实及严重夸大陈述，使其在 2008 年国际金融危机期间的毛利率远远高于同行，并以"粉饰"后的报表完成上市。洪良国际承认，其首次公开招股章程所载有关其截至 2006 年、2007 年及 2008 年年底各年度营业额的数字，以及其税前利润，均属虚假，并具有误导性。洪良国际在截至 2007 年 12 月 31 日、2008 年 12 月 31 日及 2009 年 6 月 30 日各会计期间的现金及现金等价物的价值，也属虚假。

### 三、审计主体的基本情况及主要审计问题

#### （一）审计主体的基本情况

洪良国际 IPO 的审计机构是毕马威会计师事务所。毕马威会计事务所（KPMG）是一家网络遍布全球的专业服务机构，专门提供审计、税务和咨询等服务，总部位于荷兰阿姆斯特丹。毕马威在全球 156 个国家拥有 152 000 名员工。毕马威国际合作组织（以下简称毕马威国际）瑞士实体由各地独立成员组成，但各成员在法律上均属分立和不同的个体。现毕马威中国在北京、上海、沈阳、南京、杭州、厦门、青岛、广州、深圳、成都、重庆、佛山、天津、香港特别行政区、澳门特别行政区和台湾共设有 17 家机构（包括毕马威企业咨询（中国）有限公司），专业人员超过 9 000 名。

2010 年 5 月 10 日毕马威辞职后，填补其空缺的华利信会计师事务所，在衡量核数费用水平、可动用的内部资源，以及与核数有关的专业风险后也提出辞职。

#### （二）主要审计问题

洪良国际在上市的两个多月以来，一直表现良好，没有财务造假的现象出现。直至 2010 年 3 月 1 日，香港证监会接到了检举揭发洪良国际财务造假的举报信。这封举报信出自毕马威会计师事务所的内部职员，而毕马威则是"洪良"上市前的审计单位。至此，洪良国际 IPO 财务造假的丑恶嘴脸开始慢慢显露。

2010 年 2 月 20 日，洪良国际曾试图支付毕马威的审计师刘淑婷 10 万港元，以作为审计服务的额外报酬，遭到刘淑婷拒绝。但随后，毕马威高级经理梁思哲同时也是刘淑婷在洪良国际项目的上司，收受了洪良国际 30 万港元，并将其中的 10 万元港元交给刘淑婷。

2010年3月1日，刘淑婷将此事报告给毕马威负责内部调查的合伙人。随即，该合伙人约谈梁思哲。毕马威紧急启动了对洪良国际IPO审计项目的内部核查，并且发现了一些数据上的差异和问题，决定将此事报告给相关的监管机构。香港证监会及廉政公署于是介入调查。

虽然毕马威的职员卷入了受贿、行贿案件，但由于会计师事务所及其人员的自律和内控、风险管理得当，使得毕马威在该案件中免于处罚。

**四、案件结果**

**（一）被审计单位——洪良国际**

香港证监会在提交给香港高等法院的文件中，指控洪良国际违背了《证券及期货条例》中的数项有关欺诈、欺骗、提供虚假和误导性信息方面的规定，并要求香港高等法院发出禁制令，限制洪良国际及旗下4个全资附属公司在香港挪用资产；要求提出委任适当人员去收回、接收及管理洪良国际上市时募集的9.974亿港元资金净额，并要求洪良国际就有关资金支付利息。香港高等法院的裁决中写明，正是因为离上市时间不长，买入洪良国际的投资者可被视为是阅读了洪良国际的招股说明书才做出了投资行为。这是香港高等法院首次依据香港《证券及期货条例》第二百一十三条颁布这类命令，借以对违反该法例的行为做出补救，同时也为证监会保障投资大众免受不当行为损害的工作，立下重要的里程碑。

2012年6月20日，因招股书资料造假被香港证监会勒令停牌超过两年的洪良国际宣布，与香港证监会达成协议，同意按被香港证监会勒令停牌时每股报价2.06港元收购公司股份，涉及7 700名小股东，最多赔偿10.3亿港元。根据协议，洪良国际完成回购后，未来将从香港交易所退市。香港证监会破天荒地直接采取民事手段勒令上市公司赔偿，不仅为香港罕见，在全球范围内也少有先例。从勒令停牌、冻结资产，到要求返还募资所得，这也是迄今为止香港证监会针对新上市公司造假事件所采取的最为严厉的举措。

**（二）会计师事务所——毕马威**

毕马威的职员高级经理、非执业会计师梁思哲等卷入的受贿、行贿案件，惟审讯后因主要证人的证词矛盾，法官未能确定被告的犯罪意图，于2011年4月28日被判无罪。香港会计界的法定自律监管机构——香港会计师公会表示，由于法院已宣判会计师无罪，不会对该会计师或其雇主毕马威追究责任。

**| 评 析**

在洪良国际造假事件中，会计师事务所毕马威明明发生了审计失败，其职员还卷入了受贿、行贿案件，为何能够独善其身呢？笔者认为，这与其恰当的风险评估与管理有关。

## 一、风险评估

风险评估中一旦涉及有收受礼品甚至贿赂的问题，所产生的影响是非常重大的，审计师的独立性将会受到非常大的影响，对财务报表层次和认定层次两方面的因素都会产生重大错报的审计风险，以至于几乎没有防范措施可以将审计风险降低至可接受的水平。所以遇到这种情况，在设计和实施进一步审计程序之前控制风险的最好办法就是解除合作关系。

风险评估中如果一旦发现了被审计单位出现了某些违规甚至是舞弊的行为，一定要保持客观公正，情况严重要及时举报，不能够为了眼前的蝇头小利而放弃注册会计师的声誉甚至是会计师事务所的社会形象。

毕马威正是这样做的，毕马威在审计洪良国际截至2009年12月31日会计年度的财务报表时，发现了差异和问题，也关注到负责该项目的某些成员可能曾经收取现金礼物等舞弊行为。风险评估认为重大错报风险不可控制，毕马威的高级经理、非执业会计师梁思哲被女下属刘淑婷通过内部热线举报。事务所没有隐瞒并马上报告给相关的监管机构，虽然其高级经理梁思哲存在受贿行为，但已经得到了相应的处罚，所以毕马威并没有受到香港证监会的处罚。具体风险评估方法如下。

### （一）获取信息

询问被审计单位管理层和内部其他相关人员是注册会计师了解被审计单位及其环境的一个重要信息来源。尽管注册会计师通过询问管理层和财务负责人可获取大部分信息，但是询问被审计单位内部的其他人士可能为注册会计师提供不同的信息，有助于识别重大错报风险。因此，注册会计师除了询问管理层和对财务报告负有责任的人员外，还应当考虑询问内部审计人员、采购人员、生产人员、销售人员等其他人员，并考虑询问不同级别的员工，以获取对识别重大错报风险有用的信息。在确定向被审计单位的哪些人员进行询问以及询问哪些问题时，注册会计师应当考虑何种信息有助于其识别和评估重大错报风险。

### （二）分析程序

分析程序是指注册会计师通过研究不同财务数据之间以及财务数据与非财务数据之间的内在关系，对财务信息做出评价。分析程序还包括调查识别出的、与其他相关信息不一致或与预期数据严重偏离的波动和关系。在了解被审计单位及其环境并评估重大错报风险时使用的分析程序，即将分析程序用作风险评估程序。注册会计师实施分析程序有助于识别异常的交易或事项，以及对财务报表和审计产生影响的金额、比率和趋势。在实施分析程序时，注册会计师应当预期可能存在的合理关系，并与被审计单位记录的金额、依据记录金额计算的比率或趋势相比较；如果发现异常或未预期到的关系，注册会计师应当在识别重大错报风险时考虑这些比较结果。如果使用了高度汇总的数据，实施分析程序的结果仅可能初步显示财务报表存在重大错报风险，注册会计师应当将分析结果连同识别重大错报风险时获取的其他信息一并考虑。例如，被审计单位存在很多产品系列，各个产品系列的毛利率存在一定差异。对总体毛利率实施分析程序的结果仅可能初步显示销售成本存在重大错报风险，注册会计师需要实施更为详细的分析程序。例如，对每一产品系列进行毛利率分析，或者将总体毛利率分析的结果连同其他信息一并考虑。

（三）观察检查

观察和检查程序可以印证对管理层和其他相关人员的询问结果，并可提供有关被审计单位及其环境的信息，注册会计师应当实施下列观察和检查程序。注册会计师应观察被审计单位的生产经营活动，检查文件、记录和内部控制手册，阅读由管理层和治理层编制的报告，实地察看被审计单位的生产经营场所和设备，追踪交易在财务报告信息系统中的处理过程（穿行测试）。

除了采用上述程序从被审计单位内部获取信息以外，如果根据职业判断认为从被审计单位外部获取的信息有助于识别重大错报风险，注册会计师应当实施其他审计程序以获取这些信息。例如，询问被审计单位聘请的外部法律顾问、专业评估师、投资顾问和财务顾问等。

总之，注册会计师从六个方面（相关行业状况、法律环境、监管环境及其他外部因素；被审计单位性质；被审计单位会计政策的选择和运用；被审计单位的目标、战略以及可能导致重大错报风险的相关经营风险；对被审计单位财务业绩的衡量和评价；被审计单位的内部控制）了解被审计单位及其环境，在了解每个方面时需要实施恰当的风险评估程序。

二、风险管理

第一，洪良国际和毕马威内部员工之间的贿赂行为构成犯罪，事态严重。内部热线举报是毕马威一系列成功危机公关的起点。如果等到香港证监会找上门来，那么毕马威面临的将是审计失败甚至合谋欺诈之类的指控，处境将极为尴尬、被动和危险。

第二，贿赂问题影响的不仅是个别注册会计师的独立性，还会严重损伤会计师事务所层面的独立性，而且没有任何防范措施可以消除这种威胁或将其降至可接受水平。

第三，从洪良国际的历史财务报表存在重大舞弊和行贿情节来看，足以表明管理层缺乏诚信，继续合作也是得不偿失，风险更大。

尽管发生了审计失败并伴有职员受贿、行贿等恶劣情节，但由于在发现客户财务异常和审计职员卷入贿赂事件时，不是心存侥幸，而是主动举报；不是抓住蝇头小利不放，而是主动请辞以洁身自好。毕马威的声誉和形象不仅没有受损，反而因其诚实和坦率赢得了社会公众的信任和尊重，不失为一种值得推崇的审计风险管理和质量控制的做法。

总之，在对企业 IPO 项目进行审计时，如何对审计风险进行管理，可以从 IPO 审计风险产生原因的角度进行分析。通过分析，可以得到 IPO 审计风险产生的原因主要有四个方面：IPO 审计业务本身的特点、会计师事务所、被审计单位及外部环境的影响。因此，IPO 审计风险的管理也可以从这四个方面入手。通过对企业基本情况、企业类型及股权结构等进行分析，了解审计业务本身导致的审计风险、会计师事务所导致的审计风险、被审计单位导致的审计风险及外部环境导致的审计风险在 IPO 审计项目中的发生概率，并对可能产生风险的领域进行重点的管理，按照审计风险发生的原因和规律主动地、积极地进行管理，就可以降低审计的风险损失，及时纠正和补救可能发生的审计风险，提高审计的质量和注册会计师的职业形象。

## 思考与讨论

1. 在风险导向审计方法中，风险评估与计划审计阶段注册会计师应关注哪些要点？
2. 试述"洪良国际"案例对内地证券监管的借鉴与启示。

## 参考文献

1. 洪良国际控股有限公司（http://zdb.pedaily.cn）
2. 毕马威会计事务所（http://www.kpmg.com）
3. 齐雁冰. 毕马威高管卷入洪良国际 IPO 案 [EB/OL]. [2010-04-12]. 新华网.
4. 中国注册会计师协会. 审计 [M]. 北京：经济科学出版社，2016.
5. 李晓慧. 审计学实务与案例 [M]. 北京：中国人民大学出版社，2014.
6. 彭贵刚. IPO 审计风险管理研究——以绿大地及洪良国际为例 [J]. 中国投资，2013（S2）：93-96.
7. 初凤荣. 论审计风险的防范与控制 [J]. 中国集体经济，2015（07）：28-29.

# 第四章　销售与收款循环审计

📖 学习目标

● 了解销售与收款循环主要业务活动及其涉及的主要凭证及记录
● 掌握销售与收款循环内部控制的关键环节及其控制措施
● 掌握销售与收款循环的控制测试
● 熟悉销售与收款循环涉及的相关账户的实质性审计程序，熟练运用各种审计技术方法
● 熟练运用函证
● 熟练掌握销售截止性测试

销售与收款一般经过订货—生产—发货—收款等程序，销售与收款循环的审计包括两部分的内容：一是对本循环所涉及的主要凭证和会计记录进行审查；二是对销售与收款循环业务活动本身的合理、合法性进行审查。注册会计师在审查过程中需要运用相应的审计程序，包括控制测试和实质性程序。

## 一、涉及的主要凭证和会计记录

在内部控制比较健全的企业，处理销售与收款业务通常需要使用很多凭证和会计记录。典型的销售与收款循环所涉及的主要凭证和会计记录有以下几种：顾客订货单、销售单、发运凭证、销售发票、商品价目表、贷项通知单、应收账款账龄分析表、应收账款明细账、主营业务收入明细账、折扣与折让明细账、汇款通知书、库存现金日记账和银行存款日记账、坏账审批表、顾客月末对账单、转账凭证、收款凭证。

## 二、涉及的主要业务活动

### （一）接受顾客订单

顾客提出订货要求是整个销售与收款循环的起点。从法律上讲，这是购买某种货物或接受某种劳务的一项申请。顾客的订单只有在符合企业管理层的授权标准时，才能被接受。管理层一般都列出了已批准销售的顾客名单。销售单管理部门在决定是否同意接受某顾客的订单时，应追查该顾客是否被列入这张名单。如果该顾客未被列入，则通常需要由销售单管理部门的主管来决定是否同意销售。

很多企业在批准了顾客订单之后，下一步就应编制一式多联的销售单。销售单是证明管理层有关销售交易的"发生"认定的凭据之一，也是此笔销售的交易轨迹的起点。

**（二）批准赊销信用**

对于赊销业务，赊销批准是由信用管理部门根据管理层的赊销政策在每个顾客的已授权的信用额度内进行的。信用管理部门的职员在收到销售单管理部门的销售单后，应将销售单与该顾客已被授权的赊销信用额度以及至今尚欠的账款余额加以比较。执行人工赊销信用检查时还应合理划分工作职责，以切实避免销售人员为扩大销售而使企业承受不适当的信用风险。

企业的信用管理部门应对每个新顾客进行信用调查，包括获取信用评审机构对顾客信用等级的评定报告。无论批准赊销与否，都要求被授权的信用管理部门人员在销售单上签署意见，然后再将已签署意见的销售单送回销售单管理部门。

设计信用批准控制的目的是为了降低坏账风险，因此，这些控制与应收账款账面余额的"计价和分摊"认定有关。

**（三）按销售单供货**

企业管理层通常要求商品仓库只有在收到经过批准的销售单时才能供货。设立这项控制程序的目的是为了防止仓库在未经授权的情况下擅自发货。因此，已批准销售单的一联通常应送达仓库，作为仓库按销售单供货和发货给装运部门的授权依据。

**（四）按销售单装运货物**

将按经批准的销售单供货与按销售单装运货物职责相分离，有助于避免负责装运货物的职员在未经授权的情况下装运产品。此外，装运部门职员在装运之前，还必须进行独立验证，以确定从仓库提取的商品都附有经批准的销售单，并且所提取商品的内容与销售单一致。

装运凭证是指一式多联的、连续编号的提货单，可由电脑或人工编制。按序归档的装运凭证通常由装运部门保管。装运凭证提供了商品确实已装运的证据，是证实销售交易"发生"认定的另一种形式的凭据。而定期检查以确定在编制的每张装运凭证后均已附有相应的销售发票，则有助于保证销售交易"完整性"认定的正确性。

**（五）向顾客开具账单**

开具账单包括编制和向顾客寄送事先连续编号的销售发票。这项功能所针对的主要问题是：（1）是否对所有装运的货物都开具了账单（即"完整性"认定问题）；（2）是否只对实际装运的货物才开具账单，有无重复开具账单或虚构交易（即"发生"认定问题）；（3）是否按已授权批准的商品价目表所列价格计价开具账单（即"准确性"认定问题）。

为了降低开具账单过程中出现遗漏、重复、错误计价或其他差错的风险，应设立以下的控制程序。

（1）开具账单部门职员在开具每张销售发票之前，独立检查是否存在装运凭证和相应的经批准的销售单。

（2）依据已授权批准的商品价目表开具销售发票。

（3）独立检查销售发票计价和计算的正确性。

（4）将装运凭证上的商品总数与相对应的销售发票上的商品总数进行比较。

上述的控制程序有助于确保用于记录销售交易的销售发票的正确性。因此，这些控制与销售交易的"发生""完整性"以及"准确性"认定有关。销售发票副联通常由开具账单部门保管。

（六）记录销售

在手工会计系统中，记录销售的过程包括区分赊销、现销。按销售发票编制转账记账凭证或现金、银行存款收款凭证，再据以登记销售明细账和应收账款明细账或库存现金、银行存款日记账。

记录销售的控制程序包括以下内容。

（1）只依据附有有效装运凭证和销售单的销售发票记录销售。这些装运凭证和销售单应能证明销售交易的发生及其发生的日期。

（2）控制所有事先连续编号的销售发票。

（3）独立检查已处理销售发票上的销售金额同会计记录金额的一致性。

（4）记录销售的职责应与处理销售交易的其他功能相分离。

（5）对记录过程中所涉及的有关记录的接触予以限制，以减少未经授权批准的记录发生。

（6）定期独立检查应收账款的明细账与总账的一致性。

（7）定期向顾客寄送对账单，并要求顾客将任何例外情况直接向指定的未执行或记录销售交易的会计主管报告：

以上这些控制与"发生""完整性""准确性"以及"计价和分摊"认定有关。

对这项职能，注册会计师主要关心的问题是销售发票是否记录正确，并归属适当的会计期间。

（七）办理和记录现金、银行存款收入

这项功能涉及的是有关货款收回，现金、银行存款增加以及应收账款减少的活动。在办理和记录现金、银行存款收入时，最应关心的是货币资金失窃的可能性。货币资金失窃可能发生在货币资金收入登记入账之前或登记入账之后。处理货币资金收入时最重要的是要保证全部货币资金都必须如数、及时地记入库存现金、银行存款日记账或应收账款明细账，并如数、及时地将现金存入银行。在这方面，汇款通知书起着重要的作用。

（八）办理和记录销售退回、销售折扣与折让

顾客如果对商品不满意，销售企业一般都会同意接受退货，或给予一定的销售折让；顾客如果提前支付货款，销售企业则可能会给予一定的销售折扣。发生此类事项时，必须经授权批准并应确保办理此事有关的部门和职员各司其职，分别控制实物流和会计处理。在这方面，严格使用贷项通知单无疑会起到关键的作用。

（九）注销坏账

不管赊销部门的工作如何主动，顾客因经营不善、宣告破产、死亡等原因而不支付货款的事仍时有发生。销售企业若认为某项货款再也无法收回，就必须注销这笔货款。对这些坏账，正确的处理方法应该是获取货款无法收回的确凿证据，经适当审批后及时做会计调整。

（十）提取坏账准备

坏账准备提取的数额必须能够抵补企业以后无法收回的销货款。

## 三、控制测试和交易的实质性程序

（一）内部控制目标、内部控制与审计测试的关系

表 4-1 列示了销售交易的内部控制目标、关键内部控制和审计测试的关系。

表 4-1　销售交易的内部控制目标、关键内部控制和审计测试一览表

| 内部控制目标 | 关键内部控制 | 常用的控制测试 | 常用的交易实质性程序 |
| --- | --- | --- | --- |
| 登记入账的销售交易确系已经发货给真实的顾客（发生） | 销售交易是以经过审核的发运凭证及经过批准的顾客订货单为依据登记入账的 | 检查销售发票副联是否附有发运凭证（或提货单）及顾客订货单 | 复核主营业务收入总账、明细账以及应收账款明细账中的大额或异常项目 |
| | 在发货前，顾客的赊购已经被授权批准 | 检查顾客的赊购是否经授权批准 | 追查主营业务收入明细账中的分录至销售单、销售发票副联及发运凭证 |
| | 销售发票均经事先编号并已恰当地登记入账 | 检查销售发票连续编号的完整性 | 将发运凭证与存货永续记录中的发运分录进行核对 |
| | 每月向顾客寄送对账单，对顾客提出的意见做专门追查 | 观察是否寄发对账单并检查顾客回函档案 | 将主营业务收入明细账中的分录与销售单中的赊销审批和发运审批进行核对 |
| 所有销售交易均已登记入账（完整性） | 发运凭证（或提货单）均经事先编号并已经登记入账 | 检查发运凭证连续编号的完整性 | 将发运凭证与相关的销售发票和主营业务收入明细账及应收账款明细账中的分录进行核对复算销售发票上的数据 |
| | 销售发票均经事先编号并已登记入账 | 检查销售发票连续编号的完整性 | |

续表

| 内部控制目标 | 关键内部控制 | 常用的控制测试 | 常用的交易实质性程序 |
|---|---|---|---|
| 登记入账的销售数确系已发货的数，已正确开具账单并登记入账（计价和分摊） | 销售价格、付款条件、运费和销售折扣的确定已经适当的授权批准 | 检查销售发票是否经适当的授权批准 | 追查主营业务收入明细账中的分录至销售发票 |
|  | 由独立人员对销售发票的编制作内部核查 | 检查有关凭证上的内部核查标记 | 追查销售发票上的详细信息至发运凭证、经批准的商品价目表和顾客订货单 |
| 销售交易的分类恰当（分类） | 采用适当的会计科目表 | 检查会计科目表是否适当 |  |
|  | 内部复核和核查 | 检查有关凭证上内部复核和核查的标记 | 检查证明销售交易分类正确的原始证据 |
| 销售交易的记录及时（截止） | 采用尽量能在销售发生时开具收款账单和登记入账的控制方法 | 检查尚未开具收款账单的发货和尚未登记入账的销售交易 |  |
|  | 内部核查 | 检查有关凭证上内部核查的标记 | 将销售交易登记入账的日期与发运凭证的日期比较核对 |
| 销售交易已经正确地记入明细账并经正确汇总（准确性、计价和分摊） | 每月定期给顾客寄送对账单 | 观察对账单是否已经寄出 |  |
|  | 由独立人员对应收账明细账作内部核查 | 检查内部核查标记 |  |
|  | 将应收款明细账余额合计数与其总账余额进行比较 | 检查将应收账款明细账余额合计数与其总账余额进行比较的标记 | 将主营业务收入明细账加总，追查其至总账的过账 |

在审计实务工作中，注册会计师应根据表 4-1 列示的内容，从实际出发，将其转换为更实用、高效的审计计划。也正是由于被审计单位的上述特性，决定了下面将要讨论的销售交易的控制测试和实质性程序都只是定性而非定量的。在具体审计时，注册会计师应当结合被审计单位情况，运用职业判断和审计抽样技术来合理确定审计测试的样本量。

（二）销售交易的内部控制和控制测试

1. 适当的职责分离

适当的职责分离有助于防止各种有意或无意的错误。注册会计师通常通过观察有关人员的活动，以及与这些人员进行讨论来实施职责分离的控制测试。

2. 正确的授权审批

注册会计师应当关注以下四个关键的审批程序：其一，在销售发生之前，赊销已经正确审批；其二，非经正当审批，不得发出货物；其三，销售价格、销售条件、运费、折扣等必须经过审批；其四，审批人应当根据销售与收款授权批准制度的规定，在授权范围内进行审批，不得超越审批权限。

3. 充分的凭证和记录

只有具备充分的记录手续，才有可能实现其他各项控制目标。

4. 凭证的预先编号

对凭证预先进行编号，旨在防止销售以后忘记向顾客开具账单或登记入账，也可防止重复开具账单或重复记账。对这种控制常用的一种控制测试程序是清点各种凭证。

5. 按月寄出对账单

由不负责现金出纳和销售及应收账款记账的人员按月向顾客寄发对账单。注册会计师观察指定人员寄送对账单和检查顾客复函档案，对于测试被审计单位是否按月向顾客寄出对账单，是十分有效的控制测试。

6. 内部核查程序

注册会计师可以通过检查内部审计人员的报告，或其他独立人员在他们核查的凭证上的签字等方法实施控制测试。内部核查程序如表 4-2 所示。

表 4-2　内部核查程序

| 内部控制目标 | 内部核查程序举例 |
| --- | --- |
| 登记入账的销售交易是真实的 | 检查销售发票的连续性并检查所附的佐证凭证 |
| 销售交易均经适当审批 | 了解顾客的信用情况确定是否符合企业的赊销政策 |
| 所有销售交易均已登记入账 | 检查发运凭证的连续性并将其与主营业务收入明细账核对 |
| 登记入账的销售交易均经正确估价 | 将销售发票上的数量与发运凭证上的记录进行比较核对 |
| 登记入账的销售交易分类恰当 | 将登记入账的销售交易的原始凭证与会计科目表比较核对 |
| 销售交易的记录及时 | 检查开票员所保管的未开票发运凭证，确定是否包括所有应开票的发运凭证存内 |
| 销售交易已经正确记入明细账并经正确汇总 | 从发运凭证追查至主营业务收入明细账和总账 |

### （三）针对销售交易的实质性程序

1. 登记入账的销售交易是真实的

对这一目标，注册会计师一般关心三类错误的可能性：一是未曾发货却已将销售交易登入账；二是销售交易重复入账；三是向虚构的顾客发货，并作为销售交易登记入账。

（1）针对未曾发货却已将销售交易登记入账这类错误的可能性，注册会计师可以从主营业务收入明细账中抽取若干笔分录，追查有无发运凭证及其他佐证，借以查明有无事实上没有发货却已登记入账的销售交易。如果注册会计师对发运凭证等的真实性也有怀疑，就有必要进一步追查存货的永续盘存记录，测试存货余额有无减少。

（2）针对销售交易重复入账这类错误的可能性，注册会计师可以通过检查企业的销售交易记录清单以确定是否存在重号、缺号。

（3）针对向虚构的顾客发货并作为销售交易登记入账这类错误发生的可能性，注册会计师应当检查主营业务收入明细账中与销售分录相应的销货单。以确定销售是否履行赊销批准手续和发货审批手续。

检查上述三类高估销售错误的可能性的另一有效的办法是，追查应收账款明细账中贷方发生额的记录。如果应收账款最终得以收回货款或者由于合理的原因收到退货，则记录入账的销售交易一开始通常是真实的；如果贷方发生额是注销坏账，或者直到审计时所欠货款仍未收回，就必须详细追查相应的发运凭证和顾客订货单等，因为这些迹象都说明可能存在虚构的销售交易。

当然，只有在注册会计师认为由于缺乏足够的内部控制而可能出现舞弊时，才有必要实施上述实质性程序。

2. 已发生的销售交易均已登记入账

从发货部门的档案中选取部分发运凭证，并追查至有关的销售发票副本和主营业务收入明细账，是测试未开票的发货的一种有效程序。为使这一程序成为一项有意义的测试，注册会计师必须能够确信全部发运凭证均已归档，这一点可以通过检查凭证的编号顺序来查明。

3. 登记入账的销售交易均经正确计价

销售交易计价的准确性包括：按订货数量发货，按发货数量准确开具账单以及将账单上的数额准确地记入会计账簿。典型的细节测试程序包括复算会计记录中的数据。通常的做法是，以主营业务收入明细账中的会计分录为起点，将所选择的交易业务的合计数与应收账款明细账和销售发票存根进行比较核对。销售发票存根上所列的单价，通常还要与经过批准的商品价目表进行比较核对，其金额小计和合计数也要进行复算。发票中列出的商品的规格、数量和顾客代号等，则应与发运凭证进行比较核对。另外，往往还要审核顾客订货单和销售单中的同类数据。

4. 登记入账的销售交易分类恰当

销售分类恰当的测试一般可与计价准确性测试一并进行。注册会计师可以通过审核原始凭证确定具体交易业务的类别是否恰当，并以此与账簿的实际记录做比较。

5. 销售交易的记录及时

在执行计价准确性实质性测试程序的同时，一般要将所选取的提货单或其他发运凭证的日期与相应的销售发票存根、主营业务收入明细账和应收账款明细账上的日期作比较。如有重大差异，被审计单位就可能存在销售截止期限上的错误。

6. 销售交易已经正确记入明细账并经正确汇总

在多数审计中，通常都要加总主营业务收入明细账数，并将加总数和一些具体内容分别追查至主营业务收入总账和应收账款明细账或现金、银行存款日记账等测试方法，以检查在销货过程中是否存在有意或无意的错报问题。

# 案例七　欣泰电气审计案例

## 案　情

### 一、案件起因

2016 年 6 月 17 日，在经历了近一年的立案调查后，证监会认定欣泰电气涉嫌欺诈发行及信息披露违法违规，并且向公司及相关责任人下发了《行政处罚和市场禁入事先告知书》。这意味着，由于欺诈发行，欣泰电气将成为创业板第一家终止上市的公司，更是中国证券市场第一家因欺诈发行被退市的上市公司。

### 二、被审计单位的基本情况及主要会计问题

（一）被审计单位的基本情况

丹东欣泰电气股份有限公司（简称欣泰电气）系由丹东整流器有限公司整体改制而成，丹东整流器有限公司的前身为丹东整流器厂（非公司制企业），成立于 1960 年，原系丹东市民政局所属的国有小型企业。2007 年 7 月 25 日，公司整体变更为丹东欣泰电气股份有限公司，2014 年 1 月 21 日，根据中国证券监督管理委员会证监许可〔2014〕27 号文《关于核准丹东欣泰电器股份有限公司首次公开发行股票并在创业板上市的批复》，欣泰电气通过向社会公开发行人民币普通股（A 股）发行 15 778 609.00 股，发行价格为人民币 16.31元/股。此次发行的 A 股于 2014 年 1 月 27 日在深圳证券交易所创业板挂牌上市交易，股票代码 300372。

公司注册资本人民币 85 778 609.00 元，截至 2015 年 12 月 31 日，公司资产总额 11.95亿元，2015 年度营业收入 37231.19 万元，净利润 567.82 万元。现有员工 560 人，其中工程技术人员 110 余人。

欣泰电气是我国节能型输变电设备和无功补偿装置等电网性能优化设备设计、生产制造型企业，拥有进出口经营权。公司主要产品为节能型输变电设备和无功补偿装置等电网性能优化设备，其中输变电设备主要包括 110kV 及以下油浸式变压器、干式变压器、箱式变电站等。公司已获授权专利 24 项，其中发明专利 2 项，在申请专利 9 项，其中发明专利6 项。拥有各类专有技术 18 项，获得新产品鉴定和产品型式试验报告 58 项，形成了自主创新的知识产权体系。

（二）主要会计问题

其实，早在 2011 年 3 月 18 日，欣泰电气首次冲击上市时就曾被证监会否决。否决理由是，相关业务资产收入大幅下降并出现经营亏损，对欣泰电气持续盈利能力构成重大不

利影响。沉寂一年后，欣泰电力于 2012 年再次申请。但是其资产盈利能力不足，以及应收账款过高的问题，仍然构成其上市之路的硬伤。为了尽快发行上市融资，欣泰电气决定铤而走险。由此，凭借"编写"出来的申请材料，欣泰电气闯关成功，拿到了证监会许可其公开发行并上市的批文。

2014 年 1 月，欣泰电气登陆创业板。好景不长，仅半年后，欣泰电气即被中国证监会立案调查，并被要求开展财务自查工作。经过自查之后，欣泰电气 2015 年 11 月 26 日晚间发布公告"坦白"：以前申请上市的材料，确实存在着"重大会计差错"。因此，公司将进行更正并追溯调整相关财务数据。受此影响，2011—2013 年度，公司净利润分别要调减 561 万元、618 万元和 1 054 万元。

经调整后，欣泰电气最近 4 年每年的营业收入实际只有 4 亿多元，相当于 4 年中每年大约有 25%的收入是通过虚构收回应收账款来完成的，累计造假金额可能高达数亿元。上述情况用"重大会计差错"来定义显然与事实相去甚远。

经证监会查明，欣泰电气存在以下违法事实。

1. 首次公开发行股票并在创业板上市申请文件中相关财务数据存在虚假记载

2011 年 11 月，欣泰电气向中国证监会提交首次公开发行股票并在创业板上市（以下简称 IPO）申请，2012 年 7 月 3 日通过创业板发行审核委员会审核。2014 年 1 月 3 日，欣泰电气取得中国证监会《关于核准丹东欣泰电气股份有限公司首次公开发行股票并在创业板上市的批复》。

为实现发行上市目的，解决欣泰电气应收账款余额过大问题，欣泰电气总会计师刘明胜向公司董事长、实际控制人温德乙建议在会计期末以外部借款减少应收账款，并于下期初再还款冲回。二人商议后，温德乙同意并与刘明胜确定主要以银行汇票背书转让形式进行冲减。2011 年 12 月至 2013 年 6 月，欣泰电气通过外部借款、使用自有资金或伪造银行单据的方式虚构应收账款的收回，在年末、半年末等会计期末冲减应收款项（大部分在下一会计期期初冲回），致使其在向中国证监会报送的 IPO 申请文件中相关财务数据存在虚假记载。

其中，截至 2011 年 12 月 31 日，虚减应收账款 10 156 万元，少计提坏账准备 659 万元；虚增经营活动产生的现金流净额 10 156 万元。截至 2012 年 12 月 31 日，虚减应收账款 12 062 万元，虚减其他应收款 3 384 万元，少计提坏账 726 万元；虚增经营活动产生的现金流净额 5 290 万元。截至 2013 年 6 月 30 日，虚减应收账款 15 840 万元，虚减其他应收款 5 324 万元，少计提坏账准备 313 万元；虚增应付账款 2 421 万元；虚减预付账款 500 万元；虚增货币资金 21 232 万元，虚增经营活动产生的现金流净额 8 638 万元。

2. 上市后披露的定期报告中存在虚假记载和重大遗漏

（1）《2013 年年度报告》《2014 年半年度报告》和《2014 年年度报告》中存在虚假记载。2013 年 12 月至 2014 年 12 月，欣泰电气在上市后继续通过外部借款或者伪造银行单据的方式虚构应收账款的收回，在年末、半年末等会计期末冲减应收款项（大部分在下一会计期期初冲回），导致其披露的相关年度和半年度报告财务数据存在虚假记载。其中，《2013 年年度报告》虚减应收账款 19 940 万元，虚减其他应收款 6 224 万元，少计提坏账准备 1 240 万元；虚增应付账款 1 521 万元；虚增货币资金 20 632 万元；虚增经营活动产生的现金流净额 12 238 万元。《2014 年半年度报告》虚减应收账款 9 974 万元，虚减其他应收款 6 994 万元，少计提坏账准备 272 万元；虚增应付账款 1 521 万元；虚减其他应付款 770 万元；虚增货币资金 14 767 万元；虚减经营活动产生的现金流净额 9 965 万元。《2014 年年度报告》虚减应收账款 7 262 万元，虚减其他应收款 7 478 万元，少计提坏账准备 363 万元，虚减经营活动产生的现金流净额 12 944 万元。

（2）《2014 年年度报告》中存在重大遗漏。欣泰电气实际控制人温德乙以员工名义从公司借款供其个人使用，截至 2014 年 12 月 31 日，占用欣泰电气 6 388 万元。欣泰电气在《2014 年年度报告》中未披露该关联交易事项，导致《2014 年年度报告》存在重大遗漏。

### 三、审计主体的基本情况及主要审计问题

**（一）审计主体的基本情况**

北京兴华会计师事务所（特殊普通合伙），前身是 1992 年 12 月成立的北京兴华会计师事务所。1995 年 11 月，取得证券期货相关业务审计资格。1998 年 11 月，改制为有限责任公司——北京兴华会计师事务所有限责任公司。2000 年，经财政部批准，正式成为马施云国际成员所并自此跨入国际审计市场。目前是中国前 20 强会计师事务所之一，已有上市公司客户近 40 余家。2014 年业务收入为 8.1 亿元，全国行业排名第 15 位，北京地区排名第 9 位。北京兴华现有高级合伙人 11 位，合伙人 69 位，在职员工 1 600 余名，注册会计师 500 余名。经财政部门批准，北京兴华相继在贵州、广东、湖北、黑龙江、湖南、安徽、福建、山东、河北、吉林、四川、上海、深圳、西安、云南、天津、杭州、辽宁、江西、山西、河南、江苏等地设立了 23 家分所。

北京兴华及下属机构业务涉及审计、评估、工程造价、税务咨询等各个领域，拥有证券期货审计资质、金融业务审计资质、军工涉密业务咨询等各类资质；同时所属机构拥有证券业评估资质、甲级工程造价咨询资质、税务审计资质等。

**（二）主要审计问题**

北京兴华会计师事务所有限责任公司作为欣泰电气 IPO 的财务审计机构，对其 2010 年 12 月 31 日、2011 年 12 月 31 日、2012 年 12 月 31 日和 2013 年 6 月 30 日财务状况以及 2010 年度、2011 年度、2012 年度和 2013 年 1—6 月的经营成果和现金流量进行了审计，并出具了标准无保留意见的审计报告。

北京兴华所对欣泰电气 2013 年度、2014 年度出具的仍然是标准无保留意见的审计报告。

2016 年 1 月 19 日，欣泰电气发布《关于更换会计师事务所的公告》，决定变更 2015 年度审计机构为华普天健会计师事务所（特殊普通合伙）。华普天健为欣泰电气 2015 年报出具无法表示意见审计报告。

欣泰电气 IPO 阶段财务报表审计报告签字注册会计师为王全洲、杨轶辉，欣泰电气 2013 年、2014 年财务报表审计报告签字注册会计师为杨轶辉、王权生。

经证监会查明，兴华所存在以下违法事实。

1. 兴华所对欣泰电气 IPO 期间财务报表审计时未勤勉尽责，出具的审计报告存在虚假记载

（1）在将收入识别为重大错报风险的情况下，对与其相关的应收账款明细账中存在的大量大额异常红字冲销情况未予关注。

兴华所对欣泰电气 IPO 期间财务报表进行审计时，各会计期间均将收入评估为"可能存在较高重大错报风险的领域"，并在审计工作总结中将"收入及利润上涨风险"认定为"评估的特别风险"；2011 年年报审计时将"应收账款"科目认定为重大账户；2012 年年报和 2013 年半年报审计时将"应收账款存在"识别为"重要的交易、账户余额和披露及相关认定"。

经查，欣泰电气通过外部借款、使用自有资金或伪造银行单据的方式在各会计期末冲减应收账款，虚构应收账款的收回，大部分在下一会计期期初以应收账款贷方红字冲销和银行存款借方红字冲销的形式予以冲回。2011 年，应收账款科目发生 54 笔红字冲销，金额共计 14 331 万元；2012 年，应收账款科目发生 138 笔红字冲销，金额共计 28 495 万元，发生于 1—2 月的有 41 笔，金额共计 10 449 万元，其中即包括欣泰电气恢复前一会计期期末虚构收回的应收账款 10 156 万元；2013 年上半年，应收账款科目发生 85 笔红字冲销，金额共计 10 559 万元，发生于 1—2 月的有 74 笔，金额共计 10 004 万元，其中即包括欣泰电气恢复前一会计期期末虚构收回的应收账款 9 110 万元。会计师在对应收账款进行替代测试时，抽查 2013 年 1 月份 433 号、358 号凭证，红字冲销金额分别为 1 452 万元、1 647 万元，均涉及虚构应收账款收回。

（2）未对应付账款、预付账款明细账中存在的大量大额异常红字冲销情况予以关注。

欣泰电气应付账款科目借方红字冲销的情况为：2011 年，应付账款科目发生 65 笔红字冲销，金额共计 18 722 万元；2012 年，应付账款科目发生 63 笔红字冲销，金额共计 21 265 万元；2013 年上半年，应付账款科目发生 177 笔红字冲销，金额共计 20 800 万元，其中包括部分欣泰电气虚构增加的应付账款共计 4 310 万元。

欣泰电气预付账款科目借方红字冲销的情况为：2013 年上半年，预付账款科目发生 11 笔红字冲销，金额共计 3 760 万元，其中包括欣泰电气虚构收回的预付账款共 3 500 万元；会计师在对预付账款进行替代测试时，抽查 2013 年 6 月份 757 号、758 号凭证，红字冲销金额分别为 550 万元、450 万元，均涉及虚构收回预付账款。

（3）在应收账款、预付账款询证函未回函的情况下，未实施替代程序，未获取充分适当的审计证据。

兴华所在对欣泰电气 2012 年财务报表应收账款进行审计时，共向 51 家客户发出询证函，在其中 7 家客户未回函的情况下，仅对其中 1 家客户进行了替代测试，剩余 6 家客户

未做替代测试。6 家客户中有 2 家系欣泰电气虚构收回应收账款的客户，共计虚减应收账款 2 104 万元。对于回函客户中有 2 家客户存在函证金额、审计最终确认金额与账面余额不一致的情况，兴华所未予关注、未做调整也未实施进一步的审计程序。兴华所在对欣泰电气 2013 年半年报应收账款进行审计时，共向 46 家客户发出询证函，在未收到任何回函的情况下，仅对其中 13 家客户进行了替代测试，剩余 33 家客户未做替代测试。33 家客户中有 19 家系欣泰电气虚构收回应收账款的客户，共计虚减应收账款 5 704 万元。兴华所在对欣泰电气 2013 年半年报预付账款进行审计时，共向 19 家客户发出询证函，在未收到任何回函的情况下，仅对其中 5 家客户进行了替代测试，剩余 14 家客户未做替代测试。14 家客户中有 1 家是欣泰电气虚构调整预付账款的客户，金额为 1 000 万元。

（4）未对银行账户的异常情况予以关注。

兴华所对欣泰电气货币资金进行审计时，在丹东市商业银行函证未回函的情况下，对该账户 2013 年 1—6 月累计借方发生额为-1 444 万元的异常情况，未予关注，未实施进一步的审计程序，未能发现该账户 2013 年 1 月存在大量减少银行存款同时冲回应收账款的记录。

2. 兴华所对欣泰电气 2013 年财务报表审计时未勤勉尽责，出具的审计报告存在虚假记载

（1）在将收入识别为重大错报风险的情况下，对与其相关的应收账款明细账中存在的大量大额异常红字冲销情况未予关注。

兴华所对欣泰电气 2013 年财务报表进行审计时，将收入评估为"可能存在较高重大错报风险的领域"，并在审计工作总结中将"收入确认"认定为"存在舞弊风险的因素"。

经查，欣泰电气在上市后继续通过外部借款或伪造银行单据的方式，虚构应收账款的收回，在会计期末冲减应收账款，大部分在下一会计期期初以应收账款贷方红字冲销和银行存款借方红字冲销的形式予以冲回。2013 年，应收账款科目发生 100 笔红字冲销，金额共计 11 169 万元，发生于 1—2 月的有 74 笔，金额共计 10 004 万元，其中包括欣泰电气恢复前一会计期末虚构收回的应收账款 9 110 万元。会计师在对应收账款进行审计时，抽查 2013 年 1 月份 358 号、433 号凭证，红字冲销金额分别为 1 647 万元、1 452 万元，均涉及虚构应收账款收回。

（2）未对应付账款明细账中存在的大量大额异常红字冲销情况予以关注。

欣泰电气应付账款科目借方红字冲销的情况为：2013 年，应付账款科目发生 203 笔红字冲销，金额共计 22 576 万元，其中包括部分欣泰电气虚构增加的应付账款共 4 310 万元。会计师在对应付账款进行审计时，抽查 2013 年 6 月份 667 号红字冲销的凭证，红字冲销金额为 52.5 万元，涉及虚构增加应付账款。

（3）在应收账款询证函未回函的情况下，未实施替代程序，未获取充分适当的审计证据。

兴华所在对欣泰电气 2013 年财务报表进行审计时，共向 24 家客户发出询证函，在其中 22 家客户未回函的情况下，仅对其中 8 家进行了替代测试，剩余 14 家未做替代测试。

14 家客户中有 7 家是欣泰电气虚构收回应收账款的客户，共计虚减应收账款 4 303 万元。在对 8 家客户进行替代测试时，兴华所未按照其审计工作底稿程序表的要求，将销售回款金额与银行对账单核对，其中 3 家客户是欣泰电气虚构收回应收账款的客户，共计虚减应收账款 928 万元。

（4）未对银行账户的异常情况予以关注。

兴华所对欣泰电气货币资金进行审计时，未对丹东市商业银行账户发出询证函，也未在审计工作底稿中说明原因，对该账户 2013 年累计借方发生额为-1 444 万元、期末借方余额为-56 万元的异常情况未予关注，未实施进一步的审计程序，未能发现该账户 2013 年 1 月存在大量减少银行存款同时冲回应收账款的记录。

3. 兴华所对欣泰电气 2014 年财务报表审计时未勤勉尽责，出具的审计报告存在虚假记载

兴华所对欣泰电气 2014 年财务报表进行审计时，将应收账款评估为"可能存在较高重大错报风险的领域"，并在审计工作总结中将"收入确认"认定为"存在舞弊风险的因素"。2014 年，应收账款科目发生 180 笔红字冲销，金额共计 19 521 万元，发生于 1—3 月的有 70 笔，其中即包括欣泰电气恢复虚构收回的应收账款 5 865 万元。会计师在对应收账款进行审计时，抽查 2014 年 10 月份 41 号、231 号、597 号和 11 月份 676 号凭证，红字冲销金额分别为 494.71 万元、655.4 万元、1 225.32 万元、1 162.64 万元，均涉及虚构应收账款收回。

### 四、案件结果

（一）被审计单位——欣泰电气

依据《证券法》第一百八十九条、第一百九十三条第一款和第三款的规定，证监会决定：

（1）对欣泰电气责令改正，给予警告，并处以 832 万元罚款。

（2）对温德乙（董事长，实际控制人）给予警告，并处以 892 万元罚款。同时，对温德乙采取终身证券市场禁入措施。

（3）对刘明胜（总会计师）给予警告，并处以 60 万元罚款。同时，刘明胜采取终身证券市场禁入措施。

（4）对于晓洋（财务部经理）、王永珩（销售部经理）给予警告，并分别处以 20 万元罚款。

（5）对孙文东（董事、总经理）、蔡虹（董事、总工程师）、陈柏超（董事）、宋丽萍（独立董事、审计委员会主席）、陈玉翀（副总经理、董事会秘书）给予警告，并分别处以 8 万元罚款。

（6）对独立董事蒋光福和赵春年、范永喜，监事韩冬和孙洪贵给予警告，并分别处以 6 万元罚款。

（7）对王建华（董事、副总经理）、胡晓勇（董事）分别处以 5 万元罚款。

（8）对杜晓宁（副总经理、董事会秘书）给予警告，并处以 3 万元罚款。

（二）会计师事务所——兴华所

2016 年 4 月 15 日，证监会专门部署了对欣泰电气审计机构北京兴华会计师事务所有限责任公司的立案调查。

2016 年 7 月 29 日，据证监会新闻发言人张晓军通报，证监会决定：

对兴华所责令改正，没收业务收入 322.44 万元，并处以 967.32 万元罚款；对签字注册会计师王全洲、杨轶辉、王权生给予警告，并分别处以 10 万元罚款。对签字注册会计师王全洲、杨轶辉采取 5 年证券市场禁入措施，对签字注册会计师王权生采取 3 年证券市场禁入措施。

## 评　析

### 一、周转率与财务造假

应收账款的变化可直接导致主营业务收入的变化进而影响利润；存货的变化主要通过主营业务成本的变化影响企业利润，所以这两个指标被企业操纵的可能性较大。

假如应收账款周转率很低，则表明应收账款的实际偿还率也很低。这种情况下，如果利润额很高，则企业可能虚构了销售额，从而操纵利润。

存货周转率是衡量和评价企业购入存货、投入生产、销售收回等各环节管理状况的综合性指标。假如存货周转率很低，则表明企业销售低迷，货物周转缓慢，就会积压大量的存货。在这种情况下，如果利润额很高，则企业可能虚构了销货成本，从而操纵了利润。

麦杰科技、神舟电脑等虚构收入的上市公司，就表现为应收账款急剧增加，应收账款周转率急剧下降；存货急剧增加，存货周转率急剧下降。需要注意的是，上市公司也会担心应收账款周转率、存货周转率急剧下降会引起投资者的怀疑。因此，可能将应收账款往其他应收款、预付账款中转移。手法是上市公司先把资金打出去，再叫客户把资金打回来，打出去时挂在其他应收款或预付账款上，打回来作货款，确认为收入；上市公司还可能故意推迟办理入库手续，将存货挂在预付账款上，然后少结转成本，这样虚增的一块利润就挂在预付账款上。所以，对往来账款较大的上市公司都要格外小心。

欣泰电气造假手法就是如此。该公司经常以虚拟应收账款方式虚增收入，造成大量应收账款长期挂账。然后，再搞来一笔钱以虚拟交易的客户名义收款进账冲销应收账款，偿还这笔资金时则以借出款名义通过借记"其他应收款"、贷记"银行存款"让应收账款转为其他应收款；或以购货款的名义出账，使应收账款转化为预付账款或者存货。

### 二、建立独立的事务所聘任制度，从机制上防范财务造假

欣泰电气通过应收账款虚增利润，是财务报表造假的一种低级手法，不过由于审计机

构受雇于董事会，是甲方乙方的关系，不会去直接披露甲方造假，这在一定程度上说明现行制度层面存在问题。

要治理上市公司财务造假，首先得有发现上市公司财务造假的机制。目前这方面机制基本上缺失，上市公司年报审计聘任制度存在着严重的缺陷。上市公司管理层由被审计人变成审计委托人，决定着审计人的聘用、续聘、收费等，完全成了事务所的"衣食父母"，事务所必然"食君之禄，分君之忧"，其审计结果便是委托人意志的体现。事务所在审计中，往往会迁就上市公司，甚至发生与其共谋财务造假的行为，这样必然带来虚假会计信息的披露，从而给投资者造成重大损失，阻碍证券市场的健康发展。

虽然对上市公司的审计业务是由其股东来聘请，但我国的现状是大股东和管理层并没有真正分离，最终分离的是小股东的所有权和管理权。在这种背景下，审计聘任制度实质上是逼着会计师事务所将审计当作一门生意来做。

必须尽快改变会计师事务所与上市公司的聘任机制，将事务所的聘任权交到独立的第三方手中。

第一，在注册会计师协会增设一个部门，可以称为民间会计审计部，所有上市公司都向这个部门交纳一定标准的审计费用，再通过会计师事务所招标方式去审计，这样分不清钱从哪里来，估计能有一个公正的立场。

第二，在证监会设立一个上市公司审计部，由该审计部及其各地分支机构负责聘请会计师事务所对上市公司财报进行审计，会计师事务所对"审计部"负责，并从该机构获取劳务报酬。当然，审计费是要摊到这些上市公司的头上。

第三，上市公司不直接聘请会计师事务所对财务报表进行审计，而是向保险公司投保财务报表保险，再由保险公司聘请会计师事务所对投保的上市公司进行审计。

只有尽快改变会计师事务所与上市公司的聘任机制，让会计师事务所真正能够作为第三方，与被审计上市公司没有任何直接的利益关系，才能放开手脚审计，形成发现上市公司财务造假的良性机制；否则，财务造假治理问题仍不会杜绝。

## 思考与讨论

1. 结合案例，分析如何利用应收账款检测企业是否虚增利润？

2. IPO 企业造假屡禁不止，背后的深层次原因是什么？欣泰电气退市对投资者有些什么影响？

## 参考文献

1. 马靖昊. 周转率背后的假账秘密 [J]. 董事会，2012（11）：104.

2. 李慧敏. 造假定性"前夜"欣泰电气高管及时减持 [N]. 中国经营报，2016-06-13（B05）.

3. 中国证券监督管理委员会（http://www.csrc.gov.cn/pub/newsite/）

4. 中国注册会计师协会. 审计［M］. 北京：经济科学出版社，2016.

5. 李晓慧. 审计学实务与案例［M］. 北京：中国人民大学出版社，2014.

6. 朱开云. 被亮"红牌"的欣泰电气冤吗？［EB/OL］.［2016-07-25］. 财经新闻网.

7. 孙宪超. 欣泰电气造假有迹可循：审计聘任制凸显缺陷［N］. 证券时报，2016-07-12.

8. 北京兴华会计师事务所（http://www.xhcpas.com/）

# 案例八　海联讯审计案例

## 案　情

### 一、案件起因

2013 年 3 月 22 日，海联讯公司自爆丑闻：3 月 21 日公司因涉嫌违反证券法律法规而被证监会进行立案调查。

随后，海联讯公司又于 2013 年 4 月 27 日发布了 32 份公告，公司在营业收入确认、成本估算、年终奖金计提和冲减应收账款 4 个方面存在问题，对 2009 年到 2012 年年度账目进行重大会计更正及追溯调整，调整后 2011 年海联讯的净利润当为 3 994.35 万元，虚增了 2 278.88 万元。

2014 年 4 月 30 日，海联讯发布《关于对以前年度重大会计差错更正及追溯调整的公告》，调减 2010 年营业收入及应收账款 375 万元，调减净利润 359 万元；调减 2011 年营业收入及应收账款 2 204 万元，调减净利润 2 078 万元；调减 2012 年净利润 340 万元。

2014 年 11 月 7 日，证监会对海联讯做出处罚决定，公告中骗取发行核准，IPO 申请文件中违规虚构应收账款和虚增营业收入。海联讯两项罚款合计 822 万元，同时公司实际控制人章锋被合计罚款 1 203 万元，证监会对海联讯及控股股东及相关人员开出了总计 2 334 万元的罚单。

### 二、被审计单位的基本情况及主要会计问题

（一）被审计单位的基本情况

海联讯成立于 2000 年 1 月，注册资本 5 000 万元。2003 年 9 月 23 日，海联讯公司的企业类型由港资变为外商独资，捷迅通信将 100%公司的股权转让给 TEAMWEALTH，使其全资拥有海联讯公司。

2006 年 2 月 8 日，海联讯公司利用企业发展基金等盈余积累第二次将注册资本增加到 250 万美元。

2008 年 3 月 6 日，TEAMWEATH 以原始出资额的股权转让价格分别与孔飘、苏红玉、邢文脆和章峰签订了《股权转让协议书》。2008 年 4 月 2 日，企业类型由外商独资企业变为内资有限企业。2008 年 5 月 5 日，杨德广向海联讯公司投入 420 万元货币资金，公司注册资本增加到 2 160 万元。

2011 年 11 月 23 日，公司发行的人民币普通股股票在深圳证券交易所创业板上市，证券简称"海联讯"，证券代码 300277。首次公开发行人民币普通股（A 股）1 700 万股，发行价格为人民币 23 元/股，募集资金总额 391 000 000 元。

2011 年 12 月 31 日，公司总股本 67 000 000 股为基数向全体股东每 10 股派发现金股利 3 元人民币（含税），共计分配利润 20 100 000 元；同时进行资本公积金转增股本，以 67 000 000 股为基数向全体股东每 10 股转增 10 股，共计转增 67 000 000 股，转增后公司总股本增加 134 000 000 股。

2012 年 07 月 13 日，注册资本增加变更注册登记，注册资本增至 13 400 万元。

截至 2015 年 12 月 31 日，海联讯流通 A 股 13 370 万股，总股本 13 400 万股，2015 年度营业收入为 41 056.8 万元，资产总额为 64 045.1 万元。

公司营业范围：电力企业信息化建设业务，主要业务分布在系统集成、软件开发与销售和技术及咨询服务三大方面。

（二）主要会计问题

海联讯被指自成立之初，其上市的兴趣就过于高涨——从 2002 年开始，海联讯就有了 IPO 的冲动。当时，海联讯将上市目的地选在了境外，但海外上市的计划一直未能成功。2008 年，公司决定回归境内上市，又开始为满足境内上市条件进行了一系列的股权转让，并将企业类型由外商独资企业变更为内资有限公司。2009 年再次谋求上市，当年 12 月份闯关至发审会但最终未通过。随后在 2010 年 12 月再次递交 IPO 申请，并于 2011 年 11 月获得了证监会的上市核准。而将海联讯包装上市的主承销商就是曾经包装过万福生科的平安证券，其会计师事务所也是因绿大地造假上市而被证监会取消了证券服务资格的深圳鹏城会计师事务所。

经证监会查明，海联讯存在以下违法事实。

1. IPO 申请文件中相关财务数据存在虚假记载

2010 年 12 月 14 日，海联讯向中国证监会提交 IPO 申请。2011 年 11 月 3 日，中国证监会对海联讯 IPO 申请予以核准。经查，海联讯为实现发行上市目的，在相关会计期间虚构收回应收账款并虚增营业收入，致使其制作和报送中国证监会的 IPO 申请文件中相关财务数据和财务指标存在虚假记载。具体事实如下。

（1）虚构收回应收账款。为解决公司应收账款余额过大的问题，2009 年年底，海联讯第 5 大股东杨德广向公司前 4 大股东章锋、孔飘、邢文飚、苏红宇提议通过股东垫资或向他人借款方式，在季末、年末等会计期末冲减应收账款，并在下一会计期初冲回。商量后，各股东均同意杨德广的提议，孔飘、邢文飚、杨德广等 3 位股东并同意自行垫资或向他人借款来解决公司应收账款问题。客户应收账款的冲抵和账务处理事宜由杨德广决策并负责安排人员实施。

2009 年 12 月 31 日，海联讯通过他人转入资金 1 429 万元冲减应收账款，后于 2010 年 1 月 4 日全额退款并转回应收账款。

2010 年 9 月和 12 月，海联讯通过股东垫资转入资金 2 566 万元冲减应收账款。

2010 年 12 月，海联讯通过他人转入资金 8 754 万元冲减应收账款，后于 2011 年 1 月 4 日将他人资金 8 754 万元全额退款并转回应收账款。

2011 年 6 月 30 日，海联讯通过他人转入资金 8 890 万元冲减应收账款，后于 2011 年 7 月 1 日全额退款并转回应收账款。

截至 2009 年 12 月 31 日、2010 年 12 月 31 日、2011 年 6 月 30 日，海联讯分别虚构收回应收账款 1 429 万元、11 320 万元、11 456 万元。

（2）虚增营业收入。为优化 IPO 阶段的财务数据和财务指标，海联讯总经理邢文飚的在公司内部会议中多次强调并要求，在能通过审计的情况下要尽可能提前确认收入。会后，海联讯营运部总监胡婉蓉（兼监事会主席）督促该部合同管理员罗自力尽力落实邢文飚的要求。同时，海联讯财务总监杨德广（兼董事会秘书）在会计期末也要求罗自力把能确认收入的项目尽快确认收入，以提前确认收入来弥补营业收入缺口。当胡婉蓉或杨德广提出提前确认收入要求后，罗自力即向公司质量管理部了解公司已提前开工且后续可能签署合同和收到款项的项目，将其作为提前确认收入的项目，然后自行制作虚假的合同和验收报告，提供给财务部确认收入。

经查，海联讯 2010 年通过虚构 4 份合同和相应的验收报告，虚增营业收入 1 426 万元；2011 年上半年通过虚构 6 份合同和相应的验收报告，虚增营业收入 1 335 万元。

2. 上市后披露的定期报告中相关财务数据存在虚假记载

海联讯在 IPO 申请获得中国证监会创业板发行审核委员会审核通过后，仍存在拆借资金冲减应收账款、伪造合同和验收报告虚增营业收入的行为。海联讯披露的定期报告中相关财务数据和财务指标存在虚假记载。具体情况如下。

截至 2011 年 12 月 31 日，海联讯通过股东垫款和向他人借款合计冲减应收账款 13 307 万元，其中股东垫款 2 817 万元，向他人借款 10 489 万元。同时，海联讯 2011 年度虚构 15 份合同和相应的验收报告，虚增营业收入 3 796 万元。海联讯的上述行为，致使其披露的 2011 年年度报告中涉及应收账款、营业收入项目的财务数据和财务指标存在虚假记载。

截至 2012 年 3 月 31 日，海联讯通过股东垫款和向他人借款合计冲减应收账款 10 817 万元，其中股东垫款 2 817 万元，向他人借款 8 000 万元。海联讯的上述行为，致使其披露的 2012 年第一季度报告中涉及应收账款项目的财务数据和财务指标存在虚假记载。

截至 2012 年 6 月 30 日，海联讯通过股东垫款和向他人借款合计冲减应收账款 11 784 万元，其中股东垫款 2 817 万元，向他人借款 8 967 万元。海联讯的上述行为，致使其披露的 2012 年半年度报告中涉及应收账款项目的财务数据和财务指标存在虚假记载。

截至 2012 年 9 月 30 日，海联讯通过股东垫款和向他人借款合计冲减应收账款 10 813 万元，其中股东垫款 2 817 万元，向他人借款 7 995 万元。海联讯的上述行为，致使其披露的 2012 年第三季度报告中涉及应收账款项目的财务数据和财务指标存在虚假记载。

### 三、审计主体基本的情况及主要审计问题

#### （一）审计主体的基本情况

从海联讯 IPO 申请上市至 2011 年，深圳鹏城会计师事务所一直担任其审计机构。虽然鹏城所因为绿大地造假欺诈发行上市时未勤勉尽责，给绿大地出具了无保留意见的审计报告而被证监会取消了证券服务资格，事务所的独立性和执业质量屡遭质疑。但海联讯并没有对深圳鹏城会计师事务所的执业能力产生怀疑，没有再次考虑和评价事务所能力，直到深圳鹏城会计师事务所在 2012 年与国富浩华会计师事务所合并，海联讯才不得不被迫更换为天健会计师事务所。海联讯历年聘用的会计事务所及审计意见类型如表 4-3 所示。

表 4-3　2008—2012 年海联讯聘用事务所及审计意见

| 时间 | 聘用事务所名称 | 审计报告意见 |
| --- | --- | --- |
| 2008 年 | 深圳鹏城会计师事务所 | 标准无保留意见 |
| 2009 年 | 深圳鹏城会计师事务所 | 标准无保留意见 |
| 2010 年 | 深圳鹏城会计师事务所 | 标准无保留意见 |
| 2011 年 | 深圳鹏城会计师事务所 | 标准无保留意见 |
| 2012 年 | 天健会计师事务所（特殊普通合伙） | 保留意见 |

#### 1. 鹏城所

鹏城所前身为深圳市审计局的深圳市审计师事务所，成立于 1992 年，是一家具有证券、期货审计资格的大型会计师事务所。1997 年 10 月按国家财政部、中国注册会计师协会和深圳市财政局的规定，改制成具有法人资格的会计师事务所。

鹏城所可谓是"最不安分"的会计事务所，因为证监会出具的罚单名单上常常出现它的名字，而它或者与它有关的会计人物涉嫌参与造假的公司又偏偏昭著得令人耳熟能详，如绿大地、彩虹精化、金荔科技、聚友网络等。

2012 年 7 月 24 日，在没有收到任何处罚的情况下，鹏城所突然宣布与国富浩华合并。2013 年，国富浩华又被瑞华会计师事务所合并。

#### 2. 天健所

天健会计师事务所成立于 1983 年 12 月，是由我国一批资深注册会计师投资创办的具有 H 股审计资格的全国性大型专业会计中介服务机构。天健注册地和总部设在杭州，并在北京、上海、重庆等 14 个省市设立了分支机构，在香港、台湾设有成员所。截至 2015 年，综合实力位列全国第 7，全球排名第 19 位，2015 年度事务所本身业务收入 150 590.03 万元，拥有注册会计师 1 399 人。现有 3 800 余名从业人员中，有博士、硕士学位和会计、审计、

经济、工程技术等高级专业职称的 500 余名，注册会计师行业领军人才 23 名，60 余位从业人员拥有境外执业会计师资格。天健是全国行业十强中唯一一家纯中华民族品牌的事务所。

（二）主要审计问题

海联讯多年来聘任的会计师事务所深圳鹏城有着"造假集中营"之称。在海联讯 2011 年及之前的财务报表审计过程中，深圳鹏城会计师事务所没有保持注册会计师应有的谨慎，也没有充分保持职业怀疑态度，更没有有效地制定实施风险评估程序，以至于没有能够准确地识别出海联讯财务报表所存在的重大错报风险，错误地发表了标准无保留的审计意见报告，这是注册会计师的审计失败。

2012 年，因鹏城所被国富浩华所合并，海联讯改聘天健所为其年报审计，而天健给出的是保留意见的审计报告，原因是"我们未能取得充分、适当的审计证据证明上述收入的真实性和归属会计期间的适当性以及相应应收账款的可收回性"。

2013 年 4 月 27 日，海联讯一口气发布了多达 32 份的公告。在这些报告中，最吸引眼球的不是 2012 年报、2013 年一季报，而是 2 份与公司"会计差错"有关的公告。一份是由审计机构天健会计师事务所出具的《关于深圳海联讯科技股份有限公司重要前期差错更正的说明》，另一份则是《关于对以前年度重大会计差错更正及追溯调整的公告》。

天健会计师事务所发给深圳证券交易所《关于深圳海联讯科技股份有限公司重要前期差错更正的说明》，称海联讯外包成本、年终奖金、营业收入不符合《企业会计准则》的规定。原未对应收账款贷方余额进行重分类，并按未经重分类的应收账款余额计提坏账准备。

1. 外包成本

海联讯在以前会计期间对软件外包成本的确认，没有按照会计准则规定依权责发生制在确认相应收入时，按照服务完成进度暂估成本计量，而是在收到软件服务提供商的结算清单时点才予以确认。

海联讯调整 2010 年及以前跨期确认的外包成本，调减 2010 年年初未分配利润 13 002 778.76 元，调减 2010 年度营业成本 9 305 582.46 元，调减应付账款 3 697 196.3 元；调整 2011 年跨期确认的外包成本，调减 2011 年年初未分配利润 3 697 196.3 元，调减 2010 年度营业成本 1 179 705.05 元，调减应付账款 4 876 901.35 元。

2. 年终奖

海联讯公司原在实际支付时确认根据绩效考核计算的年终奖金，而未按权责发生制原则进行计提，不符合《企业会计准则》的规定。

调整 2010 年及以前跨期确认的年终奖金，调减 2010 年年初未分配利润 2 917 785 元，调增 2010 年度销售费用 400 613.15 元，调减 2010 年度管理费用 111 465.45 元，调增应付职工薪酬 3 206 932.7 元；调整 2011 年跨期确认的年终奖金，调减 2011 年年初未分配利润 3 206 932.7 元，调减 2011 年度销售费用 145 468.9 元，调增 2011 年度管理费用 1 825 775.88

元，调增应付职工薪酬 4 887 239.68 元。

3. 应收账款

海联讯公司存在从非客户方转入大额资金冲减账面应收账款并于下一会计期初转出资金、转回应收账款情况。调整 2010 年虚假冲减应收账款，调增应收账款及其他应付款 113 201 995.25 元；调整 2011 年虚假冲减应收账款，调增应收账款及其他应付款 133 067 772.08 元；滚动调整 2010 年多确认营业收入对应的应收账款，调减 2011 年年初未分配利润和应收账款 10 510 000 元。

此外，海联讯公司原未对应收账款贷方余额进行重分类，并按未经重分类的应收账款余额计提坏账准备，不符合《企业会计准则》的规定。将 2010 年应收账款贷方余额重分类至预收款项 583 526.9 元；将 2011 年应收账款贷方余额重分类至预收款项 4 173 942.96 元。

4. 营业收入

海联讯公司确认了部分不符合收入确认原则的项目合同收入，不符合《企业会计准则》的规定。

调整 2010 年多确认营业收入，调减营业收入及应收账款 10 510 000 元；同时调整减免的营业税金及附加，调减营业税金及附加 546 520 元，调减营业外收入 413 400 元，调减应交税费 133 120 元。

调整 2011 年多确认营业收入，调减营业收入及应收账款 15 920 000 元；同时调整减免的营业税税金及附加，调减营业税金及附加 677 890 元，调减营业外收入 677 890 元。调整 2010 年营业税在 2011 年确认减免并计入营业外收入，调增 2011 年年初未分配利润，调减营业外收入 133 120 元。

5. 资产负债表中其他资产事项

（1）2011 年度以前差错更正。根据上述对应收账款的调整重新计算并调整应收账款坏账准备，调增应收账款坏账准备 8 867 323.74 元，调增资产减值损失 8 867 323.74 元，同时调增递延所得税资产 1 330 098.56 元，调减所得税费用 1 330 098.56 元。

根据以上调整影响 2010 年度净利润结果调减盈余公积 889 767.05 元。

（2）2011 年度差错更正。根据上述对应收账款的调整重新计算并调整应收账款坏账准备，调增应收账款坏账准备准备 13 426 926.15 元，调增资产减值损失 4 559 602.41 元，调增递延所得税资产 2 014 038.92 元，调减所得税费用 683 940.36 元。调减 2011 年年初未分配利润 7 537 225.18 元。

根据以上调整影响 2011 年度净利润结果调减盈余公积 3 168 646.46 元。

具有讽刺意义的是，当年海联讯上市之时，被称为"包装黑手"的平安证券和深圳鹏城会计事务所双双认为，"海联讯主要客户的货款回收较为及时，应收账款回收风险较小；发行人应收账款变动主要是受到部分客户的付款程序变动的影响，增长的原因真实、合理"。

### 四、案件结果

根据当事人骗取发行核准违法和信息披露违法两项行为的事实、性质、情节与社会危害程度，依据相关法律法规，证监会决定：

（1）对海联讯给予警告，并处以 822 万元罚款。

（2）对海联讯第一大股东和实际控制人、董事长章锋给予警告，并处以 1 203 万元罚款；认定章锋为证券市场禁入者，自宣布决定之日起，8 年内不得从事证券业务或担任上市公司董事、监事、高级管理人员职务。

（3）对邢文飚（海联讯第三大股东，总经理、董事、法定代表人）、杨德广（海联讯第五大股东、财务总监、董事会秘书）给予警告，并分别处以 60 万元罚款；认定邢文飚、杨德广为证券市场禁入者，自宣布决定之日起，8 年内不得从事证券业务或担任上市公司董事、监事、高级管理人员职务。

（4）对孔飙（海联讯第二大股东、董事、副总经理）、苏红宇（海联讯第四大股东、董事、副总经理）给予警告，并分别处以 50 万元罚款。

（5）对胡婉蓉（监事会主席、营运部总监）给予警告，并处以 25 万元罚款。

（6）对海联讯营运部合同管理兼人事行政主管罗自力处以 10 万元罚款。

（7）对罗力（董事）、肖逸（独立董事）、郭志忠（独立董事）、王德保（独立董事）、周建中（监事）、林夏（监事）、廖晓光（副总经理）、刘宝峰（副总经理）给予警告，并分别处以 6 万元罚款。

（8）对程浩忠（独立董事）、周红（监事）给予警告，并分别处以 3 万元罚款。

## 评　析

### 一、海联讯造假的成本效益分析

如果没实施财务造假，海联讯显然还是资本市场的"看客"，但因为造假，让其完成了上市的"梦想"。置身于资本市场的内外，其境遇显然是大不相同的。限售期后，大小非可以减持了，而且原先不值钱的股权，今后也能够以高价套现。可以说，上市成功后，海联讯大小非将成为最大的赢家。

尽管海联讯的丑闻曝光后，上市公司方面"主动"追溯调整了财务报表，并且主要股东章锋、孔飙、邢文飚、杨德广等出资设立了专项补偿基金，但其付出的代价不过是 8 882.77 万元的补偿资金。事实上，这也是相关股东理应付出的代价。而按照海联讯 14.2 元左右的股价测算，章锋持股市值 5.20 亿元、孔飙 3.55 亿元、邢文飚 2.8 亿元、杨德广 6 600 万元。也就是说，8 882 万元的"成本"，换来超过 12 亿元的市值，"投入与产出"的比例达到 1：13.74，谁是造假上市的最大获利者不言而喻。

然而，监管部门对于这起造假上市的处罚颇值得"回味"。一方面，罚款成为处罚的"主旋律"。表面上看，海联讯造假上市案责任人员都被处罚，但处罚明显不到位；而且，在巨大的获利面前，所谓的罚款其实根本不值一提。另一方面，《关于改革完善并严格实施上市公司退市制度的若干意见》（以下简称《若干意见》）将在 2014 年 11 月 16 日开始生效，监管部门却在此前的 10 天"突击"处罚海联讯，亦有"规避"其退市的意味。此外，证监会表示，在做出处罚决定与市场禁入决定前，已充分考虑到了海联讯追溯调整财务数据与对投资者实施补偿的因素。问题是，这些本该是上市公司的分内之事，像补偿投资者亦是其应该付出的代价，却为何能够作为减轻处罚的筹码？

欺诈发行不退市，海联讯再次开了一个恶劣的先例，其后续影响亦无疑是非常恶劣的。根据《若干意见》规定，即使是上市公司因财务造假等问题欺诈上市，"在证券交易所作出终止公司股票上市交易决定前，全面纠正违法行为、及时撤换有关责任人员、对民事赔偿责任承担做出妥善安排的，公司可以向证券交易所申请恢复上市"，这实际上为造假上市者另开了一条"绿色通道"。可以预见的是，有了这道"护身符"，今后市场上还会出现更多的"绿大地"与"海联讯"。

欺诈发行强制退市天经地义，不应有任何的回旋余地。退市新规中的"绿色通道"，再现了退市制度的"软肋"，而这一"软肋"必将为别有用心者所利用。

**二、IPO 舞弊风险发现与识别**

**（一）充分了解被审计单位及其环境**

会计师事务所在接受拟上市公司委托时应谨慎对待，尤其是特殊行业，要对其行业环境充分了解，降低审计风险。一旦接受委托，则选派专业知识精湛、实战经验丰富的注册会计师进行审计，实施恰当程序、严格执行准则以保证 IPO 审计质量。如本案例中的海联讯，电力行业的特殊性加之电力知识的缺乏使得注册会计师易受蒙蔽。

**（二）关注往来款项**

往来款项与企业经营息息相关，而复式记账下科目的钩稽关系使货币资金项目与收入项目相互对应。因此，伪造利润的另一面是往来款项的异常。审计师可通过往来款项这一"窗口"来发现收入舞弊。

1. 扩大询证范围

函证是审计师为获取影响报表或相关认定的信息，直接向第三方核对有关账项信息的过程，旨在从外部获取客观有效证据。实务中，受时间和费用限制，审计师往往从会计科目余额中简单取样，对往来款函证，尤其是发生额函证关注不够。使得企业通过技术手段频繁虚构发生额，最后仅需将余额与客户保持一致。

对于本例中长期挂账的应收账款，海联讯没有提供对方信息，深圳鹏城会计师事务所更没有严格执行函证程序，反而在报告中认为"主要客户货款回收较为及时，应收账款回收风险较小，增长原因真实、合理"，最终导致 IPO 审计失败。因此，扩大询证范围，对历史交易函证再次查验，这些方法都比单一的确定余额真实存在和审查舞弊企业虚构的原始凭证更加有效。

2. 由银行对账单延伸

与询证函相同，作为外部证据银行对账单也具有客观的证明力。虽然银行对账单能详细提供一定期间内企业经营资金周转往来情况，但无法提供交易客户名称等具体信息依然让舞弊企业有机可乘。

例如，海联讯利用自有资金，频繁地以非客户方名义进行"体内循环"虚假冲减应收账款达 2.46 亿元，然后下期转出以虚增资产规模。审计师在确保对账单余额准确的基础上，还要考虑历史交易的真实性。一方面要尽量掌握银行账户的实际控制人以防"一手遮天"式的舞弊，另一方面对于一定时期内同一账户总金额一致的频繁资金流出流入，应给予高度警惕。

3. 关注财务指标

识别和防范风险时，审计人员应全面实施分析性程序，分析不同数据间的关系，评价财务信息，发现舞弊端倪，尤其应关注企业上市前后的相关财务指标对比。

（1）重视往来款异常波动。本案例中，海联讯先是以期确认外包成本的方式虚构应收账款，再从非客户方利用"其他应付款"进行大额冲减。错综复杂的会计记录游戏，不过是希望将虚增部分最终消化，这一系列动作必然导致应收账款的异常波动，如 2008 年年底，海联讯应收账款余额仅为 7 144 万元，到 2009 年年底迅速增长到 1.07 亿元，而 2010 年、2011 年分别为 1.03 亿元、1.23 亿元，3 年应收账款余额较 2008 年年末分别增长 51.16%、43.98%、72.17%。因此，审计人员应当对往来款项的大幅异常波动引起重视。

（2）注重对比财务指标。现金指标，在"现金为王"的企业经营中，现金流量表一致被认为比利润表更真实可靠。对造假企业来说，利用技术手段虚增利润和资产，不一定会有相应现金流入，因此现金指标可作为识别突破口。盈利能力指标，财务舞弊公司出于虚构利润需要，财务报表通常会显示不寻常的高盈利能力，并与同行业平均指标相差悬殊。对于这种持续的畸高盈利指标，应当予以高度警惕。营业周转指标，虚构业绩的公司通常存在虚构往来和存货的现象，在连续造假时，公司应收账款的持续膨胀会导致周转速度显著降低。

4. 关注非财务方面的警讯

审计师往往可以通过以下方面发现公司舞弊的迹象：公司治理结构完善程度、董事和高管更换情况、遭受监管机构谴责处罚情况、诉讼和担保情况、财务主管和外部审计是否频繁变更等。海联讯公司曾在内部控制报告中被出具否定意见，且多次被认定为内控评价无效。这些重要信息都是企业可能存在舞弊的预警。

## 思考与讨论

1. 回顾海联讯 IPO 财务造假事件，是哪些因素导致其成功上市？

2. 企业在销售与收款的环节中还可能存在哪些舞弊行为？注册会计师应怎样来应对审计风险？

## 参考文献

1. 新浪财经（http://finance.sina.com.cn）

2. 中国会计视野（http://www.esnai.com）

3. 人大经济论坛（http://bbs.pinggu.org）

4. 中国注册会计师协会. 审计［M］. 北京：经济科学出版社，2016.

5. 李晓慧. 审计学实务与案例［M］. 北京：中国人民大学出版社，2014.

6. 皮海洲. 海联讯不妨做主动退市的典范［J］. 金融博览（财富），2014（08）：86.

7. 李昊. 海联讯财务造假问题研究——基于舞弊三角形理论的分析［J］. 现代商业，2015（20）：196-197.

8. 陈诚. 浅谈上市公司财务报表重述的问题［J］. 绿色科技，2013（06）：250-253.

9. 张艺蓝. 基于内部控制视角的财务重述研究［D］. 四川：西南财经大学，2014.

10. 宋瑚琏，刘静. IPO 舞弊风险识别与欺诈上市［J］. 财会月刊，2014（23）：76-78.

11. 邓小红. 海联讯财务造假事件反思［J］. 财会月刊，2015（06）：82-83.

# 第五章　采购与付款循环审计

**学习目标**

● 了解采购与付款循环主要业务活动及其涉及的主要凭证及记录
● 掌握采购与付款循环业务的内部控制、控制测试和交易的实质性程序
● 掌握采购与付款循环业务的内部控制的关键环节
● 掌握固定资产循环控制测试
● 熟悉应付账款审计程序

采购与付款是相互联系的两个方面，采购既包括商品、材料等存货的购进活动，也包括固定资产购进活动，而购进存货与固定资产便发生了付款业务。采购与付款循环是企业资金周转的关键环节，只有及时组织好资产的采购、验收业务，才能保证生产、销售业务的正常运行。根据会计报表项目与业务循环的相关程度，采购与顾客循环相关的会计报表项目一般包括预付账款、固定资产累计折旧、固定资产减值准备、在建工程、工程物资、固定资产清理、应付票据和应付账款等，涉及利润表项目通常为管理费用。

## 一、采购与付款循环的特性

### （一）涉及的主要凭证和会计记录

采购与付款交易通常要经过请购—订货—验收—付款这样的程序，涉及的主要凭证和会计记录有以下几种：请购单、订购单、验收单、卖方发票、付款凭单、转账凭证、付款凭证、应付账款明细账、库存现金日记账和银行存款日记账、供应商对账单。

### （二）涉及的主要业务活动

（1）请购商品和劳务仓库负责对需要购买的已列入存货清单的项目填写请购单，其他部门也可以对所需要购买的未列入存货清单的项目编制请购单。请购单是证明有关采购交易的"发生"认定的凭据之一，也是采购交易轨迹的起点。

（2）编制订购单：对订购单的检查与采购交易的"完整性"认定有关。

（3）验收商品：验收单是支持资产或费用以及与采购有关的负债的"存在或发生"认定的重要凭证。定期独立检查验收单的顺序以确定每笔采购交易都已编制凭单，则与采购交易的"完整性"认定有关。

（4）储存已验收的商品存货：该控制与商品的"存在"认定有关。

（5）编制付款凭单：这些控制与"存在""发生""完整性""权利和义务"和"计价和分摊"等认定有关。

（6）确认与记录负债。

（7）付款。

（8）记录现金、银行存款支出。

## 二、采购与付款的控制测试和交易的实质性程序

（一）采购交易的内部控制、控制测试和交易的实质性程序

很显然，采购与付款的交易测试包括采购交易测试和付款交易测试两个部分。采购交易测试与本章前面讨论的八项主要业务活动中的前六项有关，即：请购商品、劳务，编制订购单，验收商品，储存已验收的商品存货，编制付款凭单确认与记录债务；付款交易测试则关系到第七、第八两项业务活动：支付负债，记录现金、银行存款支出，如表 5-1 所示。

表 5-1　采购交易的控制目标、内部控制和测试一览表

| 内部控制目标 | 关键的内部控制 | 常用的内部控制测试 | 常用的交易实质性测试 |
| --- | --- | --- | --- |
| 所记录的采购都已收到物品或已接受劳务，并符合购货方的最大利益（存在） | 请购单、订货单、验收单和卖方发票一应俱全，并附在付款凭单后<br>购货按正确的级别批准<br>注销凭证以防止重复使用<br>对卖方发票、验收单、订购单和请购单作内部核查 | 查验付款凭单后是否附有单据<br>检查核准购货标记<br>检查注销凭证的标记<br>检查内部核查的标记 | 复核采购明细账、总账及应付账款明细账，注意是否有大额或不正常的金额<br>检查卖方发票、验收单、订货单和请购单的合理性和真实性<br>追查存货的采购账簿记录至存货永续盘存记录<br>检查取得的固定资产采购合同、发票 |
| 已发生的采购业务均已记录（完整性） | 订货单均经事先编号并已登记入账<br>验收单均经事先编号并已登记入账<br>应付凭单均经事先编号并已登记入账 | 检查订货单连续编号的完整性<br>检查验收单连续编号的完整性<br>卖方发票连续编号的完整性 | 从验收单追查至采购明细账<br>从卖方发票追查至采购明细账 |
| 所记录的采购业务估价正确（准确性、计价和分摊） | 计算和金额的内部核查<br>采购价格和折扣的批准 | 检查内部核查的标记<br>审核批准采购价格和折扣的标记 | 将采购明细账中记录的业务同卖方发票、验收单和其他证明文件比较<br>复算包括折扣和运费在内的卖方发票缮写的准确性 |

| 内部控制目标 | 关键的内部控制 | 常用的内部控制测试 | 常用的交易实质性测试 |
| --- | --- | --- | --- |
| 采购业务的分类正确（分类） | 采用适当的会计科目表分类的内部核查 | 审查工作手册和会计科目表<br>检查有关凭证上内部核查的标记 | 参照卖方发票，比较会计科目表上的分类 |
| 采购业务按正确的日期记录（截止） | 要求一收到商品或接受劳务就记录购货业务<br>内部核查 | 检查工作手册并观察有无未记录的卖方发票存在<br>检查内部核查标志 | 将验收单和卖方发票上的日期与采购明细账中的日期进行比较 |
| 采购业务被正确记入应付账款和存货等明细账中，并被准确汇总（准确性、计价和分摊） | 应付账款明细账内容的内部核查 | 检查内部核查的标记 | 通过加计采购明细账，追查过入采购总账和应付账款、存货期细账的数额是否正确，用以测试过账和汇总的准确性 |

以下仅就采购交易在上述方面的特殊之处予以说明。

1. 适当的职责分离

适当的职责分离有助于防止各种有意或无意的错误。采购与付款业务不相容岗位至少包括：请购与审批；询价与确定供应商；采购合同的订立与审批；采购与验收；采购、验收与相关会计记录；付款审批与付款执行。

2. 内部核查程序

（1）采购与付款业务相关岗位及人员的设置情况。重点检查是否存在采购与付款业务不相容职务混岗的现象。

（2）采购与付款业务授权批准制度的执行情况。重点检查大宗采购与付款业务的授权批准手续是否健全，是否存在越权审批的行为。

（3）应付账款和预付账款的管理。重点审查应付账款和预付账款支付的正确性、时效性和合法性。

（4）有关单据、凭证和文件的使用和保管情况。重点检查凭证的登记、领用、传递、保管、注销手续是否健全，使用和保管制度是否存在漏洞。

（二）付款交易的内部控制、控制测试和交易的实质性程序

（1）单位应当按照《现金管理暂行条例》《支付结算办法》和《内部会计控制规范——货币资金（试行）》等规定办理采购付款业务。

（2）单位财会部门在办理付款业务时，应当对采购发票、结算凭证、验收证明等相关凭证的真实性、完整性、合法性及合规性进行严格审核。

（3）单位应当建立预付账款和定金的授权批准制度，加强预付账款和定金的管理。

（4）单位应当加强应付账款和应付票据的管理，由专人按照约定的付款日期、折扣条

件等管理应付款项。已到期的应付款项需经有关授权人员审批后方可办理结算与支付。

（5）单位应当建立退货管理制度。对退货条件、退货手续、货物出库、退货货款回收等做出明确规定，及时收回退货款。

（6）单位应当定期与供应商核对应付账款、应付票据、预付款项等往来款项。如有不符，应查明原因，及时处理。

### 三、固定资产的内部控制和控制测试

#### （一）固定资产的预算制度

预算制度是固定资产内部控制中最重要的部分。注册会计师应注意检查固定资产的取得与处置是否依据预算，对实际支出与预算之间的差异以及未列入预算的特殊事项，检查其是否履行特别的审批手续。如果固定资产增减均能处于良好的经批准的预算控制之下，注册会计师即可减少针对固定资产增加、减少实施的实质性程序的样本量。

#### （二）授权批准制度

完善的授权批准制度包括：企业的资本性支出预算只有经过董事会等高层管理机构批准方可生效；所有固定资产的取得和处置均需经企业管理当局的书面认可。注册会计师不仅要检查授权批准制度本身是否完善，还要关注授权批准制度是否得到切实执行。

#### （三）账簿记录制度

除固定资产总账外，被审计单位还需设置固定资产明细分类账和固定资产登记卡，按固定资产类别、使用部门和每项固定资产进行明细分类核算。固定资产增减变化均应有原始凭证。一套设置完善的固定资产进行明细分类账和登记卡，将为注册会计师分析固定资产的取得和处置、复核折旧费用和修理支出的列支带来帮助。

#### （四）职责分工制度

对固定资产的取得、记录、保管、使用、维修、处置等，均应明确划分责任，由专门部门和专人负责。明确的职责分工制度，有利于防止舞弊，降低注册会计师的审计风险。

#### （五）资本性支出和收益性支出的区分制度

企业应制定区分资本性支出和收益性支出的书面标准。通常需明确资本性支出的范围和最低金额，凡不属于资本性支出的范围、金额低于下限的任何支出，均应列作费用并抵减当期收益。

#### （六）固定资产的处置制度

固定资产的处置，包括投资转出、报废、出售等，均要有一定的申请报批程序。

#### （七）固定资产的定期盘点制度

对固定资产的定期盘点，是验证账面各项固定资产是否真实存在、了解固定资产放置地点和使用状况以及发现是否存在未入账固定资产的必要手段。注册会计师应了解和评价企业固定资产盘点制度，并应注意查询盘盈、盘亏固定资产的处理情况。

**（八）固定资产的维护保养制度**

固定资产应有严密的维护保养制度，以防止其因各种自然和人为的因素而遭受损失，并应建立日常维护和定期检修制度，以延长其使用寿命。

作为与固定资产密切相关的一个组成项目，在建工程项目有其特殊性。根据财政部于 2003 年 10 月发布的《内部会计控制规范——工程项目（试行）》，在建工程的内部控制包括以下内容。

1. 岗位分工与授权批准

（1）单位应当建立工程项目业务的岗位责任制，明确相关部门和岗位的职责、权限，确保办理工程项目业务的不相容岗位相互分离、制约和监督。工程项目业务不相容岗位一般包括：项目建议、可行性研究与项目决策；概预算编制与审核；项目实施与价款支付；竣工决算与竣工审计。

（2）单位应当对工程项目相关业务建立严格的授权批准制度；明确审批人的授权批准方式、权限、程序、责任及相关控制措施，规定经办人的职责范围和工作要求。审批人应当根据工程项目相关业务授权批准制度的规定，在授权范围内进行审批，不得超越审批权限。经办人应当在职责范围内，按照审批人的批准意见办理工程项目业务。对于审批人超越授权范围审批的工程项目业务，经办人有权拒绝办理，并及时向审批人的上级授权部门报告。

（3）单位应当制定工程项目业务流程，明确项目决策、概预算编制、价款支付、竣工决算等环节的控制要求，并设置相应的记录或凭证。如实记载各环节业务的开展情况，确保工程项目全过程得到有效控制。

2. 项目决策控制

单位应当建立工程项目决策环节的控制制度，对项目建议书和可行性研究报告的编制、项目决策程序等做出明确规定，确保项目决策科学、合理。

3. 概预算控制

单位应当建立工程项目概预算环节的控制制度，对概预算的编制、审核等做出明确规定，确保概预算编制科学、合理。

4. 价款支付控制

单位应当建立工程进度价款支付环节的控制制度，对价款支付的条件、方式以及会计核算程序做出明确规定，确保价款支付及时、正确。

5. 竣工决算控制

单位应当建立竣工决算环节的控制制度，对竣工清理、竣工决算、竣工审计、竣工验收等做出明确规定，确保竣工决算真实、完整、及时。

6. 监督检查

单位应当建立对工程项目内部控制的监督检查制度，明确监督机构或人员的职责权限，定期或不定期地进行检查。内容主要包括以下几方面。

（1）工程项目业务相关岗位及人员的设置情况。重点检查是否存在不相容职务混岗的现象。

（2）工程项目业务授权批准制度的执行情况。重点检查重要业务的授权批准手续是否健全，是否存在越权审批行为。

（3）工程项目决策责任制的建立及执行情况。重点检查责任制度是否健全，奖惩措施是否落实到位。

（4）概预算控制制度的执行情况。重点检查概预算编制的依据是否真实、是否按规定对概预算进行审核。

（5）各类款项支付制度的执行情况。重点检查工程款、材料设备款及其他费用的支付是否符合相关法规、制度和合同的要求。

（6）竣工决算制度的执行情况。重点检查是否按规定办理竣工决算、实施决算审计。

## 四、应付账款的审计

应付账款核算企业因购买材料、商品和接受劳务供应等经营活动应付的款项。在实务中，应付账款的审计一般不需要函证，但应当重点查找未入账的应付账款，这是由于函证不能保证查出未记录的应付账款，况且注册会计师能够取得购货发票等外部凭证来证实应付账款的余额，为了防止企业低估负债，注册会计师应检查被审计单位有无故意漏记应付账款行为。例如，结合存货监盘，检查被审计单位在资产负债表日是否存在有材料入库凭证但未收到购货发票的经济业务；检查资产负债表日后收到的购货发票，关注购货发票的日期，确认其入账时间是否正确；检查资产负债表日后应付账款明细账贷方发生额的相应凭证，确认其入账时间是否正确等。

审计应付账款形成的相关审计工作底稿如下。

（1）应付账款实质性程序（见表5-2）列出了应付账款的认定、审计目标、可供选择的审计程序之间的内在关系，供注册会计师根据被审计单位的具体情况选择。

（2）应付账款审定表属于应付账款审计的汇总类底稿，从关联方和非关联方两个方面汇总应付账款审计情况，并直接得出报表中的应付账款是否可以确认的审计结论。

（3）应付账款明细表是从关联方和非关联方两个方面对应付账款明细情况予以审计的底稿。

（4）细节测试的支持性工作底稿。

表 5-2 应付账款实质性程序

| 审计目标 | 财务报表认定 | | | | |
|---|---|---|---|---|---|
| | 存在 | 完整性 | 权利和义务 | 计价和分摊 | 列报 |
| A. 资产负债表中记录的应付账款是存在的 | √ | | | | |
| B. 所有应当记录的应付账款已记录 | | √ | | | |

| 审计目标 | 财务报表认定 | | | | |
|---|---|---|---|---|---|
| | 存在 | 完整性 | 权利和义务 | 计价和分摊 | 列报 |
| C. 资产负债表中记录的应付账款是被审计单位应当履行的现时义务 | | | ✓ | | |
| D. 应付账款以恰当的金额包括在财务报表中，与之相关的计较调整已恰当记录 | | | | ✓ | |
| E. 应付账款已按照企业会计准则的规定在财务报表中做出恰当的列报 | | | | | ✓ |

# 案例九　联创节能审计案例

## 案　情

### 一、案件的起因

2012 年 8 月，联创节能在创业版上市。该股上市没多长时间，经历暂时的回落调整之后便进入横盘状态。在 2012 年 9 月底至 11 月底上涨了 22%，紧接着的 5 个交易日又出现股价突然下滑 16.75%。2012 年 12 月以来，A 股市场触及底部开始反弹，联创节能却一跳成为当时市场的第一牛股。联创节能连续 19 日连阳，大涨 163%，股价也由发行时 26 元每股上涨到 70 元每股以上。

2012 年 12 月底，在连续涨停后，由于股票价格非正常波动，联创节能突然公告，为了投资人的利益，公司决定将股票临时停牌。

公司经营好、利润率高、有环保节能的概念真的是联创节能股价大幅上涨的因素吗？可是山东证监局对联创节能的年报审查结论说明，这些都是披着美丽外衣的谎言。由于媒体和公众的质疑越来越多，联创节能也发布了澄清公告，但还是无法自圆其说，因此从 2013 年 8 月联创节能股票再次临时停牌。

随着联创节能股票连续高涨，不断有投资者怀疑其财务报告和业绩是否真的站得住脚，并对其上市前后的财务数据提出质疑。对于外界质疑联创节能的产能与资产规模不符，人员结构不相匹配等，联创节能发表了长达数万字的澄清公告，然而只是反复强调公司的核心竞争力来自于"神秘配方"，该"神秘配方"是为公司带来超额利润的秘密武器。那究竟是怎么样的神秘配方可以有如此大的作用呢？

## 二、被审计单位的基本情况及主要会计问题

### （一）被审计单位的基本情况

山东联创节能新材料股份有限公司，始创于 2003 年 1 月，原为淄博联创聚氨酯有限公司，于 2010 年 6 月进行了股份制改造，公司发行前总股本 3 000 万元。2012 年 8 月上市，向社会公开发行 1 000 万股，本次发行股份为发行后总股本 25%。股票代码 300343。控股股东与实际控制人为李洪国，持有公司股权 34.39%。2012 年公司股东结构如表 5-3 所示。

表 5-3　2012 年 8 月联创节能股东结构

| 排　名 | 股 东 名 称 | 持股数量（股） | 占总股本比例 | 股份类型 | 股 东 性 质 |
|---|---|---|---|---|---|
| 1 | 李洪国 | 13 754 400 | 34.39% | 受限流通股 | 自然人 |
| 2 | 邵秀英 | 5 347 200 | 13.37% | 受限流通股 | 自然人 |
| 3 | 魏中传 | 2 664 000 | 6.66% | 受限流通股 | 自然人 |
| 4 | 张玉国 | 2 234 400 | 5.59% | 受限流通股 | 自然人 |
| 5 | 山东创润投资有限公司 | 2 100 000 | 5.25% | 受限流通股 | 投资、咨询机构 |
| 6 | 上海雍瑞投资咨询有限公司 | 1 230 000 | 3.08% | 受限流通股 | 投资、咨询机构 |
| 7 | 杭州厚安投资管理有限公司 | 1 110 000 | 2.78% | 受限流通股 | 投资、咨询机构 |
| 8 | 马剑伟 | 360 000 | 0.90% | 受限流通股 | 自然人 |
| 9 | 李洪鹏 | 350 000 | 0.88% | 受限流通股 | 自然人 |
| 10 | 胡安智 | 150 000 | 0.38% | 受限流通股 | 自然人 |

公司主营业务为聚氨酯硬泡组合聚醚的技术研发、生产与销售，其产品硬泡组合聚醚主要应用于太阳能热水器、建筑节能、冷藏保温等领域，是一家高新技术企业并拥有多项专利技术，其中部分项目达到国际先进水平。聚氨酯已广泛用于冰箱制冷保温、太阳能、建筑节能等行业，市场前景广阔。2015 年 9 月 15 日山东联创节能新材料股份有限公司将中文证券简称由原"联创节能"变更为"联创股份"，英文证券简称不变，中英文全称不变。

截至证监会对 2013 年 8 月份财务报告的审查，联创股份总股本 4 000 万股，流通受限股份 2 566 万股。最新数据截至 2015 年 12 月 31 日联创股份总股本为 12 513.44 万股，流通受限股份 8 389.86 万股，总资产为 24.8 亿元，营业收入为 9.65 亿元。

### （二）主要会计问题

无论联创节能如何澄清以表明其从未进行过财务造假，但是接下来山东证监局对其审查的结论，使其不得不承认存在财务造假的事实。

2013 年 8 月，山东监管局发布了《山东联创节能新材料股份有限公司 2012 年年报监管案例》，由于有多项财务指标显示异常，山东证监局经过调查取证，挖掘了联创节能的多项账务问题，这其中包括 4 大项问题。

1. 应收账款数据异常

在 2012 年年末，联创节能的应收账款期末余额比期初增长了 172%，但是应收账款周转率却大大下降，如表 5-4 所示。

表 5-4　联创节能应收账款周转率和应收账款余额

| 报告期指标 | 2012 年 | 2011 年 | 2010 年 |
|---|---|---|---|
| 应收账款周转率（%） | 8.36 | 16.48 | 13.36 |
| 应收账款余额（元） | 74 327 426 | 27 345 548 | 26 815 247 |

联创节能其应收账款周转率的拐点出现在 2012 年上市前夕，应收账款周转率大幅下降到 2011 年的一半，而且应收账款的余额在 2012 年也比 2011 年时候上涨了 172%。

应收账款周转率的变化主要来自于销售收入和应收账款余额的变化。而营业收入在 2011 年和 2012 年的变化并不是特别显著，显然应收账款的周转率的降低是因为应收账款的余额增加所导致。的确，2012 年年底联创节能的应收账款余额大幅增加，是 2011 年的 2.5 倍。

正常情况下，企业的应收账款回收率和坏账率应该保持在一定的水平，除非企业的内部控制和信用管理出现问题。那么在 2011 年和 2012 年销售收入差异不大的情况下，为什么出现了应收账款余额的大幅增加？应收账款和销售收入是直接挂钩，应收账款的异常变化也往往是企业调节利润的信号。应收账款余额较往年大幅增长，同时其增长幅度与同期收入增长不匹配，如果有这些情况就说明有两种操纵利润的可能：一是公司可能信用政策临时放宽了，使得短期内收入增加，但是应收账款的回收率却恶化了；二是公司将收入提前确认或直接虚构收入。正值 2012 年联创节能上市前后出现应收账款的异常变化，且调节利润的动机存在，加之应收账款的异常变化，说明其存在调节利润的情况。

2. 存货数据异常

同样地，存货期末余额较期初上升了 43%，而存货周转率却大幅下降，如表 5-5 所示。

表 5-5　联创节能存货周转率和存货余额

| 报告期指标 | 2012 年 | 2011 年 | 2010 年 |
|---|---|---|---|
| 存货周转率（%） | 8.35 | 10.45 | 9.06 |
| 存货余额（元） | 48 197 098 | 33 729 373 | 38 870 284 |

2012 年，存货的期末余额较 2011 年上升了 43%，但是存货周转率却大幅下降。由 2011 年的 10.45%下降到了 2012 年的 8.35%。存货数额大幅增加，并且其增加幅度超过同期销售成本的增长幅度，存货周转率又低于往期和同行业水平，并且有明显的下降趋势，存在操纵利润的可能。

联创节能分别向山东证监局和深圳证券交易所解释说明了毛利率异常的问题，但是该解释说明却不一样，且有矛盾。这使得监管部门对联创节能业绩真实的信任度更加下降。

正因为如此，监管部门开始对联创节能进行现场检查。

因为联创节能用银行承兑汇票作为其主要结算方式，所以仅仅通过核对银行对账单和网上银行记录没办法掌握真实的资金走向。基于此，检查组重点做了存货检查，检查账实是否相符，落实有关问题。检查人员检查了联创节能的生产车间、厂房、仓库等地，核实了产品和原材料等流转的关键环节；检查组为了得到更真实的第一手资料，约谈了一线人员，并避开高层管理人员，审阅财务账册和基础管理资料等，并对从不同部门获得的信息数据进行比对。

由于公司行业特殊，而且联创节能的高级管理人员并不配合，使得检查组的工作遭到很多困难。联创节能出于掩饰其违规行为的目的，故意丢失原始资料和外部凭证，相关的原始记录无序混乱，不易核对。

联创节能故意隐瞒部分关键材料或者只给一些外围性的材料，而且存货管理混乱、原始资料保管不善，使得内部资料核查相当有难度。监管层通过外部信息核查，调取工商登记信息，并且向其供应商和客户调查和了解情况，这样落实了客户的真实性，再对联创节能的全年销售额进行了比对分析，对可疑客户则向当地工商局进行了全面查询。

通过检查，山东证监局还发现联创节能与天丰节能联手虚假交易问题。在对当时申请中小板上市的天丰节能进行财务专项检查时，发现了其银行流水账和企业财务账本的异常。

经多方检查和信息核对，山东证监局最后落实，联创节能把以前年度账外的零售客户销售收入 2 848 000 元，在 2012 年度虚开给天丰节能 2 830 000 元发票。为了解决没有相应的回款记录的问题，就用复印假的银行承兑汇票入账，再支付假银行承兑汇票给另外一家公司亚东贸易。至此，山东证监局通报了该虚假交易，并开始对天丰节能调查。

3. 经营性现金流量与营业利润不符

2012 年度，经营性现金流量由前一年的近 3 500 万元转为负的近 5 900 万元，而公司当年营业利润为 600 余万元。

从图 5-1 可以看出，联创节能经营活动的现金流量在 2011 年和 2010 年的趋势基本和净利润相匹配，但是其经营活动现金流量在 2012 年趋于恶化。我们可以看到其 2012 年营业收入只是比 2011 年略低，而且净利润还有增长，可是相反的经营活动现金流量却出现了巨大的负值 5 800 万元。2011 年正是联创节能的上市前夕，因此其很有可能为了突出其经营业绩而调节利润，虽然 2012 年表面上经营状况不错，但是其经营活动的现金流量与净利润出现背离却暴露了其真实的经营状况，也是企业操纵利润的体现。

4. 盈利能力数据出现问题

对比同行业中的龙头企业南京红宝丽股份有限公司的盈利指标（见图 5-2），联创节能在 2011 年和 2012 年的毛利率都高于红宝丽。同样地，焦点集中在联创节能上市前后 2012 年这个时间节点，其毛利率一下子从 2010 年和 2011 年的 15% 左右跃升为 2012 年的 19.6%，超过了毛利率一直较为稳定的南京红宝丽的 16%。

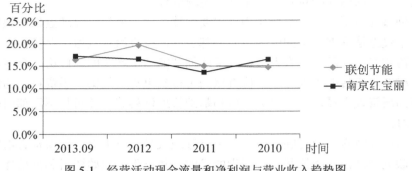

图 5-1　经营活动现金流量和净利润与营业收入趋势图

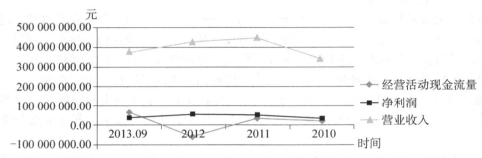

图 5-2　联创节能和南京红宝丽毛利率对比

### 三、审计主体的基本情况及主要审计问题

#### （一）信永中和会计事务所

信永中和会计师事务所（特殊普通合伙）（以下简称信永中和）最早可追溯到 1986 年成立的中信会计师事务所，至今已有延续近 30 年的历史，是国内成立最早存续时间最长的会计师事务所之一。总部位于北京，并在上海、深圳、成都、西安、天津、太原、重庆、南宁等地设有 20 多家境内分所，在中国香港、新加坡、日本、澳大利亚设有 4 家境外成员所。信永中和前身为中信永道会计师事务所，是唯一一家与国际"六大"有多年合资经历（7 年）的本土会计师事务所，是第一批取得独立签发 H 股审计报告，第一批取得证监会专项复核资格的国内少量会计师事务所之一。信永中和是国有大型企业及国家国资委最信任的事务所之一，最近 5 次国资委大型国企审计资格综合评价中皆为前 3 名。

信永中和会计在近年中国注册会计师协会的排名中均位居前列，2009 年被评为中国 CFO 最信赖的会计师事务所。在 2014 年信永中和首次参加"International Accounting Bulletin 2014 全球会计师事务所"排名即荣登第 19 位，在中国本土品牌会计师事务所中排名第一。2014 年，信永中和在国际会计公告（IAB）全球会计师事务所排名中名列第 19 位，在中国本土品牌会计师事务所中排名第一。

（二）主要审计问题

信永中和作为联创节能的财务报表审计机构，连续 6 年对其出具标准审计意见，如表 5-6 所示。

表 5-6　联创节能审计情况

| 项　目 | 2014 年 | 2013 年 | 2012 年 | 2011 年 | 2010 年 | 2009 年 |
|--------|---------|---------|---------|---------|---------|---------|
| 事务所 | 信永中和 | 信永中和 | 信永中和 | 信永中和 | 信永中和 | 信永中和 |
| 审计意见 | 标准无保留 | 标准无保留 | 标准无保留 | 标准无保留 | 标准无保留 | 标准无保留 |

虽然证监会没有追究信永中和的审计责任，但并不意味着信永中和在联创节能的审计中勤勉尽责。从上述山东证监局对其审查的结论来看，信永中和存在下述问题。

第一，信永中和工作人员没有具备基本的专业胜任能力。2012 年，联创节能与天丰节能进行虚假交易，使用虚假银行承兑汇票复印件入账，若审计人员能够审慎核对付款记录与销售费用等的配比关系，付款记录的虚构必然要调整一系列的费用支出。而联创节能为了抹平账面资金，又将该虚假银行承兑汇票付给了第三方亚东贸易，审计人员对于企业在采购与付款环节的账务审计存在严重的缺失。面对如此拙劣的作假手段，信永中和仍给出了标准无保留意见，审计人员的失职，事务所也缺乏有效的监督。

第二，审计人员没有履行应尽的审计责任。联创节能为能取得上市资格，在 2007—2009 年间，主要原材料单体聚醚的采购数据涉嫌造假。其最大供应商滨化股份 2008 年和 2009 年两年的销售数据 4 472.08 万元与联创节能自身的采购数据 3 280 万元之间存在 1 264 万元的差额。通过隐瞒采购成本，调节利润，粉饰利润表的效果，给市场营造一种盈利的假象，由此骗取上市资格最终达到圈钱的目的。

第三，审计人员在审计过程中只看单个行业，不做行业分析。在 2012 年上市的拐点，在应收账款周转率和存货周转率等多个指标都出现了异常变化，只要审计人员留心，对比同行业指标就不难发现其中的蹊跷。一个中游企业为何能在一年之内在各项指标上超越龙头企业，其经营现金流量与净利润的背道而驰更加说明了这其中存在猫腻。

第四，审计机构执业过程中未保持应有的职业怀疑，审计程序执行不到位，对公司内控存在的重大缺陷未予以关注。如在执行穿行测试及存货截止测试时，审计师选取样本的原材料入库金额与原始附件无法对应一致，期末盘点记录与账务记录存在高于重要性水平的差异等问题。上述问题审计师均未予以关注。

四、案件结果

针对拟 IPO 企业浩大的财务核查期间，山东证监局在查处联创节能过程中，发现了其与天丰节能的虚假交易，并将此情况向稽查部门做了通报。这就是所谓的"拔出萝卜带出泥"。2012 年 6 月 21 日，证监会通报天丰节能及相关中介机构被立案调查。

2013 年 8 月，山东监管局发布了《山东联创节能新材料股份有限公司 2012 年年报监管案例》，列举出了联创节能的多项罪状。山东证监局随后多次约谈公司董事长及财务总监，要求公司自查，全面梳理存在的问题，并制订整改方案；同时，针对审计机构及保荐机构未能勤勉尽责等问题，分别向其下发了监管意见函，并要求审计机构补充实施对公司存货的监盘程序。虽然至今证监会仍未对联创节能给出处罚决定，但其财务造假的行为已人人皆知，这样一家有诚信问题的企业能走多远，我们拭目以待。

## 评 析

财务造假作为影响资本市场健康发展的一颗毒瘤，自资本市场产生以来一直如影随形，而货币资本的稀缺性与财务造假效益成本的不对称性，进一步加强了企业进行财务造假的动机。由于我国现在还处于逐步完善资本市场的阶段，各项法律法规还不够完善，国家机关的监督效力和力度也有限，因此频发上市公司财务造假。因此，可以着重以下方面措施，识别财务造假。

### 一、应重视采购交易的控制测试和实质性程序

在实施控制测试和实质性程序之前，注册会计师需要了解被审计单位采购与付款交易和相关余额的内部控制的设计、执行情况，评估认定层次的重大错报风险，并对被审计单位特殊的交易活动和可能影响财务报表真实反映的事项保持职业怀疑态度。在信永中和对联创节能的审计过程中，如果审计人员尽职地完成了采购与付款的测试，对于交易中的各项凭证和合同有一定的调查，发现其与天丰节能的虚假交易就不是难事。

### 二、经营性现金流量异常与应收账款

将企业的盈利状况同现金流状况对比，可以看出企业的真实的财务状况，如果企业通过虚列收入来增加利润，收入虽然增加了，但是收回现金就没那么容易了。表面上企业的利润很高，而经营活动净现金流量却长期低于净利润，甚至为负，往往预示着可能存在业绩操纵；需要进一步审核应收款项是否有问题来印证是否存在财务造假，这是因为当企业通过虚增收入来虚增利润时，很难改变其经营活动净现金流量，企业会无可避免地增加应收款项，因为企业虚增的收入会挂在应收款项上无法按照实现利润的时间同步收回。

从联创节能的经营活动现金流量与 2012 年利润情况背道而驰，同时，无例外的，联创节能的应收账款在 2012 年年底出现了较前一年两倍多的增长。这一切迹象已经足以判断出其财务造假或者说是盈余管理的事实，其目的就是为了能够在 2012 年成功上市。

### 三、关注上市公司上市前三年的财务状况

我国证券法明确规定并严格要求企业上市前三年的财务状况必须满足一系列硬性的财

务指标要求。某些公司为了成功上市，不惜以各种手段对财务数据进行洗盘，为了营造出符合要求的财务指标，煞费苦心，从而达到欺诈上市的目的。所谓欺诈上市，一般是指为了实现上市，公司对财务数据按照证券法的要求进行人为虚构，使得企业上市前三年财务数据一般会比较平稳并业绩良好，充分达到证券法的规定。联创节能在 2012 年上市，那么可以对其 2010 年、2011 年和 2012 年的主要财务数据进行分析，通过前面的分析，可以很轻松地发现，其 2012 年毛利率明显比同行业和历年水平高得多。这其实就是为了上市成功而刻意营造出公司财务状况优异的表现。因此在关注上市公司是否有财务造假行为时，就应该重点关注公司上市前三年的主要财务指标，并与同行业的其他企业进行对比分析，以发现财务造假的线索。

### 四、进行同行业对比

进行同行业对比是非常好地发现上市公司财务报告异常的方法，因为在同样的市场经济环境下，同行业和同行业龙头企业的经营状况、利润水平、净资产收益率等往往是具有一定代表性的。在一个完全竞争的市场中，各企业只能获得平均利润率，赚取超额利润不是不可能，但是不可能具有持续性和普遍性，除非这家企业有足够合理的理由，如领先的生产技术、行业的龙头地位或行业垄断地位等。如果没有非常充分的理由，而企业又取得了超额利润，那么，我们就有理由怀疑其财务造假。

通过联创节能和行业内龙头企业南京红宝丽的对比分析，从其毛利率方面进行比较分析，发现联创节能财务指标异常，相对于同行业水平取得了超高的营业收入，尤其是上市前后的一些财务指标异常和财务造假的可能性。

## 思考与讨论

1. 结合联创节能案例，分析如何对存货进行审计？
2. 采购与付款审计重点审计的项目有哪些？其中的关键点是什么？

## 参考文献

1. 中国注册会计师协会. 审计 [M]. 北京：经济科学出版社，2015.
2. 曹靖廉. 我国上市公司财务造假案例研究——基于联创节能的案例分析[D]. 上海：上海交通大学，2014.
3. 山东监管局. 山东联创节能新材料股份有限公司 2012 年年报监管案例 [EB/OL]. 2013http://finance.sina.com.cn/stock/s/20130808/100016384827.shtml.
4. 山东联创节能 2012 年年报 [EB/OL]. 巨潮资讯网，www.cninfo.com.cn.
5. 张婷. 联创节能：核心供应商数据或造假隐瞒成本业绩由亏变盈 [N]. 公司行业，

2012（29）：66-67.

6. 吴琳琳. 第一牛股联创节能牛皮被揭 ［N］. 北京青年报，2013-08-09（A10）.

# 案例十　三峡新材审计案例

## 案　情

### 一、案件的起因

2013 年 7 月，中国证监会湖北监管局对三峡新材现场检查中发现该公司在成本核算中存在少计原材料成本的情况。

随后在 2013 年 10 月 16 日，三峡新材公告称，公司因涉嫌违反证券法律法规而被证监会立案调查。公司股价在之后的首个交易日以跌停报收，之后数个交易日股价依旧不振，股民损失惨重。

2013 年 10 月 25 日，三峡新材公告了湖北证监局行政监管措施决定书，指出三峡新材 2012 年年度报告中存在 5 方面问题：未披露董事李伟直接或间接控制的其他法人，以及未披露公司与这些关联方的交易情况；在董事会报告关于研发支出合计数表述不实；对政府补助处理不恰当；公司运作、内幕知情人管理制度等公司治理方面不规范；公司与国中医药有限公司托管费后续事项仍未执行到位。受此影响，三峡新材 2013 年 10 月 26 日开盘大幅下挫，跌幅 9.95%。

2014 年 4 月 3 日，三峡新材公告的 2013 年度业绩预告更正公告表明，三峡新材在 2013 年度中少计原材料成本 1 100 万元。此外，在三峡新材重大会计差错调整的公告中显示，三峡新材在 2011 年少计原材料成本 7 582 万元，在 2012 年少计原材料成本 1 568 万元，三年累计达到 1.02 亿元。经过追溯调整后，三峡新材 2011 年度净利润亏损 4 539 万元，2012 年则盈利 131 万元。但在 2012 年的业绩追溯中，三峡新材并没有调整 2013 年 10 月 24 日证监会湖北监管局《行政监管措施决定书》指出的三峡新材将 1 000 万元与资产相关的政府补助一次性确认为 2012 年当期收益违规的问题。

2014 年 4 月 12 日，三峡新材发布了关于前期重大会计差错调整的公告，披露了自 2011—2013 年连续 3 年累计 1.02 亿元的原材料没有计入成本。

### 二、被审计单位的基本情况及主要会计问题

（一）被审计单位的基本情况

湖北三峡新型建材股份有限公司原名湖北三峡玻璃股份有限公司，是 1993 年 3 月经湖北省体改委鄂体改〔1993〕190 号文批准，由湖北省当阳玻璃厂、湖北应城石膏矿、当阳

电力联营公司共同发起，以定向募集方式设立的股份有限公司。公司设立时股本总额为 12 000 万元，其中国家股 5 326 万股，占总股本的 44.38%；发起人法人股 1 827 万股，占总股本的 15.235%；募集法人股 2 687 万股，占总股本的 22.39%；内部职工股 2 160 万股，占总股本的 18%。

1997 年 3 月，公司更名为"湖北三峡新型建材股份有限公司"。2000 年 8 月 28 日公司采用上网定价发行的方式成功发行了 5 500 万股人民币普通股，上市时总股本达 21 100 万股。在上海证券交易所主板 A 股上市，代码为 600293。截至 2014 年 8 月受到证监会处罚，其总股本 34 450.26 万股，资产总额 25.0 亿元，营业收入 5.97 亿元。

公司主要经营范围为石膏及制品、平板玻璃及玻璃深加工制品等新型建材的生产与销售；新型建材的科研、开发与生产销售；其他建材及非金属矿产品销售。是湖北唯一一家从事浮法玻璃、玻璃深加工制品及新型建材产品的科研、生产与销售的上市公司。拥有中南地区最大的硅矿，其控股 95.53%的宜昌当玻硅矿有限公司是中南地区最大的硅矿。

湖北三峡新型建材股份有限公司是国家火炬计划重点高新技术企业、中国建材百强、中国平板玻璃制造业 10 强企业、湖北省"三个三工程"企业。公司多次被湖北省委、省政府授予"省级文明单位""经济效益先进单位"和"质量效益型先进企业"等称号，被国家工商总局认定为"全国重合同守信用企业"。

（二）主要会计问题

关于三峡新材被稽查来得并不突然，之前对三峡新材的坊间传言就很多。例如，2011 年年末就有北京某律师举报三峡新材涉嫌在资本市场上操纵股价等操纵行为，虽然未直接指出公司财务造假，但却暴露出公司内部控制环境存在的问题。直到 2013 年 10 月三峡新材的违规事项才被证监会彻底揭露出来。然而遗憾的是负责公司 2012 年审计的中勤万信会计师事务所对其 2012 年年报出具了标准无保留意见的审计报告。

湖北三峡新型建材股份有限公司于 2013 年 10 月 24 日收到中国证券监督管理委员会湖北监管局《行政监管措施决定书》（〔2013〕5 号），决定书指出公司存在以下问题。

1. 无形资产研发支出项目造假

湖北省证监局指出，公司董事会报告关于研发支出合计数表述不实。在认定高新技术企业时，要求近 3 个会计年度的研发支出占销售收入总额的比例要符合如下要求：最近一年销售收入介于 5 000 万～20 000 万元的，研发支出比例不低于 4%。三峡新材适用该档标准。2012 年度公司研发支出合计为 3 516.9 万元，该年度营业收入为 102 985 余万元，研发支出占到营业收入的 3.4%。由于公司 2011 年已经通过高新技术企业复审，资格有效期 3 年，下次评审时间在 2014 年度。可以预见公司在研发支出的列报上，一方面寄希望于享受高新技术企业待遇，另一方面又不希望影响原本就不理想的利润总额。

2. 政府补助虚增利润

政府补助在绝大多数上市公司以不同的形式和金额存在。企业会计准则规定，无论企业通过何种方式取得政府补助，均应合理划分为两类：与资产相关和与收益相关的政府补助，并分别进行会计处理。三峡新材把与资产相关的政府补助一次性计入了当期损益，1 000 万元政府补助计入当期损益涉嫌调节利润。这 1 000 万元占到 2012 年公司利润总额 29 135 717.42 元的近 35%。从表 5-7 可以看出，除了政府补助外，公司的利润总额与营业利润的差值在年底集中爆发，大量营业外利润涌入利润总额项目。以 2012 年为例，营业外收入包括政府补助 19 782 317.10 元，托管费 1 000 万元，其他 35 600 元。公司正常经营业绩并不优良，事务所却对此没有给予足够关注。而到了 2014 年 4 月公司才给出了 2011 年度的会计差错更正。经由此更正，企业 2012 年度未分配利润和归属于母公司所有者的净利润为−45 390 624.43 元。更正之后，公司利润相差悬殊。三峡新材可能涉嫌证券虚假陈述中的重大遗漏。

表 5-7　公司营业利润和利润总额对比表　　　　　　　　　单位：元

| 合并报表 | 2012-12-31 | 2012-06-30 | 2011-12-31 | 2011-06-30 |
|---|---|---|---|---|
| 营业利润 | −3 377 700 | 2 210 329 | 5 529 905 | 6 807 901 |
| 利润总额 | 20 323 256 | 2 354 125 | 23 839 265 | 6 900 248 |
| 更正利润 | | | −45 390 624 | |

### 3. 少计采购成本

公司 2011 年、2012 年成本核算过程中，分别少计原材料成本 75 816 787.00 元、15 677 273.96 元，导致 2011 年、2012 年营业成本分别少计 75 816 787.00 元、15 677 273.96 元，导致 2011 年、2012 年所得税税费、应交税费分别多计 11 372 518.05 元、2 351 591.09 元，导致 2011 年、2012 年度留存收益分别多计 64 444 268.95 元、77 769 951.82 元。2012 年更正的成本费用 15 677 273.96 元，影响到 2012 年度利润近 54%。结合公司行业背景，三峡新材所属的玻璃行业正在处于转型阵痛期，"玻璃行业不景气"的态势十分明显，对比市场上同行业的表现即可发现。

研究人士称，三峡新材的主营平板玻璃业已经严重产能过剩。从表 5-8 可以看出，公司的 TTM 比率（营业利润率是指企业的营业利润与营业收入的比率。它是衡量企业经营效率的指标，主要用于观察主营业务成本是否存在异常波动，还可以直接观察出利润变动的趋势，即指标的数值越大，利润就越少）总是大于 1，且总在年末降低。这是公司财务造假的重要信号，从证监局检查结果及上述公司更正情况可以印证这一猜测。

表 5-8　三峡新材公司 TTM 变动表（半年期）　　　　　　　单位：%

| 项目 | 2013 年年末 | 2013 年年中 | 2012 年年末 | 2012 年年中 | 2011 年年末 | 2011 年年中 |
|---|---|---|---|---|---|---|
| 营业总成本/营业总收入（TTM） | 101.71 | 230.29 | 100.36 | 243.62 | 99.50 | 196.21 |

### 4. 隐瞒关联交易事项

公司在 2012 年年度报告中关联方披露不全面，也未披露公司与关联方的交易情况。根据企业披露的关联方显示,其关联方既有上游玻硅矿公司,又有下游的商贸公司、建材公司,正常情况下是极有可能发生关联交易行为的。从 2013 年的年度报告中看,企业披露了关联交易行为。其中关联托管关系 2011 年就已形成,而在企业 2012 年的报告中却莫名其妙地消失了。公司在关联方并未发生重大变动的情况下,关联交易在以前年度并未发生显然证明了其隐瞒关联交易的事实。而企业故意隐瞒关联交易极有可能存在交易不公允的问题,公司的利润信息质量难以保证。

### 三、审计主体的基本情况及主要审计问题

#### (一)审计主体的基本情况

中勤万信会计师事务所创建于 1992 年,其前身为湖北万信会计师事务所,2000 年 1 月与柏勤会计师事务所合并变更为中勤万信会计师事务所,经财政部批准成立,在北京工商行政管理局登记注册,注册资本 300 万元,法定代表人张金才,主任会计师胡柏和。1994 年成为 DFKINTERNATIONAL 会计师联合组织的正式成员,为客户提供全球性的服务。中勤万信拥有一批具备财务、会计、审计、税务、金融、机电、土木建筑、电脑软件、管理咨询等方面知识和经验的专业人员。2015 年会计师事务所综合排名第 27 名,事务所本身业务收入 27 202.29 万元,注册会计师 391 人。中勤万信对三峡新材的审计意见类型如表 5-9 所示。

表 5-9 事务所审计意见类型

| 项 目 | 2011 年 | 2012 年 | 2013 年 | 2014 年 |
|---|---|---|---|---|
| 事务所 | 中勤万信 | 中勤万信 | 众环海华 | 众环海华 |
| 审计意见 | 标准无保留 | 标准无保留 | 标准无保留 | 标准无保留 |

#### (二)主要审计问题

在三峡新材上市公司如此严重的信息披露违法违规行为下,中勤万信会计师事务所仍然对其 2012 年的财务报告出具了标准的无保留意见的审计报告。由此可以说明,中勤万信会计师事务所在对三峡新材上市公司的执业过程中未能勤勉尽责。

1. 未充分了解被审计单位及其环境

注册会计师应当从行业状况,法律及监管环境,被审计单位性质、财务业绩,目标战略,内部控制等多方面了解被审计单位的环境,这对识别和评估被审计单位的重大错报风险十分有必要。三峡新材一直以来在资本市场上的负面新闻不断,2012 年前后发生控制人变动、投资新兴产业失败等事项,加之公司面临行业不景气问题,这些问题都是造成公司财务信息质量低下的重要原因。

首先,2011 年 11 月三峡新材发出公告,经过一系列股权受让,公司实际控制人变为许锡忠,三峡新材由国有控股企业变成私营企业。新的实际控制人对公司的经营战略和意图将集中体现在 2012 年。注册会计师可能并未对许锡忠的个人意图、素质品质等事项做充

分了解，未能与治理层充分沟通。据有关资料显示，公司在此后投资抗癌药失败，热衷资本运作，资本市场被操盘都可能与新的控制人个人经营偏好有关。

其次，2012 年年初《中国经营报》以"抗癌药遥遥无期　三峡新材半月腰斩"为题报道了三峡新材进军新领域失败的新闻。文中指出：原本风马牛不相及的三峡新材进入了医药研发制高点的抗癌药研发领域，这种故事早已不被市场信任。遗憾的是注册会计师却未能给予更多关注，导致未关注到研发支出不实的问题。

最后，玻璃行业作为传统产能过剩行业，自 2008 年金融危机以来一直处于疲弱状态。这种行业性整体不景气，在成本费用列报方面极可能发生重大风险。注册会计师应该对收入及成本费用采用更多的实质性程序进行审计。

2. 未充分识别关联交易及其披露问题

公司在 2012 年年度报告中关联方披露不全面，也未披露公司与关联方的交易情况。然而，只要其审计机构中勤万信在审计过程中，按照审计准则要求，实施了风险评估程序等恰当的审计程序就应当很容易发现的。注册会计师应当向管理人员询问全部关联者的名称；向董事会、股东会和高级职员询问其他单位的隶属关系；检查股东大会和董事会的会议记录；检查以前年度的工作底稿；检查股东登记簿，取得主要股东名单；检查被审计单位的所得税申报表，我国税法要求企业同关联方的业务，要按同独立企业之间的业务往来一样收取或支付费用，关联交易有时会在所得税申报表中反映出来。在确定了关联方以后，应将被审计单位全部关联方列成名单，审计人员人手一份，在对往来账款、投资、购销交易等的审查中随时对照，以便找出关联交易。判断关联交易的存在与否，应遵循"实质重于形式"的原则，只要关联方之间发生了资源转移或发生了权利义务，不论是否有价款支付，都应视为发生了关联交易。然而，中勤万信会计师事务所却未能识别出来三峡新材未披露的关联方及其关联交易。由此说明，中勤万信会计师事务所在执业过程中未能按照相关法律法规要求，在审计过程中未对关联交易给予充分的关注和了解，未重视保持职业怀疑，未通过设计和实施进一步审计程序，来识别、评估和应对被审计单位涉及关联方交易的事项，从而出具了具有重大遗漏的不实报告，涉嫌违规违法。

3. 未特别关注研发支出的列报披露

由于我国企业所得税法对高新技术企业的优惠力度较大及研发费用可加计扣除，这就导致企业在研发支出方面不实表述的概率增大。因此，注册会计师在对该类企业进行审计时，应当重点关注企业对研发支出项目的列报和披露情况。根据我国对高新技术企业认定的规定，三峡新材的研发支出有一个硬性指标：最近一年销售收入介于 5 000 万～20 000 万元的企业，近 3 个会计年度的研究开发费用总额占销售收入总额的比例不低于 4%。

然而，在三峡新材公布的经审计的财务报告中，却存在研发支出合计数表述不实的错报。可见，中勤万信会计师事务所在审计过程中，未充分了解三峡新材企业及其环境，没能高度重视三峡新材的研发支出在认定层次的重大错报风险，从而未能进行必要的控制测试和进一步的审计程序，来识别、评估和应对被审计单位研发支出列报和披露存在的重大错报。

### 4. 未充分重视政府补助的会计处理

绝大多数上市公司均存在不同形式和金额的政府补助。对高新技术企业来说，政府补助的整体影响面较大，尤其是对公司利润的影响。该类公司如果剔除政府补助，其盈利水平将大幅下降，甚至出现亏损。目前政府补助会计处理的突出问题主要为政府补助确认时点、综合性项目补助的分类以及搬迁补偿的会计处理等。因此，注册会计师在对该类企业进行审计时，对政府补助的相关会计处理应当重点关注。三峡新材在 2012 年年报的第三节《会计数据和财务指标摘要》中显示，2012 年度，三峡新材政府补助的数据为 1 978 万元；年报"营业外收入情况"中则较为详细地显示了，公司收到当阳市人民政府 2012 年度新产品研发奖励资金 1 000 万元。年报就其主要会计政策的说明中，对于政府补助的会计处理也进行了规定，"按照名义金额计量的政府补助，直接计入当期损益。用于补偿企业已发生的相关费用或损失的，直接计入当期损益"。三峡新材如果剔除这 1 000 万元的政府补助，公司 2012 年盈利水平将大幅下降。注册会计师对企业该非正常经营活动产生的大额政府补助收入，应当给予充分的关注。根据企业会计准则规定，无论企业通过何种方式取得政府补助，均应划分为与资产相关和与收益相关的政府补助，并分别进行会计处理，其对企业各期损益的影响将有所不同。但是，中勤万信会计师事务所并未对三峡新材 2012 年年报中，将大额的补助计入当期损益的这一会计处理实施应有的审计程序，对管理层舞弊利用补助调节利润的特别风险，未按照审计准则的要求执行恰当的审计工作。

### 四、案件结果

2014 年 8 月 8 日三峡新材收到上海证券交易所罚单，上海证券交易所对三峡新材予以公开谴责，并对该公司高管根据主要责任和次要责任进行分别处罚。其中，时任公司董事长徐麟、时任董事兼财务总监刘玉春"违反忠实义务和勤勉义务，对上述财务舞弊行为负有主要责任，对业绩预告违规亦负有相应责任。予以公开谴责，并公开认定其三年不适合担任上市公司董事、监事和高级管理人员"。

此外，公司其余十三名高管，包括副董事长兼总经理张金奎等人，全部被"予以通报批评"。上海证券交易所的定论是"尽管未主动参与财务舞弊，但其未能勤勉尽责，未发现和阻止相关行为的发生和持续，对公司的财务舞弊行为负有次要责任"。

上海证券交易所称，对于上述纪律处分，上海证券交易所将抄报中国证监会和湖北省人民政府，并将记入上市公司诚信档案。

## 评 析

### 一、注重被审计单位环境，增强重大风险识别能力

企业经济活动日益复杂，财务造假的隐蔽性也日益增强。注册会计师在审计时就应当

充分关注被审计单位环境，做出合理风险点判断和重要性水平估计。特别是本案例中涉及的控制方变更、新业务领域拓展、行业下行压力不断增大等问题应当引起注册会计师充分关注并采取必要的审计应对策略。关注这些问题对注册会计师确定总体应对措施和具体的进一步审计程序都有重要意义。这些问题的识别就需要注册会计师更多通过沟通交流，调查行业内其他企业，了解被审计单位资本市场异常表现，搜索媒体报道等方法进行关注。

### 二、高度重视被审计公司的行业特征

三峡新材股份有限公司所处的行业是平板玻璃等新型建材的生产与销售的行业。2012 年，该行业整体低迷，产品销售不太好，平板玻璃销售价格大幅下滑，但三峡新材却存货激增，采购了不少原材料。此外，三峡新材作为高新技术企业，其研发支出有不少硬指标。如果企业研发支出不达标，就不再满足高新技术企业资质，相关税收优惠也就不能再享受了，可见三峡新材的研发支出列报与披露很可能存在重大错报。这就要求注册会计师应当充分关注企业研发支出的会计处理、产销率、存货成本的计价与减提、市场占有率等，即在审计过程中应当特别关注对研发支出账户实施控制测试和实质性程序。

此外，对于没有高新技术专业背景的注册会计师来说，可考虑利用专家的工作或外聘有经验的专业人士，以弥补自身对行业知识的不足。因此，充分了解被审计单位所处行业的现状与特征，是注册会计师顺利开展审计工作，设计和执行恰当审计程序，降低审计风险的基础。

### 三、落实审计程序，提高审计质量

会计师事务所在执行审计业务过程中的勤勉尽责程度，表现为其通过审计工作发表的审计意见及出具的审计报告，在很大程度上合理保证了被审计单位财务报表的可信性。三峡新材于 2011 年年末已被举报涉嫌在资本市场上操纵股价等操纵行为，虽然未直接指出公司财务造假，但却暴露出公司内部控制环境存在的问题。直到 2013 年 10 月三峡新材的违规事项才被揭露出来，但审计事务所 2012 年仍旧出具了标准无保留意见的审计报告。证监会等监管机构认为，只要会计师事务所按照相关法律法规要求，勤勉尽职，切实设计和执行适当的审计程序，三峡新材相关的财务造假就不能瞒天过海。其中的原因值得深入反思。中勤万信事务所的注册会计师未充分了解被审计单位及其环境，风险评估程序流于形式，从而未得到有效的风险评估结果。三峡新材发生的财务造假行为有些并不高深，一些会计处理的问题和大额的成本少计问题可能更多的要质疑的就是注册会计师的职业能力的问题。

## 思考与讨论

1. 对于企业收到的政府补助，应进行怎样的会计处理？政府补助审计应该注意哪些问题？

2. 采购与付款环节常常在哪些项目上可能存在舞弊行为？

## 参考文献

1. 中国注册会计师协会. 审计 [M]. 北京：经济科学出版社，2015.

2. 中国注册会计师协会. 会计 [M]. 北京：经济科学出版社，2015.

3. 李晓慧. 审计案例与实训 [M]. 北京：中国人民大学出版社，2012.

4. 许冰昕，聂帆飞. "三峡新材"财务造假审计失败的原因与对策思考 [N]. 审计监督，2014（9）：29-34.

5. 米太平. 三峡新材隐瞒成本涉造假股民报名欲索赔 [N]. 财会信报，2014-4-28（E04）.

6. 叶淑林. 上市公司财务舞弊及其治理对策研究 [J]. 中国注册会计师，2011（4）：75-80.

7. 凤凰财经（http://app.finance.ifeng.com/data/stock/ggzw/600293/14437495）

8. 每经网（http://www.nbd.com.cn/articles/2014-08-11/855081.html）

# 第六章　生产与存货循环审计

📚 **学习目标**

- 了解生产与存货循环的主要业务活动及其涉及的主要凭证记录
- 掌握生产与存货循环的内部控制及其控制测试
- 掌握工薪与人事循环的内部控制及其控制测试
- 熟悉生产与存货循环涉及的相关账户的实质性审计
- 熟练运用监盘程序
- 了解生产与存货循环中常见的会计舞弊及其审计风险

本章知识包括三部分内容：一是生产与存货循环的特性；二是生产与存货循环的内部控制内容；三是本循环涉及的控制测试和实质性程序。本章通过"绿大地"和"宝硕股份"两个审计案例对生产与存货循环具体分析，提请注册会计师在该循环应关注的关键风险点并运用恰当的审计程序进行审计工作。

## 一、生产与存货循环的特性

### （一）涉及的主要凭证和会计记录

以制造业为例。生产与存货循环由将原材料转化为产成品的有关活动组成。该循环包括制订生产计划，控制、保持存货水平以及与制造过程有关的交易和事项，涉及领料、生产加工、销售产成品等主要环节。生产与存货循环所涉及的凭证和记录主要包括：生产指令、领发料凭证（如材料发出汇总表、领料单、限额领料单、领料登记簿、退料单等）、产量和工时记录（如工作通知单、工序进程单、工作班产量报告、产量通知单、产量明细表、废品通知单等）、工薪汇总表及工薪费用分配表、材料费用分配表、制造费用分配汇总表、成本计算单、存货明细账。

### （二）涉及的主要业务活动

同样以制造业为例，生产与存货循环所涉及的主要业务活动包括：计划和安排生产；发出原材料；生产产品；核算产品成本；储存产成品；发出产成品等。上述业务活动通常涉及以下部门：生产计划部门、仓库部门、生产部门、人事部门、销售部门、会计部门等。

## 二、生产与存货循环的内部控制

总体上看，生产与存货循环的内部控制主要包括存货的内部控制、成本会计制度的内部控制及工薪的内部控制三项内容。由于生产与存货循环与其他业务循环的内在联系，生产与存货循环中某些审计测试，特别是对存货的审计测试，与其他相关业务循环的审计测试同时进行更为有效。因此，对生产与存货循环的内部控制的讨论，以及对以控制目标和认定为起点的相关控制测试的讨论，主要关注成本会计制度，较少涉及存货方面的相关内容。表 6-1 列示了成本会计制度的内部控制目标、关键内部控制和审计测试的关系。

表 6-1　成本会计制度的目标、内部控制和测试一览表

| 内部控制目标 | 关键的内部控制 | 常用的控制测试 | 常用的交易实质性程序 |
|---|---|---|---|
| 生产业务是根据管理层一般或特定的授权进行的（发生） | 对以下三个关键点应履行恰当手续，经过特别审批或一般审批：（1）生产指令的授权批准；（2）领料单的授权批准；（3）工薪的授权批准 | 检查凭证中是否包括这三个关键点的恰当审批 | 检查生产指令、领料单、工薪等是否经过授权 |
| 记录的成本为实际发生的而非虚构的（发生） | 成本的核算是以经过审核的生产通知单、领发料凭证、产量和工时记录、工薪费用分配表、材料费用分配表、制造费用分配表为依据的 | 检查有关成本的记账凭证是否附有生产通知单、领发料凭证、产量和工时记录、工薪费用分配表、材料费用分配表、制造费用分配表等，原始凭证的顺序编号是否完整 | 对成本实施分析程序；将成本明细账与生产通知单、领发料凭证、产量和工时记录、工薪费用分配表、材料费用分配表、制造费用分配表相核对 |
| 所有耗费和物化劳动均已反映在成本中（完整性） | 生产通知单、领发料凭证、产量和工时记录、工薪费用分配表、材料费用分配表、制造费用分配表均事先编号并已经登记入账 | 检查生产通知单、领发料凭证、产量和工时记录、工薪费用分配表、材料费用分配表、制造费用分配表的顺序编号是否完整 | 对成本实施分析程序；将生产通知单、领发料凭证、产量和工时记录、工薪费用分配表、材料费用分配表，制造费用分配表与成本明细账相核对 |
| 成本以正确的金额，在恰当的会计期间及时记录于适当的账户（发生、完整性、准确性、计价和分摊） | 采用适当的成本核算方法，并且前后各期一致；采用适当的费用分配方法，并且前后各期一致；采用适当的成本核算流程和账务处理流程；内部核查 | 选取样本测试各种费用的归集和分配以及成本的计算；测试是否按照规定的成本核算流程和账务处理流程进行核算和账务处理 | 对成本实施分析程序；抽查成本计算单，检查各种费用的归集和分配以及成本的计算是否正确；对重大在产品项目进行计价测试 |

续表

| 内部控制目标 | 关键控制程序 | 常用控制测试程序 | 常用的实质性测试程序 |
|---|---|---|---|
| 对存货实施保护措施，保管人员与记录、批准人员相互独立（完整性） | 存货保管人员与记录人员职务相分离 | 询问和观察存货与记录的接触以及相应的批准程序 | |
| 账面存货与实际存货定期核对相符（存在、完整性、计价和分摊） | 定期进行存货盘点 | 询问和观察存货盘点程序 | 对存货实施监盘程序 |

表 6-2 列示了工薪内部控制的控制目标、关键内部控制和审计测试的关系。

表 6-2　工薪内部控制的控制目标、内部控制和测试一览表

| 内部控制目标 | 关键控制程序 | 常用控制测试程序 | 常用的实质性测试程序 |
|---|---|---|---|
| 工薪账项均经正确批准（发生） | 对以下五个关键点应履行恰当手续，经过特别审批或一般审批：批准上工；工作时间，特别是加班时间；工资、薪金或佣金；代扣款项；工薪结算表和工资汇总表 | 检查人事档案；检查工时卡的有关核准说明；检查工薪记录中有关内部检查标记；检查人事档案中的授权；检查工薪记录中有关核准的标记 | 将工时卡与工时记录等进行比较 |
| 记录的工薪为真实而非虚构（发生） | 工时卡经领班核准；用生产记录钟记录工时 | 检查工时卡的核准说明；检查工时卡；复核人事政策、组织结构图 | 对本期工薪费用的发生情况进行分析性复核；将有关费用明细账与工薪费用分配表、工薪汇总表、工薪结算表相核对 |
| 所有已发生的工薪支出已作记录（完整性） | 工薪分配表、工薪汇总表完整反映已发生的工薪支出 | 检查工资分配表、工资汇总表、工资结算表，并核对员工工薪手册、员工手册等 | 对本期工薪费用的发生情况进行分析性复核；将工薪费用分配表、工薪汇总表、工薪结算表与有关费用明细账相核对 |
| 工薪以正确的金额，在恰当的会计期间及时记录于适当的账户（发生、完整性、准确性、计价和分摊） | 采用适当的工资费用分配方法，并且前后各期一致；采用适当的账务处理流程 | 选取样本测试工资费用的归集和分配；测试是否按照规定的账务处理流程进行账务处理 | 对本期工薪费用进行分析性复核；检查工薪的计提是否正确，分配方法是否与上期一致 |
| 人事、考勤、工薪发放、记录之间相互分离（准确性） | 人事、考勤、工薪发放、记录等职务相互分离 | 询问和观察各项职责执行情况 | |

## 三、控制测试和实质性程序

（一）控制测试

1. 成本会计制度的控制测试

成本会计制度的测试，包括直接材料成本测试、直接人工成本测试、制造费用测试和生产成本在当期完工产品与在产品之间分配的测试四项内容。

（1）直接材料成本测试。对采用定额单耗的企业，可选择并获取某一成本报告期若干种具有代表性的产品成本计算单，获取样本的生产指令或产量统计记录及其直接材料单位消耗定额，根据材料明细账或采购业务测试工作底稿中各该直接材料的单位实际成本，计算直接材料的总消耗量和总成本，与该样本成本计算单中的直接材料成本核对，并注意下列事项：生产指令是否经过授权批准；单位消耗定额和材料成本计价方法是否适当，在当年度有何重大变更。

对非采用定额单耗的企业，可获取材料费用分配汇总表、材料发出汇总表（或领料单）、材料明细账（或采购业务测试工作底稿）中各该直接材料的单位成本，作如下检查：成本计算单中直接材料成本与材料费用分配汇总表中该产品负担的直接材料费用是否相符，分配标准是否合理；将抽取的材料发出汇总表或领料单中若干种直接材料的发出总量和各该种材料的实际单位成本之积，与材料费用分配汇总表中各该种材料费用进行比较，并注意领料单的签发是否经过授权批准，材料发出汇总表是否经过适当的人员复核，材料单位成本计价方法是否适当，在当年有何重大变更。

对采用标准成本法的企业，获取样本的生产指令或产量统计记录、直接材料单位标准用量、直接材料标准单价及发出材料汇总表或领料单，检查下列事项：根据生产量、直接材料单位标准用量和标准单价计算的标准成本与成本计算单中的直接材料成本核对是否相符；直接材料成本差异的计算与账务处理是否正确，并注意直接材料的标准成本在当年度内有何重大变更。

（2）直接人工成本测试。对采用计时工资制的企业，获取样本的实际工时统计记录、职员分类表和职员工薪手册（工资率）及人工费用分配汇总表，作如下检查：成本计算单中直接人工成本与人工费用分配汇总表中该样本的直接人工费用核对是否相符；样本的实际工时统计记录与人工费用分配汇总表中该样本的实际工时核对是否相符；抽取生产部门若干天的工时台账与实际工时统计记录核对是否相符；当没有实际工时统计记录时，则可根据职员分类表及职员工薪手册中的工资率，计算复核人工费用分配汇总表中该样本的直接人工费用是否合理。

对采用计件工资制的企业，获取样本的产量统计报告、个人（小组）产量记录和经批准的单位工薪标准或计件工资制度，检查下列事项：根据样本的统计产量和单位工薪标准计算的人工费用与成本计算单中直接人工成本核对是否相符；抽取若干个直接人工（小组）

的产量记录，检查是否被汇总计入产量统计报告。

对采用标准成本法的企业获取样本的生产指令或产量统计报告、工时统计报告和经批准的单位标准工时、标准工时工资率、直接人工的工薪汇总等资料，检查下列事项：根据产量和单位标准工时计算的标准工时总量与标准工时工资率之积同成本计算单中直接人工成本核对是否相符；直接人工成本差异的计算与账务处理是否正确，并注意直接人工的标准成本在当年内有何重大变更。

（3）制造费用测试。获取样本的制造费用分配汇总表、按项目分列的制造费用明细账、与制造费用分配标准有关的统计报告及其相关原始记录，作如下检查：制造费用分配汇总表中，样本分担的制造费用与成本计算单中的制造费用核对是否相符；制造费用分配汇总表中的合计数与样本所属成本报告期的制造费用明细账总计数核对是否相符；制造费用分配汇总表选择的分配标准（机器工时数、直接人工工资、直接人工工时数、产量数）与相关的统计报告或原始记录核对是否相符，并对费用分配标准的合理性做出评估；如果企业采用预计费用分配率分配制造费用，则应针对制造费用分配过多或过少的差额，检查其是否作了适当的账务处理；如果企业采用标准成本法，则应检查样本中标准制造费用的确定是否合理。计入成本计算单的数额是否正确，制造费用差异的计算与账务处理是否正确，并注意标准制造费用在当年度内有何重大变更。

（4）生产成本在当期完工产品与在产品之间分配的测试。检查成本计算单中在产品数位与生产统计报告或在产品盘存表中的数量是否一致；检查在产品约当产量计算或其他分配标准是否合理；计算复核样本的总成本和单位成本，最终对当年采用的成本会计制度做出评价。

2. 工薪的控制测试

在测试工薪内部控制时，首先，应选择若干月份工薪汇总表，作如下检查：计算复核每一份工薪汇总表；检查每一份工薪汇总表是否已经授权批准；检查应付工薪总额与人工费用分配汇总表中的合计数是否相符；检查其代扣款项的账务处理是否正确；检查实发工薪总额与银行付款凭单及银行存款对账单是否相符，并正确过入相关账户。其次，从工资单中选取若干个样本（应包括各种不同类型人员），作如下检查：检查员工工薪卡或人事档案，确保工薪发放有依据；检查员工工资率及实发工薪额的计算；检查实际工时统计记录（或产量统计报告）与员工个人钟点卡（或产量记录）是否相符；检查员工加班加点记录与主管人员签证的月度加班费汇总表是否相符；检查员工扣款依据是否正确；检查员工的工薪签收证明；实地抽查部分员工，证明其确在本公司工作，如已离开本公司，需获得管理层证实。

（二）交易的实质性程序

生产与存货循环有关交易的实质性程序举例参见表6-1和表6-2；存货审计、应付职工薪酬审计、营业成本审计及其他相关账户审计的相关内容略。

# 案例十一 绿大地审计案例

## 案 情

### 一、案件的起因

2011 年 3 月，云南绿大地生物科技股份有限公司（002200.SZ，以下简称绿大地）被昆明市官渡区法院立案调查，其背后隐藏的欺诈发行、违规披露、财务造假等事件也一一暴露在公众视线当中，一时间引起一片哗然。

一场突如其来的抓捕，使绿大地头上"云南省首家民营上市公司"的光环瞬间消散殆尽，亦成为推倒绿大地资本骨牌的触发点。为牟取上市，种种交易无中生有，资产、利润每年都是突飞猛进：三年三换审计机构，年度业绩五次变脸，公司高管频繁更换等，绿大地俨然成为上市公司谎言式生存的样本。

2004—2007 年，绿大地利用其控股公司，采用阴阳合同等方式虚增资产，通过虚构银行回款方式虚增收入，并以虚增资产、虚假采购方式将资金流出，再通过其控股公司将资金转回方式虚增销售收入，累计虚增营业收入 2.96 亿元。随后，又将尚未成气候的绿化工程业务放到上市材料中，披着一件件华丽的"皇帝的新装"，绿大地成功上市，IPO 募资 3.46 亿元。在上市后一个月内，绿大地的股价一路冲高至 63.88 元/股。

### 二、被审计单位的基本情况及主要会计问题

（一）被审计单位的基本情况

绿大地成立于 1996 年 6 月，注册资金为 15 108.71 万元，2001 年完成股份制改造。2007 年 12 月，公司在深圳证券交易所上市，上市前每股净资产为 4.43 元，上市的股票发行价 16.49 元/股，一举成为中国绿化行业第一家上市公司，云南省第一家民营上市企业。

公司的具体历史沿革如下。

（1）2001 年 2 月 15 日，云南河口绿大地实业有限责任公司临时股东会通过决议，并经云南省经济贸易委员会（经云南省人民政府授权）云经贸企改【2001】153 号文批复同意，以云南河口绿大地实业有限责任公司截至 2000 年 12 月 31 日经审计的净资产31 964 160.81 元为基础，按 1:1 的比例折为 31 964 160 股，整体变更为云南绿大地生物科技股份有限公司。公司于 2001 年 3 月 28 日在云南省工商行政管理局注册登记，注册资本为 31 964 160 元。

（2）根据公司第一届董事会第五次会议决议和 2001 年度股东大会决议，并经云南省经济贸易委员会企改【2002】136 号文批复同意，以 2001 年 12 月 31 日未分配利润 12 785 664

元转增注册资本，变更后的注册资本为 44 749 824 元。

（3）根据公司第一届董事会第七次会议决议和 2002 年度股东大会决议，并经云南省经济贸易委员会云经贸企改【2003】105 号文批复同意，TreasureL and Enterprises Limited 按公司 2002 年 12 月 31 日每股净资产 1.627 元的价格投入现金 HKD17 200 000 元，折合人民币 1 820.238 9 万元，增加股本 11 187 456 股，每股面值人民币 1 元，公司股本总额增至 55 937 280 元。

（4）2004 年 5 月 26 日，公司自然人股东王波将其持有的公司 7 419 521 股股权转让给公司股东何学葵，转让后何学葵持有公司 39.75%的股权；2004 年 2 月 24 日，公司法人股东云南河口永安有限责任公司将其持有的公司 6 617 998 股股权转让给北京歌元投资咨询有限公司，转让后北京歌元投资咨询有限公司持有公司 11.83%的股权。

（5）2006 年 12 月 21 日，根据公司第二届董事会第九次会议决议和 2006 年度第 2 次临时股东大会决议，并经商务部商资批【2007】98 号文批复同意，公司增加注册资本 7 000 000 元，变更后的注册资本为 62 937 280.00 元。

（6）根据公司 2006 年年度股东大会决议，并经 2007 年 11 月 27 日中国证券监督管理委员会证监发行字【2007】450 号"关于核准云南绿大地生物科技股份有限公司首次公开发行股票的通知"核准，公司在深圳证券交易所向社会公开发行 2 100 万股人民币普通股股票（每股面值 1 元），增加注册资本 21 000 000 元，变更后的注册资本为 83 937 280 元。

（7）根据公司 2008 年年度股东大会决议，公司以 2008 年 12 月 31 日总股本为基数，公司向全体股东以未分配利润每 10 股送红股 2 股，以资本公积每 10 股转增 6 股，增加注册资本 67 149 824 元，变更后的注册资本为 151 087 104 元。

（8）2012 年 2 月 14 日，公司控股股东何学葵将其持有本集团的 30 000 000 股限售流通股股份过户给云南省投资控股集团有限公司，并在中国证券登记结算有限公司深圳分公司办理了股份过户变更登记。过户完成后云南省投资控股集团有限公司成为本集团第一大股东。公司于 2012 年 3 月 5 日在云南省工商行政管理局依法办理了相关变更登记手续。

（9）根据公司 2013 年 12 月 2 日第三次临时股东大会决议，并经中国证券监督管理委员会《关于核准云南绿大地生物科技股份有限公司向徐洪尧等发行股份购买资产并募集配套资金的批复》（证监许可【2014】464 号）核准，公司以每股人民币 15.07 元的价格，向自然人徐洪尧发行 12 342 402 股股份，向自然人张国英发行 11 944 260 股股份，并向徐洪尧、张国英支付人民币 30 000 000 元现金购买其持有的云南洪尧园林绿化工程有限公司 66.00%的股权。同时公司以每股人民币 15.07 元的价格，向云南省投资控股集团有限公司发行 8 759 124 股股份，募集配套资金。本次股份发行完成后，公司注册资本变更为 184 132 890 元。2014 年 7 月 2 日，公司注册资本完成工商登记变更。

（10）根据公司 2014 年 7 月 28 日第一次临时股东大会决议，批准公司名称由"云南绿大地生物科技股份有限公司"变更为"云南云投生态环境科技股份有限公司"。2014 年 8 月 6 日，公司完成企业名称变更登记手续。

绿大地主要从事植物种苗工厂化生产、观赏植物盆景、植物科研、培训、示范推广、技术咨询服务、绿化园艺工程设计及施工、园林机械、工艺美术品、花木制品、塑料制品、陶瓷制品的生产及本公司产品的销售。公司以绿化工程和苗木销售为主营业务，拥有集特色苗木工业化培植、销售及服务为一体的完整产业链。绿大地是云南省最大的绿化苗木种植企业，云南省唯一一家国家城市园林绿化施工一级资质的企业，云南省"农业产业化经营省级重点龙头企业"。

它是国内绿化行业第一家上市公司，号称园林行业上市第一股，其复权后股价曾一路飙升到 81.05 元/股。然而，它被称为信誉度最差的 A 股上市公司。2011 年 3 月 17 日，绿大地创始人兼董事长何学葵因涉嫌欺诈发行股票罪被捕，自此股价一路下跌，半年多跌幅超过 75%。由此逐步揭开了绿大地的财务"造假术"。

（二）主要会计问题

2010 年 3 月因涉嫌信息披露违规被立案稽查。证监会发现该公司存在涉嫌"虚增资产、虚增收入、虚增利润"等多项违法违规行为。

1. 虚增资产

（1）存货。为了提高资产负债表中的资产总额，以达到其符合上市的目的，绿大地从其资产的单价入手，蓄意大幅度地提高价格。查阅绿大地 2007 年上市时的招股说明书，可以发现截至 2007 年 6 月 30 日，公司资产总额合计约是 4.5 亿元，在这 4.5 亿元的资产总额中，流动资产占了其中大部分。尤其是存货，竟然高达 1.8 亿元。绿大地属于绿化园林行业，它的存货主要是各种苗木。单看这些苗木价值的总额或许不会发现什么，但是仔细估算苗木的单价或者查看存货明细账，其中的猫腻就显现出来了。绿大地所标识苗木价格与市场同类苗木价格相去甚远：当时绿大地持有的苗木在市场上的报价是 60 元，但是绿大地的账务中显示的却是 300 元。

（2）土地。不仅仅是虚增存货，绿大地的土地价值也是虚增的。绿大地的总部处于昆明市经济技术开发区中，位于昆明市二环开外，属于偏远地段，人迹稀少，可以说是荒凉的。因此，市场上对经济开发区的地价报价并不高，20 万元就能拿下一亩地。然而，从绿大地的报告中显示来看，对于类似土地的报价是一亩 100 万元，直接翻了 5 倍。

昆明市官渡区人民法院判定认为，2004 年 2 月，绿大地购买马龙县旧县村委会土地 960 亩，金额为 955 万元，虚增土地成本 900 万元；2005 年 4 月购买马龙县马鸣土地 4 宗计 3 500 亩，金额为 3 360 万元，虚增土地成本 3 190 万元；截至 2007 年 6 月 30 日，绿大地在马龙县马鸣基地灌溉系统、灌溉管网价值虚增 797 万元；2007 年 1—3 月，绿大地对马鸣乡基地土壤改良价值虚增 2 124 万元。

（3）固定资产。绿大地 2007 年上市时的招股说明书显示，截至 2007 年 6 月 30 日，绿大地的固定资产净额为 5 066.35 万元，该公司在昆明开发区内的办公楼等固定资产额为 942.59 万元，总共 26.5 亩土地，其总部所在地除房屋、道路及庭前绿化外的"外地坪、沟道"，也作价 107.66 万元。

另一处固定资产"马鸣基地"围墙的固定资产值为 686.9 万元，其招股说明书上显示的该基地 4 块地（原为荒山）共 3 500 亩，如果其围墙只围地块的周长，折算下来，其每米围墙的价格高达 1 268.86 元。

马鸣基地的 3 口深水井也造价惊人，计入固定资产 216.83 万元，每口价值 72.27 万元。而该招股说明书上的另一口深井，金殿基地深水井却只值 8.13 万元，价格相差近 10 倍。多项资产的实际价值存在疑问。

另外，绿大地 2010 年 6 月 17 日发布的《关于 2010 年一季度报表更正差异的专项说明》显示，其 2010 年一季度的固定资产多计 5 983.67 万元。绿大地对此的解释是，固定资产的差异原因在于"工作失误"，将北京分公司的固定资产已包含在本部报表中，又将其列入合并报表，即计算 2 次，造成该项目虚增。

2. 虚增收入

为达到上市目的，被告人赵海丽、赵海艳等注册了一批绿大地公司实际控制的关联公司，采用伪造合同、发票等手段虚构交易业务，虚增资产、收入。

绿大地的苗木采购大户订单，2004 年 1 月—2007 年 6 月为公司增加营业收入、净利润做出重要贡献。根据绿大地招股说明书，2004—2006 年及 2007 年上半年，绿大地的销售大客户分别为昆明鑫景园艺工程有限公司、昆明润林园艺有限公司、昆明滇文卉园艺有限公司、昆明自由空间园艺有限公司、昆明千可花卉有限公司、昆明天绿园艺有限公司等一大批昆明企业以及部分成都、北京企业。

但上市后一些曾经的采购大户陆续神秘蒸发。北京都丰培花卉有限公司 2006 年 12 月 25 日被吊销了营业执照；昆明天绿园艺有限公司 2008 年 4 月 15 日被吊销了营业执照；昆明鑫景园艺工程有限公司于 2010 年 2 月 3 日在昆明市工商局办理了工商注销手续；昆明自由空间园艺有限公司 2010 年 3 月 18 日办理了工商注销手续；成都贝叶园艺有限公司与成都万朵园艺有限公司，同时在 2008 年 6 月 5 日进行了工商注销，且两公司均成立于 2005 年 11 月 15 日。

2009—2010 年期间，金额巨大的销售退回突然出现。2010 年 4 月 30 日披露确认 2008 年苗木销售退回 2 348 万元；与此同时，绿大地确认 2009 年苗木销售退回金额高达 1.58 亿元。

昆明市官渡区人民法院判定认为，绿大地在招股说明书披露 2004—2007 年 1—6 月累计收入为 6.26 亿元，虚增收入 2.96 亿元；2007 年绿大地披露的营业收入 2.57 亿元，经鉴定确认其中虚增收入 9 660 万元；2008 年虚增收入 8 565 万元；2009 年虚增收入 6 856 万元。

3. 虚增利润

2009 年 10 月 30 日，该公司发布 2009 年三季报称，预计 2009 年度净利润同比增长 20%～50%（其 2008 年度净利润为 8 677 万元）；2010 年 1 月 30 日，该公司发布 2009 年度业绩预告修正公告称，将 2009 年净利润增幅修正为较 2008 年下降 30%以内，来了个大转折；随后，该公司 2010 年 2 月 27 日第三次发布 2009 年度业绩快报时，净利润却又变为 6 212

万元。3 天后，绿大地又发布 2009 年度业绩预亏及持续旱灾的重大风险提示公告，预计公司 2009 年度经营业绩可能出现亏损。2010 年 4 月 28 日，绿大地又发布 2009 年度业绩快报修正公告将净利润修正为亏损 1.279 6 亿元，再次大逆转一回。2010 年 4 月 30 日正式公布 2009 年年度报告时，该公司 2009 年净利润定格为亏损 1.512 3 亿元；同一天，绿大地发布第一季度报告，每股收益只有 0.1 元，比 2009 年同期暴跌。绿大地 2010 年 6 月 17 日发布的《关于 2010 年一季度报表更正差异的专项说明》显示，其原一季报的营业收入少计 10 万元，营业利润多计 67.57 万元，净利润多计 52.57 万元。

绿大地公布的报告中，差错不断。其 2010 年一季报中仅合并现金流量项目，就有多达 26 项差错，其中有 8 项差错为几千万元，上亿元的差错多达 12 项。2010 年 4 月 30 日，绿大地发布关于前期会计差错更正情况的专项说明称，公司对 2008 年因销售退回未进行账务处理，本期对该项前期差错进行更正，追溯调整减少 2008 年度合并及母公司营业收入 23 485 195.00 元，追溯调整减少 2008 年度合并及母公司营业成本 11 947 362.81 元，追溯调整增加 2008 年度合并及母公司应付账款 11 537 832.19 元，调减合并及母公司年初未分配利润 10 384 048.97 元，调减合并及母公司年初盈余公积 1 153 783.22 元。

### 三、审计主体的基本情况及主要审计问题

#### （一）审计主体的基本情况

自 2007 年上市以来，绿大地合作的审计机构也像翻书一样更迭。帮助绿大地上市的是深圳鹏城会计师事务所，二者合作了 7 年；然而上市不到一年，绿大地就改聘中和正信。中和正信会计师事务所对绿大地 2008 年的年度审计报告出具的是无保留审计意见。2009 年 11 月改聘中审亚太，中审亚太对于绿大地 2009 年的审计报告出具了保留审计意见。2010 年年末改聘中准，中准会计师事务所对于绿大地 2010 年的审计报告中出具的是无法表示审计意见。2011 年度，绿大地又改聘了山东正源和信有限责任会计师事务所，该事务所对绿大地 2011 年审计报告出具的是保留意见。

并且，绿大地更换会计师事务所的时间都是公司定期报告将披露的时间，被更换的会计师事务所都对绿大地的财务报告出具过保留意见。

会计师事务所变更情况如表 6-3 所示。

表 6-3　审计机构变更表

| 年份 | 事务所名称 | 审计费用（万元） | 审计意见 | 上年变更原因 |
| --- | --- | --- | --- | --- |
| 2008 | 中和正信 | 30 | 无保留意见 | 鹏城会计师事务所工作安排 |
| 2009 | 中审亚太 | 50 | 保留意见 | 中和正信与天健光华合并 |
| 2010 | 中准 | 50 | 无法表示意见 | 中审亚太的工作安排 |
| 2011 | 正源和信 | 60 | 保留意见 | 聘期到期 |

不仅是变更会计师事务所，绿大地的审计费用也是水涨船高。中和正信的审计费用是 30 万

元，到了中审亚太、中准的审计费用上升至了 50 万元，而到了山东正源和信则飙到了 60 万元。

深圳市鹏城会计师事务所有限公司（以下简称鹏城所）成立于 1992 年，最初以政府审计为主。1997 年改制后，以银行和国企审计为主。2001 年深圳当时最大的会计师事务所中天勤因银广夏造假事件倒闭，同年深圳同人、华鹏会计师事务所也因造假被吊销执业资格。3 家会计师事务所的解体使得大批注册会计师加入鹏城所，带来了鹏城所发展史上的第一次规模扩张。

2001—2004 年，鹏城所的客户资源几乎包括了深圳所有的大型国企，而且还扩展到了南方电网、大唐电信等大型央企。

2004 年，受证监会的委托审计南方证券的破产清盘，使其品牌声誉达到了岭峰。

2005 年，随着股权分置改革的开展，鹏城所始涉足证券审计领域。

从 2006 年开始，鹏城所先后在北京、上海、广州、香港等地设立分所。在这种规模扩张模式下，鹏城所的证券审计业务规模得到迅猛发展，截至 2010 年审计的 IPO 客户有 28 家，位列全国第 3，而到了 2011 年其上市公司客户已发展成 100 多家。

这两次跨越式的规模扩张，给鹏城所带来迅猛的发展机会的同时也给其埋下了危机。2008 年，鹏城所因在 2003 年和 2004 年期间对大唐电信、金慕科技的审计没有尽职尽责而被处以罚款，并且由于在 2001—2003 年没有按规定的审计程序对聚友网络进行审计，而被记入监管诚信档案。

鹏城所虽为深圳乃至广东规模最大的会计师事务所，但 2011 年全国排名仅位列第 33 位，业务收入仅为 1.53 亿元，不足国富浩华的 1/5。

2012 年 7 月 24 日，被绿大地 IPO 造假丑闻缠身的鹏城所，在没有受到任何处罚的情况下，突然宣布与国富浩华合并。吸收合并的形式是以国富浩华为法律主体，合并后，鹏城所全部从业人员和业务进入国富浩华，鹏城所按照法定程序进行清算、注销法人主体。

（二）主要审计问题

鹏城所在绿大地欺诈发行上市时未勤勉尽责，未发现绿大地为发行上市所编制的财务报表编造虚假资产、虚假业务收入，从而出具无保留意见的审计报告，发表不恰当的审计意见。违法事实如下：

为绿大地发行股票并上市，鹏城所对绿大地 2004 年、2005 年、2006 年年度财务报表和 2007 年半年度财务报表进行审计并出具无保留意见的审计报告。

司法机关认定，绿大地在招股说明书中编造虚假资产、虚假业务收入。绿大地编造虚假资产、虚假业务收入的金额巨大，性质严重。

（1）绿大地 2004—2006 年财务报表披露的各年度前 5 大销售客户与实际不符，经查，鹏城所的审计底稿中没有记录对绿大地前 5 大销售客户的审计程序。仓储环节审计程序不正确，对苗木的实地监盘不准确。

（2）绿大地招股说明书披露的 2006 年销售收入中包含通过绿大地交通银行 3 711 银行账户核算的销售收入，交通银行提供的资料显示，上述交易部分不存在。绿大地招股说明书披露，2006 年 12 月 31 日货币资金余额为 47 742 838.19 元；其中，交通银行 3 711 账户余额为 32 295 131.74 元。交通银行提供的资料显示，2006 年 12 月 31 日的 3 711 账户余额为 4 974 568.16 元。经查，鹏城所没有向交通银行函证绿大地交通银行 3 711 账户 2006 年 12 月 31 日的余额。

鹏城所未勤勉尽责，未对部分银行账户进行函证、未真实完整编制工作底稿，鹏城所的上述做法不符合《中国注册会计师审计准则第 1301 号——审计证据》第六条、《中国注册会计师审计准则第 1312 号——函证》第十一条、《中国注册会计师审计准则第 1331 号——审计工作底稿》第四条的规定。

### 四、案件结果

#### （一）被审计单位——绿大地

根据绿大地公司违法行为的事实、性质、情节与社会危害程度，依据《证券法》第一百八十九条、第一百九十三条、第二百三十三条以及《证券市场禁入规定》第三条和第五条的规定，证监会决定：

（1）对绿大地在 2007 年、2008 年、2009 年年度报告中虚增资产、虚增业务收入的行为，责令绿大地改正，给予警告，并处以 60 万元罚款。

由于司法机关已对绿大地在招股说明书中虚增资产、虚增业务收入的行为刑事处罚，不再行政处罚。

（2）对赵国权（董事、副董事长）、胡虹（董事）、黎钢（董事）、钟佳富（董事）、普乐（独立董事）、罗孝银（独立董事）、谭焕珠（独立董事）、毛志明（总经理）、徐云葵（总经理）、陈德生（副总经理）给予警告，并分别处以 30 万元罚款。

（3）对郑亚光（独立董事）给予警告，并处以 10 万元罚款。

（4）何学葵（董事长、总经理）、蒋凯西（董事、财务总监）为市场禁入者，自宣布决定之日起，终身不得从事证券业务或者担任上市公司董事、监事、高级管理人员职务。

2013 年 2 月 7 日，昆明市中级人民法院绿大地公司犯欺诈发行股票罪、伪造金融票证罪、故意销毁会计凭证罪，判处罚金 1 040 万元；绿大地原董事长何学葵判处有期徒刑 10 年；绿大地原财务总监蒋凯西因犯欺诈发行股票罪、伪造金融票证罪、违规披露重要信息罪，数罪并罚，判处有期徒刑 6 年，并处罚金 30 万元；原财务顾问庞明星犯欺诈发行股票罪、伪造金融票证罪、违规披露重要信息罪，数罪并罚，判处有期徒刑 5 年，并处罚金 30 万元；原出纳主管赵海丽判处有期徒刑 5 年，并处罚金 30 万元；原大客户中心负责人赵海艳判处有期徒刑 2 年 3 个月，并处罚金 5 万元。

#### （二）会计师事务所——深圳鹏城

根据深圳鹏城及其当事人违法行为的事实、性质、情节与社会危害程度，依据《证券法》第二百二十三条的规定，证监会决定：

（1）没收深圳鹏城业务收入 60 万元，并处以 60 万元的罚款。

（2）对发行上市财务报表审计报告签字注册会计师姚国勇、廖福澍给予警告并分别处以 10 万元罚款。

根据当事人违法行为的事实、性质、情节与社会危害程度，依据《证券法》第二百二十三条的规定，中国证监会、财政部决定：撤销深圳鹏城的证券服务业务许可。

根据《证券法》第二百三十三条以及《证券市场禁入规定》第三条和第五条的规定，证监会决定：认定姚国勇、廖福澍为市场禁入者，自宣布决定之日起，终身不得从事证券业务或者担任上市公司董事、监事、高级管理人员职务。

这是证监会有史以来对中介机构最严厉的处罚。

## 评 析

云南省绿大地生物科技股份有限公司财务造假的面具被撕开后，引起公众一片哗然，我们不禁深思。

### 一、管理者独断专行，内部控制形同虚设

云南绿大地公司治理等内部控制在形式上比较完整，但董事长专横跋扈，独断专行，内部控制措施执行困难。公司上市前重大决策由董事长全权决定，上市之后既有运行机制难改变。自上市以来，董事会成员除董事长等 3 人外，其他成员已更换殆尽；监事会流于形式已被彻底更替。2009 年以前，公司董事长兼任总经理职务，2010 年 4 月起，董事长兼任董事会秘书，董事长作为实际控制人在董事会中拥有绝对的领导地位。与此同时，新引进的高管人员缺乏足够的实战经验，超过六成的公司员工为中专及以下学历，难以胜任公司发展战略需要。

云南绿大地公司对风险掌控也明显滞后，2008 年 7 月，旱灾出现，12 月明显加重；2009 年下半年至 2010 年一季度天气持续干旱，对公司业务影响严重。公司业务在实施过程中，主要依靠资金来推动订单的增长，公司垫付大量资金，但客户推迟或无法付款，导致应收款项发生坏账的风险陡然增加。2010 年，公司才将业务重心调整为稳定现有苗木经营，拓展绿化工程，由于前期没开展风险评估，已错过最佳调整时期。

存货控制不到位。2004—2006 年存货金额逐渐增加，2007 年 6 月底，存货金额占流动资金总额的六成以上，存货积压导致资金流短缺，农产品自身的品质容易受天气影响，需合理计提减值准备，由于没能有效管理和控制存货，2009 年亏损 1.51 亿元。

财务核算控制不准确。云南绿大地公司项目变更签证不及时，随意性强；一些特殊原因造成的工程设计变更、市场气候变化、政策因素影响项目建设；零星与隐蔽工程，不但无设计变更，也不办理现场签证，而是事后补签或不签。由于上述信息传递不及时，造成工程量难以准确核实，影响了财务核算的及时性与准确性。

### 二、中介机构玩忽职守，职业责任丧失殆尽

投资银行、审计机构等在云南绿大地公司上市过程中除了收取高额费用外，还应对发行人信息披露的真实可靠实施甄别，但云南绿大地公司正是依靠业务能力突出的庞明星为其舞弊出谋划策，通过专业水平指导造假获得成功。庞明星担任云南绿大地公司的外聘财务顾问，也是四川华源会计师事务所所长，曾经在鹏城所任职，该所承担云南绿大地公司的上市审计事务。正是庞明星带着项目多次挂靠不同的审计机构，加上云南绿大地公司高层的利益驱动，监管机构的放松与纵容，最终导致财务舞弊的发生。天澄门律师事务所和鹏城所根据云南绿大地公司提供的虚假证明材料，违反相关法律法规与执业准则规定编制报表，而鹏城所和中和正信会计师事务所没有深入检查相关材料的真实性与可靠性，如土地使用证、银行票据等证明文件必须通过土地部门和金融企业进行查实，中介机构无视证券监管部门关于现场尽职调查的规定，外勤审计过程存在严重问题。

### 三、农业上市公司重大错报风险点

农业上市公司的风险来源不但包括普遍风险来源，更主要的是由于自身行业的特殊性导致的，具体来说，主要包括以下内容。

1. 营业利润水平低

农业行业在我国起着举足轻重的作用，一方面是因为农业经济是国民经济的基石，另一方面是农业生产保证了人民的基本生活要求。为了鼓励农业发展，促进农业科技水平的提高，国家公布了一系列优惠措施，但是农业企业仍然面临营业水平较低、过多地依靠国家补贴这一问题。并且农业企业经营活动分散零碎且金额来源种类复杂，审计工作人员在开展审计活动时应当详细了解企业各种资金的具体来源、种类等，将其作为重点风险点。防止农业企业利用这一特点，在资金的使用过程中采取造假手段。

2. 流动资金大并且存货管理难度高

自然条件会对农业上市公司起着关键的影响作用，对于主要经营种植养殖业务的农业企业来说，天气、水资源的变化对生产过程有着重要影响。同时对于农产品加工行业来说，自然条件的变化会影响其原材料的获取。在农业企业交易时，多数使用的是现金交易，由于农业企业交易的频繁，使得现金交易频繁且数额较大。不同于银行转账，这种交易方式获取的凭据较少。在这个过程中，当农业企业面临流动资金不足的问题时，很容易利用现金交易手段进行虚假交易。审计人员应当特别注意交易的真实性，关注交易的商业实质。另外，由于农业存货的特殊性，对外界环境要求较高，如一些水果、鱼类的保鲜，企业为了节省成本，会将这些存货放置在不同的地方，这无疑增加了审计风险。审计人员应当一方面加强对农业存货资产盘点，另一方面因为有的生物资产因客观条件的限制无法进行准确盘点，审计人员应当有效选取样本进行推测和审查。

### 3. 生物资产的风险性

不同于一般资产，生物资产具有生命过程。在生长过程中由于时间较长，期间可能面临各种风险，并且在生长过程结束后能否还能给企业带来预期收益等都不确定。这种情况一旦发生，会给企业带来严重的影响。另外生物资产的会计处理方法较为复杂，计提折旧和减值准备的时候具有较强的主观性。农业企业可能会采用不合理的折旧办法计提，以此达到控制利润的目的。审计人员应当根据不同生物资产的不同生长过程，如生长周期等检查农业企业折旧方法是否准确真实。

### 4. 融资困难且研发风险较大

农产品的生长和加工过程具有季节性和周期性的特点，并且农业投资回收期较长，由此给企业带来较大经营风险。对于外部投资机构来说，为了降低风险获得收益，不愿意对农业企业进行投资。农业企业融资困难，资金匮乏：一方面不利于农业企业的生产经营活动，另一方面也使得科技研发力度较小。此外，农业科技的投入由于回收效益不定也面临较大风险。因为融资困难且新产品研发风险较大，农业企业可能会采取舞弊手段。因此，审计人员应给予关注，特别是关于农业企业对新产品研发的详细情况。

## 四、生产与存货环节审计要点

在生产与存货循环的审计中，可以借鉴"精细管理"的理念，实施"精细审计"。即以各业务循环的过程为线索，对其重要活动进行细致详细的审计，控制审计过程中的漏洞，从而提高总体审计效果的方法。应重点抓住以下几个环节。

### （一）存货的监盘

在对企业的存货进行监盘时，有时往往会错失机会，而只能选择替代程序。也就是只能在观察企业存货内部控制的基础上，审阅企业的盘点过程和盘点记录；再运用审计方法得出审计结果；最后只能抽查部分存货盘点。从这点可以看出，对存货的监盘选择替代程序显然是比较粗糙的一种方式，且这个程序对存货的管理是非常重要的，非做不可的，仅凭文字资料使得这个程序的审计结果显得苍白无力。因此，在审计中贯彻精细审计的理念尤为重要，如在这个程序的审计中就应该采用重点程序细化审计，不放过每一个环节认真对待；应选择有经验的人负责存货监盘，抽查部分存货时应盯住价值较高的项目；盘点时亲自到场计数。此外，还要关注存货的状态，是否存在毁损、陈旧、变质等现象。重点环节实施精细化审计，可以真实反映存货的情况，有利于增强审计效果。

### （二）产品成本的审计

生产循环生产出产品，在验收合格入库后即送存仓库。而产品的生产成本也是生产与存货循环审计过程中不容忽视的问题。从精细化审计角度，应紧抓成本核算的过程。具体要点如下：采用符合产品特点的成本核算方法；正确划分费用的界限；当月的生产费用是否合理进行归集，是否有在产品成本，是否将生产费用在完工产品和在产品之间进行分配；产品生产的主要凭证，如生产通知单、产量记录和工时记录是否正确；相应地，会计核算资料，如生产成本明细账与成本计算单是否一致；完工产品成本的结转是否正确。通过整个核算程序的细致化审计，杜绝管理和核算上的失误或舞弊，保证成本计算的正确性，也就能真正实现对存货与仓储循环审计的目的。

（三）存货仓储的审查

在对存货循环审计时，首先应检查记录的存货是否都存在，企业是否对这些存货拥有所有权。其次应掌握不同存货的性质，采用合适的存储方式。如鲜活的存货和单位价值较高的存货应区别不同储存方法，以保证存货的安全与完整；对于多地方存储的存货应加强内部控制措施的审计。最后对存货的价值是否变化进行测试。如对某些重大存货项目，可以参考销货发票、价格目录、销售折扣、销售记录、销售合同等为实现该项目的收入而发生的直接成本，计算其可变现净值，以反映存货的真实价值。

## 思考与讨论

1. 思考生产与存货循环的错报易发生在哪些点，即确定被审计单位应在哪些环节设置控制，以防止或发现并纠正各重要交易流程可能发生的错报。

2. 试析绿大地财务舞弊的内外部原因。

## 参考文献

1. 中国证券监督管理委员会（http://www.csrc.gov.cn）
2. 新浪财经网（http://finance.sina.com.cn）
3. 同花顺官网（http://stockpage.10jqka.com.cn/002200/company/）
4. 深圳鹏程会计事务所（http://quotes.money.163.com）
5. 李晓慧. 审计学实务与案例［M］. 北京：中国人民大学出版社，2014.
6. 李涛. 从绿大地事件看上市公司监管［J］. 财会研究，2012（06）：61-63.
7. 陈慧莉. 对存货与仓储循环审计的思考［J］. 当代经济，2013（01）：102-103.

# 案例十二　宝硕股份审计案例分析

## 案　情

### 一、案件的起因

2014 年 8 月 1 日，宝硕股份接到证监会下发的《行政处罚决定书》，2006 年河北宝硕股份有限公司因涉嫌虚假陈述被立案调查一事已经调查完毕，公司违法违规事实也随之公布。证监会耗时 8 年调查完毕了宝硕股份的违法事实，认定宝硕股份存在违法行为，包括信息披露违规、虚增利润、人为操纵财务报表等。对此，证监会责令宝硕股份改正，给予警告，并处以 60 万元罚款，相关责任人也分别被警告和罚款。但是公司原来的大股东宝硕集团已经破产，违法人员也都人去楼空，什么警告、罚款之类的处罚都成了空谈。

### 二、被审计单位的基本情况及主要会计问题

#### （一）被审计单位的基本情况

河北宝硕股份有限公司（以下简称宝硕股份或公司）系经河北省人民政府股份制领导小组办公室冀股办【1998】第 24 号文批准，由原河北保塑集团有限公司（后更名为河北宝硕集团有限公司，以下简称宝硕集团）独家发起，以募集方式设立的股份有限公司。1998 年 6 月 29 日，经中国证券监督管理委员会证监发字【1998】184 号和证监发字【1998】185 号文件批准，向社会公开发行了每股面值 1 元人民币的普通股 5 000 万股（其中向社会公开发行 4 500 万股，向公司职工配售 500 万股，每股发行价 5 元），公司总股本为 20 000万股。经上海证券交易所上证上字【1998】57 号文件批准，1998 年 9 月 18 日公司股票在上海证券交易所挂牌交易。公司股票简称宝硕股份，股票代码 600155。

2000 年 8 月，公司以资本公积转增股本，转增后公司股本为 26 000 万股。公司 2000年度第一次临时股东大会审议通过 2000 年度增资配股方案，该配股方案经中国证券监督管理委员会证监公司字【2000】185 号文核准，以 2000 年 12 月 12 日为股权登记日，公司以1999 年年末总股本 20 000 万股为基数，向全体股东每 10 股配售 3 股共计配售 6 000 万股；宝硕集团应配 4 500 万股，经财政部财管字【2000】66 号文批准全部放弃，实际配售股数1 500 万股，该次配股后公司股本为 27 500 万股。根据 2001 年 5 月 9 日召开的 2000 年度股东大会决议，公司于 2001 年 5 月 17 日以 2000 年年末总股本 27 500 万股为基数，每 10股转增 5 股，公司股份总数增至 41 250 万股。2001 年 7 月 26 日，公司在河北省工商行政管理局办理变更注册登记，注册资本变更为 41 250 万元。

2006 年 4 月 17 日股东会审议通过了《股权分置改革方案》，全体非流通股股东向流通股股东每 10 股送 3.4 股，共送 40 800 000 股，非流通股股东支付对价后获得流通权。根据股改方案，第三批限售流通股已于 2011 年 4 月 26 日上市流通，至此公司股票均为无限售条件流通股。

2007 年 1 月 25 日，河北省保定市中级人民法院（以下简称保定中院）依法受理了保定天威保变电气股份有限公司申请本公司破产案件；2007 年 5 月 31 日，原股东宝硕集团被保定中院依法宣告破产；2007 年 12 月 28 日，公司向保定中院提出重整申请；2008 年 2月 5 日，保定中院以"（2007）保破字第 014-4 号"《民事裁定书》批准了公司《重整计划草案》，重整计划执行期限为 3 年；根据重整计划，重组方新希望化工投资有限公司于 2008年通过股权竞买及有条件受让原限售流通股让渡股份的方式合计持有本公司 123 130 937

股股份，占公司股本总额的 29.85%，成为本公司控股股东；2011 年 6 月 24 日，保定中院以"（2007）保破字第 014-21 号"《民事裁定书》裁定公司重整计划执行完毕。

根据公司 2013 年 9 月 25 日召开的第五届董事会第四次会议决议、2013 年 10 月 11 日召开的 2013 年第一次临时股东大会决议和经中国证券监督管理委员会证监许可［2014］1072 号文批复，公司以非公开发行 64 102 564 股普通股（A 股），每股面值 1 元，每股增发价 3.12 元，由新希望化工投资有限公司全部以货币资金认购，增资后注册资本变更为 47 660.256 4 万元。

河北宝硕股份有限公司在 2007 年向保定中院提出重整申请；2008 年 2 月 5 日，保定中院以"（2007）保破字第 014-4 号"《民事裁定书》批准了公司《重整计划草案》，重整计划执行期限为 3 年；根据重整计划，重组方新希望化工投资有限公司于 2008 年通过股权竞买及有条件受让原限售流通股让渡股份的方式合计持有本公司 123 130 937 股股份，占公司股本总额的 29.85%，成为本公司控股股东；2011 年 6 月 24 日，保定中院以"（2007）保破字第 014-21 号"《民事裁定书》裁定公司重整计划执行完毕。重组完成后，公司是一家以化工产品（主要包括 PVC 树脂、离子膜烧碱等）、塑料制品（主要包括 PE 农地膜等）和水泥的生产和销售为主营业务的企业。公司的主要产品包含树脂、农用膜、液碱、其他膜产品等。

（二）主要会计问题

证监会耗时 8 年调查完毕了宝硕股份的违法事情，认定宝硕股份存在下列主要会计问题。

1. 未按规定披露控股股东及关联方占用资金事项

自 2001 年以来，宝硕股份及其分、子公司被大股东河北宝硕集团有限公司（以下简称宝硕集团）占用资金 437 301 569.46 元，宝硕股份未按规定履行披露义务，直至 2006 年 10 月才对外公告。具体情况如下。

（1）截至 2001 年 12 月 31 日，宝硕股份子公司被宝硕集团占用资金余额为 40 000 000 元，其中截至 2001 年 6 月 30 日占用资金 19 400 000 元。

（2）截至 2002 年 12 月 31 日，宝硕股份及其子公司被宝硕集团占用资金 44 350 923.72 元，其中截至 2002 年 6 月 30 日占用资金 40 458 232 元。

（3）截至 2003 年 12 月 31 日，宝硕股份及其子公司被宝硕集团占用资金 66 779 368.61 元，其中截至 2003 年 6 月 30 日占用 47 988 353.88 元。

（4）截至 2004 年 12 月 31 日，宝硕股份及其子公司被宝硕集团占用资金 77 165 419.63 元，其中截至 2004 年 6 月 30 日占用-4 497 979.46 元。

（5）截至 2005 年 12 月 31 日，宝硕股份及其子公司被宝硕集团占用资金 115 836 293.49 元，其中截至 2005 年 6 月 30 日占用资金 117 462 447.85 元。

（6）截至 2006 年 9 月 30 日，宝硕股份及其子公司被宝硕集团占用资金 437 301 569.46 元，其中截至 2006 年 6 月 30 日占用 409 955 574.6 元。

2. 相关定期报告虚增利润

（1）少计财务费用，虚增利润。宝硕股份 2001—2006 年 6 月发生的利息未列财务费用，记入了其他应收款——德利得中，累计增加利润 190 851 911.49 元。具体情况如下：

宝硕股份将 2002—2005 年发生的 236 笔贷款利息共 46 783 784.51 元，未列入财务费用而记入其他应收款——德利得科目的借方中，因此少记财务费用，增加 2002 年度利润 832 321.5 元，增加 2003 年度利润 15 697 456.56 元，增加 2004 年度利润 17 307 151.81 元，增加 2005 年度利润 12 946 854.64 元。

宝硕股份 2003 年 6 月以富太公司（宝硕股份持有 40%股份）名义办理了 2 张 1 000 万元的银行汇票贴现业务，贴现利息 155 100 元没有记入财务费用，而是记入其他应收款——德利得科目的借方发生额。富太公司没有此项业务的记载。宝硕股份因此少记财务费用，增加 2003 年度利润 155 100 元。

宝硕股份于 2002—2005 年通过其分、子公司河北宝硕股份有限公司氯碱分公司（以下简称氯碱分公司）、型材公司、保定德玛斯新型建筑材料有限公司（以下简称德玛斯公司）和河北宝硕股份有限公司绿源塑料分公司（以下简称绿源分公司）银行账户办理 82 笔票据贴现业务，贴现资金划归宝硕股份使用。宝硕股份将发生的 26 712 155.84 元贴现利息记入其他应收款——德利得科目的借方中，因此少记财务费用，增加 2002 年度利润 197 500 元，增加 2003 年度利润 4 474 283.82 元，增加 2004 年度利润 21 882 067.421 元，增加 2005 年度利润 158 304.6 元。

宝硕股份 2006 年 6 月补记了以前年度使用公司账户或使用其他公司名义贷款发生的 341 笔利息入账，未将总金额为 70 186 433.13 元的贷款利息记入财务费用，而是记入其他应收款——德利得科目借方发生额中。宝硕股份因此少记财务费用，增加 2001 年度利润 314 572.5 元，增加 2002 年度利润 3 080 990.39 元，增加 2003 年度利润 14 067 882.47 元，增加 2004 年度利润 25 479 696.64 元，增加 2005 年度利润 26 183 491.56 元，增加 2006 年半年度利润 1 059 799.57 元。

宝硕股份 2006 年 6 月补记了以前年度使用其控制的银行账户进行的票据贴现业务，未将发生的 92 笔贴现利息 35 503 996.45 元记入财务费用，而是记入其他应收款——德利得科目中。宝硕股份因此少记财务费用，增加 2002 年度利润 201 250 元，增加 2003 年度利润 1 330 875.73 元，增加 2004 年度利润 16 697 566.65 元，增加 2005 年度利润 15 091 332.07 元，增加 2006 年半年度利润 2 182 972 元。

宝硕股份 2006 年 6 月补记了 75 笔以前年度使用其他公司名义进行的贴现业务。宝硕股份通过其控制的账户开出汇票和收到贴现金额均通过其他应收款——德利得科目记载，进而将其应承担的贴现汇票的贴现息变相隐含在其他应收款——德利得科目的往来中。此项隐含的贴现利息共计 11 560 441.56 元。宝硕股份因此少记财务费用，增加 2002 年度利润 825 066.67 元，增加 2003 年度利润 5 580 279.33 元，增加 2004 年度利润 5 155 095.56 元。

（2）通过创业分公司虚增利润。1999—2006 年，创业分公司自制采购凭证 387 单，自制采购发票 968 张，虚开支票 383 张，通过虚假原材料采购虚增主营业务成本 1 748 375 387.10 元；以收到销售货款的名义，通过资金结算中心进账单的形式增加账面银行存款 2 233 010 598.14 元。

创业分公司通过上述虚假行为，虚增销售利润 484 635 211.04 元。其中，虚增 2001 年度利润 85 547 200 元，虚增 2002 年度利润 82 697 500 元，虚增 2003 年度利润 64 885 400 元，虚增 2004 年度利润 52 179 507.2 元，虚增 2005 年度利润 84 469 803.84 元，虚增 2006 年半年度利润 20 474 100 元。

（3）通过富太公司虚开发票虚增利润。富太公司 2003 年 6 月虚开 22 张增值税发票增加销售收入 13 478 644.80 元，宝硕股份因此虚增当期利润 4 608 083.7 元。

3. 货币资金虚假记载

（1）货币资金虚假记载。宝硕股份在 2006 年 6 月份集中补记了公司在 2001—2006 年发生的业务单据，共录入 5103 号凭证，装订 67 本。宝硕股份董事、总会计师王海棠承认宝硕股份存在账外账。

宝硕股份 2001—2005 年有 230 个以其自身名义及其他公司名字开立由宝硕股份控制使用的银行账户，均在账外进行核算。

宝硕股份 2001 年 12 月 31 日账外银行账户存款余额为 59 873.22 元，2002 年 12 月 31 日账外银行存款余额为 54 893 138.43 元，2003 年 12 月 31 日账外银行存款余额为 146 923 145.22 元，2004 年 12 月 31 日账外银行存款余额为 168 010 231.78 元，2005 年 12 月 31 日账外银行存款余额为 469 992 919.16 元。宝硕股份对外披露的 2001—2005 年相应年度报告中未包含这些账户存款，直至 2006 年 6 月才将这些账户记入银行存款日记账。

宝硕股份在 2003 年 3 月至 2006 年 6 月，与银行签订了 41 笔借款合同，借款金额 72 870 万元未在账内反映，相关对外披露的财务报告中银行借款涉嫌虚假记载。2006 年 6 月份，宝硕股份将这些借款记入短期借款账内。

（2）没有实际业务发生的自制单据入账。宝硕股份及氯碱分公司、创业分公司、绿源分公司、河北宝硕集团有限公司纸品包装分公司、河北宝硕股份有限公司木糖醇分公司、型材公司、管材公司、富太公司、宝来公司、保定宝源新型塑料包装材料有限公司、中产公司、天津门窗、保定宝硕门窗发展有限公司、保定轶思达塑料包装材料有限公司、保定市德利得物流有限公司等关联公司先后在宝硕集团财务结算中心、宝硕股份资金结算中心开立存款账户。宝硕股份资金结算中心还为上述公司提供资金拆借业务，拆借业务的收入上缴宝硕股份财务处。

1999—2006 年，宝硕股份通过宝硕集团资金结算中心（账号：058-03）和宝硕股份资金结算中心（账号：962-01）划转 1 848 281 946.13 元资金，在两个资金结算中心均没有真实业务发生，没有资金划转记录。

（3）以创业分公司上缴利润名义虚增货币资金。1999 年，创业分公司虚制往来凭证 6 单，虚开结算中心进账单 6 张，通过虚假货币资金退回虚增账面货币资金 27 103 200 元。

创业分公司于 1999—2006 年，通过虚假采购、虚假销售、虚假货币资金退回手段虚假记载货币资金，累计增加余额 511 788 411.04 元。创业分公司虚制凭证 158 单，虚开支票 159 张，将虚增的 511 788 411.04 元，分别以上缴利润及内部转款的名义通过其在结算中心开立的账户上交宝硕股份财务处。

1999—2006 年，宝硕股份制凭证 159 单，以创业分公司上缴利润名义记入应付股利科目，同时增加宝硕股份银行存款账户账面的货币资金 504 438 411.04 元。

4. 人为调整 2006 年半年度报告报表

宝硕股份 2006 年 8 月 22 日公布了 2006 年半年度财务报告，其对外披露的财务报告与其实际账面数据不符，存在无任何依据的人为调整报表行为。

宝硕股份财务处在 2006 年 6 月将大量历年账外财务资料集中补记入账，造成 2006 年 6 月 30 日宝硕股份财务处账面其他应收款、短期借款及其他应付款科目余额激增。

宝硕股份 2006 年半年度报告公告母公司应收账款金额 222 612 333.23 元，母公司依据账面记载合并后的实际报表数据是 24 612 333.23 元，公告数增加了 198 000 000 元。

宝硕股份 2006 年半年度报告公告母公司其他应收款金额 567 442 217.82 元，母公司依据账面记载合并后的实际报表数据是 2 052 442 217.82 元，公告数减少了 1 485 000 000 元。

宝硕股份 2006 年半年度报告公告母公司短期借款金额 534 622 553.08 元，母公司依据账面记载合并后的实际报表数据是 1 334 622 553.08 元，公告数减少了 800 000 000 元。

宝硕股份 2006 年半年度报告公告母公司其他应付款金额 59 902 377.22 元，母公司依据账面记载合并后的实际报表数据是 559 902 377.22 元，公告数减少了 500 000 000 元。

宝硕股份 2006 年半年度报告公告母公司管理费用金额 37 302 216.91 元，母公司依据账面记载合并后的实际报表数据是 50 302 216.91 元，公告数减少了 13 000 000 元。由此造成宝硕股份 2006 年半年度报告公告母公司未分配利润公告数增加了 13 000 000 元。

### 三、审计主体的基本情况及主要审计问题

#### （一）审计主体的基本情况

2001—2005 年宝硕股份的审计主体为河北华安会计师事务所，而 2006 年变更为中瑞华恒信会计师事务所。河北华安会计师事务所出具的都是无保留意见的审计报告，而变更后的审计主体出具了带强调事项段有保留意见的审计报告。前后会计师事务所出具的审计报告类型不同。

河北华安会计师事务所是河北省财政厅对国有大中型企业进行社会审计的试点所，承担了省直大中型企业的审计工作，包括冶金、交通、建材、化工、纺织等行业。

#### （二）主要审计问题

证监会在对宝硕股份进行立案调查中发现，河北华安会计师事务所对宝硕股份信息披露违法审计机构责任。经查明，华安所存在以下违法事实。

1. 在宝硕股份 2004 年年度财务报告审计中的问题

（1）审计范围没有包含资金结算中心。2001 年 12 月宝硕股份成立内部单位"宝硕股

份资金结算中心"，负责办理宝硕股份及其分、子公司的内部资金往来结算业务，并负责管理开户单位在银行的存款。该资金结算中心没有取得有关金融许可证书，不属于金融机构。宝硕股份及其分、子公司均在资金结算中心开立存款账户。各公司在资金结算中心的账号为资金结算中心在银行开户账号后加缀二级账号。宝硕股份通过资金结算中心伪造 962-01 账户的资金结算凭证，虚构资金划转。资金结算中心证明没有上述业务发生。工作底稿中未发现华安所对资金结算中心实施审计的痕迹。

（2）对宝硕股份货币资金的审计问题。2004 年年末宝硕股份将资金结算中心存放款项余额 30 935 708.97 元计入了宝硕股份资产负债表货币资金项目。华安所对宝硕股份 2004 年度会计报表的审计工作底稿中，针对股份公司和创业分公司银行存款，填制了"货币资金审定表""银行存款审定表"等表格。在华安所对宝硕股份的公司本部财务处及创业分公司 2004 年度会计报表审计的底稿中，均未见对资金结算中心开户存放资金余额向金融机构的询证函。

（3）对宝硕股份银行借款及未披露担保事项的审计问题。华安所编制了短期借款审定表、长期借款审定表、短期借款凭证抽查情况表、长期借款凭证抽查情况表等表格。华安所对宝硕股份在工行保定东风路支行的存款情况及借款情况进行了函证，函中借款情况仅列示了 4 笔长期借款及 5 笔短期借款，未对全部借款进行函证。

（4）对河北宝硕股份有限公司创业塑料分公司（以下简称创业分公司）主营业务成本、主营业务收入、虚构利润、将虚增的货币资金虚交宝硕股份的审计问题。创业分公司于2004 年自制采购凭证 80 单，自制采购发票 295 张，通过虚假原材料采购虚增主营业务成本 232 720 492.8 元。创业分公司当年报表显示主营业务成本为 397 504 111.72 元。创业分公司虚开采购原材料的发票全部是用本公司的销售发票加盖"保定市轻工物资供销公司"和"保定市德利得物流有限公司"的章充当采购原材料的发票，发票存根联在创业分公司保存。华安所在存货计价测试表中对当年采购的原材料数量、金额予以确认。但是，抽查凭证中没有对保定市轻工物资供销公司的采购发票进行抽查；生产的领料与存货监盘环节审计错误，华安所没有对占创业分公司原材料采购量第一的供应商——虚构的保定市轻工物资供销公司进行关注。

2004 年，创业分公司自制销售凭证 259 单，虚开销售发票 1 196 张，虚开结算中心单据 1 043 张，通过虚假销售虚增主营业务收入 284 900 000 元。创业分公司 2004 年以收到销售货款的名义，通过资金结算中心进账单的形式增加账面银行存款 284 900 000 元。华安所未向结算中心核验销售回款的真实情况，也未取得外部结算单据，就对创业分公司当年销售收入 449 378 146.43 元予以确认。

创业分公司通过上述虚假行为，虚增主营业务收入 284 900 000 元，虚增主营业务成本 232 720 492.8 元，虚增销售利润 52 179 507.2 元，宝硕股份因此增加 2004 年度利润 52 179 507.2 元。华安所未对创业分公司 2004 年度虚增主营业务收入 284 900 000 元、虚增主营业务成本 232 720 492.8 元、虚增利润 52 179 507.2 元的行为提出异议。华安所对创业分公司当年主营业务利润 51 874 034.71 元予以确认。

创业分公司 2004 年将虚增的 52 179 507.2 元以上缴利润的名义，通过其在结算中心开立的账户上交宝硕股份财务处账户。创业分公司将虚增的货币资金 52 179 507.2 元以上缴利润的名义以支票形式上交宝硕股份的资金，在资金结算中心没有划转记录。创业分公司支票付款在结算中心没有记录，没有资金出款。华安所未向结算中心核验资金凭证的真实情况，就对 169-01 账户和 169-04 账户的资金余额予以确认。

（5）对宝硕集团占用宝硕股份资金的审计问题。华安所于 2005 年出具了《关于河北宝硕股份有限公司控股股东及其他关联方占用资金情况的专项审计说明》，没有披露大股东及其关联企业占用上市公司资金的情况，对宝硕股份重要事项中包含不实内容的事实，没有予以指明。

2. 在宝硕股份 2005 年年度财务报告审计中的问题

（1）审计范围没有包含资金结算中心问题。宝硕股份通过资金结算中心伪造 962-01 账户的资金结算凭证，虚构资金划转。资金结算中心证明没有上述业务发生。未发现华安所对结算中心实施审计的痕迹。

（2）对宝硕股份货币资金的审计问题。2005 年年末宝硕股份财务处资金结算中心存放款项的余额 33 228 226.39 元计入了宝硕股份资产负债表货币资金项目。华安所对宝硕股份财务处 2005 年年度会计报表审计的底稿中，针对股份公司银行存款，填制了"货币资金审定表""银行存款审定表"等表格。在华安所对宝硕股份财务处及创业公司 2005 年度会计报表审计的底稿中，均未见对资金结算中心开户存放资金余额向金融机构的询证函。

（3）对创业分公司主营业务成本、主营业务收入、利润、货币资金审计问题。创业分公司于 2005 年自制采购凭证 79 单，自制采购发票 266 张，通过虚假原材料采购虚增主营业务成本 184 710 194.3 元。创业分公司当年主营业务成本审定数为 456 140 569.59 元。创业分公司当年虚开采购原材料的发票中，有 227 张是用本公司的销售发票加盖"保定市轻工物资供销公司"的章充当采购原材料的发票，上述发票存根联在创业分公司保存。华安所制定存货审计程序、编制存货审定表、库存商品审定表、原材料审定表、存货计价测试表等表格，存货审定表中对当年采购的原材料数量、金额予以确认。但是，抽查凭证中没有对保定市轻工物资供销公司的采购发票进行抽查，生产的领料与存货监盘环节错误，华安所没有对创业分公司原材料采购的第一供应商——保定市轻工物资供销公司进行关注。

2005 年，创业分公司自制销售凭证 289 单，虚开销售发票，虚开结算中心单据，通过虚假销售虚增主营业务收入 269 179 998.14 元。2005 年，创业分公司以收到销售货款的名义，通过资金结算中心进账单的形式增加 13001665208050000169-04 账号的账面银行存款 269 179 998.14 元。华安所未向结算中心核验销售回款的真实情况，也未取得外部结算单据，就对创业分公司当年销售收入 531 012 987.66 元予以确认。

创业分公司通过上述虚假行为，当年虚增主营业务收入 269 179 998.14 元，虚增主营业务成本 184 710 194.3 元，虚增销售利润 84 469 803.84 元。华安所未对创业分公司 2005 年度虚增主营业务收入 269 179 998.14 元、虚增主营业务成本 184 710 194.3 元、虚增销售利润 84 469 803.84 元的行为提出异议。华安所对创业分公司当年主营业务利润 74 872 418.07 元予以确认。

2005 年，创业分公司虚制凭证 32 单、虚开支票 32 张，将虚增的资金差额 84 469 803.84 元，以上缴利润的名义通过其在结算中心开立的账户上交给宝硕股份在资金结算中心的账户。创业分公司将虚增的货币资金 84 469 803.84 元以上缴利润名义以支票形式上缴宝硕股份的资金，在资金结算中心没有划转记录。创业分公司付款支票在结算中心没有付款记录，没有资金出款。华安所未向结算中心核验资金凭证的真实情况，就对 169-01 账户和 169-04 账户的资金余额予以确认。

（4）对宝硕集团占用宝硕股份资金的审计问题。

2006 年 4 月 27 日华安所出具了《关于河北宝硕股份有限公司 2005 年度关联方占用资金情况的专项审计说明》，没有披露上述大股东及其关联企业非经营性占用上市公司资金的情况。经检查华安所审计工作底稿，未见对该类关联方交易及占款的审计痕迹。

（5）对宝硕股份股权转让资金的审计问题。2005 年 2 月 20 日，宝硕股份将所持有的宝硕深圳投资公司 95%股权转让给大股东宝硕集团，转让价 23 288 901.17 元。宝硕股份凭证后附有资金结算中心"银行进账单"，显示 13001665208050000169-01 账户收到 23 288 901.17 元。资金结算中心证明没有上述资金划付业务的发生。

华安所制定了长期股权审定程序、长期股权审定表、长期股权投资明细表，未发现华安所抽验宝硕股份转让深圳公司的原始凭证的审计记录。华安所确认的长期股权投资审定数 37 070 958.75 元中包含宝硕股份收回深圳公司的 23 288 901.17 元的投资收益。

**四、案件结果**

（一）被审计单位——宝硕股份

根据当事人违法行为的事实、性质、情节与社会危害程度，依据原《证券法》第一百七十七条、《证券法》第一百九十三条、第二百三十三条以及《证券市场禁入规定》第三条至第五条的规定，证监会决定如下。

（1）责令宝硕股份改正，给予警告，并处以 60 万元罚款。

（2）对周山（董事长）给予警告，并处以 30 万元罚款。认定周山为市场禁入者，自宣布决定之日起，终身不得从事证券业务或担任上市公司董事、监事、高级管理人员职务。

（3）对王海棠（董事、副董事长、总会计师）给予警告，并处以 30 万元罚款。认定王海棠为市场禁入者，自宣布决定之日起，10 年内不得从事证券业务或担任上市公司董事、监事、高级管理人员职务。

（4）对李纪（副董事长、总经理）给予警告，并处以 25 万元罚款。认定李纪为市场禁入者，自我会宣布决定之日起，10 年内不得从事证券业务或担任上市公司董事、监事、高级管理人员职务。

（5）对闫海清（董事、董事长）给予警告，并处以 10 万元罚款。

（6）对勾迈（董事）给予警告，并处以 5 万元罚款。

（7）对陈枝（董事、独立董事）、申富平（独立董事）、何胜利（董事会秘书、副总经理）给予警告，并分别处以 3 万元罚款。

（二）会计师事务所——华安所

根据当事人违法行为的事实、性质、情节与社会危害程度，依据《股票条例》第七十三条及《证券法》第二百二十三条的规定，证监会决定如下。

（1）没收华安所违法所得 927 090 元，并处以 927 090 元罚款。

（2）对法人代表及签字会计师齐正华处以 20 万元罚款。

（3）对签字会计师李钰、王飞、艾廷生分别处以 10 万元罚款。

## 评 析

### 一、生产与存货环节审计

生产与存货环节是企业生产经营中的重要环节，涉及供应、生产、销售的各个环节，所以对其加强控制和管理就显得非常重要。而对生产与存货循环的审计是注册会计师应关注的项目，特别是在针对该循环设计的审计程序的同时，还应实施分析程序，以便能更好地了解被审计单位管理存货的真实情况，做出正确的专业判断。河北华安会计师事务所 2004 年和 2005 年在对宝硕股份进行审计时，没有查出宝硕股份通过虚假原材料采购虚增主营业务成本。显然，会计师在生产与存货环节的审计中没有做到应有的关注，没有实施必要的审计程序，对领料的原始单据没有抽查，没有发现虚假的原材料。此外，会计师没有很好地了解宝硕股份管理存货的真实情况。宝硕股份通过虚假的原材料增加存货的成本，进而虚增主营业务成本，会计师没能发现重大错误，最终导致审计失败，被证监会处罚。

在审计实务中，注册会计师要想做好生产与存货环节审计，首先应弄清楚被审计单位在该环节常用的舞弊手段。

（一）识别舞弊手段

1. 存货价值的操纵手法

存货的价值确定涉及两个要素，即数量和价格。确定现有存货的数量常常比较困难，因为货物总是在不断地被购入和销售，不断地在不同存放地点间转移以及投入到生产过程中。存货单位价格的计算同样可能存在问题，因为采用先进先出法、后进先出法、平均成本法以及其他的计价方法所计算出来的存货价值将不可避免地存在较大的差异。正因如此，复杂的存货账户体系往往成为极具吸引力的舞弊对象。

不诚实的企业常常利用以下几种方法的组合来进行存货造假，即虚构存货、存货盘点操纵、错误的存货资本化。所有这些精心设计的方案有一个共同的目的，即虚增存货的价值。

（1）虚构存货。一个极易想到的增加存货资产价值的方法是对实际上并不存在的项目编造各种虚假资料，如没有原始凭证支持的记账凭证、夸大存货盘点表上存货数量、伪造装运和验收报告以及虚假的订购单，从而增加存货的价值。如上述案例中，宝硕股份通过自制虚假采购凭证虚增存货的价值。

（2）存货盘点操纵。注册会计师在很大程度上依赖对客户存货的监盘来获取有关存货的审计证据。因此，对注册会计师来说，执行和记录盘点测试显得非常重要。遗憾的是，在一些存货舞弊案件中，审计客户在数小时之内就改变了注册会计师的工作底稿。因此，注册会计师必须采取足够的措施以确保审计证据的可信性。

（3）错误的存货资本化。虽然任何存货项目都可能存在不恰当资本化的情况，但产成品项目中这方面的问题尤为突出。有关产成品被资本化的部分通常是销售费用和管理费用。为了发现这些问题，注册会计师应当对生产过程中的有关人员进行访谈，以获取归入存货成本的费用归集与分配过程是否适当的信息。

2. 存货监盘的局限性

存货的监盘测试存在以下局限性。

（1）管理当局往往派代表跟随注册会计师，一方面记录下测试的结果，另一方面也可掌握测试的地点及进程等情况。这样，审计客户就有机会将虚构的存货加计到未测试的项目中，从而错误地增加存货的总体价值。

（2）在执行监盘测试程序时，注册会计师一般会事先通知客户测试的时间和地点以便其做好盘点前的准备工作。但是，对于那些有多处存货存放地点的公司，这种事先通知使管理当局有机会将存货短缺隐藏在那些注册会计师没有检查的存放点。

（3）有时注册会计师并不执行额外的审计程序以进一步检查已经封好的包装箱。这样，为虚报存货数量，管理当局会在仓库里堆满空箱子。

（二）完善审计技术

1. 对舞弊的动机和机会予以充分关注

由于舞弊存在被发现的风险以及道德方面的压力，也就是说，舞弊亦有成本，所以在正常情况下，理性的人宁愿尊重客观事实。不过，一旦面临某种压力和诱惑，客户舞弊的冲动会变得强烈。宝硕股份想粉饰财务报表，走上了造假的不归之路。可见，注册会计师对舞弊的动机进行分析有助于降低审计风险。

2. 重视分析性程序的应用

鉴于监盘程序具有局限性，注册会计师无法指望通过盘点解决所有问题。若想发现舞弊的蛛丝马迹，分析程序不失为一种十分有效的审计方法。这一程序从整体的角度对客户提供的各种具有内在钩稽关系的数据进行对比分析，有助于发现重大误差。如存货造假会使有些项目出现异常，因而对存货与销售收入、总资产、运输成本等项目进行比例和趋势分析，并对那些异常的项目进行追查，就很可能揭示出重大的舞弊。

另外，还可以将财务报表与报表附注、财务状况说明书、税务报告以及其他类似的文件相互核对以尽可能降低审计风险。

3. 重要性原则的恰当应用

重要性原则是审计工作中一个重要原则，对于资产负债表中占有重要比重的项目，注册会计师必须特别予以关注，尤其对那些内部控制制度较为薄弱而在资产负债表中又占有相当比重的项目，就不能采用一般的常规审计程序，而应实施特别的详查方法。对于宝硕股份这样一个商业企业，生产与存货环节中的存货应是极其重要的项目。注册会计师本应针对存货设计特别的抽查或详查程序，而事实上没有对存货的一些原始凭证进行审查，使得宝硕股份有了可乘之机。

4. 对注册会计师进行专职培训，以提高查找资产舞弊的能力

我们应该看到审计客户的舞弊水平在不断提高，其手段从简单的违纪违规转向了有预谋、有组织的技术造假；从单纯的账簿造假转向了从传票到报表的全面会计资料造假。同时，舞弊人员的反查处意识增强，对审计人员的常用审计方法有所了解和掌握。因而，仅靠以前简单的方法已不能满足当前的需要。为能够胜任专业工作，注册会计师必须不断提高自身查处舞弊的能力。因此，为维护注册会计师行业的健康发展，使会计师事务所减少诉讼的风险，职业团体应对注册会计师进行专职培训，以提高查找资产舞弊的能力。

## 二、货币资金审计

货币资金是企业日常经营活动的起点和终点，其增减变动与被审计单位的日常经营活动密切相关。较多舞弊案件都与被审计单位的货币资金相关。在实施货币资金的审计过程中，注册会计师需要保持特别的警觉性。华安所在对宝硕股份的审计过程中，工作底稿中未发现华安所对资金结算中心实施审计的痕迹，也未见对资金结算中心开户存放资金余额向金融机构的询证函，并且未向结算中心核验资金凭证的真实情况。华安所在对宝硕股份货币资金的审计过程中没有保持应有的关注，没有实施恰当的审计程序，最终导致审计失败。注册会计师对货币资金审计时，应具体做到以下几方面。

（一）了解被审计单位银行账户开设的全面情况

注册会计师审计时应取得被审计单位的银行账户开设情况一览表，这有助于审计人员了解开设银行账户的部门、开户时间、销户时间、开户银行、用途等信息。审计人员在审计时既要了解已经销户和近期没有业务发生的银行账户，也要统计开设账户所涵盖的审计单位下设的有银行账户的分支机构及职能部门，如外派机构、工会等。

（二）分析被审计单位货币资金的构成形式

一般而言，被审计单位的货币资金主要是以活期存款的方式存放，一些资金充裕的企业也常常选择定期存款，将资金投入证券公司进行股票、国债等投资，或者进行委托理财等方式对货币资金进行经营和管理。

审计时要关注银行存款科目下的二级科目，除了活期、定期银行存款外，企业有无将

存放在证券公司的款项、委托贷款等具有风险性的资金放在银行存款科目中进行核算。

**（三）对银行存款进行函证**

函证是核实银行存款真实性的关键程序，而在审计实务中却常常被忽略。函证不仅可以证实银行存款的真实性，而且可以了解到一些其他信息，如企业存款的性质、是否有未入账的借款等。函证时要注意，需要由审计人员亲自进行，函证的范围要包括企业已经销户的银行账户。

**（四）核对银行对账单与银行存款**

核对银行对账单与银行存款是货币资金审计中必要的实质性测试程序，审计人员往往直接对银行存款及银行对账单进行核对。然而，针对目前财务造假呈现的新动向，审计人员应该首先对银行对账单真伪进行辨别，这是核对银行存款真实性的基础，这项工作可以通过到银行进行调查，重新取得一定期间的银行对账单，或者通过函证的方式加以解决。

**（五）关注转账支票的去向**

由于支票自身的特点，在财务凭证上只留存存根，在企业内部控制较差的情况下，资金很有可能被暗度陈仓，转移到别处。审计时应根据重要性原则，对某些性质或金额比较重要的转账业务到银行或收款方进行延伸核实，以确认该款项是否真正支付给存根联所标明的收款方。

## 思考与讨论

1. 针对存货的财务明细账数量与实物监盘数量不一致情况，简单说明应当实施哪些必要的审计程序。

2. 注册会计师应如何通过分析程序识别可能存在的存货舞弊风险？请简要说明。

## 参考文献

1. 河北宝硕股份有限公司（http://baoshuo.cn.gongchang.com/）
2. 河北华安会计师事务所（http://postmasterhuaancpa.xiaomi001.com/）
3. 中国证券监督管理委员会（http://www.csrc.gov.cn）
4. 中国注册会计师协会. 审计［M］. 北京：经济科学出版社，2016.
5. 李晓慧. 审计学实务与案例［M］. 北京：中国人民大学出版社，2014.
6. 张蔚文. 审计学案例分析［M］. 成都：西南财经大学出版社，2014.
7. 陈慧莉. 对存货与仓储环节审计的思考［J］. 当代经济，2013（01）：102-103.
8. 李劲竹. 分析程序在会计师事务所审计中的应用研究［D］. 沈阳：辽宁大学，2015.

# 第七章　筹资与投资循环审计

📖 **学习目标**

● 了解筹资与投资循环的主要业务活动及其涉及的主要凭证及记录
● 掌握筹资与投资循环的内部控制的关键控制及其控制措施
● 掌握筹资与投资循环业务控制测试
● 熟悉筹资与投资循环涉及的相关账户的实质性审计
● 了解筹资与投资循环中常见的会计舞弊及其审计风险

与销售和收款、采购和付款、生产和存货三个循环相比，筹资与投资循环具有如下特征：一是业务少。审计年度内发生的业务次数较少，尤其是举借长期债务、权益筹资和长期投资等业务。二是金额大。每笔交易的金额通常较大，漏记或不恰当地对一笔业务进行会计处理，将会导致重大错误，从而对企业财务报表的公允反映产生较大的影响。三是约束性强。筹资与投资循环交易必须遵守国家法律、法规和相关契约的规定。

筹资与投资循环中所涉及的资产负债表项目主要包括交易性金融资产、应收利息、应收股利、可供出售金融资产、持有至到期投资、长期股权投资、投资性房地产、短期借款、交易性金融负债、应付利息、应付股利、长期借款、应付债券、实收资本（或股本）、资本公积、盈余公积、未分配利润等；筹资与投资循环中所涉及的利润表项目主要包括财务费用、投资收益等。

## 一、凭证和会计记录

### （一）筹资活动的凭证和会计记录

（1）债券。

（2）股票。

（3）债券契约。

（4）股东名册。

（5）公司债券存根簿。

（6）承销或包销协议。

（7）借款合同或协议。

（8）有关记账凭证。

（9）有关会计科目的明细账和总账。

**（二）投资活动的凭证和会计记录**

（1）股票或债券。

（2）经纪人通知书。

（3）债券契约。

（4）企业的章程及有关协议。

（5）投资协议。

（6）有关记账凭证。

（7）有关会计科目的明细账和总账。

## 二、筹资与投资循环所涉及的主要业务活动

**（一）筹资所涉及的主要业务活动**

（1）审批授权。企业通过借款筹集资金需经管理层的审批，其中债券的发行每次均要由董事会授权；企业发行股票必须依据国家有关法规或企业章程的规定，报经企业最高权力机构（如董事会）及国家有关管理部门批准。

（2）签订合同或协议。向银行或其他金融机构融资须签订借款合同，发行债券须签订债券契约和债券承销或包销合同。

（3）取得资金。企业实际取得银行或金融机构划入的款项或债券、股票的融入资金。

（4）计算利息或股利。企业应按有关合同或协议的规定，及时计算利息或股利。

（5）偿还本息或发放股利。银行借款或发行债券应按有关合同或协议的规定偿还本息，融入的股本根据股东大会的决定发放股利。

**（二）投资所涉及的主要业务活动**

（1）审批授权。投资业务应由企业的高层管理机构进行审批。

（2）取得证券或其他投资。企业可以通过购买股票或债券进行投资，也可以通过与其他单位联合形成投资。

（3）取得投资收益。企业可以取得股权投资的股利收入、债券投资的利息收入和其他投资收益。

（4）转让证券或收回其他投资。企业可以通过转让证券实现投资的收回；其他投资已经投出，除联营合同期满，或由于其他特殊原因联营企业解散外，一般不得抽回投资。

## 三、控制测试与交易的实质性程序

**（一）内部控制和控制测试**

1. 筹资活动的内部控制和控制测试（见表 7-1）

表 7-1　筹资活动的控制目标、内部控制和测试一览表

| 内部控制目标 | 关键内部控制程序 | 内部控制测试 | 交易实质性测试 |
|---|---|---|---|
| 借款和所有者权益账面余额在资产负债表日确定存在，借款利息费用和已支付的股利是由被审计期间真实事项引起的（存在或发生） | 借款或发行股票经过授权审批<br>签订借款合同或协议、债券契约、承销或包销协议等相关法律性文件 | 索取借款或发行股票的授权批准文件，检查权限恰当否，手续齐全否；索取借款合同或协议、债券契约、承销或包销协议 | 获取或编制借款和股本明细表，复核加计正确，并与报表数、总账数和明细账合计数核对相符<br>检查与借款或股票发行有关的原始凭证，确认其真实性，并与会计记录核对<br>检查利息计算的依据，复核应计利息的正确性，并确认全部利息计入相关账户 |
| 借款和所有者权益的增减变动及其利息和股利已登记入账（完整性） | 筹资业务的会计记录、授权和执行等方面明确职责分工<br>借款合同或协议由专人保管；如保存债券持有人的明细资料，应同总分类账核对相符；如由外部机构保存，需定期同外部机构核对 | 观察并描述其职责分工<br>了解债券持有人明细资料的保管制度，检查被审计单位是否将其与总账或外部机构核对 | 检查年度内借款和所有者权益增减变动原始凭证，核实变动的真实性、合规性，检查授权批准手续是否完备、入账是否及时准确 |
| 借款均为被审计单位承担的债务，所有者权益代表所有者的法定求偿权（权利与义务） | | | 向银行或其他金融机构、债券包销人函证，并与账面余额核对<br>检查股东是否已按合同、协议、章程约定时间缴付出资额，其出资是否经注册会计师审验 |
| 借款和所有者权益的期末余额正确（计价和分摊） | 建立严密完善的账簿体系和记录制度<br>核算方法符合会计准则和会计制度的规定 | 抽查筹资业务的会计记录，从明细账抽取部分会计记录，按原始凭证到明细账、总账顺序核对有关数据和情况，判断其会计处理过程是否合规完整 | |
| 借款和所有者权益在资产负债表上披露正确（列报） | 筹资业务明细账与总账的登记职务分离<br>筹资披露符合会计准则和会计制度的要求 | 观察职务是否分离 | 确定借款和所有者权益的披露是否恰当，注意一年内到期的借款是否列入流动负债 |

注：本表以获得初始借款交易为例，不包括偿还的利息和本息交易。

　　筹资活动主要由借款交易和股东权益交易组成。股东权益增减变动的业务较少而金额较大，注册会计师在审计中一般直接进行实质性程序。企业的借款交易涉及短期借款、长期借款和应付债券，这些内部控制基本类似。因此，这里我们以应付债券为例说明筹资活动的内部控制和控制测试。

　　一般来讲，应付债券内部控制的主要内容包括：（1）应付债券的发行要有正式的授权程序，每次均要由董事会授权。（2）申请发行债券时，应履行审批手续，向有关机关递交相关文件。（3）应付债券的发行要有受托管理人来行使保护发行人和持有人合法权益的权利。（4）每种债券发行都必须签订债券契约。（5）债券的承销或包销必须签订有关协议。（6）记录应付债券业务的会计人员不得参与债券发行。（7）如果企业保存债券持有人明细分类账，应同总分类账核对相符，若这些记录由外部机构保存，则须定期同外部机构核对。（8）未发行的债券必须有人负责。（9）债券的回购要有正式的授权程序。

　　2. 投资活动的内部控制和控制测试（见表 7-2）

表 7-2　投资活动的控制目标、内部控制和测试一览表

| 内部控制目标 | 关键内部控制程序 | 内部控制测试 | 交易实质性测试 |
| --- | --- | --- | --- |
| 投资账面余额为资产负债表日确实存在的投资，投资收益（或损失）是由被审期间实际事项引起（存在与发生） | 投资业务经过授权审批与被投资单位签订合同、协议，并获取被投资单位出具的投资证明 | 索取投资的授权批文，检查权限恰当否，手续齐全否<br>索取投资合同或协议，检查是否合理有效<br>索取被投资单位的投资证明，检查其是否合理有效 | 获取或编制投资明细表，复核加计正确，并与报表数、总账数和明细账合计数核对相符<br>向被投资单位函证投资金额、持股比例及发放股利情况 |
| 投资增减变动及其收益损失均已登记入账（完整性） | 投资业务的会计记录与授权，执行和保管等方面明确职责分工<br>健全证券投资资产的保管制度，或者委托专门机构保管，或者在内部建立至少两名人员以上的联合控制制度，证券的存取均需详细记录和签名 | 观察并描述业务的职责分工<br>了解证券资产的保管制度，检查被审计单位自行保管时，存取证券是否进行详细的记录并由所有经手人员签字 | 检查年度内增减变动的原始凭证，对于增加项目要核实其入账基础符合有关规定否，会计处理正确否；对于减少的项目要核实其变动原因及授权批准手续 |
| 投资均为被审计单位所有（权利与义务） | 内部审计人员或其他不参与投资业务的人员定期盘点证券投资资产，检查是否为企业实际拥有 | 了解企业是否定期进行证券投资资产的盘点/审阅盘核报告<br>审阅盘核报告，检查盘点方法是否恰当、盘点结果与会计记录核对情况以及出现差异的处理是否合规 | 盘点证券投资资产<br>向委托的专门保管机构函证，以证实投资证券的真实存在 |

续表

| 内部控制目标 | 关键内部控制程序 | 内部控制测试 | 交易实质性测试 |
|---|---|---|---|
| 投资的计价方法正确，期末余额正确（计价和分摊） | 建立详尽的会计核算制度，按每一种证券分别设立明细账，详细记录相关资料<br>核算方法符合准则的规定<br>期末成本与市价孰低，并正确记录投资跌价准备 | 抽查投资业务的会计记录，从明细账抽取部分会计记录，按顺查顺序核对有关数据和情况，判断其会计处理过程是否合规完整 | 检查投资的入账价值是否符合投资合同、协议的规定，会计处理是否正确，重大投资项目，应查阅董事会有关决议，并取证<br>检查长期股权投资的核算是否符合会计准则的规定<br>检查长期债券投资的溢价或折价，是否按有关规定摊销 |
| 投资在资产负债上的披露正确（列报） | 投资明细账与总账的登记职务分离<br>投资披露符合会计准则的要求 | 观察职务是否分离 | 验明投资的披露是否恰当，注意一年内到期的长期投资是否列入流动资产 |

注：本表以获得初始投资交易为例，不包括收到的投资收益、收回或变现投资、期末对投资计价进行调整等交易。

　　一般来讲，投资内部控制的主要内容包括以下方面。

　　（1）合理的职责分工。这是指合法的投资业务应在业务的授权、业务的执行、业务的会计记录以及投资资产的保管等方面都有明确的分工，不得由一人同时负责上述任何两项工作。

　　（2）健全的资产保管制度。企业对投资资产（指股票和债券资产）一般有两种保管方式：一种是由独立的专门机构保管，如在企业拥有较大的投资资产的情况下，委托银行、证券公司、信托投资公司等机构进行保管。另一种方式是由企业自行保管，在这种方式下，必须建立严格的联合控制制度，即至少要由两名以上人员共同控制，不得一人单独接触证券。对于任何证券的存入或取出，都要将债券名称、数量、价值及存取的日期、数量等详细记录于证券登记簿内，并由所有在场的经手人员签名。

　　（3）详尽的会计核算制度。企业的投资资产无论是自行保管还是被他人保管，都要进行完整的会计记录，并对其增减变动及投资收益进行相关会计核算。具体而言，应对每一种股票或债券分别设立明细分类账，并详细记录其名称、面值、证书编号、数量、取得日期、经纪人（证券商）名称、购入成本、收取的股息或利息等；对于联营投资类的其他投资，也应设置明细分类账，核算其他投资的投出及其投资收益和投资收回等业务，并对投资的形式（如流动资产、固定资产、无形资产等）、投向（即接受投资单位）、投资的计价以及投资收益等做详细记录。

（4）严格的记名登记制度。除无记名证券外，企业在购入股票或债券时应在购入的当日尽快登记于企业名下，切忌登记于经办人员名下，防止冒名转移并借其他名义牟取私利的舞弊行为发生。

（5）完善的定期盘点制度。对于企业所拥有的投资资产，应由内部审计人员或不参与投资业务的其他人员进行定期盘点，检查是否真实存在，并将盘点记录与账面记录相互核对以确认账实的一致性。

投资的控制测试一般包括如下内容。

（1）检查控制执行留下的轨迹。注册会计师应抽查投资业务的会计记录和原始凭证，确定各项控制程序运行情况。

（2）审阅内部盘核报告。注册会计师应审阅内部审计人员或其他授权人员对投资资产进行定期盘核的报告。应审阅其盘点方法是否恰当、盘点结果与会计记录相核对情况以及出现差异的处理是否合规。如果各期盘核报告的结果未发现账实之间存在差异（或差异不大），说明投资资产的内部控制得到了有效执行。

（3）分析企业投资业务管理报告。对于企业的长期投资，注册会计师应对照有关投资方面的文件和凭证，分析企业的投资业务管理报告。在做出长期投资决策之前，企业最高管理阶层（如董事会）需要对投资进行可行性研究和论证，并形成一定的纪要，如证券投资的各类证券，联营投资中的投资协议、合同及章程等。负责投资业务的财务经理须定期向企业最高管理层报告有关投资业务的开展情况（包括投资业务内容和投资收益实现情况及未来发展预测），即提交投资业务管理报告书，供最高管理层决策和控制。注册会计师应认真分析这些投资业务管理报告的具体内容，并对照前述的文件和凭证资料，从而判断企业长期投资的管理情况。

# 案例十三　亚太实业审计案例

## 案　情

### 一、案件的起因

A股上市公司亚太实业2016年2月23日晚公告收到证监会《行政处罚决定书》，被指2010—2014年年报均存在信息披露违法情形。

这是继南纺股份（600250.SH）、上海物贸（600822.SH）、青鸟华光（600076.SH，现已更名为"康欣新材"）后的又一起"连续5年造假"案例。此前新中基（000972.SZ）甚至被查出连续6年造假的事实。

### 二、被审计单位的基本情况及主要会计问题

（一）被审计单位的基本情况

海南亚太实业发展股份有限公司，前身海南寰岛实业，1988 年 2 月 12 日成立，是由中国寰岛（集团）公司、中国银行海口信托咨询公司和交通银行海南分行等单位共同发起，以定向募集方式设立的股份有限公司。1997 年 1 月，经中国证监会批准，发行社会公众股3 100 万股。1997 年 2 月 28 日，公司股票正式在深圳证券交易所挂牌上市，股票代码：000691。2001 年 5 月 21 日，中国寰岛（集团）公司将其所持亚太实业 7 094.72 万股国有法人股过户给天津燕宇置业有限公司，天津燕宇置业有限公司成为亚太实业第一大股东，即控股股东。2006 年 9 月 22 日，天津燕宇置业有限公司与北京大市投资有限公司签订了《股份转让协议》，天津燕宇将其持有的亚太实业 3 222.02 万股社会法人股转让给北京大市，北京大市成为亚太实业的控股股东。2009 年 3 月 31 日，亚太实业的控股股东变更为兰州亚太工贸集团有限公司。目前，兰州亚太及其关联方兰州太华投资控股有限公司合计持有亚太实业股份 49 454 395 股，占本公司总股本的 15.3%。

公司名称历经寰岛实业、ST 寰岛、*ST 寰岛、ST 寰岛、ST 联油、*ST 联油、*ST 亚太、亚太实业、ST 亚太，主营业务也从新能源、水产及食品、电子等变更为房地产开发。

（二）主要会计问题

经证监会查明，亚太实业存在以下违法事实。

1. 因被投资企业会计处理不当，虚减 2012 年净利润、虚增 2013 年净利润

亚太实业投资持股企业济南固锝电子器件有限公司，对质量索赔款会计处理不当，导致亚太实业 2012 年虚减净利润、2013 年虚增净利润。

济南固锝电子器件有限公司（以下简称济南固锝）是亚太实业的投资持股企业，2012年、2013 年亚太实业持有济南固锝 48%股权。

2012 年，济南固锝根据客户台湾敦南科技股份有限公司（记账显示为旭福电子）向其出具的《扣款通知单》，将质量索赔款 5 355 085 元（原币金额为 85 万美元）确认为营业外支出。

2013 年 10 月，鉴于质量索赔款未实际支付且具体赔偿金额尚不能合理确定，济南固锝认为 2012 年确认营业外支出时会计估计不准确，遂冲减 2013 年营业外支出 5 355 085 元。

2013 年 12 月 31 日，济南固锝冲回 2013 年 10 月所做凭证，并在下一个凭证中冲减当期营业成本 5 300 000 元，对应调增产成品 5 300 000 元，并将剩余 55 085 元通过借记"本年利润红字 55 085 元"，贷记"利润分配——未分配利润红字 55 085 元"进行会计处理。该会计处理方式导致济南固锝 2012 年虚减净利润 5 355 085 元、2013 年虚增净利润5 355 085 元（未考虑所得税因素）。

2012 年、2013 年，亚太实业对所持济南固锝股权实行权益法核算长期股权投资，济南固锝会计处理不当导致亚太实业 2012 年虚减净利润 2 570 440.8 元、2013 年虚增净利润

2 570 440.8 元（未考虑所得税因素），分别占亚太实业当期净利润的 227.48%、97.87%。

2. 未计提长期股权投资减值准备

亚太实业 2013 年未计提所持济南固锝长期股权投资减值准备，导致 2013 年虚增净利润。

2013 年 12 月 31 日，亚太实业董事会决议通过《关于转让济南固锝电子器件有限公司 21%股权的议案》，披露的股权转让价格为 875 万元，定价依据为截至 2012 年 12 月 31 日亚太实业所持济南固锝股权的账面价值 20 017 561.21 元。2014 年 1 月 20 日，亚太实业临时股东大会决议通过《关于转让济南固锝电子器件有限公司 21%股权的议案》。

2013 年，亚太实业未根据前述定价依据对所持济南固锝 48%股权对应的长期股权投资计提减值准备 2 377 904.37 元。2014 年年底，亚太实业根据前述定价依据对仍持有的 27%济南固锝股权计提 1 027 064.92 元长期股权投资减值准备，并于 2015 年 1 月以同一定价依据确定交易价格，转让了济南固锝 9.36%股权。

亚太实业未对所持济南固锝 48%股权对应的长期股权投资计提减值准备的行为导致其 2013 年虚增净利润 2 377 904.37 元（未考虑所得税因素）。

3. 因被投资企业提前或延迟确认收入，虚增 2010—2012 年、2014 年营业收入，虚减 2013 年营业收入

亚太实业控股子公司兰州同创嘉业房地产开发有限公司未按披露的会计政策和《企业会计准则》确认收入，导致亚太实业 2010 年、2011 年、2012 年、2014 年虚增营业收入，2013 年虚减营业收入。

兰州同创嘉业房地产开发有限公司（以下简称同创嘉业）是亚太实业的控股子公司。亚太实业 2010 年、2011 年、2012 年和 2013 年年度报告中披露的确认销售收入的条件为：房产完工并验收合格，签订了销售合同，取得了买房付款证明并交付使用。2014 年年度报告披露的确认销售收入的条件为：已经完工并验收合格，签订了销售合同并履行了合同规定的义务。

同创嘉业开发建设的永登亚太玫瑰园项目共有住宅 486 套和商铺若干。2012 年，永登亚太玫瑰园开始陆续办理交房手续。2012 年 12 月 31 日，同创嘉业取得了 4 号楼、5 号楼、6 号楼（一期）的竣工验收备案表。截至证监会调查人员先后于 2015 年 4 月 17 日和 6 月 11 日两次实地走访甘肃省永登县建筑工程质量监督站时，3 号楼（二期）尚未取得竣工验收备案表。

证监会对永登亚太玫瑰园项目已完工住房和商铺销售收入确认是否同时满足收入确认条件进行了逐一核实，发现同创嘉业对 215 套住房和 6 间商铺存在提前或延迟确认销售收入的情形，导致同创嘉业 2010 年、2011 年、2012 年、2014 年分别虚增营业收入 9 714 582 元、41 226 983 元、10 559 252 元、20 431 612 元，2013 年虚减营业收入 9 741 483 元。因亚太实业持有同创嘉业 84.16%股权，合并报表后，导致亚太实业 2010 年、2011 年、2012 年、2014 年分别虚增营业收入 9 714 582 元、41 226 983 元、10 559 252 元、20 431 612 元，分

别占其当期营业收入的 100%、100%、21.78%、59.53%，2013 年虚减营业收入 9 741 483 元，占其当期营业收入的 43.31%，如表 7-3 所示。

表 7-3　2010—2014 年虚增/减收入情况　　　　　　　　　　单位：元

| 项　　目 | 2010 年 | 2011 年 | 2012 年 | 2013 年 | 2014 年 |
|---|---|---|---|---|---|
| 同创嘉业收入 | 9 714 582 | 41 226 983 | 10 559 252 | −9 741 483 | 20 431 612 |
| 亚太实业收入 | 9 714 582 | 41 226 983 | 10 559 252 | −9 741 483 | 20 431 612 |
| 亚太虚增/减收入占当期营业收入的比例 | 100% | 100% | 21.78% | 43.31% | 59.53% |

### 三、审计主体的基本情况及主要审计问题

**（一）审计主体的基本情况**

亚太实业财务出错时间为 2010—2014 年，其中 2010—2012 年为上市公司出具财报的为国富浩华会计师事务所，2013、2014 年为瑞华会计师事务所（特殊普通合伙）。而对于亚太实业的年报内容，两家会计师事务所均出具"标准无保留意见"的审计报告。亚太实业改聘希格玛会计师事务所（特殊普通合伙）为其 2015 年度审计机构。

国富浩华会计师事务所，是由原中瑞岳华和原国富浩华在平等协商基础上于 2013 年 4 月联合成立的一家专业化、规模化、国际化的大型会计师事务所，是我国第一批被授予 A+H 股企业审计资格、第一批完成特殊普通合伙转制的民族品牌专业服务机构，是美国 PCAOB（公众公司会计监督委员会）登记机构，业务涉及股票发行与上市、公司改制、企业重组、资本运作、财务咨询、管理咨询、税务咨询等领域。

2013 年 5 月底与中瑞岳华会计师事务所合并为新的瑞华会计师事务所（特殊普通合伙），合并后的瑞华所已经超过"四大"中的两家事务所，目前已经成为中国本土成立的最大事务所。

**（二）主要审计问题**

据《行政处罚决定书》内容，对于证监会责任主体的确定与处罚方面，亚太实业辩称"涉案违法事项是审计机构错误所致，相关责任不应由公司承担"，公司法定代表人安双荣更是表示"审议相关报告时受时任财会人员、审计机构及独立董事误导"。

财务信息是上市公司应当披露的最重要信息，严格按照企业会计制度、准则编制财务报告，是上市公司及其有关责任人员最基本的义务，也是保证上市公司所披露财务信息真实、准确、完整的最基础环节。上市公司及其有关责任人员的会计责任，与其所聘任的外部审计机构应当承担的审计责任，是性质不同的两种责任；当上市公司披露的财务信息出现虚假记载、误导性陈述或重大遗漏时，不能以审计机构未发现、未指出或者存在过错为由，免除上市公司及其有关人员应当承担的责任。

国富浩华、瑞华所均为国内大所，没有发现亚太实业连续 5 年的造假，仍为其出具"健

康报告",未尽到勤勉责任,未按照审计准则的要求执行恰当的审计程序,虽然目前证监会没有对会计师事务所进行处理,但会计师事务所难辞其咎。

**四、案件结果**

根据当事人违法行为的事实、性质、情节与社会危害程度,依据《证券法》第一百九十三条第一款的规定,证监会决定:

(1)对亚太实业给予警告,并处以 60 万元罚款。

(2)对龚成辉(2012 年 6 月至 2015 年 6 月任亚太实业董事,2013 年 4 月至 2015 年 6 月任亚太实业董事长)给予警告,并处以 30 万元罚款。

(3)对张芳霞(财务总监)、陈罡(董事)、王金玉(财务总监)、马世虎(董事会秘书、董事)给予警告,并分别处以 10 万元罚款。

(4)对安双荣(董事)、刘鹤年(董事)、张文生(董事)、李继彬(董事)、刘世诚(董事)、贾宏林(2014 年 5 月至 2015 年 4 月任亚太实业董事,2014 年 4 月至 2015 年 4 月任亚太实业副总经理)、李志勇(2010 年 1 月至 2011 年 1 月任亚太实业董事,2010 年 1 月至 2011 年 11 月任亚太实业副总经理)给予警告,并分别处以 5 万元罚款。

(5)对梁德根(2010 年 1 月至 2014 年 2 月任亚太实业董事,2010 年 1 月至 2013 年 4 月任亚太实业董事长)、刘钊(独立董事)、殷广智(独立董事)、蔡文浩(独立董事)、郑金铸(独立董事)给予警告,并分别处以 3 万元罚款。

(6)对冯建辉(2010 年 1 月至我会调查时任亚太实业监事,2013 年 4 月至调查时任亚太实业监事会主席)、常琰(监事)、李淑蓉(监事、监事会主席)、郑莉(监事)、王长征(监事)、兰秀金(监事)给予警告。

## 评 析

### 一、长期股权投资减值准备处理不当

亚太实业对于其未计提投资企业——济南固锝减值准备,辩解理由:2013 年之所以未计提济南固锝长期股权投资减值准备,是因大股东兰州亚太工贸集团有限公司出具了《承诺函》,向亚太实业承诺,积极协助其处置济南固锝长期股权投资,并对变现处理后未达到账面价值的部分予以全额补偿。

但亚太实业 2013 年不对济南固锝长期股权投资计提减值准备的理由不充分。其一,在案件审理过程中,亚太实业向证监会提交了落款单位为兰州亚太工贸集团有限公司的《承诺函》复印件作为证据材料,但该《承诺函》的抬头收文单位为时任亚太实业审计机构的某会计师事务所,而非亚太实业。其二,在案件调查过程中,当事人并未向证监会提交相关证据材料证明其在进行该项处理前收悉承诺,而证监会在其他相关监督检查工作过程中

发现，时任亚太实业审计机构的工作底稿中存有前述《承诺函》的原件，亚太实业在进行该项会计处理前是否已经实际取得承诺文件不得而知。其三，2014 年年底，亚太实业根据《关于转让济南固锝电子器件有限公司 21%股权的议案》确定的定价依据对持有的剩余济南固锝股权计提了 1 027 064.92 元的长期股权投资减值准备，并于 2015 年 1 月以同一定价依据确定交易价格，转让了济南固锝 9.36%股权，可见其在此后亦未以《承诺函》的存在为由不计提减值准备。

### 二、会计估计会计处理及其审计

#### （一）会计估计会计处理不当

对于质量索赔款的处理，亚太实业的辩解理由是：2012 年济南固锝对质量索赔款进行会计处理时，是以最近可用的信息为基础对结果不确定的事项做出会计估计，后经协商索赔暂时不予支付，且后续发生的可能性极小，故予以冲回，相关会计处理属于会计估计变更。

济南固锝对涉案索赔款项的会计处理并非会计估计变更，而是会计处理不当，并进一步导致亚太实业在相应年度虚增、虚减净利润。一方面，济南固锝对涉案索赔款项的会计处理方式与其对其他类似索赔款项的处理方式明显不同，不符合一贯性原则。证据显示，亚太实业对此前和此后发生的类似质量索赔事项的会计处理凭证中，均附有 DEBIT NOTE、DEBIT AGREEMENT、CREDIT MEMO 等表明双方实质性认可相关赔偿金额的文件，而对涉案索赔款项的会计处理仅凭对方出具的《扣款通知单》，未经相关认可程序便直接确认营业外支出，处理方式明显不同于惯常做法。

另一方面，济南固锝对该前期差错的更正方式违反了《企业会计准则》的规定。2012 年济南固锝将相关索赔款确认营业外支出后，2013 年认为此前会计估计不准确并进行前期差错更正时，未根据《企业会计准则第 28 号——会计政策、会计估计变更和差错更正》相关规定采用追溯重述法更正 2012 年财务报表相关项目，而是直接冲减当期营业外支出，虚减 2013 年营业成本、虚增产成品，此举导致济南固锝 2012 年虚减净利润、2013 年虚增净利润。2012 年、2013 年，亚太实业对所持济南固锝 48%股权实行权益法核算长期股权投资收益，济南固锝的行为导致亚太实业 2012 年虚减净利润 2 570 440.8 元、2013 年虚增净利润 2 570 440.80 元（未考虑所得税因素），分别占当期净利润的 227.48%、97.87%。

#### （二）会计估计审计

注册会计师对会计估计需要从以下两个方面进行审计：一是关于财务报表中编制或列示的会计估计是否合理；二是财务报表披露是否充分。

##### 1. 会计估计的合理性

会计估计的合理性，是指在会计估计的计量过程中存在两个方面的内容：一是管理层的会计估计是否恰当地反映了财务报告构成事项的要求；二是会计估计方法是否适当且能够继续适用，会计估计及其方法是否与上年度有变化，是否适应了相应的变化。

对于第一个方面，会计估计是基于财务报表编制时能够获得的信息，依据管理层的判断做出的，所以，在很多情况下，对于估计时点上的不确定事项是根据某一假设做出的估计。此时的管理层所作出的判断所依据的假定是什么，涉及会计估计的性质和做出会计估计所使用假设的主观程度，是估计不确定性较高的会计估计，因此，可以认为重大错报风险的可能性也相对较高。

对于第二个方面，容易表现出会计估计本身和估计方法的变更中加入管理层的任意性，发生会计变更除降低会计期间可比性外，管理层的意图会得到加强，会出现新的管理层偏向，会带来财务报表的虚假列示和披露的透明程度。因此，注册会计师必须关注会计估计及其方法与以前年度是否有变更。审计准则 1321 号第十三条规定，注册会计师应当了解用以做出会计估计的方法是否已经发生或应当发生不同于前期的变化以及变化的原因。针对管理层因企业及企业所处环境的变化而变更会计估计和会计估计方法的变化，是否承认管理层主张理由的合理性和所作出的会计估计及估计方法变更依据理由是否正当，注册会计师应做出慎重的判断。

2. 会计估计列示的合理性

注册会计师必须取得充分而确切的审计证据，证明会计估计是否按照财务报告结构的要求进行了列示。要求列示的内容包括：使用的假设、使用的预测方法或模型、估计方法变更而产生的以前年度的变更影响以及估计不确定性的原因和影响。上述列示项目包含了管理层为会计估计所进行的假定以及由此产生的会计估计不确定性、估计的计量方法、估计方法变更所带来的以前年度调整等内容，有助于报表的使用者对会计估计的理解。

### 三、房地产企业常见财报造假方法

我国房地产实行预售制，一般情况下，房屋结构封顶即可对外预售。因此，房地产企业账面预收账款余额通常会显著高于其账面已完工开发产品（已竣工商品房）金额。

造假做法 1：将已竣工房屋按照存货计入，预收款余额大幅低于其已竣工房屋金额。多计存货价值，从而降低销售成本，增加经营利润；或虚列库存房产，以隐瞒房屋已销售的事实。

造假做法 2：房地产预缴税款长期挂账，虚增利润。部分房地产企业以负数在"应交税金"项下挂账的预缴税款对应的房地产项目很可能已实现销售收入，但并未将其结转至"营业税金及附加"等成本费用项目。

同创嘉业近 5 年内存在提前或延迟确认销售收入的情形，并在 2014 年修改过收入确认条件。

2010 年以来，收入确认条件：（1）房产完工并验收合格；（2）签订销售合同；（3）取得买房付款证明；（4）交付使用。

2014 年，修改收入确认条件为：房地产销售在房产完工并验收合格，签订了销售合同，取得了买房付款证明并交付使用时。

证监会对永登亚太玫瑰园项目已完工住房（486 套）和商铺销售收入确认是否同时满足其披露的四项确认条件进行了逐一核实，发现 215 套住房和 6 间商铺存在提前或延迟确认销售收入的情形，导致合并报表后亚太实业 2010 年、2011 年、2012 年、2014 年虚增营业收入和 2013 年虚减营业收入。

## 思考与讨论

1. 亚太实业的造假动机是什么？结合对亚太实业上述会计处理的追溯调整进行分析。

2. 查阅相关资料，了解亚太实业控股、持股公司公司情况。注册会计师在对长期股权投资进行审计时，应关注哪些风险？

## 参考文献

1. 巨潮资讯网（http://www.cninfo.com.cn）

2. 连续 5 年财务出错领顶格罚款　亚太实业被罚 60 万［EB/OL］. http://business.sohu.com/20160224/n438303072.shtml.

3. 中国注册会计师协会. 审计［M］. 北京：经济科学出版社，2016.

4. 李晓慧. 审计学：实务与案例［M］. 北京：中国人民大学出版社，2014.

5. 中国证券监督管理委员会（http://www.csrc.gov.cn/）

6. 彭小东. 亚太实业爆长期造假案　证监会罚单揭秘公司利润操控术［N］. 21 世纪经济报道，2016-02-25（013）.

7. 殷丽杰，邢军. 会计估计的审计风险探析［J］. 财会月刊，2015（16）：68-70.

8. 韩嘉，郭雪萌. 基于合理计量的会计估计审计研究［J］. 财会通讯，2016（10）：83-86.

# 案例十四　中科云网审计案例

## 案　情

### 一、案件的起因

2014 年 10 月 12 日，中科云网收到中国证券监督委员会《调查通知书》；2014 年 12 月，证监会对涉嫌操纵 18 只股票的涉案机构和个人立案调查，中科云网也被点名；2014 年 12 月 30 日，董事长孟凯被证监会立案调查，而孟凯在"十一"之后就一直在境外未归。

2015 年 8 月 27 日，中科云网收到中国证监会对该案的《行政处罚事先告知书》。根据

《2014 年度审计报告》，公司目前资产负债率为 105.37%，公司因无法在付息日 4 月 7 日之前筹集到足额资金用于支付利息及回售款项，已构成对本期债券的违约；同时根据《2014 年度审计报告》，公司最近一期经审计净利润连续两年亏损，且净资产为负值，公司于 2015 年 4 月 30 日起被实施退市风险警示。

2015 年 4 月 7 日，公司发行的"ST 湘鄂债"因公司未能及时筹集到足额偿债资金支付第三期利息及回售款项，因此无法按时、足额筹集资金用于偿付本期债券应付利息及回售款项，构成对本期债券的实质违约。

2015 年 9 月 29 日，证监会再通报 11 宗违法案件，其中既包括内幕交易、操纵证券期货、信息披露违法等传统违法案件，还包括 1 宗欺诈发行案与 1 宗传播虚假信息案。此前饱受质疑的中科云网也出现在证监会的处罚名单上，原因是虚增利润并违法信披。

## 二、被审计单位的基本情况及转型历程

### （一）被审计单位的基本情况

中科云网原名北京湘鄂情集团股份有限公司、北京湘鄂情股份有限公司。1999 年 9 月，孟凯和周长玲共同出资 200 万元设立了北京湘鄂情酒楼有限公司（简称湘鄂情酒楼）。截至 2007 年 9 月 30 日，经过数次股权变更和增资后，注册资本达到 6 912 万元。2007 年 10 月，湘鄂情酒楼整体变更为北京湘鄂情股份有限公司（简称公司或湘鄂情），湘鄂情酒楼以经审计的 14 950.81 万元账面净资产折算为 14 400 万股公司股权。2007 年 11 月，公司注册资本由 14 400 万元增至 15 000 万元。2009 年 11 月，湘鄂情在深圳证券交易所中小板挂牌上市，股票代码 002306，公司股本增加至 20 000 万元。

2012 年 5 月，公司以资本公积金每 10 股转增 10 股，总股本增至 40 000 万元。2012 年 9 月，公司更名为北京湘鄂情集团股份有限公司（简称公司或湘鄂情）。2013 年 6 月，公司继续以资本公积金每 20 股转增 10 股，总股本增至 80 000 万元。2014 年 8 月 25 日，公司正式更名为中科云网科技集团股份有限公司（简称中科云网）。

### （二）转型历程

2012 年"国八条"出台，早已走入歧路的高端餐饮几乎被一棒子打死。湘鄂情首当其冲，2013 年湘鄂情亏损之大令人吃惊：全年营业收入 8.02 亿元，亏损 5.64 亿元，2013 年 7 月 15 日，湘鄂情发布公告披露，公司开始了快速的非相关多元化发展道路，实现公司"双主业"发展。

#### 1. 湘鄂情踏足环保行业

2013 年 7 月 26 日，湘鄂情宣布收购江苏中昱环保科技有限公司（简称中昱环保）的计划，拟通过收购其 51%的股权踏足环保行业，并预支付 5 000 万元定金。但该次收购最终以失败告终，5 000 万元预付金能否收回也不得而知。

2013 年 12 月 11 日，湘鄂情的全资子公司合肥湘鄂情餐饮有限公司签订了对合肥天焱绿色能源开发有限公司（简称合肥天焱）合营及收购资产的协议。双方协商共同投资

成立合肥天焱生物质科技有限公司。2014 年 10 月，中科云网宣布终止收购合肥天焱 49% 的股权。

2013 年 12 月 23 日，湘鄂情再次为转型环保加码，全资子公司香港湘鄂情餐饮投资有限公司与中昱科技集团有限公司就收购肯菲登特艾蔻控股有限公司（Confident Echo Holdings Limited）在香港签署股份转让协议，香港湘鄂情以人民币 4 000 万元收购肯菲登特艾蔻控股有限公司 51%的股份。这次并购，湘鄂情的主要目标是承担菲登特艾蔻主要业务的环保企业江苏晟宜。

2. 湘鄂情踏入"影视圈"

2014 年 3 月 7 日，湘鄂情在涉足环保产业后，突然宣布其拟收购北京中视精彩影视文化公司（简称中视精彩）51%股权的计划。这表明湘鄂情准备开始调整方向进入文化传媒业。为此湘鄂情支付 1 000 万元定金。湘鄂情表示对收购中视精彩后的营业收入持有信心，但 2014 年 11 月 28 日，湘鄂情宣布终止收购中视精彩 51%的股份。

2014 年 3 月 12 日，湘鄂情再次发表公告称公司拟收购笛女影视传媒（简称"笛女影视"）51%的股权。收购条件及定金金额同中视精彩的收购条件一致，但最终没了下文。

3. 湘鄂情迈进互联网产业

2014 年 5 月 4 日湘鄂情与中科院计算所在签订《网络新媒体及大数据联合实验室的合作协议》，公司借机进入大数据领域。目前为止已投入 300 万元作为第一笔资金。

2014 年 5 月 26 日，湘鄂情与上海瀛联体感智能科技有限公司计划共同出资成立上海爱猫新媒体数据科技有限公司，湘鄂情出资不低于新公司注册资本 51%。

2014 年 6 月 12 日，湘鄂情宣布联手山东广电新媒体有限责任公司，进入家庭智慧云终端服务的市场。

2014 年 7 月 2 日对湘鄂情而言是重大的历史转折点，公司董事会正式通过决议，决定将公司名称变更为中科云网科技集团股份有限公司，董事会决定以更名的方式来向外界彰显湘鄂情转型互联网的决心。但真正影响湘鄂情转型成功的决定因素却是 36 亿元的募资计划是否能顺利实现。

中科云网在 2014 年 7 月 10 日同时成立了深、沪两家子公司，分别是深圳爱猫新媒体网络科技有限公司（以下简称深圳爱猫）和上海爱猫新媒体数据科技有限公司（以下简称上海爱猫）。

中科云网的大数据转型在 2014 年 7 月末与安徽广电网络协商后有了实质性大进展。中科云网被授权投资建设安徽省内家庭智能有线电视云终端，双方共同运营管理，同时确定好了初步部署环节和范围，但具体细节部署尚未商讨完毕。

与此同时，一家名叫中科天玑的公司也成了中科云网关联方交易的目标，中科云网预计增资 5 000 万元以取得中科天玑 45%的股权。

2014 年 12 月，中科云网（原湘鄂情）将自己的餐饮招牌"湘鄂情"打包出售。

湘鄂情转型大数据产业发展历程如表 7-4 所示。

表 7-4 湘鄂情转型大数据产业事件

| 2014 年 5 月 4 日 | 联合中科院成立"联合实验室" |
|---|---|
| 2014 年 7 月 2 日 | 湘鄂情更名为"中科云网" |
| 2014 年 6 月、7 月 | 联手山东广电、安徽广电，研发家庭智能电视云终端 |
| 2014 年 7 月 10 日 | 成立深圳爱猫科技、上海爱猫科技 |
| 2014 年 7 月 | 5 000 万元增资中科天玑 |
| 2014 年 6 月 18 日 | 正式开始剥离餐饮业务 |

### 三、主要会计问题

江苏湘鄂情餐饮投资有限公司（以下简称江苏湘鄂情）、合肥湘鄂情餐饮有限公司（以下简称合肥湘鄂情）、上海湘鄂情投资有限公司（以下简称上海湘鄂情）均为中科云网全资子公司，合肥天焱生物质能科技有限公司（以下简称合肥天焱）是中科云网全资子公司合肥湘鄂情的全资子公司，南京凯沣源商贸有限责任公司（原名南京市玄武区湘鄂情餐饮有限公司，以下简称南京凯沣源）是合肥天焱的全资子公司。调查时孟凯是第一大股东、实际控制人。

经证监会查明，中科云网存在以下违法事实。

（一）2012 年年度报告违规确认加盟费收入、违规确认股权收购合并日前收益

1. 违规确认上海汉月尚加盟费收入 580 万元

2012 年 3 月 1 日，江苏湘鄂情与上海汉月尚投资中心（以下简称上海汉月尚）签订两份《特许经营合同》，约定上海汉月尚向江苏湘鄂情支付加盟费共计 780 万元，加盟期限为2012 年 3 月 1 日至 2017 年 2 月 28 日。为确保加盟店顺利运营，2012 年 7 月 3 日，双方签订两份《补充协议》，约定江苏湘鄂情向上海汉月尚支付加盟保证金共计 580 万元，若江苏湘鄂情按约定为上海汉月尚提供了店面平面设计、培训了第一批人员、建立了财务管理制度、提供了相关管理制度，上海汉月尚于 2013 年 12 月 31 日前退还江苏湘鄂情全部保证金。

2012 年 3 月 31 日，江苏湘鄂情确认其他业务收入 780 万元。7 月 25 日，江苏湘鄂情收到加盟费 780 万元，同时向对方支付保证金 580 万元。7 月 31 日，江苏湘鄂情将 580 万元保证金计入其他应收款，未冲减其他业务收入。

2. 违规确认上海比昂加盟费收入 900 万元

2012 年 12 月，合肥湘鄂情与上海比昂健康生活企业发展有限公司（以下简称上海比昂）签订《特许经营合同》，约定上海比昂向合肥湘鄂情支付加盟费 900 万元，加盟期限为2012 年 12 月 15 日至 2017 年 12 月 14 日。2012 年 12 月 31 日，合肥湘鄂情确认其他业务收入 900 万元。中科云网提供的说明称该合作加盟事宜因故搁置，900 万元加盟费未能到账。

3. 违规确认味之都股权收购合并日前收益 12 032 256.58 元

2012 年 8 月，中科云网、上海齐鼎餐饮发展有限公司（以下简称上海齐鼎）、齐某伟

（齐某伟持有上海齐鼎 97% 股权）签订《股权转让协议》，约定中科云网向上海齐鼎收购上海味之都餐饮发展有限公司（以下简称味之都）90% 股权，收购价格 1.35 亿元。至 2013 年 1 月 7 日，1.35 亿元收购款由中科云网全部支付完毕。2012 年 12 月 31 日，中科云网根据 2012 年 7 月齐某伟出具的《协议承诺书》，将味之都 2012 年 5 月至 7 月的各项收益共计 12 032 256.58 元确认为营业外收入。

4. 违规确认玖尊坊股权收购合并日前收益 3 528 288.85 元

2012 年 9 月，上海湘鄂情与武汉楚地融金投资管理有限公司（以下简称楚地融金）签订《股权转让协议》，约定上海湘鄂情向楚地融金收购上海玖尊坊餐饮有限责任公司（以下简称玖尊坊）100% 股权，收购价格 1 000 万元。同年 9 月 28 日，上海湘鄂情向楚地融金支付转让款 1 000 万元。《股权转让协议》同时约定，楚地融金承担玖尊坊 2012 年 10 月至 12 月的场地租金及人员工资，合计金额为 3 528 288.85 元。12 月 13 日、31 日，玖尊坊确认营业外收入 3 528 288.85 元。

综上所述，中科云网 2012 年年度报告违反《企业会计准则》确认加盟费收入共计 1 480 万元、确认股权收购合并日前收益 15 560 545.43 元，合计 30 360 545.43 元。

（二）中科云网 2014 年度第一季度报告提前确认收入

2014 年 2 月 20 日，南京凯沣源与凤阳县神光物质电业有限公司（以下简称凤阳电业）签订《设备销售合同》，约定向凤阳电业销售 2 套干馏气化机组，合同款价 4 000 万元（含税价，不含税价为 34 188 034.19 元）。同年 3 月 31 日，南京凯沣源确认主营业务收入 34 188 034.19 元，主营业务成本 17 692 307.69 元。调查发现，前述合同约定所售 2 组干馏气化机组在 2014 年 3 月底前未生产完工。中科云网 2014 年度第一季度报告违反《企业会计准则》提前确认收入 34 188 034.19 元，成本 17 692 307.69 元，利润总额 16 495 726.5 元。

针对上述问题，中科云网先后两次进行了会计差错更正：

2014 年 1 月 29 日，中科云网发布《关于对 2012 年年度报告进行会计差错更正的公告》，调减营业收入 1 480 万元，调减营业外收入 15 560 545.43 元，调减利润总额 29 346 345.43 元。

2014 年 8 月 30 日，中科云网发布《关于对 2014 年一季度报告进行会计差错更正的公告》，调减营业收入 34 188 034.19 元，调减营业成本 17 692 307.69 元，营业利润调减 16 495 726.5 元。

**四、审计主体的基本情况及主要审计问题**

负责中科云网审计的是立信会计师事务所。立信会计师事务所由中国会计泰斗潘序伦先生于 1927 年在上海创建，是中国建立最早和最有影响的会计师事务所之一。1986 年复办，2000 年成立上海立信长江会计师事务所有限公司，注册资本人民币 500 万元。2007 年更名为立信会计师事务所有限公司，具有证券期货相关业务从业资格。2010 年，立信获得首批 H 股审计执业资格。2010 年 12 月改制成为国内第一家特殊普通合伙会计师事务所。

立信现有从业人员 6 000 余名，注册会计师人数 1 920 人。业务范围：上市服务、法定审计、专项审计、外汇收支、工程造价咨询、管理咨询、培训、法律服务、资产评估。

根据中国注册会计师协会发布的《2015 年会计师事务所综合评价前百家信息》信息，立信综合排名第 5 位，2014 年度事务所本身业务收入 290 695.72 万元。

立信会计师事务所对中科云网 2012 年度报告出具的审计意见类型为无保留意见。虽已对持续经营能力做出了评估，但未能就与评估持续经营能力相关的未来应对计划提供充分、适当的证据，立信事务所审计对中科云网 2014 年度财务报告出具无法表示意见财务报表审计报告。

**五、案件结果**

依据《证券法》第一百九十三条第一款的规定，证监会对中科云网的处罚决定：

（1）对中科云网给予警告，并处以 40 万元罚款。

（2）对董事长兼总裁孟凯给予警告，并处以 15 万元罚款。

（3）对詹毓倩（董事、副总裁兼财务总监）、周绍兴（财务总监）给予警告，并分别处以 10 万元罚款。

（4）对万钧（董事）、申伟（董事）、李强（副总裁兼董事会秘书）、孟辉（审计总监）给予警告，并分别处以 5 万元罚款。

（5）对阎肃（董事）、周智（董事）、韩伯棠（独立董事）、祝卫（独立董事）、陈静茹（独立董事）、孟勇（副董事长）、李漪（董事会秘书）、王挺（董事）、郭民岗（独立董事）、荆林波（独立董事）、夏维朝（独立董事）给予警告，并分别处以 3 万元罚款。

## 评 析

**一、造假动机：频繁转型，陷现金流危机**

作为"转型达人"，曾经的"民营餐饮第一股"一年之内经历了从餐饮到旅游，又到环保，再到影视，最后变为大数据公司的转型历程。然而，频繁转型，甚至转让"湘鄂情"商标彻底脱离餐饮业，并没有改善中科云网的业绩，反而使其更加举步维艰。

**（一）高管减持**

自 2012 年餐饮业面临困境后，湘鄂情的高管开始了多次大小型减持。其中湘鄂情高管减持分为两种性质：一种是被实施股权激励的高管、对湘鄂情发展不确定性的高管为自身经历利益实施的减持；一种是董事长孟凯为代表的减持套现为湘鄂情"输血"。

孟凯作为湘鄂情的实际控制人多次减持共 4.4 亿元，实际上是变相的融资方法，孟凯通过减持变现以财务资助方式重返上市公司输血，2013 年年底至今，孟凯已先后多次借钱给湘鄂情总额为 3.9 亿元。到目前为止，孟凯 26.45%的股份全部冻结，其他则被减持处置。

**（二）增发遇挫**

湘鄂情一共进行了三次定向增发，均以失败告终。第一次增发是湘鄂情于 2012 年 12 月中旬提出，拟非公开发行 6 000 万股，募集资金 4.51 亿元，目的是改善资本结构和盈利能力。本次非公开发行预计全部由金盘龙文化发展中心以现金方式认购。然而由于认购对象顾虑风险等多重因素，该次定向增发终止。

为了顺利进行与安徽广电网络和山东广电网络关于家庭智能云的投资建设，湘鄂情推出第二次定增方案，预计募集 36 亿元资金，然而由于增信措施存在先抵押违法公司承诺和披露违反法规等情况，该次定增方案被证监会叫停。

2014 年 9 月 10 日湘鄂情第三次推出了新的定增方案，但由于董事长孟凯不再参与定增，定增计划从原定的 36 亿元缩减到 24 亿元。但之后孟凯宣布不再参与公司定增。同时，之前承诺参加定增的多名自然人和机构，由于结构化定增受阻，在新的定增方案中都改头换面，以新的身份出现。该次增发由于证监会公告湘鄂情拟涉嫌操纵股价，最终也被叫停。

定向增发的失败加剧湘鄂情的资金紧张局面，湘鄂情的转型将会面临巨大的资金压力，甚至不得不通过变卖资产、业务调整、向银行申请贷款展期等方式来补充流动资金进行债务偿还和战略转型。

**（三）公司债违约**

湘鄂情在 2012 年为满足业务转型资金需要于 2012 年 4 月发行面值 48 000 万元公司债，发行利率 6.78%，期限 5 年，用于偿还银行贷款和补充公司流动资金。发行时即规定 2015 年 4 月 7 日为赎回期，超过 88% 的投资人选择在该时点回售，即 4.2 亿元需要偿还。偿债压力导致 4.8 亿元的湘鄂债的债券评级自 2013 年起不断下调，最终被评级为 CC 并暂停上市。

2014 年 10 月 12 日证监会决定立案调查湘鄂情，再加上增信措施由于违规在 10 月 14 日被证监会叫停，后续的增新措施甚至需要出售子公司股权和债券才能顺利完成。多方筹措后，目前尚有 2.4 亿元债务资金偿还缺口。一旦该债权发生实质性违约后且债权人集体提起破产清算诉讼或重组申请，湘鄂情将进入破产重整程序，企业的正常持续经营将被中断。

从整个违约过程来看，湘鄂情从公司主业下滑，逐步寻求转型。一方面通过收缩酒楼主业并出售部分资产进行自救，另一方面通过对外收购环保、文化传媒、互联网等相关业务和资产试图转型。但公司缺乏明确的战略转型目标，也缺乏相关领域的专业人才，同时大规模资本支出加剧了公司的资金压力，导致公司的现金流及偿债能力持续恶化。

## 二、合并报表审计

合并报表审计应关注以下问题。

**（一）重视集团审计师与分部审计师的协调**

合并报表审计，一般都是由集团财务报表审计组和分部审计师一块审计，集团审计组主要负责集团财务报表的审计，分部审计师主要负责个别财务报表的审计工作，由于合并报表是根据个别报表编制的，为控制合并报表的审计风险，减少重复工作，增强风险应对能力，集团财务报表审计组和分部审计师可以从以下几个方面进行沟通：（1）分部审计师对组成部分财务信息执行工作的范围、时间安排和发现的问题，与分部审计师进行清晰的沟通；（2）从分部审计师那里获取相关信息进行沟通；（3）为了解分部审计师的职业道德和专业胜任能力进行沟通。

（二）关注合并范围的审计

审计人员要采用以下审计程序：（1）审计人员要审查所有子公司的对外投资记录，查看母公司是否有间接控制却没有将其纳入合并范围的情况；（2）查看母子企业的章程、协议和相关资料，通过询证得出母公司在董事会或类似权力机构是否有半数以上投票权等来判断母公司是否实质上控制了子公司，是否将其纳入了合并范围；（3）审阅母公司对子公司的投资是否不再以持续经营为前提。

在确定合并报表的合并范围时采取定性和定量相结合的方式，当定量判断和定性判断相矛盾时依据定性来作出判断。对合并范围的审计从基础上保证了审计的质量及合并报表的正确性和完整性，保证其不存在多报或少报的情况。

（三）合并方法的审计

企业合并选用不同的方法，会导致不同的会计后果和经济后果。非同一控制下的企业合并，最终会导致合并报表中资产高于同一控制下企业合并的资产价值；对利润表的影响，同一控制下企业合并下，收益较高，所有者权益较低，净资产报酬率当然也就比购买法下更高。可见企业合并会计方法的选择对合并后的财务状况有很大的影响，所以在进行合并报表审计时，合并方法的选择应成为重点关注对象。

（四）重视会计政策与会计期间的审计

在实际中，母子公司常采用不同的会计核算和报表编制制度，这就导致报表合并的依据有差异，需要子公司按照母公司采用的会计制度调整后才能编制合并报表。因此，在对合并报表审计时，要注意审查母子公司所采用的会计政策是否一致。这不同于个别报表的审计，对个别报表的审计一般仅是考虑前一会计期间和所审会计期间使用的会计政策是否一致，是否有会计政策变更；而合并报表审计不仅审查这一点，还要关注母子公司所采用的会计政策是否一致。除此之外，在编制合并财务报表前，母公司应当统一子公司的会计期间，使子公司的会计期间与母公司保持一致。

（五）关注调整分录的审计

主要注意以下几个方面：一是长期股权投资会计处理方法的选择是否恰当；二是用选择的方法进行的会计处理是否符合相关规定；三是调整确认的金额是否正确。

（六）关注抵销分录的审计

在进行合并报表审计时，还要关注内部交易事项，分辨出需要调整和抵销的交易分录。企业集团的内部交易活动主要包括内部的存货、固定资产和无形资产交易以及内部的债权债务等。

（七）风险评估程序的复杂性

一个企业集团中母子公司所处的行业不一定相同，面临的风险也就错综复杂，这不同于个别财务报表审计，单个企业面临的行业是固定的。所以，这也就导致其审计中风险评估程序的复杂性。在进行合并报表审计时，风险评估环节要综合考虑企业集团母子公司所面临的行业环境以及内部自身的环境所带来的风险。

（八）关注一些特殊事项的审计

审计人员在审计时，还应关注一些特殊审计事项，主要有超额亏损的审计、商誉的审计。会计准则不要求对商誉摊销，但要进行减值测试。有关商誉价值的确认方法至今并不成熟，对其价值进行评估也需要专业人员进行，针对其自身的特殊性，在审计时要重点关注其价值的确认方法、金额以及后期的减值测试等。

有关超额亏损，我国会计准则要求母公司将子公司的超额亏损全部合并，避免母公司将资不抵债子公司作为操纵利润的工具。母公司对子公司的超额亏损一般是先抵消长期股权投资金额，再抵减长期应收账款，最后确认为预计负债等来反映子公司的亏损。在审计时应重点关注母公司是如何记录子公司的亏损，重点关注其是否未将亏损子公司合并至合并报表中，或者是应当将全部亏损都合并至财务报表，而其却只合并了部分以达到虚增利润的目的。

### 三、大股东以及高管约束制度的匮乏

显然，拥有草根民营企业家气质的孟凯却并不具备现代企业管理思路。上市公司的规则只是将这家传统的公司套进了现代企业规范的框架，却并未从根本上改变其粗放式的经营。孟凯指哪打哪，一句话，在餐饮行业深耕多年的公司就瞬间转型去了对于其他高管来说可能甚至连概念都不甚了然的大数据；再一句话，公司多年经营的品牌就瞬间跟风改名"傍概念"；债务危机临近，孟凯作为控股股东却以"我已经精神崩溃无力回天"为由甩手不干撂挑子逃跑……这一场"迅雷不及掩耳"却实在是"掩耳盗铃"的转型风暴，究其原因，无非是大股东以及高管约束制度的匮乏。

事实也在逐步印证，据媒体统计中科云网的高管正在大量离职。上市以来至 2014 年 12 月初，公司董事、监事等高管共有 42 位，其中 29 位已离职。2014 年 12 月至今，又有 5 名高管离职。离职的高管包括公司的财务总监、原审计负责人、原董事会秘书、原董事长兼总裁。而孟凯遭遇调查的原因虽然目前未有定论，但证监会日前表示已对涉嫌操纵的 18 只股票的涉案机构和个人立案调查，排在第一位的正是中科云网。

## 思考与讨论

1. 筹资与投资循环的特性是什么？审计上应当如何应对？
2. 结合案例分析中科云网的造假手法，对于长期股权投资审计，如果你是审计该公司

的注册会计师会如何应对？

## 参考文献

1. 巨潮资讯网（http://www.cninfo.com.cn/）

2. 朱学军. 利用会计差错更正进行盈余管理会增加税负成本吗？[J]. 商业会计，2014（16）：5-7.

3. 中国会计视野（http://www.esnai.com）

4. 董淑兰，蔡斯璇. 盈余管理行为效果——以中科云网为例 [J]. 经济研究导刊，2016（09）：76-78.

5. 中国注册会计师协会. 审计 [M]. 北京：经济科学出版社，2015.

6. 李晓慧. 审计学实务与案例 [M]. 北京：中国人民大学出版社，2014.

7. 周霞，聂凤娜. 合并报表审计应关注的八大问题 [J]. 商业会计，2012（14）：38-39.

8. 李思颖. 中国上市公司市值管理研究——基于湘鄂情的案例分析 [D]. 广东：暨南大学，2015.

9. 立信会计事务所（http://www.bdo.com.cn）

10. 中国证券监督管理委员会（http://www.csrc.gov.cn）

# 第八章 货币资金审计

**学习目标**

● 了解货币资金与交易的循环
● 掌握货币资金的内部控制的关键环节与控制测试
● 掌握库存现金审计
● 掌握银行存款审计
● 熟悉其他货币资金审计

货币资金是企业流动性最强的资产，货币资金项目审计是企业会计报表审计的一个重要组成部分，主要包括库存现金、银行存款和其他货币资金的审计。因为货币资金较容易产生舞弊，所以货币资金审计的风险较高，需要花费的时间相对较长，审计的范围相对较广。

## 一、货币资金与交易循环

（一）凭证和会计记录
货币资金审计涉及的凭证和会计记录主要有以下几方面。
（1）现金盘点表。
（2）银行对账单。
（3）银行存款余额调节表。
（4）有关科目的记账凭证。
（5）有关会计账簿。
（二）控制测试
1. 货币资金内部控制概述
一般而言，一个良好的货币资金内部控制应该达到以下几点：（1）货币资金收支与记账的岗位分离。（2）货币资金收支要有合理、合法的凭据。（3）全部收支及时准确入账，并且支出要有核准手续。（4）控制现金坐支，当日收入现金应及时送存银行。（5）按月盘点现金，编制银行存款余额调节表，以做到账实相符。（6）加强对货币资金收支业务的内部审计。
2. 货币资金内部控制的测试
（1）了解内部控制。一般而言，注册会计师可以采用编制流程图的方法。编制货币资金内部控制流程图是货币资金控制测试的重要步骤。对中小企业，也可采用编写货币资金内部控制说明的方法。一般地，了解货币资金内部控制时，注册会计师应当注意检查货币资金内部控制是否建立并严格执行。

（2）抽取并检查收款凭证。为测试货币资金收款的内部控制。注册会计师应选取适当样本的收款凭证，进行如下检查：核对收款凭证与存入银行账户的日期和金额是否相符；核对库存现金、银行存款日记账的收入金额是否正确；核对收款凭证与银行对账单是否相符；核对收款凭证与应收账款等相关明细账的有关记录是否相符；核对实收金额与销售发票等相关凭据是否一致，如此等等。

（3）抽取并检查付款凭证。为测试货币资金付款内部控制，注册会计师应选取适当样本的货币资金付款凭证，进行如下检查：检查付款的授权批准手续是否符合规定；核对库存现金、银行存款日记账的付出金额是否正确；核对付款凭证与银行对账单是否相符；核对付款凭证与应付账款等相关明细账的记录是否一致；核对实付金额与购货发票等相关凭据是否相符，如此等等。

（4）抽取一定期间的库存现金、银行存款日记账与总账核对。首先，注册会计师应抽取一定期间的库存现金、银行存款日记账，检查其有无计算错误，加总是否正确无误。如果检查中发现问题较多，说明被审计单位货币资金的会计记录不够可靠。其次，注册会计师应根据日记账提供的线索，核对总账中的库存现金、银行存款、应收账款、应付账款等有关账户的记录。

（5）抽取一定期间的银行存款余额调节表，查验其是否按月正确编制并经复核。为证实银行存款记录的正确性，注册会计师必须抽取一定期间的银行存款余额调节表，将其同银行对账单、银行存款日记账及总账进行核对。确定被审计单位是否按月正确编制并复核银行存款余额调节表。

（6）检查外币资金的折算方法是否符合有关规定，是否与上年度一致。对于有外币货币的被审计单位，注册会计师应检查外币货币资金有关的日记账及"财务费用""在建工程"等账户的记录，确定企业有关外币货币资金的增减变动是否采用交易发生日的即期汇率将外币金额折算为记账本位币金额，或者采用按照系统合理的方法确定的、与交易发生日即期汇率近似的汇率折合为记账本位币，选择采用汇率的方法前后各期是否一致；检查企业的外币货币资金的余额是否采用期末即期汇率折合为记账本位币金额；折算差额的会计处理是否正确。

（7）评价货币资金的内部控制。注册会计师在实施上述测试之后，应对货币资金的内部控制进行评价。评价时，注册会计师应首先确定货币资金内部控制可信赖的程度以及存在的薄弱环节和缺点，然后据以确定在货币资金实质性程序中对哪些环节可以适当减少审计程序，哪些环节应增加审计程序，作重点检查，以减少审计风险。

以现销收入交易为例，其相关的控制目标、关键内部控制和测试一览表如表8-1所示。

表 8-1　现销收入业务的控制目标、关键控制和测试一览表

| 内部控制目标 | 关键内部控制 | 常用控制测试 | 常用实质性测试 |
|---|---|---|---|
| 登记入账的现金收入确实为企业已经实际收到的现金（存在或发生） | 现金出纳与现金记账的岗位分离；现金折扣必须经过适当的审批手续 | 观察；检查现金折扣是否经过恰当的审批 | 检查现金收入的日记账、总账和应收账款明细账的大金额项目和异常项目 |
| 收到的现金收入已全部登记入账（完整性） | 现金出纳与现金记账的岗位分离；每日及时记录现金收入；定期向顾客寄送对账单；现金收入记录的内部复核 | 观察；检查是否存在未入账的现金收入；检查是否向顾客寄送对账单，了解是否定期进行；检查复核标记 | 现金收入的截止测试；抽查顾客对账单并与账面金额核对 |
| 已经收到的现金确实为企业所有（权利和义务） | 定期盘点现金并与账面余额核对 | 检查是否定期盘点，检查盘点记录 | 盘点库存现金，如与账面应有数存在差异，分析差异原因 |
| 登记入账的现金已经如数存入银行并登记入账（计价或分摊） | 定期取得银行对账单；编制银行存款余额调节表 | 检查银行对账单；银行存款余额调节表 | 检查调节表中未达账项的真实性以及资产负债表日后的进账情况 |
| 现金收入在资产负债表上的披露正确（分类） | 现金日记账与总账的登记职责分开 | 观察 | |

## 二、库存现金审计

### （一）审计目标

库存现金的审计目标一般应包括以下几项。

（1）确定被审计单位资产负债表的货币资金项目中的库存现金在资产负债表日是否确实存在，是否为被审计单位所拥有或控制。

（2）确定被审计单位在特定期间内发生的现金收支业务是否均记录完毕，有无遗漏。

（3）确定库存现金余额是否正确。

（4）确定库存现金是否已按照企业会计准则的规定在财务报表中做出恰当列报。

### （二）库存现金内部控制测试（略）

### （三）库存现金的实质性程序

（1）核对库存现金日记账与总账的余额是否相符。

（2）监盘库存现金。监盘库存现金是证实资产负债表中所列现金是否存在的一项重要程序，如表 8-2 所示。

表 8-2　库存现金监盘表

被审计单位：　　　　　　　　　　　索引号：
项目：　　　　　　　　　　　　　　财务报表截止日/期间：
编制：　　　　　　　　　　　　　　复核：
日期：　　　　　　　　　　　　　　日期：

| 检查盘点记录 | | | | | 实有库存现金盘点记录 | | | | | | |
|---|---|---|---|---|---|---|---|---|---|---|---|
| 项　目 | 项次 | 人民币 | 美元 | 某外币 | 面额 | 人民币 | | 美元 | | 某外币 | |
| | | | | | 1 000 元 | 张 | 金额 | 张 | 金额 | 张 | 金额 |
| 上一日账面库存余额 | ① | | | | 1 000 元 | | | | | | |
| 盘点日未记账传票收入金额 | ② | | | | 500 元 | | | | | | |
| 盘点日未记账传票支出金额 | ③ | | | | | | | | | | |
| 盘点日账面应有金额 | ④=①+②-③ | | | | 100 元 | | | | | | |
| 盘点实有库存现金数额 | ⑤ | | | | 50 元 | | | | | | |
| 盘点日应有与实有差异 | ⑥=④-⑤ | | | | 10 元 | | | | | | |
| 差异原因分析 | 白条抵库（张） | | | | 5 元 | | | | | | |
| | | | | | 2 元 | | | | | | |
| | | | | | 1 元 | | | | | | |
| | | | | | 0.5 元 | | | | | | |
| | | | | | 0.2 元 | | | | | | |
| | | | | | 0.1 元 | | | | | | |
| | | | | | 合计 | | | | | | |
| 追溯调整 | 报表日至审计日库存现金付出总额 | | | | | | | | | | |
| | 报表日至审计日库存现金收入总额 | | | | | | | | | | |
| | 报表日库存现金应有余额 | | | | | | | | | | |
| | 报表日账面汇率 | | | | | | | | | | |
| | 报表日余额折合本位币金额 | | | | | | | | | | |
| | | | | | | | | | | | |
| 本位币合计 | | | | | | | | | | | |

出纳员：　　　　　会计主管人员：　　　　　监盘人：　　　　　检查日期：

续表

审计说明：

<br><br><br><br>

　　企业盘点库存现金，通常包括对已收到但未存入银行的现金、零用金、找换金等的盘点。盘点库存现金的时间和人员应视被审计单位的具体情况而定，但必须有现金出纳员和被审计单位会计主管人员参加，并由注册会计师进行监盘。盘点和监盘库存现金的步骤和方法主要有以下几项。

　　① 制订监盘计划，确定监盘时间。对库存现金的监盘最好实施突击性检查，时间最好选择在上午上班前或下午下班时进行，盘点的范围一般包括被审计单位各部门经管的现金。在进行现金盘点前，应由出纳员将现金集中起来存入保险柜。必要时可加以封存，然后由出纳员把已办妥现金收付手续的收付款凭证登入库存现金日记账。如被审计单位库存现金存放部门有两处或两处以上的，应同时进行盘点。

　　② 审阅库存现金日记账并同时与现金收付凭证相核对；一方面检查库存现金日记账的记录与凭证的内容和金额是否相符；另一方面了解凭证日期与库存现金日记账日期是否相符或接近。

　　③ 由出纳员根据库存现金日记账加计累计数额，结出现金结余。

　　④ 盘点保险柜的现金实存数，同时由注册会计师编制"库存现金盘点表"，分币种、面值列示盘点金额。

　　⑤ 在非资产负债表日进行盘点和监盘时，应调整至资产负债表日的金额。

　　⑥ 将盘点金额与库存现金日记账余额进行核对，如有差异，应查明原因，并做出记录或适当调整。

　　⑦ 若有冲抵库存现金的借条、未提现支票、未作报销的原始凭证、应在"库存现金盘点表"中注明或做出必要的调整。

　　（3）抽查大额库存现金收支。注册会计师应检查大额现金收支的原始凭证是否齐全、原始凭证是否完整、有无授权批准、记账凭证和对原始凭证是否相符、账务处理是否正确、是否记录于恰当的会计期间等项内容。

　　（4）检查现金收支的正确截止。被审计单位资产负债表的货币项目中的库存现金数额，应以结账日实有数额为准。因此，注册会计师必须验证现金收支的截止日期。通常，注册会计师可考虑对结账日前后一段时期内现金收支凭证进行审计，以确定是否存在跨期事项，是否应考虑提出调整建议。

　　（5）检查外币现金的折算方法是否符合规定，是否与上年度一致。

　　（6）检查库存现金是否在资产负债表上恰当披露。根据有关规定，库存现金在资产负债表的"货币资金"项目中反映，注册会计师应在实施上述审计程序后，确定库存现金账户的期末余额是否恰当，进而确定库存现金是否在资产负债表上恰当披露。

## 三、银行存款审计

（一）审计目标

（1）确定被审计单位资产负债表的货币资金项目中的银行存款在资产负债表日是否确实存在，是否为被审计单位所拥有或控制。

（2）确定被审计单位在特定期间内发生的银行存款收支业务是否均记录完毕，有无遗漏。

（3）确定银行存款余额是否正确。

（4）确定银行存款是否已按照企业会计准则的规定在财务报表中做出恰当列报。

（二）银行存款内部控制测试（略）

（三）银行存款的实质性程序

（1）核对银行存款日记账与总账的余额是否相符。

（2）实施实质性分析程序。计算银行存款累计余额应收利息收入，分析比较被审计单位银行存款应收利息收入与实际利息收入的差异是否恰当，评估利息收入的合理性，检查是否存在高息资金拆借，确认银行存款余额是否存在，利息收入是否已经完整记录。

（3）取得并检查银行存款余额对账单和银行存款余额调节表，如表 8-3 所示。

表 8-3　银行存款余额调节表

年　　月　　日

编制人：　　　　日期：　　　　索引号：

复核人：　　　　日期：　　　　页次：

户别：　　　　　　　　　　　　　　　　　　　　　　　币别：

| 项　　目 |
| --- |
| 银行对账单余额（　　年　　月　　日） |
| 加：企业已收，银行尚未入账金额<br>其中：1.＿＿＿＿＿＿＿＿＿元<br>　　　2.＿＿＿＿＿＿＿＿＿元 |
| 减：企业已付，银行尚未入账金额<br>其中：1.＿＿＿＿＿＿＿＿＿元<br>　　　2.＿＿＿＿＿＿＿＿＿元<br>调整后银行对账单金额<br>企业银行存款日记账金额（　　年　　月　　日）<br>加：银行已收，企业尚未入账金额 |

续表

| |
|---|
| 其中：1._____元 |
| 　　　2._____元 |
| 减：银行已付，企业尚未入账金额 |
| 其中：1._____元 |
| 　　　2._____元 |
| 调整后企业银行存款日记账金额 |
| 经办会计人员：（签字）　　　　　　　　　会计主管：（签字） |

取得并检查银行存款余额对账单和银行存款余额调节表是证实资产负债表中所列银行存款是否存在的重要程序。具体测试程序通常包括以下几项。

① 将被审计单位资产负债表日的银行存款余额对账单与银行询证函回函核对，确认是否一致，抽样核对账面记录的已付票据金额及存款金额是否与对账单记录一致。

② 检查资产负债表日的银行存款余额调节中加计数是否正确，调节后银行存款日记账余额与银行对账单余额是否一致。

③ 检查调节事项的性质和范围是否合理。

④ 检查是否存在未入账的利息收入和利息支出。

⑤ 检查是否存在其他跨期收支事项。

⑥ 如果被审计单位未经授权或授权不清支付货币资金的现象比较突出，检查银行存款余额调节表中支付给异常的领款（包括没有载明收款人）、签字不全、收款地址不清、金额较大票据的调整事项，确认是否存在舞弊。

（4）函证银行存款余额，编制银行函证结果汇总表，检查银行回函。

① 向被审计单位在本期存过款的银行发函，包括零账户和账户已结清的银行。

② 确定被审计单位账面余额与银行函证结果的差异，对不符事项做出适当处理。

注册会计师应向被审计单位在本年存过款（含外埠存款、银行汇票存款、银行本票存款、信用卡存款、信用证保证金存款）的所有银行发函，其中包括企业存款账户已结清的银行。并且，虽然注册会计师已直接从某一银行取得了银行对账单和所有已付支票，但仍应向这一银行进行函证，如表8-4所示。

表8-4　银行询证函

| |
|---|
| 　　　　　　　　　　　　　　　　　　　　　　　　　　　　　　　编号： |
| ××（银行）： |
| 　　本公司聘请的××会计师事务所正在对本公司××年度财务报表进行审计，按照中国注册会计师审计准则的要求，应当询证本公司与贵行相关的信息。下列信息出自本公司记录，如与贵行记录相符，请在本函下端"信息证明无误"处签章证明；如有不符，请在"信息不符"处列明不符项目及具体内容；如存在与本公司有关的未列入本函的其他重要信息，也请在"信息不符"处列出其详细资料。回函请直接寄至××会计师事务所。 |
| 　　回函地址： |

邮编：　　　电话：　　　传真：　　　联系人：

截至××年×月×日，本公司与贵行相关的信息列示如下：

1. 银行存款

| 账户名称 | 银行账号 | 币种 | 利率 | 余额 | 起止日期 | 是否被质押或用于担保或存在其他限制 | 备注 |
|---|---|---|---|---|---|---|---|
|  |  |  |  |  |  |  |  |

除上述列示的银行存款外，本公司并无在贵行的其他存款。

注："起止日期"一栏今适用于定期存款，如为活期或保证金存款，可只填写"活期"或"保证金"在字样。

2. 银行借款

| 账户名称 | 币种 | 余额 | 借款日期 | 还款日期 | 利率 | 其他借款条件 | 抵（质）押品/担保人 | 备注 |
|---|---|---|---|---|---|---|---|---|
|  |  |  |  |  |  |  |  |  |
|  |  |  |  |  |  |  |  |  |

除上述列示的银行借款外，本公司并无自贵行的银行借款。

注：此项仅函证截至资产负债表日本公司尚未归还的借款。

3. 截至函证日之前 12 个月内注销的账户

| 账户名称 | 银行账号 | 币种 | 注销账户日 |
|---|---|---|---|
|  |  |  |  |
|  |  |  |  |
|  |  |  |  |

除上述列示的账户外，本公司并无截至函证日之前 12 个月内在贵行注销的其他账户。

4. 委托存款

| 账户名称 | 银行账号 | 借款方 | 币种 | 利率 | 余额 | 存款起止日期 | 备注 |
|---|---|---|---|---|---|---|---|
|  |  |  |  |  |  |  |  |
|  |  |  |  |  |  |  |  |
|  |  |  |  |  |  |  |  |

除上述列示的委托存款外，本公司并无通过贵行办理的其他委托存款。

5. 委托贷款

| 账户名称 | 银行账号 | 贷款方 | 币种 | 利率 | 余额 | 存款起止日期 | 备注 |
|---|---|---|---|---|---|---|---|
|  |  |  |  |  |  |  |  |
|  |  |  |  |  |  |  |  |
|  |  |  |  |  |  |  |  |

除上述列示的委托贷款外，本公司并无通过贵行办理的其他委托贷款。

6. 担保：除上述列示的银行借款外，本公司并无自贵行的银行借款。

（1）本公司为其他单位提供的，以贵行为担保受益人的担保。

| 被担保人 | 担保方式 | 担保金额 | 担保期限 | 担保事由 | 担保合同编号 | 被担保人与贵行就担保事项往来的内容（贷款）等 | 备注 |
|---|---|---|---|---|---|---|---|
|  |  |  |  |  |  |  |  |
|  |  |  |  |  |  |  |  |
|  |  |  |  |  |  |  |  |

除上述列示的担保外，本公司并无其以贵行为担保受益人的担保。

注：如采用抵押或质押方式提供担保的，应在备注中说明抵押或质押物情况。

（2）贵行向本公司提供的担保。

| 被担保人 | 担保方式 | 担保金额 | 担保期限 | 担保事由 | 担保合同编号 | 备注 |
|---|---|---|---|---|---|---|
|  |  |  |  |  |  |  |
|  |  |  |  |  |  |  |
|  |  |  |  |  |  |  |

除上述列示的担保外，本公司并无贵行提供的其他担保。

7. 本公司为出票人且由贵行承兑尚未支付的银行承兑汇票。

| 银行承兑汇票号码 | 票面金额 | 出票日 | 到期日 |
|---|---|---|---|
|  |  |  |  |
|  |  |  |  |
|  |  |  |  |

除上述列示的银行承兑汇票外，本公司并无由贵行承兑而尚未支付的其他银行承兑汇票。

8. 本公司向贵行已贴现而尚未到期的商业汇票

| 商业汇票号码 | 付款人名称 | 承兑人名称 | 票面金额 | 票面利率 | 出票日 | 到期日 | 贴现日 | 贴现率 | 贴现净额 |
|---|---|---|---|---|---|---|---|---|---|
|  |  |  |  |  |  |  |  |  |  |
|  |  |  |  |  |  |  |  |  |  |
|  |  |  |  |  |  |  |  |  |  |

除上述列示的商业汇票外，本公司并无向贵行已贴现而尚未到期的其他商业汇票。

9. 本公司为持票人且由贵行托收的商业汇票

| 商业汇票号码 | 承兑人名称 | 票面金额 | 出票日 | 到期日 |
|---|---|---|---|---|
|  |  |  |  |  |
|  |  |  |  |  |
|  |  |  |  |  |

除上述列示的商业汇票外，本公司并无由贵行托收的其他商业汇票。

续表

10. 本公司为申请人，由贵行开具的、未履行完毕的不可撤销信用证

| 信用证号码 | 受益人 | 信用证金额 | 到期日 | 未使用金额 |
|---|---|---|---|---|
| | | | | |
| | | | | |
| | | | | |

除上述列示的不可撤销信用证外，本公司并无由贵行开具的、未履行完毕的其他不可撤销信用证。

11. 本公司与贵行之间未履行完毕的外汇买卖合约

| 类别 | 合约号码 | 买卖币种 | 未履行的合约买卖金额 | 汇率 | 交收日期 |
|---|---|---|---|---|---|
| 贵行卖予本公司 | | | | | |
| 本公司卖予贵行 | | | | | |

除上述列示的外汇买卖合约外，本公司并无与贵行之间未履行完毕的其他外汇买卖合约。

12. 本公司存放于贵行的有价证券或其他产权文件

| 有价证券或其他产权文件名称 | 产权文件编号 | 数量 | 金额 |
|---|---|---|---|
| | | | |
| | | | |

除上述列示的有价证券或其他产权文件外，本公司并无存放于贵行的其他有价证券或其他产权文件。

注：此项不包括本公司存放在贵行保管箱中的有价证券或其他产权文件。

13. 其他重大事项

| |
|---|
| |

注：此项应填列注册会计师认为重大且应予以函证的其他事项，如信托存款等，如无则应填写"不适用"。

（公司盖章）

年　　　月　　　日

以下仅供被函证银行使用。

| 结论：1. 信息证明无误。<br><br>（银行盖章）<br>年　　　月　　　日<br>经办人： |
|---|

2. 信息不符，请列明不符项目及具体内容（其他未在本函列出的项目，请列出金额及其详细资料）。
（银行盖章）
年　　　月　　　日
经办人：

（5）检查银行存单：

编制银行存单检查表，检查是否与账面记录金额一致，是否被质押或限制使用，存单是否为被审计单位所拥有。

（6）检查银行存款账户存款人是否为被审计单位，若存款人非被审计单位，应获取该账户户主和被审计单位的书面声明，确认资产负债表日是否需要调整。

（7）关注是否存在质押、冻结等对变现有限制或存在境外的款项，是否已作必要的调整和披露。

（8）对不符合现金及现金等价物条件的银行存款在审计工作底稿中予以列明，以考虑对现金流量表的影响。

（9）抽查大额银行存款收支的原始凭证，检查原始凭证是否齐全、记账凭证与原始凭证是否相符、账务处理是否正确、是否记录于恰当的会计期间等项内容。检查是否存在非营业目的的大额货币资金转移，并核对相关账户的进账情况；如有与被审计单位生产经营无关的收支事项，应查明原因并作相应的记录。

（10）检查银行存款收支的正确截止。选取资产负债表日前后若干天的银行存款收支凭证实施截止测试，关注业务内容及对应项目，如有跨期收支事项，应考虑是否应提小调整建议。

（11）检查外币银行存款的折算是否符合有关规定，是否与上年度一致。

（12）检查银行存款的列报是否恰当。根据有关规定，企业的银行存款在资产负债表的"货币资金"项目中反映。所以，注册会计师应在实施上述审计程序后，确定银行存款账户的期末余额是否恰当，进而确定银行存款是否在资产负债表上恰当披露。

## 四、其他货币资金审计

（一）审计目标

（1）确定被审计单位资产负债表的货币资金项目中的其他货币资金在资产负债表日是否确实存在，是否为被审计单位所拥有或控制。

（2）确定被审计单位在特定期间内发生的其他货币资金收支业务是否均记录完毕，有无遗漏。

（3）确定其他货币资金余额是否正确。

（4）确定其他货币资金是否已按照企业会计准则的规定在财务报表中做出恰当列报。

（二）其他货币资金的控制测试（略）

（三）其他货币资金的实质性程序

（1）获取或编制其他货币资金明细表。

（2）取得并检查其他货币资金余额调节表。

① 取得被审计单位银行对账单，检查被审计单位提供的银行对账单是否存在涂改或修

改的情况，确定银行对账单金额的正确性，并与银行回函结果核对是否一致，抽样核对账面记录的已付款金额及存款金额是否与对账单记录一致。

②　获取资产负债表日的其他货币资金存款余额调节表，检查调节表中加计数是否正确，调节后其他货币资金日记账余额与银行对账单余额是否一致。

③　检查调节事项的性质和范围是否合理，如存在重大差异应作审计调整。

（3）函证银行汇票存款、银行本票存款、信用卡存款、信用证保证金存款、存出投资款、外埠存款等期末余额，编制其他货币资金函证结果汇总表，检查银行回函。

（4）检查其他货币资金存款账户存款人是否为被审计单位，若存款人非被审计单位，应获取该账户户主和被审计单位的书面声明，确认资产负债表日是否需要调整。

（5）关注是否有质押、冻结等对变现有限制，或存放在境外，或有潜在回收风险的款项。

（6）选取资产负债表日前后若干张、一定金额以上的凭证，对其他货币资金收支凭证实施截止测试，如有跨期收支事项，应考虑是否进行调整。

（7）抽查大额其他货币资金收付记录。检查原始凭证是否齐全、记账凭证与原始凭证是否相符、账务处理是否正确、是否记录于恰当的会计期间等项内容。

（8）对不符合现金及现金等价物条件的其他货币资金在审计工作底稿中予以列明，以考虑对现金流量表的影响。

（9）检查其他货币资金的列报是否恰当。根据有关规定，企业的其他货币资金在资产负债表的"货币资金"项目中反映，所以，注册会计师应在实施上述审计程序后，确定其他货币资金的期末余额是否恰当，进而确定其他货币资金是否在资产负债表上恰当列报。

# 案例十五　金亚科技审计案例

## 案　情

### 一、案件的起因

2015 年 6 月 4 日，创业板上市公司金亚科技因涉嫌违反证券法律法规被中国证监会立案调查，随即长期停牌。8 月 31 日，金亚科技发布公告称，通过财务自查，发现公司以前年度存在重大会计差错，并予以追溯调整。

根据公告显示的金亚科技重大会计差错调整情况，该公司财务造假行为令人瞠目，其造假金额之大、持续时间之久，可能皆远甚于当年的万福生科造假案，且该公司还存在巨额资金被大股东占用问题，金亚科技一度被称为"创业板退市第一股"。

## 二、被审计单位的基本情况及主要会计问题

（一）被审计单位的基本情况

金亚科技股份有限公司成立于 1999 年 11 月，注册资金 34 620.3 万元人民币。2007 年 9 月 29 日，经四川省成都市工商行政管理局批准，整体改制为股份有限公司。2009 年 10 月成功登陆深圳证券交易所创业板，股票代码 300028，股本总数为 14 700 万股，是创业板开板首批 28 家上市公司之一。2010 年 5 月资本公积转增股本，每 10 股转增 2 股，转增后股本总数为 17 640 万股；2011 年 6 月资本公积转增股本，每 10 股转增 5 股，转增后股本总数为 26 460 万股；2014 年 6 月金亚科技实施股权激励计划，此次限制性股票授予完成后，股本总数由 26 460 万股增加至 26 631 万股；2015 年 6 月资本公积转增股本，每 10 股转增 3 股，转增后股本总数为 34 620.3 万股。

截至 2015 年 12 月 31 日，金亚科技的主要股东为周旭辉（27.8%）、平安信托有限责任公司（4.32%）、中国工商银行股份有限公司—汇添富移动互联投票型证券投资基金（1.90%）、中国银行—招商先锋证券投资基金（1.63%）。

截至 2015 年 12 月 31 日，金亚科技资产总额 949 905 923.8 元，股本 346 203 000 元，累计发行股本总数 34 620.3 万股，所有者权益 339 753 833.59 元。2015 年度营业收入 248 379 772.55 元。

金亚科技股份有限公司主要经营数字化用户信息网络终端产品、卫星直播系统综合解码器、电子产品、通信设备（不含无线电发射设备）的设计开发、生产、销售和服务；实业投资；货物进出口，技术进出口。

（二）主要会计问题

根据披露的《关于自查报告的公告》，金亚科技在以下方面进行了调整。

（1）销售回款和采购付款会计处理有误，造成公司货币资金账实不符。依据 2014 年年末财务报表货币资金科目余额与 2014 年年末银行对账函证单的差异，调减货币资金科目金额 220 945 449.02 元。

（2）金亚科技在以下方面的会计处理不符合《企业会计准则》的相关规定：① 根据销售合同确认营业收入、营业成本、应收账款时未遵循谨慎性会计原则；② 存在漏记销售费用和年终奖金的情况，造成公司相关费用的计提不符合《企业会计准则》中的相关规定；③ 公司存在资金被大股东占用的情况，造成账实不符。

由于存在上述问题，金亚科技对相关会计科目进行了相应调整：① 调减应收账款金额 32 132 674.44 元；② 调增其他应收款项 235 128 901.39 元；③ 2014 年金亚科技股份有限公司账上所列支付四川宏山建设工程有限公司工程预付款 310 000 000 元，没有实际支付，调减其他非流动资产 310 000 000 元；④ 调减营业收入 30 331 722.31 元，调减营业成本 16 286 330.7 元，导致营业利润调减 14 154 722.1 元；因调减营业收入造成的多交增值税无法退回，因此调增了营业外支出 5 156 392.79 元，以上两项导致净利润调减 19 311 114.89 元；

⑤ 因 2014 年会计差错更正调减未分配利润 19 311 114.89 元，因 2014 年度以前会计差错更正调减未分配利润 288 303 771.14 元。具体调整项目及金额如表 8-5 所示。

表 8-5　具体调整项目及金额　　　　　　　　　　　单位：元

| 合并报表项目 | 2014 年 12 月 31 日 | | |
|---|---|---|---|
| | 更 正 前 | 更 正 后 | 更 正 数 |
| 货币资金 | 345 233 917.25 | 124 288 468.23 | −220 945 449.02 |
| 应收账款 | 227 734 095.01 | 195 601 420.57 | −32 132 674.44 |
| 其他应收款 | 17 528 397.41 | 252 657 298.80 | 235 128 901.39 |
| 其他非流动资产 | 310 481 575.39 | 481 575.39 | −310 000 000.00 |
| 未分配利润 | 25 342 172.20 | −282 272 713.83 | −307 614 886.03 |
| 营业收入 | 558 229 470.47 | 527 897 748.16 | −30 331 722.31 |
| 营业成本 | 422 349 036.51 | 406 062 705.81 | −16 286 330.70 |
| 营业利润 | 8 527 577.63 | −5 627 144.47 | −14 154 722.10 |
| 净利润 | 26 325 454.73 | 7 014 339.84 | −19 311 114.89 |

（3）公司及实际控制人主动采取措施，积极整改：实际控制人已主动辞去公司董事长职务，并承诺承担全部责任及损失。7 月 15 日，大股东将其个人持有的 10%天象互动股权以 2.2 亿元平价转让给上市公司，以冲抵其占用的 2.17 亿元，至此大股东占用资金已全额补偿完毕。同时为保护中小股东利益，实际控制人承诺，将按同期银行贷款基准利率，在一年内向公司全额支付所占用资金的利息。上述占用资金及相应利息大股东已采用归还现金方式和以股抵债的方式全部清偿。具体还将经证券从业资质的审计机构审计。

根据所披露的信息，金亚科技的账务处理在以下方面存在问题。

① 虚构货币资金，巨额资金被大股东占用。

根据公告，金亚科技合并资产负债表 2014 年年末账面货币资金余额由 34 523.39 万元调减为 12 428.85 万元，虚增 22 094.54 万元。

金亚科技发布的公告称："公司存在资金被大股东占用的情况，造成账实不符。" 2014年年末，其账面虚增 2.2 亿元货币资金应该已被其大股东占用。

对金亚科技历年账面货币资金余额及相关项目的分析显示，金亚科技巨额资金被其大股东占用，可能已经持续了多年。

财报显示，2013 年年末金亚科技账面货币资金余额高达 5.75 亿元，其中，尚未使用的募集资金为 0.13 亿元，非募集资金 5.62 亿元。一般而言，企业在无重大资本性支出的情况下，账面保持相当于两三个月销售额的货币资金就足够了，2013 年金亚科技营业收入为 5.94 亿元，账面保持 1 亿～1.5 亿元的货币资金就完全可以满足其正常的生产经营所需，2014 年年末经调整后的账面货币资金余额仅为 1.24 亿元，这也从一个侧面说明，1.2 亿元左右的货币资金就可以满足其正常的生产经营活动；而 2013 年年末金亚科技账面货币资金余额扣除募集资金后仍高达 5.62 亿元，远远超出了其正常经营活动所需要的资金，大量资金处于闲置状态。

另一方面，2013 年金亚科技发行了 1.48 亿元公司债券，各项有息负债余额较 2012 年年末增加了 2.04 亿元，需要支付大量的利息支出。一家公司大量增加借贷、承担相应的利息支出，却同时让大量的资金在账面上闲置，这显然不合常理；由此可以判断，其账面 5.75 亿元的货币资金中的相当一部分很可能在 2013 年就已经被大股东非法侵占。

2011 年年末金亚科技账面货币资金余额高达 4.79 亿元，其中，尚未使用的募集资金为 1.81 亿元，非募集资金 2.98 亿元；2011 年金亚科技营业收入为 2.12 亿元，非募集资金余额显著高于其 2011 年全年的营业收入；而 2011 年该公司短期借款却由 5 500 万元增加至 8 500 万元，增加了 3 000 万元。以该公司账面近 3 亿元的货币资金余额来看，远远超出了其当年正常经营活动所需资金，根本没有必要借贷融资。这说明，早在 2011 年金亚科技大股东就可能已经占用了其巨额货币资金。

② 虚构预付工程款。

金亚科技针对其他非流动资产的调整金额高达 3.1 亿元。从金亚科技原始年报的财务报告附注部分针对其他流动资产的信息披露来看，这 3.1 亿元对应的事项应当是"下属子公司金亚智能与四川宏山建设工程有限公司签订金额为 77 500 万元工程建造合同，根据合同约定，需提前预付 40% 的工程款项，金亚智能预付四川宏山工程款金额为人民币 31 000 万元"。正是针对这笔预付工程款的调整，直接导致了金亚科技调整现金流量表中的"购建固定资产、无形资产和其他长期资产支付的现金"科目发生额，从原始年报的 34 698.21 万元调整到 3 698.21 万元，调减 3.1 亿元。

③ 虚增采购金额。

根据金亚科技披露的以前年度重大会计差错更正与追溯调整的公告，该公司针对 2014 年度的营业成本调整金额为 1 628.63 万元，同时针对现金流量表中"购买商品、接受劳务支付的现金"科目的调整金额为 4 564.04 万元，明显超过了营业成本的调整金额；同时，该公司并未针对存货项目进行科目余额的调整。

这些会计科目金额调整信息指向，相比主营业务规模的虚增幅度，金亚科技在采购项目上存在的虚构程度更加严重。

根据该公司原始年报披露的信息，当年向排名前五位的供应商采购金额高达 9 060.81 万元，占全部采购总额的比重为 17.95%，由此可以推算出金亚科技 2014 年采购总额高达 50 478.05 万元。在正常的会计核算逻辑下，金亚科技所采购的这些大量商品，要么形成最终的产成品并被销售出去，体现为被结转为营业成本，要么针对尚未实现对外销售的部分，形成存货。然而从金亚科技 2014 年的主营业务成本来看，结转金额仅为 42 234.9 万元，这明显要比金亚科技的总采购规模要少。再考虑到金亚科技的主营业务成本中还必然包含人力成本等非采购类成本，则该公司的主营业务成本中属于物料消耗的金额只会变得更低。

那么，既然成本结转中消耗的金额明显低于采购金额，这差异部分就应当导致金亚科技的存货出现明显增加，至少要增加近亿元才对。但事实上，从该公司的存货科目余额变动情况来看，2013 年年末为 10 917.57 万元，2014 年年末则为 7 642.16 万元，不仅没有出现任何增加，相反还出现了 3 000 万元以上的减少。本应当出现很大金额增加的存货，实际上却出现反向减少现象，这样诡异的财务数据本身就指向金亚科技的采购数据披露不实，也即虚增采购总额。

此外，该公司 2014 年的总采购规模为 50 478.05 万元，而当年现金流量表中的"购买商品、接受劳务支付的现金"科目发生金额却仅为 42 140.5 万元，相比采购总额少了 8 000 万元以上。那么这本应当导致金亚科技应付款项余额出现大约 8 000 万元的增加才对，但事实上，该公司 2014 年年末的应付账款科目余额却仅有 8 640.11 万元，同比 2013 年年末的 13 067.94 万元，不仅没有任何增加，反倒下降了 4 000 余万元。

也就是说，金亚科技在 2014 年年报中披露的总采购量中存在上亿元的金额，既没有实际支付采购款，也没有形成应付的经营性债务，那么这些采购难道是"天上掉馅饼"？

④ 虚增 2014 年营业收入和净利润。

根据金亚科技发布的公告，其 2014 年度合并利润表营业收入由 55 822.95 万元调减为 52 789.77 万元，当期虚增营业收入 3 033.17 万元，归属于母公司的净利润由 2 577.28 万元调减为 646.16 万元，当期虚增净利润 1 931.11 万元，合并利润表中其他相关项目也做了调整。

与利润表中营业收入和净利润下调相对应的是，应收账款等项目金额也进行了调整，2014 年年末应收账款账面金额由 22 773.41 万元调减为 19 560.14 万元，虚增应收账款 3 213.27 万元。

金亚科技本次公告仅披露了对 2014 年财务报表的调整情况，其合并利润表调减了 2014 年净利润 1 931.11 万元，且调整后 2014 年净利润为 646.16 万元，并没有因此而亏损。因此，从利润表的调整情况来看，其造假情况似乎并不严重。但这仅仅是其财务造假的冰山一角，其合并资产负债表的调整情况透露出的信息更令人吃惊。

⑤ 不合理的软件增值税退税金额。

根据金亚科技披露的以前年度重大会计差错更正与追溯调整的公告，针对 2014 年合并口径下销售收入和母公司销售收入的条件金额均为 3 033.17 万元，可见金亚科技在虚增销售收入方面全部是由母公司来完成的。尽管在公告中，金亚科技并未详细披露条件的销售收入项目是具体到哪一类业务的，但通过此前年度金亚科技披露的财务数据信息，大致可以推断出这些虚增出来的销售收入，很可能是来自于金亚科技的"软件销售"类业务。

根据金亚科技年报披露的信息，该公司早在 2010 年 3 月就被认定为软件企业，根据《财政部国家税务总局关于软件产品增值税政策的通知》（财税〔2011〕100 号）规定，金亚软件销售自行开发生产的软件产品，按 17%税率征收增值税后，对其增值税实际税负超过 3%的部分实行即征即退政策。同时，软件销售增值税退税也是金亚科技能够享受到的唯一一项退税政策。

从金亚科技 2014 年披露的软件销售业务数据来看，在实现 3 435.51 万元销售收入的同时，此类业务结转的成本却仅有 237.61 万元，同时由于该公司所销售软件为自行开发产品，因此软件销售成本中绝大部分应该是人力成本，所能够提供的增值税进项税抵扣金额几近于无。这进而意味着，该公司能够收到的软件销售退税款金额，应当大致相当于该公司软件销售收入的 14%。

但事实上，金亚科技在 2014 年收到的软件增值税退税款只有 205.65 万元，仅相当于该公司当年软件销售收入金额的 5.99%，远远低于 14% 的合理水平。也就是说，金亚科技至少在 2014 年的软件增值税退税金额与该公司的软件销售业务规模之间，存在着明显的违背税务逻辑的问题。

⑥ 历年累计虚增利润金额巨大。

公告显示，合并资产负债表项目中，未分配利润调减了 30 761.49 万元、盈余公积调减了 671.64 万元，归属于母公司的所有者权益调减了 31 433.13 万元。这意味着该公司 2014 年之前历年累计虚增净利润金额高达 29 502.02 万元！

由于金亚科技本次公告中仅调整了其 2014 年的财务报表，金亚科技 2014 年前究竟虚增了哪一年或哪些年的净利润，如何虚增净利润，历年营业收入、营业成本及相关资产负债项目的虚增情况如何，公告中都没有做出说明。

金亚科技在其公告中表示："因财务清查工作量很大，根据现阶段清查的结果，现将本次会计差错更正具体事项公告。"这说明，金亚科技未来很可能将根据证监会的最终调查结果对其以前年度财务造假情况进一步发布公告。

此前万福生科造假案也曾先后两次发布公告，万福生科在被证监会立案调查后，于 2012 年 10 月 26 日发布 2012 年中报更正公告，此后又于 2013 年 3 月 2 日发布重大事项公告，披露了其 2012 年前历年财务造假情况。由此可以推知，金亚科技很可能在未来半年内再次发布公告，披露其以前年度财务造假情况。

虚增净利润 29 502.02 万元，对于金亚科技意味着什么呢？

金亚科技于 2009 年 10 月发行上市，是首批上市的 28 家创业板上市公司之一；金亚科技历年财报显示，自 2009 年上市以来，2009—2014 年 6 年间金亚科技归属于母公司的净利润之和为 5 944.85 万元。如果金亚科技虚增 29 502.02 万元的行为发生于其 2009 年上市后，则意味着金亚科技上市后这六年实际净利润之和为 −23 557.17 万元！

金亚科技招股说明书显示，其上市前 3 年（2006—2008 年）利润之和为 7 907.41 万元，上市前 3 年与上市后 6 年（2006—2014 年）这 9 年间其历年财报披露的净利润之和累计为 13 854.26 万元，考虑到其虚增的净利润 29 502.02 万元，这 9 年间其实际的净利润金额累计额为 −15 647.76 万元。这意味着这家创业板上市公司上市前 3 年与上市后 6 年这 9 年之间累计发生巨额亏损，9 年间可能从未实现过盈利！

本次调整后，金亚科技的账面净资产更正为 31 328.28 万元，2009 年 10 月金亚科技 IPO 募集资金净额为 39 186 亿元，这意味着，如果该公司没有上市融资的话，其净资产仅为-7 857.72 万元，该公司将处于资不抵债的状态。

实际上，该公司在 IPO 之前，2006—2009 年 6 月间，还先后进行了 4 次私募股权融资，共募集资金 9 950 万元，如剔除历次股权融资获得的资金，则该公司净资产仅为-17 807.72 万元，已处于严重资不抵债状态。

### 三、审计主体的基本情况及主要审计问题

#### （一）审计主体的基本情况

1. 中兴华会计师事务所

金亚科技 2015 年的审计机构是中兴华会计师事务所（特殊普通合伙）。

中兴华会计师事务所前身是成立于 1993 年的中法会计师事务所。2000 年由国家工商管理总局核准，改制为"中兴华会计师事务所有限责任公司"，2009 年吸收合并江苏富华会计师事务所，更名为"中兴华富华会计师事务所有限责任公司"。2013 年公司进行合伙制转制，转制后的事务所名称经工商行政管理局核准为"中兴华会计师事务所（特殊普通合伙）"。

中兴华注册资本 1 000 万元，从业人员近千人，现有注册会计师 471（其中北京总所 204人），其中具有证券、期货相关业务资格的注册会计师 52 人。注册评估师 87 人，注册税务师 56 人。工程师、律师等资格的 42 人。经营范围：审计、验资、税务管理、咨询、评估、培训、工程造价、其他。

根据中国注册会计师协会发布的《2015 年会计师事务所综合评价前百家信息》信息，中兴华综合排名第 21 位，2014 年度事务所本身业务收入 50 710.55 万元。

2. 立信会计师事务所

金亚科技 2015 年之前的审计机构是立信会计师事务所（以下简称"立信"）。

立信会计师事务所由中国会计泰斗潘序伦先生于 1927 年在上海创建，是中国建立最早和最有影响的会计师事务所之一。1986 年复办，2000 年成立上海立信长江会计师事务所有限公司，2007 年更名为立信会计师事务所有限公司，具有证券期货相关业务从业资格。2010 年，立信获得首批 H 股审计执业资格。2010 年 12 月改制成为国内第一家特殊普通合伙会计师事务所。

立信现有从业人员 6 000 余名，注册会计师人数 1 920 人。业务范围：上市服务、法定审计、专项审计、外汇收支、工程造价咨询、管理咨询、培训、法律服务、资产评估。

根据中国注册会计师协会发布的《2015 年会计师事务所综合评价前百家信息》信息，立信综合排名第 5 位，2014 年度事务所本身业务收入 290 695.72 万元。

#### （二）主要审计问题

1. 2015 年以前的审计机构——立信会计师事务所

立信会计师事务所对金亚科技 2014 年年报的审计意见类型为"标准无保留"。

据 2014 年年报显示，立信所已为金亚科技服务 9 年审计，2014 年的报酬为 90 万元，

2013 年的报酬为 86 万元。金亚科技是第一批登陆创业板的上市公司，迄今已有 6 年多。这也意味着，上市前立信所就已为金亚科技提供审计服务。可以说，对金亚科技知根知底，可是为什么这么大的财务造假没有审计出来？

根据金亚科技披露的历年财务报告，管理费用项目下包含的"中介费用"金额非常高，2011—2014 年分别为 498.16 万元、1 961.3 万元、739.36 万元和 421.86 万元。

由于在此期间金亚科技并不存在资产收购、增发再融资事项，仅在 2013 年曾经发行了 1.5 亿元公司债，因此金亚科技并不存在与其他中介机构更多的交集，而担任该公司历年主审的立信会计事务所，自然就是金亚科技面对的最主要也是业务最频繁的中介机构。进而，金亚科技所支付的中介费用中，绝大部分都应当支付给了立信会计事务所的审计费用。

但这样的审计费用标准，对于一家年营业额很少能够超过 5 亿元、"调账后"后的净资产不过 3 亿元的上市公司而言，每年数百万元的审计费用标准，相比目前的审计市场而言显然是严重偏高的。典型者如与金亚科技同批挂牌创业板的华星创业，该公司 2014 年年末的净资产金额则高达 7.4 亿元，当年营业额则高达 10.59 亿元，无论是业务体量还是公司规模，都明显超过了金亚科技。但是华星创业支付给其主审机构天健会计师事务所的中介费用却仅为 253.35 万元，仅相当于金亚科技支付中介费用的 6 成。

2. 2015 年的审计机构——中兴华会计师事务所

中兴华会计师事务所（特殊普通合伙）是金亚科技"临阵换将"换上的审计机构。在 2016 年 1 月 18 日公司召开的股东大会审议通过变更 2015 年度审计机构后，中兴华会计师事务所（特殊普通合伙）方才开始承接业务。中兴华会计师事务所对金亚科技报出的 2015 年度财务报表出具"无法表示审计意见"的审计报告。

"导致无法表示意见的事项"具体体现在，中兴华会计师事务所（特殊普通合伙）无法获得金亚科技针对前期重大会计差错进行更正，按追溯重述法对 2014 年财务报表的净资产等进行调整后的财务资料、公司与大股东资金往来的情况、公司持股的联营企业北京鸣鹤鸣和文化传媒有限公司的相关财务数据。

（1）关于实际控制人周旭辉资金占用。在审计过程中，中兴华会计师事务所通过检查金亚科技以前年度的账务处理，未能充分获取与实际控制人占用资金完整的审计证据。同时，中兴华会计师事务所就此事项向相关人员进行了访谈，最终未能充分获取与占用资金相关资料。因未能实施较为完整的审计程序以获取与控股股东占用资金相关的充分、适当的审计证据，导致中兴华会计师事务所对大股东资金占用事项"无法表示意见"。

（2）关于重大会计差错更正。金亚科技涉及会计差错更正年度营业收入、营业成本及期间费用，与之相关的会计科目。根据审计计划，中兴华会计师事务所对涉及采购及销售往来的期初余额进行了函证，对相关数据进行核对。从回函情况来看，期初余额的回函率偏低。根据审计计划，中兴华会计师事务所要求金亚科技提供能够真实、完整反映采购、生产、销售业务的统计数据及前期重大会计差错更正的涉及会计差错更正年度错报自查明细统计表进行核对。截至报告日，金亚科技未能完整提供上述审计证据给中兴华会计师事务所进行核对。由于上述原因，中兴华会计师事务所未能完成对相关错报执行必要的审计程序，无法充分收集到与采购、生产、销售等错报相关的适当审计证据，导致中兴华会计师事务所无法核实金亚科技涉及会计差错更正年度采购、销售相关的重大会计差错更正的完整性。

### 四、案件结果

金亚科技股份有限公司及实际控制人周旭辉分别于 2015 年 6 月 4 日及 6 月 5 日收到中国证监会《调查通知书》（编号：成稽调查通字 151003、15004 号），因金亚科技及其实际控制人涉嫌违反证券法律法规，根据《中华人民共和国证券法》的有关规定，证监会决定对金亚科技及周旭辉进行立案调查。

截至 2016 年 5 月 20 日，尚未收到中国证监会的最终调查结论。

如金亚科技股份有限公司因此受到中国证监会行政处罚，并且在行政处罚决定书中被认定构成重大违法行为，公司将因触及《深圳证券交易所创业板股票上市规则（2014 年修订）》11.11.3 条规定，每月至少披露一次可能被暂停上市的风险提示性公告，直至暂停上市风险消除或者深圳证券交易所做出公司股票暂停上市的决定。

## 评析

### 一、信用证及其审计

在金亚科技虚假披露的 2014 年年末 34 523.39 万元货币资金余额当中，其中包含了两笔受限制的货币资金，是该公司"收到成都国通信息产业有限公司往来款，以本公司为申请人，以成都国通信息产业有限公司为受益人向招行成都分行开具的金额分别为 4 000 万元（信用证号 M280038389）和 3 500 万元（信用证号 M280038310）的信用证两份"。

所谓信用证是指银行方面应金亚科技的要求并按其指示，向国通信息开立的载有一定金额的、在一定期限内凭符合规定的单据付款的书面保证文件。信用证通常是国际贸易中最主要、最常用的支付方式，其主要特征为不依附于买卖合同，付款时不以货物交付为条件。也就是说，金亚科技与国通信息之间的往来款、信用证开具等资金流转行为，可以是毫无商品购销作为支撑的，那么金亚科技与国通信息之间发生的金额高达 7 500 万元的非经营性资金往来的目的何在呢？

同时，与国通信息同处于成都市的金亚科技，为什么要与国通信息之间采用信用证这种通常在国际贸易中才会采用的方式进行资金结算？这种行为是有违经营常理的，本身就应当引起足够重视，毕竟这里面有可能存在金亚科技与国通信息联手套取信用证保证金，进而实施虚增货币资金的财务造假行为。

更何况，金亚科技与国通信息的关系也存在很多耐人寻味之处：首先，国通信息的股东之一为自然人陈松微，此人除了通过其控制的国通信息与金亚科技通过信用证的方式进行资金周转外，还向金亚科技出借了 1 000 万元资金并无需金亚科技支付任何利息，并以所持国通信息股权为抵押，为金亚科技向浙江民泰商业银行成都新都支行 800 万元的短借款作为担保。如果金亚科技与国通信息不存在紧密的、利益攸关的关系，又怎么可能存在上述非市场化的资金关系呢？

其次，国通信息的另一位自然人股东曾兵，则是金亚科技的第三大股东，2014 年年末的持股比例高达 3.21%，持股市值近亿元，而根据金亚科技披露的 2015 年三季报，此人已经从主要股东名单中消失了。考虑到金亚科技股票自 2015 年 6 月 4 日之后便处于停牌状态，这意味着曾兵在 2015 年上半年金亚科技财务造假暴露之前、股价快速上涨过程中，大幅减持了金亚科技股份，成为金亚科技财务造假的实际受益人，而这背后是不是也有故事呢？

上述信息均指向国通信息与金亚科技之间存在着极为复杂且非常隐秘的关系，很可能是金亚科技在实施财务造假过程中关键的外部"壳公司"和资金周转节点。

从成都市金牛区工商局记载的国通信息相关资料，这家公司成立于 2011 年 8 月，最初注册资本仅为 1 100 万元，并不具备与金亚科技之间发生近亿元的资金往来实力；而到了 2014 年第三季度，这家公司以"知识产权+货币+实物"的方式进行增资，注册资本猛然增加到 5 亿元，随即与金亚科技发生了 7 500 万元的信用证资金结算。

这样突变的公司基本情况，加之公司股东与金亚科技之间的持股关系，本应当引起审计机构的足够重视。但事实上，立信会计事务所再次忽视了这一关键往来公司背后存在的疑点，客观上支持了金亚科技的财务数据造假。

### 二、预付工程款及其审计

对于这种虚构预付账款的行为，早在前几年轰动一时的万福生科财务造假案中就已经采用过，当时万福生科的造假手段便是虚增预付账款。在万福生科实施虚增收入 28 681 万元的 2011 年，其预付账款科目余额从 2010 年年末的 2 172.72 万元猛增到 2011 年年末的 11 937.88 万元，增幅高达 4 倍以上，与该公司同期的经营规模变动明显不相称。如今，金亚科技所实施的财务造假行为与当年的万福生科实施的手段几乎可以说是同出一脉，将虚增收入、虚增利润所导致的资产窟窿，通过虚构预付账款向外转出，以达到财务报表的平衡。相比万福生科的偷偷摸摸，金亚科技的本次虚构预付账款要明目张胆得多，因为金亚科技将金额高达 3.1 亿元虚构的预付账款全部归结到"四川宏山建设工程有限公司"这一家供应商身上。

由于金亚科技 2014 年年报的结账日为 2014 年 12 月 31 日，再除去元旦放假时间，作为主审的立信会计事务所在向金亚科技的主要往来款对象发送询证函的时间必然会在 1 月 5 日之后。也就是说，立信会计事务所应该拥有充足的时间和必要的过程，针对与金亚科技存在金额高达 3.1 亿元的"四川宏山建设工程有限公司"基本情况进行核实。但事实上，这家早在 2015 年 1 月 5 日便被吊销营业执照、经营存在明显异常的公司，却顺利地成为金亚科技的主要预付款对象，且涉及金额将近金亚科技全部账面净资产的一半，这难道不是立信会计事务所在审计过程中的严重失职吗？

那么，如何对预付账款业务进行审计呢？

首先，对预付账款的账龄及金额进行分析，针对长期或大额的预付账款项目应采取函证的方式，验证其真实性。

其次，查明预付账款长期挂账的原因，同时抽查应付账款明细账，审核有无同时在两个账户中挂账的情形。

再次，计算预付账款与主营业务成本的比率，与以前各期末比较，分析异常变动的原因。

### 三、大型会计师事务所必须加强对分所的质量管理

金亚科技原来是立信四川分部负责，后来被移交给深圳分部立信所。事件曝光后，立信所一直回避记者的采访。

立信所在中注协发布的 2015 年会计师事务所综合评价百强榜中名列第 5，综合业务收入超过 29 亿元，排名第 4，不可谓不大。但就是这样一家事务所，2015 年仅在资本市场就接连爆出 3 起比较重大的审计失败，除了金亚科技，还有康华农业和神开股份。金亚科技由立信深圳分所负责，康华农业由立信广西分所负责。在万福生科造假案中，也是由于中磊会计师事务所的上海分所执业不严导致中磊被取消从事证券期货业务资格。由此可见，通过合并变大的事务所分所容易出现质量问题。有些事务所是形式合并，平时各吹各的号，只是拉业务、出报告时用同一个名号，审计质量自然良莠不齐。有些事务所虽然是实质合并，总部要求执行统一的质量标准，但由于项目太多、分布地域广、整合时间短等原因，各分所之间执业质量存在很大差异。

基于此，总所最好在制定统一质量标准的基础上，推行以下几点措施：（1）打破界限混合组队，即在组建项目组时任用风险意识高、能力强的项目经理，并由其在全所范围内抽调力量，这样可以促进成员相互学习并在项目组内形成竞争机制。（2）建立质量巡视员制度，总所安排高水平的质量监控人员到各审计现场交叉巡视，发现问题立即整改。（3）各分所的审计底稿交叉审核，如上海分所审核广州分所，广州分所审核湖南分所等。这样做一方面促进相互学习，另一方面提升审计质量。（4）建立合伙人交换任职制度，不同分所的合伙人定期不定期地交换任职。

## 思考与讨论

1. 结合金亚科技货币资金造假案例，分析货币资金内部控制容易出现的问题，以及如何建立起关键的内部控制措施。

2. 结合金亚科技货币资金造假案例，分析注册会计师如何对信用证进行审计。

参考文献

1. 金亚科技股份有限公司（http://www.geeya.cn/）
2. 立信会计师事务所（http://www.bdo.com.cn/）
3. 中兴华会计师事务所（http://www.zxhcpa.com.cn/）
4. 网易财经（http://money.163.com/）
5. 中国注册会计师协会. 审计［M］. 北京：经济出版社，2015.
6. 李晓慧. 审计学实务与案例［M］. 北京：中国人民大学出版社，2014.

# 案例十六　华阳科技审计案例

## 案　情

### 一、案件的起因

2010 年 8 月 26 日，华阳科技股份有限公司（以下简称华阳科技）收到《中国证券监督管理委员会山东证监局调查通知书》（编号：鲁证监调查通字 1007 号），公司因涉嫌违反相关证券法律法规，被进行立案调查。经审查，该公司通过隐瞒大股东资金占用和未及时披露关联交易，隐瞒关联关系及虚假记载等手段，在 2008—2010 年年度报告进行财务造假。华阳科技未及时披露与关联方华阳集团和华天化工的非经营性资金往来，2008 年 1 月 1 日至 2010 年 8 月 31 日期间，华阳科技与华阳集团、华天化工均发生非经营性资金往来，其中，华阳科技向华阳集团划转资金 79 次，累计金额 6.12 亿元，华阳集团向华阳科技划转资金 59 次，累计金额 6.11 亿元；华阳科技向华天化工划转资金 11 次，累计金额 1 138 万元，华天化工向华阳科技划转资金 15 次，累计金额 1 238 万元。华阳科技在 2008 年半年度报告、2008 年年度报告、2009 年半年度报告、2009 年年度报告、2010 年半年度报告中均存在虚假记载和重大遗漏行为。

### 二、被审计单位的基本情况及主要会计问题

（一）被审计单位的基本情况

山东华阳科技股份有限公司是经山东省人民政府鲁政股字〔1999〕第 53 号文件和山东省经济体制改革委员会鲁体改函字〔1999〕第 77 号文件批准，由山东华阳农药化工集团有限公司、泰安飞达助剂有限公司、泰安市泰山农业生产资料站、山东省农药研究所、山东农业大学共同发起设立的股份有限公司。公司设立于 1999 年 12 月 30 日，注册资本 5 000

万元。2002年10月16日经中国证券监督管理委员会批准，向社会公开发行人民币普通股股票4 000万股，每股面值1元，变更后的注册资本为人民币9 000万元。

山东华阳科技股份有限公司（股票代码600532），是山东省136户重点企业之一，主要从事农用化工和精细化工的科技先导型企业，国家科技部认定的高新技术企业，山东省农业银行"银桥工程"重点扶持企业。目前，已初步形成6大系列200多个品种的农药化工产品格局，"神农丹"产品为亚洲唯一，生产工艺和技术国际领先，是国家级星火计划项目、国家重点新产品、国家重点技术推广项目；二甲戊乐灵为国内首创的高效旱田除草剂，国家重点新产品、国家重点火炬计划项目；种衣剂为国家"种子工程"的重要组成部分；腈菌唑为国家火炬计划项目，灭多威为中国农药学会新产品。克百威被国家科委定为"九五"国家重点推广产品。该公司是由山东华阳农药化工集团有限公司、泰安飞达助剂有限公司、泰安市泰山农业生产资料站、山东省农药研究所、山东农业大学共同发起设立的股份有限公司。

公司设立于1999年12月30日，注册资本5 000万元。2002年10月16日经中国证券监督管理委员会批准，向社会公开发行人民币普通股股票4 000万股，每股面值1元，变更后的注册资本为人民币9 000万元。2004年通过公积金转股公司股本变更为11 700万股，其中流通股5 200万股、非流通股6 500万股，股权结构未发生变动。2005—2007年，公司总股本未发生变化，为11 700万股，最大控股股东为山东华阳农药化工集团有限公司，控股比例从2005年的55.56%下降至2007年的38.31%，之后未发生变动。控股比例下降原因主要是由于有限售条件的股份转化为无限售条件的流通股。

（二）主要会计问题

经证监会披露，华阳科技主要存在以下会计问题。

1. 未及时披露与关联方的非经营性资金往来

（1）未及时披露与华阳集团的非经营性资金往来。

根据《上海证券交易所股票上市规则（2008年修订）》规定，上市公司与关联法人发生的交易金额在300万元以上，且占公司最近一期经审计净资产绝对值0.5%以上的关联交易（上市公司提供担保除外），应当及时披露。

2008年3月10日，华阳科技向华阳集团划转资金9 630 000元，此笔资金在3 000 000元以上，且超过华阳科技最近一期经审计净资产绝对值0.5%，华阳科技对此未及时进行披露。

2008年1月1日至2010年8月31日，华阳科技与华阳集团发生非经营性资金往来，华阳科技向华阳集团划转资金79次，累计金额612 356 630元；华阳集团向华阳科技划转资金59次，累计金额610 935 308.55元。华阳科技对此未及时进行披露。

（2）未及时披露与华天化工的非经营性资金往来。

2008年1月16日，华阳科技向华天化工划转资金5 300 000元，此笔资金在3 000 000元以上，且超过华阳科技最近一期经审计净资产绝对值0.5%。华阳科技对此未及时进行披露。

2008年1月1日至2010年8月31日，华阳科技与华天化工发生非经营性资金往来，华阳科技向华天化工划转资金 11 次，累计金额 11 380 000 元；华天化工向华阳科技划转资金 15 次，累计金额 12 380 000 元。华阳科技对此未及时进行披露。

（3）在相关财务报告中未披露与华阳集团和华天化工的非经营性资金往来。

第一，2008 年半年度报告：2008 年 1 月 1 日至 2008 年 6 月 30 日，华阳科技向华阳集团和华天化工划转资金 24 次，共计 312 680 000 元；华阳集团和华天化工向华阳科技划转资金 23 次，共计 236 355 000 元。

第二，2008 年年度报告：2008 年 1 月 1 日至 2008 年 12 月 31 日，华阳科技向华阳集团和华天化工划转资金 52 次，共计 449 225 660 元；华阳集团和华天化工向华阳科技划转资金 40 次，共计 389 060 994.55 元。

第三，2009 年半年度报告：2009 年 1 月 1 日至 2009 年 6 月 30 日，华阳科技向华阳集团和华天化工划转资金 19 次，共计 86 940 970 元；华阳集团和华天化工向华阳科技划转资金 9 次，共计 46 520 000 元。

第四，2009 年年度报告：2009 年 1 月 1 日至 2009 年 12 月 31 日，华阳科技向华阳集团和华天化工划转资金 33 次，共计 130 410 970 元；华阳集团和华天化工向华阳科技划转资金 20 次，共计 127 216 780 元。

第五，2010 年半年度报告：2010 年 1 月 1 日至 2010 年 6 月 30 日，华阳科技向华阳集团划转资金 4 次，共计 24 900 000 元；华阳集团向华阳科技划转资金 14 次，共计 107 037 534 元。

2. 存在虚假记载和重大遗漏行为

（1）在相关财务报告中未披露与华天化工的关联方关系和关联交易。

第一，2008 年半年度报告：华阳科技时任总经理韩畅巨和副董事长兼总经理闫新华曾分别担任华天化工的法定代表人和董事长，华天化工与华阳科技为关联方。华阳科技与华天化工有经营性关联交易，华阳科技向华天化工销售氯气等材料 1 215 592.56 元。

第二，2008 年年度报告：未披露与华天化工的关联方关系和 2 105 856.19 元关联交易。

第三，2009 年半年度报告：未披露与华天化工的关联方关系和 101 350.88 元关联交易。

第四，2009 年年度报告：未披露与华天化工的关联方关系和 235 478.96 元关联交易。

第五，2010 年半年度报告：未披露与华天化工的关联方关系和 318 066.81 元关联交易。

（2）在相关财务报告中未披露与华秦化工的关联方关系和关联交易。

第一，2008 年半年度报告：华阳科技时任总经理韩畅巨和时任监事石秀明曾分别担任泰安华秦化工有限责任公司（以下简称华秦化工）的法定代表人和董事长，华秦化工与华阳科技为关联方。华阳科技与华秦化工有经营性关联交易，华阳科技从华秦化工采购乳化剂等原材料，向华秦化工销售溶剂油、甲醇等材料，共计 1 268 731 元。

第二，2008 年年度报告：未披露与华秦化工的关联方关系和 1 481 746 元关联交易。

第三，2009 年半年度报告：未披露与华秦化工的关联方关系和 782 524 元关联交易。

第四，2009 年年度报告：未披露与华秦化工的关联方关系和 1 016 010 元关联交易。

第五，2010 年半年度报告：未披露与华秦化工的关联方关系和 1 553 704.80 元关联交易。

3. 在相关财务报告中未披露相关资产和负债

第一，2008 年半年度报告：2008 年 6 月，华阳科技未将 35 800 000 元借款计入会计记录，2009 年 4 月才计入会计记录，造成 2008 年度半年度报告虚假记载，少计银行存款和其他应付款 35 800 000 元。

第二，2008 年年度报告：2008 年 6 月，华阳科技未将 35 800 000 元借款计入会计记录，2009 年 4 月才计入会计记录，造成 2008 年度报告虚假记载，少计银行存款和其他应付款 35 800 000 元。

### 三、审计主体的基本情况及主要审计问题

#### （一）审计主体的基本情况

REANDA，中文简称利安达，在中国注册会计师协会注册的名称为利安达会计师事务所有限责任公司，为特殊普通合伙企业。利安达成立于 1993 年，注册资本为 1 591 万元人民币，累计提取的职业风险金 2 300 多万元人民币，职业责任保险累计赔偿限额达到一亿元人民币。利安达在全国设有近 30 家分支机构，是具有相当规模的国内会计集团网络之一：2014 年，全国会计师事务所综合排名第 20 位，有 428 名注册会计师，事务所本身业务收入 41 346.01 万元；2015 年，全国会计师事务所综合排名第 22 位，注册会计师 514 人，事务所本身业务收入 47 851.19 万元。

利安达目前具有财政部和中国证监会批准的执行证券、期货相关业务审计资格、财政部和中国人民银行批准的从事金融审计相关业务资格、中国注册会计师协会和国务院国资委核准的承担大型及特大型国有企业审计资格、中国银行间市场交易商协会会员资格、北京市司法局批准的司法鉴定资格及在美国 PCAOB 和加拿大 CPAB 注册，具有为在美国和加拿大等北美国家证券市场上市的公司提供专业服务的资格。业务涉及审计、资产评估、金融、会计、工程造价、税务、财务、投融资及管理咨询等领域。

截至 2016 年 3 月 21 日，聘请利安达作为事务所的 A 股上市公司共有 16 家，在新三板上市公司中聘任利安达作为事务所的公司共计 129 家。从上述数据可以看出，新三板是利安达证券业务的重要领域。

#### （二）主要审计问题

利安达会计师事务所从 2003 年至 2011 年一直从事华阳科技公司的审计工作，除 2003 年（重大方面公允）、2010 年（有保留意见）、2011 年（强调事项无保留）之外，利安达会计师事务所对华阳科技出具的审计结果都是标准无保留的审计意见。经证监会查明，利安达存在以下审计问题。

1. 利安达未勤勉尽责，对华阳科技 2008 年财务报表出具了无保留意见的审计报告，发表了不恰当的审计意见

（1）利安达对华阳科技 2008 年财务报表审计未执行充分的分析程序。

2008 年 10 月，华阳科技向关联方山东华阳农药化工集团有限公司（以下简称华阳集

团）划转资金 30 000 000 元，华阳科技将上述资金划转记录为向宁阳县光明经贸有限公司（以下简称光明经贸）、宁阳兴发工贸有限公司（以下简称兴发工贸）、宁阳县鸿顺物资购销站（以下简称鸿顺物资）和宁阳东方玻璃制品有限公司（以下简称东方玻璃）预付货款 30 000 000 元。

利安达获取了华阳科技与光明经贸、兴发工贸、鸿顺物资和东方玻璃的购货合同，但合同中约定的商品采购数量与华阳科技 2008 年实际采购量出现严重偏离，对于这一异常情况，利安达的审计人员只是听取华阳科技的解释、收集华阳科技与上述 4 家机构的购货合同，未获取充分的证据。除上述 30 000 000 元外，华阳科技在 2008 年与光明经贸、兴发工贸、鸿顺物资和东方玻璃基本没有业务往来，对此，利安达的审计人员没有保持合理的职业怀疑。

利安达的审计人员将未加盖华阳科技印章的华阳科技与上述 4 家机构的购货合同作为审计证据，没有对合同中所列事项进一步获取充分的解释和恰当的审计证据，没有对审计证据的适当性、可靠性进行职业判断。

（2）利安达对华阳科技 2008 年财务报表进行审计时对部分没有回函的函证未执行有效的替代程序。

2008 年，华阳科技向关联方泰安华天化工有限公司（以下简称华天化工）划转资金 19 788 000 元，华阳科技将上述资金划转记录为向山东金阳矿业集团有限公司（以下简称金阳矿业）划转资金。

由于华阳科技与金阳矿业的资金往来数额较大，在对华阳科技 2008 年财务报表进行审计时，利安达的审计人员对金阳矿业进行了函证，但没有收到金阳矿业的回函。在没有金阳矿业回函的情况下，利安达的审计人员仅获取了一份 2008 年 1 月 10 日华阳科技向金阳矿业购买原煤的 14 080 000 元合同，但未进一步实施有效的替代程序。

2. 利安达未勤勉尽责，对华阳科技 2009 年财务报表出具了无保留意见的审计报告，发表了不恰当的审计意见

2009 年 12 月，华阳科技控股子公司宁阳鲁邦正阳热电有限责任公司（以下简称鲁邦热电）以预付煤炭款的形式支付给宁阳县运通煤炭物资有限公司（以下简称运通煤炭）、宁阳县运展煤炭销售有限公司（以下简称运展煤炭）和宁阳县鲁兴煤炭运销有限公司（以下简称鲁兴煤炭）资金 48 504 717.29 元，运通煤炭、运展煤炭和鲁兴煤炭收到资金后支付给华阳集团，华阳集团再支付给鲁邦热电。

对鲁邦热电 2009 年的货币资金进行审计时，利安达的审计人员获取了鲁邦热电向运通煤炭、运展煤炭和鲁兴煤炭预付账款的凭证和华阳集团向鲁邦热电划转资金的凭证，资金进出的时间、金额完全相同，鲁邦热电 2009 年预付账款期末数较期初数的变动比例为 808.70%，利安达的审计人员对鲁邦热电存货中原煤、煤矸石的采购量和使用量进行分析后认为鲁邦热电预付的款项是合理的。但即便考虑煤炭涨价的因素，鲁邦热电 2009 年年底预付的大额购买原煤、煤矸石的款项与鲁邦热电的生产需求规模相比也不配比、不合理；对

此，利安达的审计人员在审计时未充分执行分析程序，没有对鲁邦热电的上述资金划转保持应有的职业怀疑。

### 四、案件结果

#### （一）被审计单位——华阳科技

依据《证券法》第一百九十三条的规定，对华阳科技的处罚如下。

（1）对华阳科技给予警告，并处以 30 万元罚款。

（2）对刘敬路（华阳科技董事长）、闫新华（华阳科技总经理、副董事长、董事长）给予警告，并分别处以 8 万元罚款。

（3）对范伟（华阳科技财务总监、董事、副董事长）给予警告，并处以 5 万元罚款。

（4）对周忠（华阳科技董事）、李德军（华阳科技董事）、王开运（华阳科技董事）、罗海章（华阳科技独立董事）、高杰（华阳科技独立董事）、李庆新（华阳科技独立董事）、刘福军（华阳科技董事）、宋东升（华阳科技副总经理、董事）、张辉玉（华阳科技独立董事）、黄昌存（华阳科技财务总监）给予警告，并分别处以 3 万元罚款。

#### （二）会计师事务所——利安达

依据《证券法》第二百二十三条的规定，对利安达会计师事务所处罚如下。

（1）责令利安达改正，没收利安达业务收入 70 万元。

（2）对华阳科技 2008 年财务报表审计报告签字注册会计师李耀堂和黄丽华、华阳科技 2009 年财务报表审计报告签字注册会计师孙莉和王晓波给予警告，并分别处以 3 万元罚款。

## ┃评　析┃

### 一、货币资金造假——资金流水舞弊

现金流水舞弊指的是为获取不当或非法利益，人为通过循环转账制造资金流并作虚假记载。通俗地讲，就是企业故意将资金体外循环一圈或多圈，并配合虚假的会计记录来达到粉饰报表的目的。虚假信息由于有资金运作的配合，显得更加真实，也加大了审查难度。一般的资金流水舞弊的方式主要有虚假出资、关联方占资虚假收回，还有制造收入等。本案例中华阳科技则主要是利用了关联方占资虚假收回方式，进行货币资金造假。

关联方无偿占用上市公司资金的问题非常普遍。这种占资往往会以其他供应商的名义挂在往来类科目上，之后再转为其他科目慢慢消化掉，这样一则可以避免引起监管层的注意，二则可避免计提相应的坏账准备，增加非经常性损益。

本案例中华阳科技则运用了与集团母公司华阳集团及关联方华天化工、华秦化工的非经营性货币资金的往来划转，再通过一些虚假的内部交易进行各种资金运作，来达到货币资金造假的目的。

### 二、关联方非经营性资金占用及其审计

非经营性资金占用，是指上市公司为大股东及其附属企业垫付的工资、福利、保险、广告等费用和其他支出；代大股东及其附属企业偿还债务而支付的资金；有偿或无偿、直接或间接拆借给大股东及其附属企业的资金；为大股东及其附属企业承担担保责任而形成的债权；其他在没有商品和劳务对价情况下提供给大股东及其附属企业使用的资金。

（一）关联方非经营性资金有偿占用

对于有偿占用的情形，注册会计师应该检查资金有偿占用的协议，判断企业利息收入的会计核算是否正确，利息收入是否符合独立交易原则。

在资金有偿占用的情形下，企业账面会反映利息收入，注册会计师应该关注是否按照权责发生制原则确认利息收入，而在进行企业所得税处理的时候是否按照《企业所得税法实施条例》第十八条"利息收入，按照合同约定的债务人应付利息的日期确认收入的实现"的规定进行处理，对于存在的会计与税法的差异是否进行了纳税调整。如果企业存在上述问题，注册会计师可以直接根据重要性原则在审计调整中按权责发生制原则调整利息收入，并按照税法规定进行纳税调整。

在资金有偿占用的情形下，由于利润表里已经体现利息收入，企业对所得税的处理也会考虑到。但是对于营业税、城建税、教育费附加、印花税等税费，如果在不开具发票的情况下，往往不进行处理，这时注册会计师审计调整中对应交的营业税、城建税、教育费附加、印花税等进行补提，并可以建议企业应尽量自行开具或者到主管税务机关代开发票给对方，对方取得合法凭证后方可按照税法规定税前列支。

如果按照资金有偿占用协议，注册会计师判断出利息收入明显不符合独立交易原则，应要求企业按照独立交易原则进行企业所得税特别纳税调整以及营业税、城建税、教育费附加等税费的税务调整。笔者在此特别强调一点，这里的税务调整应由企业来做而千万不要由注册会计师自行进行。税法里未赋予注册会计师核定税款的权利，而且如果由企业按照要求进行税务调整，表明是企业的会计责任而不是审计责任。注册会计师取得企业的税务调整情况，如满意，则不用考虑对审计报告的影响，如果企业不接纳注册会计师意见或者税务调整情况不能令注册会计师满意，注册会计师应根据未调整税收金额对财务报表的影响程度考虑发表审计报告的意见类型，如果影响程度比较小，可以不因此发表非标准审计报告。

资金有偿占用的情况，有时是由企业出面向银行借款并全额转给关联方使用，部分企业针对这种转借的情况将支付给银行的利息作其他应收款处理而未作为利息支出核算，待以后向关联方收取时冲回其他应收款。此时注册会计师应注意转借这种情形无论是否开具发票，无论账面是反映收入还是作为一付一收处理，均应按转借利息收入征收营业税、城建税、教育费附加、印花税等。如果企业未作税务处理，注册会计师审计调整中对应交的营业税、城建税、教育费附加、印花税等进行补提。

（二）关联方非经营性资金无偿占用

对于关联方非经营性资金无偿占用的情形，账面不涉及利息收入的确认问题，注册会计师主要关注企业对于关联方无偿占用的资金是否按照税法规定进行了税务处理。

《中华人民共和国税收征收管理法》第三十六条规定：企业或者外国企业在中国境内设立的从事生产、经营的机构、场所与其关联企业之间的业务往来，应当按照独立企业之间的业务往来收取或者支付价款、费用；不按照独立企业之间的业务往来收取或者支付价款、费用，而减少其应纳税的收入或者所得额的，税务机关有权进行合理调整。《中华人民共和国企业所得税法》第四十一条规定：企业与其关联方之间的业务往来，不符合独立交易原则而减少企业或者其关联方应纳税收入或者所得额的，税务机关按照合理方法调整。即若借贷双方存在关联关系，税务机关有权核定其利息收入并缴纳企业所得税和营业税、城建税、教育费附加、印花税等。

对于资金无偿占用的情形，注册会计师应获取企业的税务调整情况，此种情况下，企业往往不会很主动地进行税务调整或者进行很少数额的税务调整。如果企业没有进行税务调整或者税务调整情况不能令注册会计师满意，注册会计师应建议企业严格按照独立交易原则进行税务调整，否则应视未调整税收金额对财务报表的影响程度考虑发表审计报告的意见类型。

无论是资金有偿占用还是资金无偿占用，注册会计师都应关注关联方非经营性资金占用事项是否在财务报表附注中按照规定做出了充分的披露。在符合规定的前提下，注册会计师还应专门取得企业出具的关于关联方资金占用情况的声明，对于未按照注册会计师建议进行税务调整的，应要求企业在声明里列入，以在日后发生纠纷时作为保护注册会计师减轻法律责任或者免责的证据。

### 三、造假背后原因分析

（一）对关联方交易的审计难题，给其提供了货币资金造假通道

识别关联方与关联方交易的难度较大。我国现行的关联方披露准则对企业做出了要求，企业财务报告应对关联方、关联关系、关联方交易的相关信息进行披露。但在实际工作中，绝大多数上市公司对于这一方面的披露不完整，如对关联方交易不作全面披露，甚至在涉及核心关联方交易时避重就轻、故意遮掩；没有对关联方交易定价依据或方法进行具体说明，或这些说明缺乏可比性和可理解性等。尽管相关准则和规定在关联方披露方面不断完善，但依然无法满足关联方交易审计的需要。

关联方交易的审计证据难以搜集。审计证据的基本属性是充分性与适当性，任何影响到审计证据充分性与适当性的因素都可能会影响审计质量。且关联方交易审计较少采用审计抽样的方法，因为审计人员必须调查企业所有关联方，在确认关联方之后再对各项关联方交易逐一进行审计。因此，关联方交易审计所需的证据比独立交易审计要多得多。目前我国企业的关联方交易形式多样且复杂，即使审计人员做出识别，也可能会因为企业对其

关联方交易记录做了合法化的加工而难以搜集到充分适当的审计证据。另外，关联方交易公平价格的确定是关联方交易是否公允的关键，企业披露中的"正常市价""合同价"等概念模糊，需要审计人员做出一定的主观判断。这就对审计人员获取充分适当的审计证据带来了挑战。

尚未形成规范的关联方交易审计程序。我国的相关准则没有针对关联方交易审计设计专门的审计程序，实务中也没有被统一认可的、能有效执行的审计程序。而且我国的审计准则强调，对上市公司财务报表进行审计，目标是对其合法性和公允性发表审计意见，最终目的是提高其可信度，而不是对其可靠性给予绝对保证，由此导致了很多审计人员在审计关联方交易时仅遵循一般的交易审计程序，认为只要执行了一般的审计工作程序，无论发现关联方交易舞弊行为与否，都不必承担相关责任和损失。因此，审计人员没有动力对高舞弊风险的关联方交易执行专门设计的审计程序，那么审计质量就必然得不到保障。

（二）公司发展受整体宏观经济环境影响

2008 年经济危机，由 2007 年净利润 8 520 000 元，到 2008 年亏损 8 680 000 元，而且营业收入也受到影响，从 2008 年为 636 680 159 元，2009 年则下降至 404 331 675 元，下降幅度接近 30%。所以公司为了粉饰报表，提高业绩，从而进行财务造假，吸引投资者投资。

## 思考与讨论

1. 对于完善货币资金审计程序及方法，谈谈你的看法。
2. 针对关联方交易货币资金审计存在的诸多问题，你有何建议及对策？请结合案例具体分析。

## 参考文献

1. 中国注册会计师协会. 审计［M］. 北京：经济出版社，2015.
2. 李晓慧. 审计案例与实训［M］. 北京：中国人民大学出版社，2012.
3. 中国证券监督管理委员会（http://www.csrc.gov.cn）
4. 利安达会计师事务所（http://www.reanda.com）
5. 新浪财经网（http://finance.sina.com.cn）
6. 金亚科技 http://www.geeya.cn/
7. 巨潮资讯网 http://www.cninfo.com.cn/

# 第九章　特殊项目审计

**学习目标**

● 掌握对或有事项的关注
● 掌握对关联交易的关注
● 掌握对重大非常规交易的关注
● 掌握对期后事项的关注

特殊事项的关注是在对四大循环审计之外，对于某些非常规的重点项目进行审计。之所以称为特殊项目是因为它们的性质特殊，如会计估计和关联方是容易引起特别风险的事项，持续经营假设如果出现问题就是报表层的风险，期初余额是首次接受委托时才审的。通常大体包括对或有事项的审计、对关联交易的审计、对重大非常规交易的审计、对期后事项的审计等重点内容。

## 一、或有事项的审计

或有事项是指过去的交易或事项形成的，其结果须通过未来事项的发生或不发生予以证实的不确定事项。

### （一）或有事项的审计

注册会计师对或有事项进行审计所要达到的审计目标一般包括：确定或有事项是否存在和完整；确定或有事项的确认和计量是否符合企业会计准则的规定；确定或有事项的列报是否恰当。

在审计或有事项时，注册会计师尤其要关注财务报表反映的或有事项的完整性。由于或有事项的种类不同，注册会计师在审计被审计单位的或有事项时，所采取的程序也各不相同。但总结起来，针对或有事项的审计程序通常包括以下几项。

（1）了解被审计单位与识别有关的内部控制。

（2）审阅截至审计工作完成日止被审计单位历次董事会纪要和股东大会会议记录，确定是否存在未决诉讼或仲裁、未决索赔、税务纠纷、债务担保、产品质量保证、财务承诺等方面的记录。

（3）向与被审计单位有业务往来的银行函证，或检查被审计单位与银行之间的借款协议和往来函件，以查找有关票据贴现、背书、应收账款抵借、票据背书和担保。

（4）检查与税务征管机构之间的往来函件和税收结算报告，以确定是否存在税务纠纷。

（5）向被审计单位的法律顾问和律师进行函证，分析被审计单位在审计期间所发生的法律费用，以确定是否存在未决诉讼、索赔等事项。

（6）向被审计单位管理层获取书面声明，声明其已按照企业会计准则的规定，对全部或有事项作了恰当反映。

注册会计师还应当确定或有事项的确认和计量是否符合《企业会计准则第 13 号——或有事项》的规定。

### （二）获取律师声明书

在对被审计单位期后事项和或有事项等进行审计时，注册会计师往往要向被审计单位的法律顾问和律师进行函证，以获取其对资产负债表日已存在的，以及资产负债表日至复函日这一时期内存在的期后事项和或有事项等的确认证据。被审计单位律师对函证问题的答复和说明，就是律师声明书。

对律师的函证，通常以被审计单位的名义，通过寄发审计询证函的方式实施。

注册会计师应根据该律师的职业水准和声誉情况来确定律师声明书的可靠性。如果注册会计师对代理被审计单位重大法律事务的律师并不熟悉，则应查询诸如该律师的职业背景、声誉及其在法律界的地位等情况，并考虑从律师协会获取信息。

如果律师声明书表明或暗示律师拒绝提供信息或隐瞒信息，注册会计师应将其视为审计范围受到限制。

## 二、对关联交易的关注

### （一）注册会计师对关联交易的责任

企业会计准则规定：一方控制、共同控制另一方或对另一方施加重大影响，以及两方或两方以上同受一方控制、共同控制或重大影响的，构成关联方。关联方交易是指在关联方之间转移资源或义务的事项，而不论是否收取价款。关联方之间资源和义务的转移价格是了解关联方交易的关键。关联方交易的主要类型包括：购买或销售商品；购买或销售除商品之外的其他资产；提供或接受劳务；代理；租赁；提供资金；担保或抵押；管理方面的合同；研究与开发项目的转移；许可协议；关键管理人员报酬等。

在审计实务中，由于以下原因，关联方关系以及其交易的性质可能导致关联方交易比非关联方交易具有更高的财务报表重大错报风险：（1）关联方可能通过广泛而复杂的关系和组织结构进行运作，相应增加关联方交易的复杂程度；（2）信息系统可能无法有效识别或汇总被审计单位与关联方之间的交易好未结算项目的金额；（3）关联方交易可能未按照正常的市场条款和条件进行，例如，某些关联方交易可能没有相应的对价。

由于关联方之间彼此并不独立，为使财务报表使用者了解关联方关系及其交易的性质，以及关联方关系及其交易对财务报表的实际或潜在的影响，许多财务报告框架对关联方关系及其交易的会计处理和披露做出了规定。在适用的财务报告框架做出这些规定的情况下，注册会计师有责任实施审计程序，以识别、评估和应对被审计单位未能按照适用的财务报告框架进行恰当会计处理或披露关联方关系以及其交易导致的重大错报风险。

（二）关联交易审计实务

在审计实务中，虽然最简便的方法是注册会计师向被审计单位索要关联方及其交易的明细清单，但注册会计师在执行各个会计科目的实质性测试时，也可以寻找到一些被掩藏的关联方及其关联交易；另外，还需要设计专门的审计程序，识别、评价并确认对财务报表产生影响的关联方及其交易，其可供选择的审计程序如表 9-1 所示。

表 9-1　可供选择的关联交易审计程序

| |
| --- |
| 1. 询问被审计单位的治理层、管理层和其他人员，获取关联方及关联方交易清单。明确：<br>（1）关联方的名称和特征，包括关联方自上期以来发生的变化<br>（2）被审计单位和关联方之间关系的性质<br>（3）被审计单位在本期是否与关联方发生交易。如发生，交易的类型、定价政策和目的 |
| 2. 实施下列审计程序，确定清单信息的完整性：<br>（1）复核以前年度工作底稿，确认已识别的关联方名称<br>（2）询问治理层和关键管理人员是否与其他单位存在隶属关系<br>（3）复核投资者记录以确认主要投资者的名称；适当的情况下，从股权登记机构获取主要投资者的名单<br>（4）查阅股东会和董事会的会议纪要，以及其他相关的法定记录<br>（5）复核被审计单位向监管机构报送的所得税申报表和其他信息 |
| 3. 实施下列审计程序，以识别关联方交易：<br>（1）关注可能导致关联方交易额情形，例如，缺乏持续经营所需的资金、过于乐观的盈利预测、出现产业危机、生产能力过剩、发生重大诉讼等<br>（2）在审计过程中保持警惕，考虑是否存在以前尚未识别出的关联方。例如，交易条件异常的交易、商业理由不合乎逻辑的交易、未予记录的交易等 |
| 4. 如果可获取与关联方交易相关的审计证据有限，考虑实施下列审计程序：<br>（1）向关联方函证交易的条件和金额，包括担保和其他重要信息<br>（2）检查关联方拥有的信息<br>（3）向与交易相关的人员和机构（如银行、律师）函证与其讨论有关信息 |
| 5. 就被审计单位提供的关于识别关联信息的完整性，以及财务报告中关联方和关联方交易披露的充分性，向管理层获取书面声明 |
| 6. 根据评估的舞弊风险等因素增加的审计程序 |
| 7. 确定被审计单位是否已按企业会计准则的要求披露关联方和关联方交易 |

（三）未披露关联关系/关联交易对审计的影响

（1）如果识别出可能表明存在管理层以前未识别或未向注册会计师披露的关联方关系或关联方交易的安排或信息，注册会计师应当确定相关情况能否证实关联方关系或关联方交易的存在。

（2）对于识别出的超出正常经营过程的重大关联交易，注册会计师应当：

① 检查相关合同或协议。

② 获取交易已经恰当授权和批准的审计证据。

（3）对于识别出可能表明存在管理层未向注册会计师披露的关联方关系或交易的安排或信息的处理。

为确定相关情况是否能够证实关联方关系或关联方交易的存在，注册会计师可以考虑实施以下审计程序。

① 调查重大或非常规交易的交易对方的背景信息，如股权结构、经营范围、法人代表和注册地址。

② 就交易对方与被审计单位的关系，询问直接参与交易的基层员工。

③ 对存在疑虑的重要客户或供应商进行实地观察或询问。

④ 向被审计单位的重要股东或关键管理人员进行询证。

⑤ 检查银行对账单和大额资金往来交易。

⑥ 利用专家的工作，如反舞弊专家。

## 三、对重大非常规交易的关注

重大非常规交易，特别是临近会计期末发生的、在做出"实质重于形式"判断方面存在困难的重大非常规交易，为被审计单位编制虚假财务报表提供机会。为此，注册会计师在识别、评估和应对财务报表重大错报时，应当对重大非常规予以特别关注。

（一）年报中常见的重大非常规交易集权风险因素

年报中常见的重大非常规交易包括以下几方面。

（1）复杂的股权交易，如公司的重组和收购。

（2）与处于公司法规不健全的国家或地区的境外实体之间的交易。

（3）对外提供厂房租赁或管理服务，而没有收取对价。

（4）具有异常大额折扣或退货的销售。

（5）循环交易。

（6）合同届满之前变更条款的交易。

（7）采用特殊或创新交易模式的交易。

（8）交易标的对被审计单位或交易对手不具有合理用途。

（9）交易价格明显偏离市场价格。

（10）非经营所需的、名义金额重大的衍生金融工具交易。

（11）不属于经常业务范围、金额重大且没有实物流的交易。

（二）重大非常规交易审计程序

注册会计师应当对评估的重大非常规交易风险保持职业谨慎，在终结审计中站在整个报表层次系统评价并取证。

（1）评价涉及重大非常规交易的重大会计政策的选择和运用。

（2）针对性执行会计分录测试。

会计分录测试是指注册会计师针对被审计单位日常会计核算过程中做出的会计分录，以及编制会计报表过程中做出的调整进行测试。注册会计师执行会计分录测试目标主要是应对管理层凌驾于内部控制之上的风险。

（3）评价交易的商业理由。

（4）实施函证程序。

（5）在临近审计结束时实施分析程序。

（6）严格执行项目治理复核。

（三）重大非常规交易审计对审计的程序

在对财务报表形成审计意见时，针对重大非常规交易，注册会计师应当考虑以下几方面。

（1）选择和运用的会计政策是否可以接受。

（2）会计政策是否适用于被审计单位的具体情况。

（3）财务报表列报的信息是否具有可靠性、相关性、可理解性和可比性。

（4）财务报表是否做出充分披露，使财务报表预期使用者能够理解重大交易或事项对财务报表传递信息的理解。

（5）财务报表是否公允地反映相关事项和交易的经济实质。

注册会计师获取以上几个方面的证据如果支持说明重大非常规交易存在问题，注册会计师应当考虑发表非标准意见的审计报告。

## 四、期后事项的审计

### （一）期后事项的种类

1. 资产负债表日后调整事项

如果这类期后事项的金额重大，应提请被审计单位对本期财务报表及相关的账户金额进行调整。诸如：

（1）资产负债表日后诉讼案件结案，法院判决证实了企业在资产负债表日已经存在现时义务，需要调整原先确认的与该诉讼案件相关的预计负债，或确认一项新负债。

（2）资产负债表日后取得确凿证据，表明某项资产在资产负债表日发生了减值或者需要调整该项资产原先确认的减值金额。

（3）资产负债表日后进一步确定了资产负债表日前购入资产的成本或售出资产的收入。

（4）资产负债表日后发现了财务报表舞弊或差错。

2. 资产负债表日后非调整事项

如果被审计单位的财务报表因这类事项可能受到误解，就应在财务报表中以附注的形式予以适当披露。

（1）资产负债表日后发生重大诉讼、仲裁、承诺。

（2）资产负债表日后资产价格、税收政策、外汇汇率发生重大变化。

（3）资产负债表日后因自然灾害导致资产发生重大损失。

（4）资产负债表日后发行股票和债券以及其他巨额举债。

（5）资产负债表日后资本公积转增资本。

（6）资产负债表日后发生巨额亏损。

（7）资产负债表日后发生企业合并或处置子公司。

（8）资产负债表日后企业利润分配方案中拟分配的以及经审议批准宣告发放的股利或利润。

根据定义，期后事项可以按时段划分为三个时段（见图 9-1）：第一个时段是资产负债表日后至审计报告日，我们可以把在这一期间发生的事项称为"第一时段期后事项"；第二个时段是审计报告日后至财务报表报出日，我们可以把这一期间发现的事实称为"第二时段期后事项"；第三个时段是财务报表报出日后，我们可以把这一期间发现的事实称为"第三时段期后事项"。

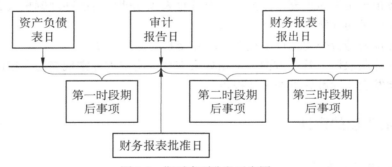

图 9-1　期后事项分段示意图

**（二）截至审计报告日发生的事项**

1．主动识别第一时段期后事项

注册会计师负有主动识别的义务，应当设计专门的审计程序来识别这些期后事项。

2．用以识别期后事项的审计程序

注册会计师应当尽量在接近审计报告日时，实施旨在识别需要在财务报表中调整或披露事项的审计程序。

用以识别第一时段期后事项的审计程序通常包括以下几项。

（1）复核被审计单位管理层建立的用于确保识别期后事项的程序。

（2）取得并审阅股东大会、董事会和管理当局的会议记录以及涉及诉讼的相关文件等，查明识别资产负债表日后发生的对本期财务报表产生重大影响的调整事项和非调整事项。

（3）在尽量接近审计报告日时，查阅股东会、董事会及其专门委员会在资产负债表日后举行的会议的纪要，并在不能获取会议纪要时询问会议讨论的事项。

（4）在尽量接近审计报告日时，查阅最近的中期财务报表、主要会计科目、重要合同和会计凭证。如认为必要和适当，还应当查阅预算、现金流量预测及其他相关管理报告。

（5）在尽量接近审计报告日时，查阅被审计单位与客户、供应商、监管部门等的往来信函。

（6）在尽量接近审计报告日时，向被审计单位律师或法律顾问询问有关诉讼和索赔事项。

（7）在尽量接近审计报告日时，就以下内容（但不限于）向管理层询问可能影响财务报表的期后事项：根据初步或尚无定论的数据做出会计处理的项目的现状；是否发生新的担保、借款或承诺；是否出售或购进资产，或者计划出售或购进资产；是否已发行或计划发行新的股票或债券，是否已签订或计划签订合并或清算协议；资产是否被政府征用或因不可抗力而遭受损失；在风险领域和或有事项方面是否有新进展；是否已做出或考虑做出异常的会计调整；是否已发生或可能发生影响会计政策适当性的事项。

3. 知悉对财务报表有重大影响的期后事项时的考虑

如果所知悉的期后事项属于调整事项，注册会计师应当考虑被审计单位是否已对财务报表做出适当的调整。如果所知悉的期后事项属于非调整事项，注册会计师应当考虑被审计单位是否在财务报表附注中予以充分披露。

**（三）审计报告日后至财务报表报出日前发现的事实**

1. 被动识别第二时段期后事项

在审计报告日后，注册会计师没有责任针对财务报表实施审计程序或进行专门查询。在审计报告日至财务报表报出日期间，管理层有责任告知注册会计师可能影响财务报表的事实。当然，注册会计师还可能从媒体报道、举报信或者证券监管部门告知等途径获悉影响财务报表的期后事项。

2. 知悉第二时段期后事项时的考虑

（1）管理层修改财务报表时的处理。如果管理层修改了财务报表，注册会计师应当根据具体情况实施必要的审计程序。此时，注册会计师需要获取充分、适当的审计证据，以验证管理层根据期后事项所做出的财务报表调整或披露是否符合企业会计准则和相关会计制度的规定。此外，注册会计师还要针对修改后的财务报表出具新的审计报告和索取新的管理层声明书。新的审计报告日期不应早于董事会或类似机构批准修改后的财务报表的日期。

（2）管理层不修改财务报表且审计报告未提交时的处理。如果注册会计师认为应当修改财务报表而管理层没有修改，并且审计报告尚未提交给被审计单位，注册会计师应当出具保留意见或否定意见的审计报告。

（3）管理层不修改财务报表且审计报告已提交时的处理。如果注册会计师认为应当修改财务报表而管理层没有修改，并且审计报告已提交给被审计单位，注册会计师应当通知治理层不要将财务报表和审计报告向第三方报出。

如果财务报表仍被报出，注册会计师应当采取措施防止财务报表使用者信赖该审计报告。

（四）财务报表报出后发现的事实

1. 没有义务识别第三时段的期后事项

在财务报表报出后，注册会计师没有义务针对财务报表做出查询。

2. 知悉第三时段期后事项时的考虑

（1）管理层修改财务报表时的处理：① 实施必要的审计程序；② 复核管理层采取的措施能否确保所有收到原财务报表和审计报告的人士了解这一情况；③ 针对修改后的财务报表出具新的审计报告。

（2）管理层未采取任何行动时的处理。注册会计师应当采取措施防止财务报表使用者信赖该审计报告，并将拟采取的措施通知治理层。通常，针对上市公司客户，注册会计师可以考虑在中国证券监督管理委员会指定的媒体上刊登公告，指出审计报告日已存在的、对已公布的财务报表存在重大影响的事项及其影响。

（3）临近公布下一期财务报表时的处理。注册会计师应当根据法律法规的规定确定是否仍有必要提请被审计单位修改财务报表，并出具新的审计报告。

# 案例十七　北生药业审计案例

## 案　情

### 一、案件的起因

2007 年 7 月 30 日，因涉嫌证券违法违规一事，北生药业接到证监会的立案调查通知书，公司被立案调查。

2008 年 10 月 31 日，上海证券交易所公开谴责广西北生药业股份有限公司，罗列的违规现象有变更募集资金用途、未及时履行信息披露义务、违规关联交易、否认关联交易、大股东占用资金等五条。

历时 7 年多的调查，2014 年证监会披露了对北生药业涉嫌证券违法违规一事的调查结果，并正式对该公司出示了行政处罚。

据北生药业的公告，证监会认定北生药业存在未披露大股东抽逃配股出资并占用上市公司资金事项；未披露关联方占用上市公司资金事项；未披露关联方关系；未披露对外担保事项等 8 项违规事实。

## 二、被审计单位的基本情况及主要会计问题

### （一）被审计单位的基本情况

公司原名北海通发实业股份有限公司，成立于 1993 年 11 月 28 日，是以定向募集方式设立的股份有限公司。

1996 年公司按《公司法》进行了规范，公司总股本 1 158.5 万元，其中法人股 1 150 万元，内部职工股 8.5 万元。

1998 年 9 月 30 日，公司更名为广西北生药业股份有限公司，并进行了增资扩股，增资扩股后公司股本总额为 4 880 万元。

2001 年 7 月 26 日，在上海证券交易所网上定价发行人民币普通股 4 120 万股，国有股存量发行 412 万股，合计 4 532 万股，发行后公司股本总额为 9 000 万元。

2001 年 8 月 7 日，公司 4 532 万股社会公众股在上海证券交易所挂牌交易，股票简称北生药业，股票代码为 600556。

2003 年公司实施了 2002 年度未分配利润及资本公积转增股本方案，按 2002 年年末总股份 9 000 万股为基数，未分配利润每 10 股送 1 股，资本公积每 10 股转增 3 股，经送配后公司股本总额为 12 600 万元。

2004 年 9 月，按每 10 股配售 5 股的比例实施配股，配股价为 6.37 元，共配售 4 674.60万股，经配股后股本总额为 17 274.60 万股。

2006 年 3 月，进行了股权分置改革：公司以资本公积金向方案实施股权登记日登记在册的全体股东每 10 股转增 7.58 股，非流通股股东将每 10 股转增所获的 7.58 股股份全部转赠予流通股股东，作为其所持股份获得上市流通权的对价。实施股权分置改革后股本总额为 30 368.75 万股。自 2006 年 3 月 14 日起，公司股票简称改为 G 北生。

因 2006、2007 年连续两年亏损，该公司股票开始实行*ST 风险警示的特别处理，股票简称变更为*ST 北生。

从 2008 年开始，北生药业开始了紧锣密鼓的重组生涯。公司先后进行了 6 次重组，都以失败告终。北生药业的壳价值也从 2008 年的 12.3 亿元上升到了如今的 37.91 亿元。

北生药业 2014 年 12 月 12 日晚间公告，公司名称拟变更为广西慧球科技股份有限公司，英文名称修改为 GUANGXI FUTURE TECHNOLOGY CO.，LTD.，简称变更为慧球科技。

经营范围变更为计算机、电子技术开发、技术服务、技术咨询、计算机网络工程、计算机软硬件的开发等。

变更前的经营范围：化学药品、抗生素、中药材、中药饮片、中成药、生化药品、生物制品、血液制品（仅供其具备条件的分支机构生产经营用）；中药材、中成药（合剂、片剂、颗粒剂、胶囊剂、酊剂）、保健品；国内贸易（国家有专项规定的除外），房地产开发（取得许可证后方能开展经营活动）；经营按外经贸部门核定范围的自营进出口业务。

截至 2015 年 12 月 31 日，慧球科技流通总股本为 39 479.37 万股，营业收入为 9 291

万元，资产总额为 1.25 亿元。

（二）主要会计问题

2007 年 7 月 30 日，因涉嫌证券违法违规一事，北生药业接到证监会的立案调查通知书，公司被立案调查。7 年过去，证监会于 2014 年 11 月 15 日公布了此事的调查结果，历数北生药业存在的"八宗罪"。

1. 未披露大股东抽逃配股出资并占用上市公司资金事项

2004 年，北生药业实施配股。北生药业第一大股东广西北生集团有限责任公司（以下简称北生集团）的配股款为 8 921.75 万元。北生药业称，2004 年 9 月 29 日至 30 日，北生集团的配股款足额转入北生药业配股指定账户。

2004 年 9 月 30 日，北生集团分别向北海市财政局、北海市住房资金管理中心借款 4 100 万元、2 500 万元。2004 年 9 月 29 日至 30 日，北生集团向北生药业支付配股款 89 215 672 元。

2004 年 10 月 8 日，北生药业通过向关联方——北海腾盛建筑工程有限责任公司（以下简称腾盛建筑）支付预付工程款和往来款的形式，实际向北生集团转移资金 6 500 万元，用于北生集团归还前述向北海市财政局和北海市住房资金管理中心的借款。

2. 未披露关联方占用上市公司资金事项

2007 年 9 月 6 日起，北生药业关联方北京华阳新康科技开发有限公司（以下简称华阳新康）占用北生药业资金 700 万元；2006 年 10 月 31 日起，北生药业关联方东阳中远经贸有限公司（以下简称中远经贸）占用北生药业资金 1 950 万元，后经账户调整，仍占用北生药业资金 15 722 674.45 元；2006 年 11 月 17 日后，北生药业关联方东阳市东孚经贸有限公司（以下简称东孚经贸）占用北生药业资金 1 500 万元，后经账户调整，仍占用北生药业资金 13 888 932.76 元。对上述事实，北生药业未如实披露。

3. 未披露关联方关系

为隐瞒与北生药业的关联关系，原北生药业董事长何玉良通过他人名义实际控制腾盛建筑、北京九洲济康医药有限责任公司（以下简称九洲济康）、北京盛世康健生物科技有限责任公司（以下简称盛世康健）、北海安泰生物技术有限公司（以下简称安泰生物）、广西北生集团海玉农业开发有限责任公司、东阳市川腾房地产开发有限公司、北京川腾投资集团有限公司、吉林华凯医药销售有限公司（以下简称吉林华凯）、四川万龙东顺药业有限公司（以下简称四川万龙）、广东龙京生物医药有限公司（以下简称广东龙京）、华阳新康、北海腾辉商贸有限公司、北海京顺贸易有限公司、北海永宏信息技术开发有限公司、北海宝洁医疗器械有限公司、北海赛诺奇生物工程有限公司、北海恒有源科技发展有限公司、广西腾云拍卖有限公司、北海市环发典当有限责任公司、北海天然药物工程技术中心、中远经贸、东孚经贸、北海百宏建筑工程公司、北海市东江实业开发公司等 24 家公司。2004 年、2005 年、2006 年、2007 年，北生药业未披露上述 24 家公司与北生药业的关联关系。

4. 未披露对外担保事项

2004 年，北生药业控股子公司浙江北生药业汉生制药有限公司（以下简称汉生制药）分别为东孚经贸 900 万元贷款、中远经贸 500 万元贷款提供担保,担保金额占北生药业 2004 年年末经审计净资产的 1.53%。对上述事实，北生药业既未以临时公告形式及时披露，也未在 2004 年年度报告中予以披露。

2005 年，北生药业分别为安泰生物 7 000 万元贷款、汉生制药 1 500 万元贷款提供担保；汉生制药分别为东孚经贸 1 950 万元贷款、中远经贸 1 500 万元贷款提供担保。上述担保金额合计占北生药业 2005 年年末经审计净资产的 12.19%。对上述事实，北生药业既未以临时公告形式及时披露，也未在 2005 年年度报告中予以披露。

2006 年，汉生制药分别为中远经贸 1 000 万元贷款、东孚经贸 550 万元贷款提供担保，担保金额占北生药业 2006 年年末经审计净资产的 2%。对上述事实，北生药业既未以临时公告形式及时披露，也未在 2006 年年度报告中予以披露。

5. 未披露银行贷款事项

2004 年，北生药业隐瞒银行贷款 2.45 亿元；2005 年，北生药业隐瞒银行贷款 3.805 亿元；2006 年，北生药业隐瞒银行贷款 3.79 亿元；2007 年，北生药业隐瞒银行贷款并逾期金额 3.79 亿元。对上述事实，北生药业既未以临时公告形式及时披露，也未在相应年度报告中予以披露。

6. 未披露重大诉讼、仲裁、逾期贷款事项

2005 年，北生药业未按规定披露诉讼 1 项，涉及金额 1 300 万元，占北生药业 2005 年年末经审计净资产的 1.33%；未披露逾期银行贷款 1 295 万元，占北生药业 2005 年年末经审计净资产的 1.32%。对上述事实，北生药业既未以临时公告形式及时披露，也未在 2005 年年度报告中予以披露。

2006 年，北生药业未按规定披露诉讼 9 项，涉及金额 40 495 万元；未按规定披露仲裁 1 项，涉及金额 1 300 万元，占北生药业 2006 年年末经审计净资产的 1.72%；未按规定披露逾期贷款 25 笔,涉及本金 68 800 万元,占北生药业 2006 年年末经审计净资产的 90.81%；未按规定披露 2006 年年末逾期贷款余额 30 895 万元，占北生药业 2006 年年末经审计净资产的 40.78%。对上述事实，北生药业既未以临时公告形式及时披露，也未在 2006 年年度报告中予以披露。

2007 年，北生药业未按规定披露诉讼及仲裁 2 项，涉及金额 5 800 万元，占北生药业 2007 年年末经审计净资产的 12.5%；未按规定披露逾期贷款 4 笔，涉及本金 12 500 万元；未按规定披露 2007 年年末逾期贷款余额 43 395 万元。对上述事实，北生药业既未以临时公告形式及时披露，也未在 2007 年年度报告中予以披露。

7. 虚假记载主营业务收入

2004 年，北生药业通过向九洲济康、盛世康健、四川万龙、广东龙京、吉林华凯等五大经销商虚假发货的方式，虚增销售收入 156 668 643.29 元，占北生药业 2004 年年度报告

披露主营业务收入金额的 38.97%。

2005 年，北生药业通过向九洲济康、盛世康健、四川万龙、广东龙京、吉林华凯等五大经销商虚假发货的方式，虚增销售收入 188 277 557.00 元，占北生药业 2005 年年度报告披露主营业务收入金额的 46.69%。

2006 年，北生药业通过向九洲济康、盛世康健、四川万龙、广东龙京、吉林华凯等五大经销商虚假发货的方式，虚增销售收入 28 296 255.32 元，占北生药业 2006 年年度报告披露主营业务收入金额的 20.89%。

8. 虚假记载在建工程

2004 年，北生药业通过向关联方腾盛建筑支付预付工程款的方式，向关联方转移资金 25 480 万元，虚列在建工程 25 480 万元。

2005 年，北生药业通过向关联方腾盛建筑支付在建工程预付款的方式，虚列在建工程 165 227 399.29 元。

2006 年，北生药业通过伪造银行进账单，虚假支付腾盛建筑在建工程预付款 4 548 万元，虚列在建工程 3 557.14 万元。

### 三、审计主体的基本情况及主要审计问题

#### （一）审计主体的基本情况

2007 年发现违规至 2014 年被证监会给出正式行政处理，历时 7 年之久，北生药业聘用的事务所也是多次易主。根据证监会披露的违规事件及发生时间，大多集中在 2004—2007 年。北生药业历年的会计事务所及审计意见如表 9-2 所示。

表 9-2　2004—2007 年北生药业聘用事务所名称及审计意见

| 时间 | 聘用事务所名称 | 审计报告意见 |
| --- | --- | --- |
| 2004 年 | 深圳鹏城会计师事务所 | 标准无保留意见 |
| 2005 年 | 北京天华会计师事务所 | 标准无保留意见 |
| 2006 年 | 北京天华中兴会计师事务所 | 无法表示意见 |
| 2007 年 | 开元信德会计事务所 | 无法表示意见 |

1. 深圳鹏城会计师事务所

深圳市鹏城会计师事务所有限公司（以下简称鹏城所）成立于 1992 年，是一家具有证券、期货审计资格的大型会计师事务所。鹏城所前身为深圳市审计局的深圳市审计师事务所，擅长于国有企业审计领域，业务涉及不同类型的国有大中型企业。

2012 年深陷绿大地 IPO 造假丑闻漩涡中心的深圳鹏城会计师事务所，在没有收到监管部门任何处罚的情况下，突然宣布与国富浩华会计师事务所（国富浩华所）合并，引发了业内对其合并原因的广泛猜测，更激起了业界对涉嫌违规会计师事务所予以调查、严惩的强烈声浪。鹏城所是深圳从业人员最多、年业务量最大的会计事务所。与国富浩华合并，

不是因为鹏城所"出了事办不下去了要找个东家接盘"，而是出于行业发展的需要以及强强联合的需要。

2. 北京天华会计师事务所、北京天华中兴会计师事务所

北京天华中兴会计师事务所前身是北京天华会计师事务所，天华会计师事务所于 1998 年 3 月经财政部、中国注册会计师协会批准成立。2003 年 12 月，天华加入全球第八大会计师事务所集团博太国际，成为其在中国的唯一成员所网络，并于 2006 年与中兴新世纪会计师事务所合并成立天华中兴会计师事务所。具有财政部、中国证监会批准的证券、期货业审计资格；财政部、中国人民银行批准的金融审计 I 类资格；中国注册会计师协会许可并推荐的特大型国有企业审计资格；国家税务总局批准的税务代理资格。

2007 年年末，北京立信会计师事务所和北京天华中兴会计师事务所合并而成立信会计师事务所北京分所。

在 2015 年会计师事务所综合评价中，立信会计师事务所（特殊普通合伙）排名第 5，事务所本身业务收入 290 695.72 万元，注册会计师人数 1 920 人。

3. 开元信德会计师事务所

开元信德会计师事务所前身是 1985 年 2 月的湖南开元会计师事务所。

2007 年 11 月 16 日，湖南开元会计师事务所、湖南天兴会计师事务所、深圳天健信德会计师事务所合并组建开元信德会计师事务所有限公司。

合并后的开元信德员工已达到 300 余人，将设北京总部和湖南、深圳两个分所。原湖南开元会计师事务所与原湖南天兴会计师事务所首先实行人、财、物和客户资源彻底合并。合并前湖南开元有限责任会计师事务所 2006 年收入 3 609 万元，深圳天健信德为 1 467.17 万元，湖南天兴 2004 年收入为 1 264.83 万元。以收入计大约可进入 2006 年会计师事务所百家榜前 30 名。

2009 年 9 月 25 日，开元信德与浙江天健东方合并，并更名为"天健会计师事务所有限公司"。根据中注协 2009 年综合评价信息显示，浙江天健东方 2008 年总收入 31 466 万元，按收入排名全国第 8，内资所第 4。开元信德 2008 年总收入 11 911 万元，按收入排名全国 24。两所合并后，按收入排名全国第 7，内资所第 3，仅次于中瑞岳华和立信。

在 2015 年会计师事务所综合评价中，天健会计师事务所（特殊普通合伙）排名第 7，事务所本身业务收入 150 590.03 万元，注册会计师人数 1 399 人。

（二）主要审计问题

经证监会查明，深圳鹏城存在以下违法事实。

深圳鹏城在对北生药业 2004 年年度报告关联方审计过程中，对北海腾盛建筑工程有限责任公司（以下简称腾盛建筑）、北京九洲济康医药有限责任公司（以下简称九洲济康）、北京盛世康健生物科技有限责任公司（以下简称盛世康健）等 3 家北生药业主要工程承包商与北生药业是否存在关联关系进行过核查。深圳鹏城审计工作底稿中，没有记录或者说明审计人员向北生药业了解、询问九洲济康和盛世康健股东的详细情况，以及上述两家公

司与北生药业实际关系的材料。

同时，在工作底稿中，对 2002 年银行担保合同明确载明何玉良（时任北生药业董事长、法定代表人）任腾盛建筑法定代表人，且腾盛建筑与北生药业存在重大交易往来的情况，深圳鹏城没有给予必要的关注并实施充分必要的审计程序，导致其未发现腾盛建筑与北生药业存在关联关系的事实。

2004 年，北生药业通过虚列在建工程并支付预付工程款的方式，向关联方腾盛建筑转移资金 25 480 万元，虚列在建工程 25 480 万元。

### 四、案件结果

（一）被审计单位——北生药业

对于北生药业存在的违规行为，证监会决定：

（1）对北生药业给予警告，并处以 60 万元罚款。

（2）对财务总监刘俊奕给予警告，并处以 30 万元罚款；对刘俊奕采取 10 年市场禁入措施，自宣布决定之日起，在禁入期间内，不得从事证券业务或者担任上市公司董事、监事、高级管理人员职务。

（3）对姚全（副总经理、财务部经理）、刘惠民（副董事长）、胡钢（董事）给予警告，并分别处以 10 万元罚款；对姚全采取 5 年市场禁入措施，自宣布决定之日起，在禁入期间内，不得从事证券业务或者担任上市公司董事、监事、高级管理人员职务。

（4）对赵民（董事会秘书）给予警告，并处以 3 万元罚款。

鉴于董事长及实际控制人何玉良已于 2008 年 4 月死亡，证监会不再对其予以行政处罚。

（二）会计师事务所——深圳鹏城

根据当事人违法行为的事实、性质、情节与社会危害程度，依据《股票发行与交易管理暂行条例》第七十三条的规定，证监会决定：对深圳鹏城、执业注册会计师桑涛和徐凌给予警告。

## 评 析

### 一、会计师事务的审计责任

（一）事务所审计人员专业能力的缺失

被处罚的八大罪状里未按照规定披露的信息就占有六项，审计人员对于企业特殊项目的审计基本是失效的，完全没有发挥任何作用。审计人员有职责确定被审计单位是否已按《企业会计准则》的要求披露关联方和关联交易。询问被审计单位的治理层、管理层和其他人员，获取关联方及关联交易清单，确定清单的完整性，在实施审计程序时识别关联交易，同时得向关联方进行函证。而鹏城和天华事务所并没有确实做到位，忽略了其中的多笔交易，未能发现北生药业的年报中存在诸多的未披露事项，严重伤害了投资者。

（二）审计程序的不完整

北生药业未披露事项中涉及财务报表期后事项的隐瞒，包括重大事项、仲裁、逾期贷款等。一些未判决的事项，企业没有进行账务处理确认预计负债，还未将其进行披露，而所占金额比例也较高，如此明显的会计处理错误，为何就没有人发现呢？事务所进行审计程序就成了摆设，没有起到任何作用，对于企业的约束也成了空话。如此之多的未披露事项，鹏城和天华都没有发现，不禁让人怀疑是否存在审计人员与北生药业员工内部钱钱交易的可能，相互牟利，相互欺瞒。

（三）审计人员未能保持基本的审慎性

北生药业的财务问题从 2004 年到 2007 年大量且频繁存在，其中虚假记载主营业务收入和在建工程这两项就占比很高，金额巨大。审计人员面对数额较大的情况，没有仔细审查对账单，盘存仓库产品，实地调研等，只是简单地进行复核，并没有保持应有的职业敏感度，审慎对待被审计单位的业务往来。胜任能力与职业道德的双重缺失，在给出审计意见时的不负责，都是两家事务所存在的过失。

（四）关联方交易自身的隐蔽性与界定模糊

由于关联方之间的关系在实务操作中界定较为模糊，加之被审计单位的故意隐匿不报，大大增加了审计人员审计失败的风险，使得未披露关联方交易在财务造假这个领域成了多事之秋，大多企业利用这样的漏洞进行舞弊。虽然存在着一些制约的因素，但是注册会计师更应在阻碍中找到突破。《审计准则第 1323 号——关联方》中就特别强调：注册会计师应当对可能导致与关联方和关联方交易有关的重大错报风险进行识别、评估和应对。

**二、关联方及其交易的审计**

关联方交易审计主要是为了判断关联交易是否真实存在，记录是否完整，是否具有合法性。被审计单位利用关联方交易进行舞弊的具体手段和方法多种多样，但万变不离其宗，关联方交易舞弊的基本思路可以概括为以下两种：隐瞒关联方关系或关联方交易和有意错报披露的关联方交易。

（一）针对隐瞒关联方关系或关联方交易的审计程序

注册会计师要做的就是想方设法找出潜在的关联方关系和关联方交易。对于上市后的连续审计，公司能够隐瞒的关联方关系应是当期或近期新建立的关联方关系。注册会计师可以检查文件记录，了解公司股权结构的变化、重大投资和资产重组等事项，也可通过询问关键管理人员或主要股东的持股变化、关联方关系的变动等来找出潜在的关联方。对于 IPO 过程中隐藏的关联方关系，就需要对主要股东、关键管理人员进行背景的尽职调查，对创造利润的主要客户以及主要原材料供应商的终极控制人等进行充分了解，也要对有大额资金往来或其他超过正常经营范围的交易对象持充分的职业关注。

隐瞒关联方交易的方式，一是转嫁债务和费用，二是将关联方交易非关联化。对于债务和费用的转移，注册会计师可以使用分析性程序，关注异常变化的债务或费用，并追查至明细，判断是否存在隐瞒债务和转移费用的情形。对于关联方交易的非关联化，注册会计师对持有怀疑的交易事项，除获取证实交易存在的凭证记录外，还要关注与此交易相关的其他安排，关注是否为系列合同中的一部分，追查资产负债表日后相关事项，是否存在对相同业务的逆向操作。同时，对于隐瞒关联方关系或关联方交易的行为，《中国注册会计师审计准则问题解答第 6 号——关联方》和《证监会会计监管风险提示第 2 号——通过未披露关联方实施的舞弊风险》列示了未披露关联方关系和关联方交易的特征，注册会计师在审计过程中应关注被审计单位是否存在上述两个文件提到的特征，如果存在，应采取进一步审计程序。

（二）针对错报关联方交易的审计程序

注册会计师应做到三个关注：一是关注会计处理的正确性；二是关注定价的合理性；三是关注披露的完整性。

关联方交易的会计处理主要有以下几种。

（1）关联方捐赠和债务豁免（或代偿债务）。《财政部关于做好执行会计准则企业 2008 年年报工作的通知》（财会函［2008］60 号）、证监会 2009 年第 2 期《上市公司执行企业会计准则监管问题解答》、证监会 2010 年第 4 期《上市公司执行企业会计准则监管问题解答》和《企业会计准则解释第 5 号》规定了上市公司关联方对上市公司捐赠、债务豁免和代偿税款等事项的会计处理，要求上市公司将形成的利得计入所有者权益。

（2）显失公允的关联方交易。《关于做好上市公司 2009 年年度报告及相关工作的公告》（证监会公告〔2009〕34 号）规定：上市公司的控股股东、控股股东控制的其他关联方、上市公司的实质控制人等与上市公司之间发生的交易，如果交易价格显失公允，上市公司对于取得的超过公允价值部分的经济利益流入应比照关联方之间的捐赠和债务豁免原则处理。注册会计师可以比照被审计单位的关联方交易会计处理与上述文件规定的一致性。

对于转移定价的合理性，注册会计师可以将关联方交易与非关联方交易进行比较，不具有充分市场的交易标的要获取专家意见，包括独立第三方的其他鉴证性支持文件，要求管理层提供充分的支持性证据等。

对于关联方交易披露的完整性，需根据关联方披露准则，以及证监会和两大交易所等颁布的相关文件核查。关联方披露准则主要针对的是财务报表部分的关联方披露，而证监会及交易所的相关规定则主要针对的是非财务报表部分的关联方披露。注册会计师应当都予以关注，防止年度报告中财务报告部分与非财务报告部分的前后不一致。

## 思考与讨论

1. 关联方如何界定？关联方交易包含哪些类型？如何对其审计？
2. 在终结审计中注册会计师应当再次系统评价的特殊事项有哪些？这些特殊事项的

审计与财务报表各个会计科目的审计有什么关系？

## 参考文献

1. 中国注册会计师协会. 审计 [M]. 北京：经济科学出版社，2016.
2. 李晓慧. 审计学实务与案例 [M]. 北京：中国人民大学出版社，2014.
3. 张敏. 证监会历数北生药业八宗罪，或遭投资者集体索赔 [N]. 证券日报，2014-11-19（C02）.
4. 孙文祥. *ST 北生财务迷踪初现 [N]. 第一财经日报，2008-11-28（A07）.
5. 颜晓燕，周珊. 北生药业的前世之"罪"——关联方交易审计案例分析 [J]. 科技广场，2015（11）：172-176.
6. 中国证监会市场禁入决定书（刘俊奕、姚全）[EB/OL]. http://www.csrc.gov.cn/pub/zjhpublic/G00306212/201505/t20150526 277854.htm.
7. 胡淑娟. 关联方交易舞弊审计三要点 [J]. 财会月刊，2015（14）：78-79.
8. 全景股票（http://www.p5w.net）

# 案例十八　康华农业审计案例

## 案　情

### 一、案件的起因

2016 年 3 月 29 日，步森股份公告收到证监会下发的《行政处罚决定书》，宣告 2014 年 8 月发生的"借壳方康华农业造假"案，已经调查、审理终结。

之前，康华农业拟作价 41.7 亿元借"步森股份"壳上市。而康华农业主业为优质稻种植，其此前也一直寻求 IPO 上市，并于 2012 年 6 月提交 IPO 申请，其还成功经历了史上最严厉的 2012 年报财务核查，却于 2014 年 4 月突然撤回 IPO 申请。

2014 年 10 月 27 日晚间，步森股份公告称，公司于当天收到《中国证监会行政许可项目审查一次反馈意见通知书》，证监会要求步森股份就相关问题进行书面说明和解释，并在 30 个工作日内提交书面回复意见。

2015 年 5 月 14 日，步森股份收购康华农业一事正式被证监会立案调查。

公司被查明，2014 年 8 月 22 日发布的《重大资产重组报告书（草案）》中披露的重组对象康华农业的资产、营业收入存在虚假记载。

### 二、被审计单位的基本情况及主要会计问题

（一）被审计单位的基本情况

广西康华农业股份有限公司的前身是 2008 年注册成立的广西康华生态农业种植发展有限公司，2011 年公司改制为股份有限公司，注册资金 1 亿元，总部位于广西桂林，拥有员工 500 多人。公司主要从事优质水稻等农作物生态化、规模化、标准化种植以及自产优质稻谷等农产品销售。

浙江步森服饰股份有限公司前身为 1985 年成立的诸暨百树服装厂；1993 年，百树服装厂更名为"浙江诸暨步森制衣有限公司"；1994 年，公司更名为"浙江步森制衣有限公司"；1996 年，步森投资 3 000 万元新建第四代厂房，企业更名为浙江步森集团有限公司；2003 年，公司更名为步森集团有限公司；2005 年，步森开始股份制改造，浙江步森服饰股份有限公司成立；2010 年，浙江步森服饰有限公司首次公开发行（IPO）获准通过，公司向社会公开发行人民币普通股 2 334 万股，发行后总股本为 9 334 万股，并于 2011 年 4 月在深圳证券交易所挂牌上市，A 股交易代码：002569，A 股简称：步森股份。

2013 年 5 月，步森股份向全体股东每 10 股送 3 股红股，并以资本公积金每 10 股转增 2 股，申请增加注册资本人民币 4 667 万元，变更后注册资本为人民币 14 001 万元。

2015 年 3 月 30 日，步森集团有限公司、诸暨市达森投资有限公司与自然人邱力签署了《股份转让协议》。本次股份转让后，步森集团有限公司持有公司 3 458 万股，占上市公司总股本的 24.70%；自然人邱力持有公司 1 400 万股，占上市公司总股本的 10.00%；诸暨市达森投资有限公司持有公司 296.5 万股，占上市公司总股本的 2.12%；睿鸷资产持有公司 4 180 万股，占上市公司总股本的 29.86%。

截至 2015 年 12 月 31 日止，步森股份累计发行股本总数 14 001 万股，注册资本为 14 001 万元，资产 68 455.36 万元。2015 年度营业收入为 40 239.25 万元。

（二）主要会计问题

1. 康华农业

经证监会查明，康华农业存在以下违法事实。

（1）康华农业与浙江步森服饰股份有限公司重大资产重组情况

2014 年 5 月 3 日，浙江步森服饰股份有限公司（以下简称步森股份）及步森集团有限公司（截至 2015 年 3 月 31 日持有步森股份 59.55%股权，以下简称步森集团）召开会议，做出重大资产重组的决定。5 月 5 日，步森股份停牌。5 月 6 日，步森股份发布《关于筹划重大事项停牌公告》。

2014 年 5 月 14 日，步森股份开始与康华农业董事长兼总经理李艳接触，协商与康华农业重组事宜。5 月 29 日，步森股份与李艳签订《浙江步森服饰股份有限公司与广西康华农业股份有限公司股东资产置换及发行股份购买资产的意向协议》。8 月 20 日，步森股份第三届董事会第二十四次会议，审议通过《关于公司进行重大资产重组的议案》等 19 项议案。

2014 年 8 月 22 日，步森股份复牌。同日，步森股份公告了《浙江步森服饰股份有限公司重大资产置换和资产出售及发行股份购买资产并募集配套资金暨关联交易报告书（草案）》（以下简称《重大资产重组报告书（草案）》），披露了本次重大资产置换、资产出售、发行股份购买资产和发行股份募集配套资金等事项。

2014 年 9 月 9 日，步森股份 2014 年第二次临时股东大会，审议通过了《关于公司进行重大资产重组的议案》等 19 项议案，同意公司筹划重大资产重组事项。9 月 12 日，步森股份向我会报送重组申请材料。

2014 年 11 月 19 日至 21 日，李艳到步森集团沟通商议并达成终止本次重大资产重组的协议。后步森股份董事会和临时股东大会审议通过了《关于终止重大资产重组事项的议案》等相关议案并进行了公开披露。2015 年 3 月 4 日，证监会决定终止对步森股份重大资产重组申请许可的审查。

（2）康华农业披露的财务信息存在虚假记载

康华农业在与步森股份重大资产重组过程中，于 2014 年 8 月 22 日将其主要财务数据在《重大资产重组报告书（草案）》中公开披露，并通过步森股份披露了《广西康华农业股份有限公司审计报告及财务报表（2011 年 1 月 1 日至 2014 年 4 月 30 日止）》。《重大资产报告书（草案）》中康华农业主要财务数据和上述审计报告及财务报表中存在虚假记载。

① 康华农业虚增资产

从 2011 年至 2014 年 4 月 30 日，康华农业历年财务报表虚增资产及虚增资产占康华农业披露当期总资产比例情况如表 9-3 所示。

表 9-3　康华农业虚增资产情况

| 项　　目 | 2011-12-31 | 2012-12-31 | 2013-12-31 | 2014-4-30 |
|---|---|---|---|---|
| 虚增资产（元） | 204 451 195.14 | 339 713 667.53 | 470 469 226 | 503 309 782.17 |
| 占总资产的比例（%） | 47.54 | 53.91 | 52.87 | 53.00 |

具体情况如下。

第一，康华农业虚增银行存款。

从 2011 年至 2014 年 4 月 30 日，康华农业银行存款真实余额与披露的余额情况如表 9-4 所示。

表 9-4　康华农业银行存款对比情况　　　　　　　　　单位：元

| 项　　目 | 2011-12-31 | 2012-12-31 | 2013-12-31 | 2014-4-30 |
|---|---|---|---|---|
| 银行存款真实余额 | 665 799.21 | 1 224 830.36 | 2 471 400.47 | 542 971.71 |
| 银行存款披露余额 | 164 614 733.71 | 310 929 797.69 | 421 070 391.27 | 498 577 875.88 |

第二，康华农业虚增应收账款。

康华农业虚构与桂林绿苑米业有限公司（以下简称绿苑米业）、佛山市穗丰园粮油有限公司（以下简称佛山穗丰园）、佛山市南海区有米源米业加工厂（普通合伙）（以下简称佛山有米源）、广州穗港米业有限公司（以下简称广州穗港）、三亚金稻谷南繁种业有限公司（以下简称三亚金稻谷）、广西万里种业有限公司（以下简称广西万里）、中山市聚丰园粮油食品有限公司（以下简称中山聚丰园）、江门市新会区司前粮食储备加工公司（以下简称江门粮食）等 8 个客户间的应收账款，虚增应收账款余额。如表 9-5 所示是从 2011 年至 2014 年 4 月 30 日，康华农业虚构与上述客户应收账款情况。

表 9-5　康华农业虚构应收账款情况　　　　　　单位：元

| 项　　目 | 2011-12-31 | 2012-12-31 | 2013-12-31 | 2014-4-30 |
|---|---|---|---|---|
| 应收绿苑米业款 | 4 550 208.73 | 6 124 962.60 | 17 898 872.20 | 2 454 208.00 |
| 应收佛山穗丰园款 | 6 373 113.98 | 7 933 519.90 | 6 308 573.60 | — |
| 应收佛山有米源款 | 9 514 421.60 | 2 124 140.00 | 6 221 305.00 | 1 124 800.00 |
| 应收广州穗港款 | 3 900 226.30 | 1 108 765.60 | 1 829 307.60 | 1 829 307.60 |
| 应收三亚金稻谷 | — | 1 762 182.00 | 2 007 900.00 | |
| 应收广西万里款 | — | 889 915.00 | 776 000.00 | |
| 应收中山聚丰园款 | 9 158 982.97 | 5 785 320.20 | 11 799 168.00 | |
| 应收江门粮食款 | 7 005 307.06 | 4 279 894.90 | 5 029 108.80 | 1 057 870.00 |

② 康华农业虚增营业收入

2011 年至 2014 年 4 月 30 日，康华农业虚构营业收入及虚构营业收入占当期披露的营业收入的比例如表 9-6 所示。

表 9-6　康华农业历年虚构营业收入情况

| 项　　目 | 2011-12-31 | 2012-12-31 | 2013-12-31 | 2014-4-30 |
|---|---|---|---|---|
| 虚增营业收入（元） | 147 524 498.58 | 183 114 299.70 | 238 408 819.30 | 41 289 583.20 |
| 占当期营业收入的比例（%） | 34.89 | 36.90 | 42.62 | 44.25 |

康华农业虚构与绿苑米业、佛山穗丰园、肇庆市穗丰源粮油食品有限公司（以下简称肇庆穗丰源）、佛山有米源、广州穗港、广西万里、江门粮食等 7 个客户的销售业务，虚增营业收入，如表 9-7 所示。

表 9-7　康华农业虚构营业收入具体情况　　　　　　单位：元

| 项　　目 | 2011-12-31 | 2012-12-31 | 2013-12-31 | 2014-4-30 |
|---|---|---|---|---|
| 绿苑米业 | 25 227 098.30 | 44 857 394.40 | 57 188 392.60 | 6 480 240.00 |
| 佛山穗丰园 | 35 669 222.14 | 41 470 725.30 | 33 125 229.60 | — |
| 佛山有米源 | 37 520 729.44 | 37 520 729.44 | 49 562 591.60 | 4 464 000.00 |
| 广州穗港 | 12 583 505.90 | 15 427 894.50 | 30 864 445.90 | 7 023 760.00 |

续表

| 项　　目 | 2011-12-31 | 2012-12-31 | 2013-12-31 | 2014-4-30 |
|---|---|---|---|---|
| 肇庆穗丰源 | — | — | — | 5 673 081.20 |
| 广西万里 | 12 068 133.00 | 12 008 957.80 | 12 203 897.00 | 9 579 332.00 |
| 江门粮食 | 24 455 809.80 | 38 593 983.60 | 55 464 262.60 | 8 069 170.00 |

2. 步森股份

经查明，步森股份存在以下违法事实。

（1）步森股份与广西康华农业股份有限公司重大资产重组情况

2014 年 5 月 3 日，步森股份及步森集团有限公司（截至 2015 年 3 月 31 日持有步森股份 59.55%股权，以下简称步森集团）召开会议，会议做出了重大资产重组的决定。5 月 5 日，步森股份停牌。5 月 6 日，步森股份发布《关于筹划重大事项停牌公告》。

2014 年 5 月 29 日，步森股份与广西康华农业股份有限公司（以下简称康华农业）董事长兼总经理李艳签订《浙江步森服饰股份有限公司与广西康华农业股份有限公司股东资产置换及发行股份购买资产的意向协议》。2014 年 8 月 20 日，步森股份第三届董事会第二十四次会议，审议通过了《关于公司进行重大资产重组的议案》等 19 项议案。2014 年 8 月 22 日，步森股份复牌。

2014 年 8 月 22 日，步森股份公告了《浙江步森服饰股份有限公司重大资产置换和资产出售及发行股份购买资产并募集配套资金暨关联交易报告书（草案）》（以下简称《重大资产重组报告书（草案）》）。根据《重大资产重组报告书（草案）》，本次重大资产重组的主要内容为："① 重大资产置换。步森股份拟将截至评估基准日 2014 年 4 月 30 日拥有的扣除 1.8 亿元现金资产后的全部资产和全部负债作为本次重大资产重组的拟置出资产。本次交易拟置出资产的评估值为 51 973.07 万元。经交易各方友好协商，拟置出资产作价 51 973.07 万元。拟置出资产中等值 43 000 万元的资产和负债与李艳等 14 名交易对方所持康华农业 100%股份的等值部分进行置换。② 资产出售。拟置出资产（价值 51 973.07 万元）扣除拟置换资产（价值 43 000 万元）的剩余部分（价值 8 973.07 万元）将全部出售给步森集团，步森集团以现金方式向步森股份购买。③ 发行股份购买资产。拟置入资产与拟置换资产的差额部分由步森股份依据康华农业全体 14 名股东各自持有康华农业的股份比例向交易对方非公开发行股份购买。注入资产的评估价值为 430 600 万元。经各方协商，本次重大资产重组注入资产最终的交易价格为 417 000 万元。扣除 43 000 万元的置换部分，剩余差额部分 374 000 万元由上市公司发行股份购买。④ 发行股份募集配套资金。步森股份拟采用锁价发行方式向李艳非公开发行股份募集配套资金，发行股份数量不超过 6 040 万股。公司拟募集配套资金总金额不超过 76 285.20 万元。"根据《上市公司重大资产重组管理办法》（证监会令第 73 号，以下简称《重组办法》）第十一条第一款的规定，本次交易构成重大资产重组。根据《重组办法》第十二条的规定，本次交易构成借壳上市。

2014 年 9 月 9 日，步森股份 2014 年第二次临时股东大会审议通过了《关于公司进行重大资产重组的议案》等 19 项议案，同意公司筹划重大资产重组事项。2014 年 9 月 12 日，步森股份向证监会报送重组申请材料。

2014 年 11 月 19 至 21 日，李艳到步森集团沟通商议并达成终止本次重大资产重组的协议。2014 年 11 月 25 日，步森股份第四届董事会第三次会议，审议并通过了《关于终止重大资产重组事项的议案》等相关议案并进行了公开披露。2014 年 12 月 15 日，步森股份 2014 年第四次临时股东大会，审议并通过了《关于终止重大资产重组事项的议案》等相关议案并进行了公开披露。2014 年 12 月 18 日，步森股份向证监会申请撤回步森股份重大资产重组的申报材料。

（2）步森股份披露信息存在虚假记载

2014 年 8 月 22 日，步森股份公告了《重大资产重组报告书（草案）》，其中披露了重组对象康华农业 2011 年至 2014 年 4 月 30 日期间主要财务数据，包括资产负债表主要数据、利润表主要数据、现金流量表主要数据以及主要客户销售情况。

上述康华农业主要财务数据中，资产和营业收入存在虚假记载。具体情况如表 9-3 和表 9-7 所示。

### 三、审计主体的基本情况及主要审计问题

（一）审计主体的基本情况

立信会计师事务所由中国会计泰斗潘序伦先生于 1927 年在上海创建，是中国建立最早和最有影响的会计师事务所之一。1986 年复办，2000 年成立上海立信长江会计师事务所有限公司，2007 年更名为立信会计师事务所有限公司，具有证券期货相关业务从业资格。2010 年，立信获得首批 H 股审计执业资格。2010 年 12 月改制成为国内第一家特殊普通合伙会计师事务所。

立信现有从业人员 6 000 余名，注册会计师人数 1 920 人。业务范围：上市服务、法定审计、专项审计、外汇收支、工程造价咨询、管理咨询、培训、法律服务、资产评估。

根据中国注册会计师协会发布的《2015 年会计师事务所综合评价前百家信息》信息，立信综合排名第 5 位，2014 年度事务所本身业务收入 290 695.72 万元。

（二）主要审计问题

本次资产重组信息披露过程中，立信会计师事务所（特殊普通合伙）先后出具了康华农业 2011 年 1 月 1 日至 2014 年 4 月 30 日止财务报表审计报告（信会师报字〔2014〕第 211122 号）、康华农业内部控制鉴证报告（信会师报字〔2014〕第 211125 号）、步森股份备考财务报表审计报告（信会师报字〔2014〕第 250227 号）、步森股份备考盈利预测审核报告（信会师报字〔2014〕第 250228 号）、步森股份 2014 年 1—4 月财务报表审计报告（信会师报字〔2014〕第 610291 号）。立信所对康华农业财务报表出具了标准无保留意见的审计报告。

康华农业为实现借壳上市目的，有组织地进行了系统性财务造假，各期财务报表虚增资产均达到当期披露资产总额的 45% 以上，各期财务报表虚增营业收入均达到当期披露营业收入的 30% 以上，造假金额巨大，造假手段恶劣，情节严重。作为一家历史悠久、具有一定影响力的知名会计师事务所，对于应收账款和营业收入的造假手法，立信所按照审计准则履行勤勉尽责义务，通过实施正常的审计程序应能发现，但却出具了不恰当的审计意见。虽然证监会没有对其采取处罚措施，但难辞其咎。

**四、案件结果**

**（一）康华农业**

（1）责令康华农业改正，给予警告，并处以 60 万元罚款。

（2）对李艳（董事长兼总经理、股东）、章楠（副总经理兼财务总监、股东）、蒋燕（副总经理、股东）、杜常铭（股东）给予警告，并分别处以 30 万元罚款。

（3）对钱兆华（股东）给予警告，并处以 20 万元罚款。

（4）对股东晏支华和薛伟给予警告，并分别处以 10 万元罚款。

（5）对股东邵桂娥、段春来和张飚给予警告，并分别处以 8 万元罚款。

（6）对股东申伟、程米町、唐革伟和胡金沛给予警告，并分别处以 5 万元罚款。

**（二）步森股份**

（1）责令步森股份改正，给予警告，并处以 30 万元罚款。

（2）对董事长王建军给予警告，并处以 5 万元罚款。

（3）对董事会秘书、副总经理寿鹤蕾给予警告，并处以 3 万元罚款。

（4）对吴永杰（总经理、董事）、马礼畏（董事）、陈智君（董事）、王玲（董事）、潘亚岚（独立董事）、蒋衡杰（独立董事）、章程（独立董事）给予警告。

## 评　析

**一、资产重组及其审计**

资产重组是指企业改组为上市公司时将原企业的资产和负债进行合理划分和结构调整，经过合并、分立等方式，将企业资产和组织重新组合和设置。狭义的资产重组仅仅指对企业的资产和负债的划分和重组，广义的资产重组还包括企业机构和人员的设置与重组、业务机构和管理体制的调整。目前所指的资产重组一般都是指广义的资产重组。

会计师事务所对于企业资产重组可以采取如下审计策略。

**（一）审查资产重组合理性、合规性**

（1）项目组成员可以考虑取得资产重组协议相关的会议记录、资产重组协议，审查资产重组协议是否是经过正规的决策程序，签署的重组协议是否有相关负责人的审批、签字和盖章。审查重组协议的内容从资本运作的角度看，是否符合经济效益原则。签订的协议是否公允，是否存在异常、不合理或者违规的条款，从整体角度评估资产重组事项的合理性，对于内容特别复杂的重组协议，可以考虑利用专家的工作。

（2）关注重组的对象是否与实际情况相符。对于拟收购的标的资产，核查其使用状况、盈利能力，拟收购的资产是否仍具有持续盈利能力，置入的资产是否能够增强企业的核心竞争力——这对于资产重组来说十分重要。例如，2015 年年初，星河生物在进行资产重组时就出现拟收购资产（洛阳伊众清真食品有限公司）业绩低于预期，无法提升公司盈利能力的情况，最终导致资产重组事项终止。对于出售、剥离的资产，要检查其是否为闲置或淘汰资产，警惕出现不恰当输送利益的情况。

（二）关注资产评估真实性，考虑利用专家的工作

一般涉及资产重组时，为保证重组的顺利进行，减少重组双方对资产评估价值的分歧，企业都会考虑聘请第三方机构对标的资产进行专业评估。因而在进行审计工作时，注册会计师可以考虑利用资产评估机构的工作成果，但是利用专家的工作时，注册会计师不能直接将取得的其他机构提供的评估结果作为自己的工作成果。一方面，注册会计师要关注评估专家的专业胜任能力、客观性、专业素质；另一方面，还要评价专家工作的恰当性，即关注评估过程是否合理、评价方法是否恰当、评价标准是否适当、评估资料是否完整准确、计算结果和过程是否正确。对于评估结果，注册会计师也要综合自己所了解的情况，判断是否具有合理性；同时，也要综合各种情况，考虑资产重组的双方是否有高估或低估资产的动机。

（三）识别关联方，关注信息披露的恰当性

关联方的存在往往对信息使用者评价资产重组事项以及评估企业重组后的发展有重要影响，且关联方交易更有可能导致财务报表层次的重大错报，关联方的识别对于资产重组审计来说十分重要。

（1）注册会计师要关注管理层识别关联方及其交易的内部控制，考虑是否存在关联交易非关联化的情形和潜在的利益输送，询问管理层关于关联方的名称、特征以及与关联方之间发生的交易等。

（2）项目组内部可以对关联方关系进行讨论，交流是否发现可能显示存在关联方关系或交易的记录、文件，管理层对关联方关系及交易的态度是否是积极识别、披露相关关联方，充分关注新增的大客户、异常的交易是否与资产重组的另一方相关；此外，由于资产重组涉及事项较多、金额较大，企业往往会聘请律师事务所协助相关工作，提供关于资产重组双方治理结构、管理结构以及关联方等相关的资料，因而注册会计师可以考虑结合律师等专业人士提供的资料进行关联方识别，出于职业谨慎，注册会计师还可以获取企业双方关键管理人员的履历和主要社会关系，进行关联方审计。如果识别出资产重组的对方为企业的关联方，要披露与企业的关系、交易的公允性、是否存在其他关联交易等，保证资产重组事项披露的准确性。如果对方不是企业的关联方，注册会计师也需要关注是否对资

产重组另一方的信息进行了充分的披露。

**（四）根据重组方式，复核账务处理**

考虑到资产重组账务处理的复杂性，资产重组的账务处理是否正确，又直接影响着资产利得或损失的确认、计量和报告，注册会计师需要结合获取的相关资料，对资产重组的账务处理进行复核。

（1）注册会计师需要判断资产重组的方式。在资产重组过程中，涉及的支付手段除了现金外，是否还涉及股权转让、新股增发、授予期权以及其他非货币资产转让，获取所有能证明相关资产价值的资料，包括原始入账价值、资产评估报告等。

（2）结合相关资料，运用专业胜任能力判断账务处理的正确性。如资产直接置换的，参照非货币性资产交换的处理方法，关注换入、换出资产的公允价值如何确定，计算是否正确，相关的税费处理是否正确等。涉及投入企业股权的，参照长期股权投资的相关会计处理，对商誉的确认、计量进行复核、计算，并结合重组交易时对未来的预期、重组后的实际经营情况等信息来判断商誉减值准备的正确性。

### 二、非上市公司也应受到惩处

证监会对步森股份处以 30 万元罚款，而对曾计划 42 亿元借壳步森股份的非上市公司康华农业则是"视而不见"。

鉴于步森股份主动申请撤回重大资产重组申请文件，导致康华农业未能借壳上市成功，客观上起到了减轻违法行为危害后果的作用，且步森股份及相关责任人积极配合调查。因此，监管部门对步森股份处以 30 万元罚款，步森股份股票因此逃过一劫。

而对比步森股份，康华农业虽然为非上市公司，但其财务造假的性质却同样是非常严重，其曾计划 42 亿元借壳步森股份上市，且不说造成股价波动以及影响投资者，单就其行为本身来说，与绿大地、万福生科等造假上市的行为并没有本质上的区别。而监管部门对其视而不见，罚了从犯忘了主犯，康华农业因为不是上市公司，反而还"奇迹"般逃脱了被处罚的命运。

准确、真实的会计信息，是所有公司起码的诚信标准。国家财政部门需要根据企业报送的会计报表监督、分析和统计企业的财务和经营情况，税务部门需要通过阅读企业的会计资料了解税收的执行情况，这些都依托于真实、合法的会计报表。

目前我国对会计信息失真的惩处手段主要以行政处罚和刑事处罚为主。对大部分存在会计信息失真的企业，主要是给予企业及主要责任人以罚款、通报批评和警告等行政处罚。在证监会处罚了步森股份之后，康华农业公司所属地的监管部门也有必要对其违法造假行为进行处罚。

在注册制没有全面铺开之前，一些非上市公司为了上市以分羹，不惜代价"借壳上市"，在此背景之下，一些上市公司的"壳资源"价值凸显。加上几乎没有任何违规成本，一些非上市公司不惜包装粉饰业绩、虚报财务数据、虚增营业收入，以至于"借壳上市"行为大行其道，其对市场所造成的危害日渐凸显。

无论上市公司与否，包装粉饰业绩，即为赤裸裸的财务造假行为。监管部门在做出相关处罚时，严惩才是应有之义，不应有回旋的余地，更不能因为是非上市公司而对其违规行为视而不见。

## 思考与讨论

1. 重大非常规交易包括哪些？如何识别并评估与其相关的重大错报风险？
2. 步森农业为什么要资产重组？分别采用什么手法？重组失败的原因是什么？

## 参考文献

1. 关于康华农业借壳步森股份造假手法的揭露［EB/OL］. http://guba.eastmoney.com/news,002569,121226034.html.

2. 中国注册会计师协会. 审计［M］. 北京：经济科学出版社，2015.

3. 李晓慧. 审计案例与实训［M］. 北京：中国人民大学出版社，2012.

4. 康华农业财务舞弊案［EB/OL］. http://www.yangqiu.cn/CrowdfundingWeMedia/885843.html.

5. 深圳证券交易所（http://www.szse.cn/）

6. 步森集团有限公司（http://www.busen-group.com/）

7. 广西康华农业股份有限公司（http://www.gxkhcy.com/）

8. 康华农业13万亩"流转土地"调查数据真实性存疑［EB/OL］. http://news.xinhuanet.com/fortune/2014-09/15/c_126985815.htm.

9. 袁丁. 企业资产重组审计问题及对策分析［J］. 当代会计，2015（08）：50-51.

# 第十章  终结审计与审计报告

📠 **学习目标**

● 了解终结审计的总流程
● 熟悉审计报告与财务报表的关系
● 掌握如何形成审计意见
● 掌握审计报告的基本要素
● 掌握不同类型的审计报告
● 了解特殊事项审计报告处理

　　审计完成阶段是审计的最后一个阶段。注册会计师按业务循环完成各财务报表项目的审计测试和一些特殊项目的审计工作后，在审计完成阶段汇总审计测试结果，进行更具体综合性的审计工作，如评价审计中的重大发现、评价审计过程中发现的错报、关注期后事项对财务报表的影响、复核审计工作底稿和财务报表等。在此基础上评价审计结果，在与客户沟通以后，获取管理层声明，确定应出具的审计报告的意见类型和措辞，进而编制并致送审计报告，终结审计工作。本章介绍了终结审计与审计报告的相关内容，并结合"莲花味精和南纺股份"两个审计案例进行详细分析。

## 一、终结审计

### （一）终结审计的实务流程

　　注册会计师在完成信息获取、风险评估和财务报表认定测试后，将执行终结审计程序，目的是消除那些尚未解决的问题，并确保所有可用信息均得到了适当考虑，最终对整个财务报表合法性和公允性做出总体结论并将审计结果传递给相关利益方。在终结审计阶段，注册会计师要从整体的角度评价财务报表是否合法、公允，其实务流程如表 10-1 所示。

表 10-1　终结审计的实务流程

| |
| --- |
| 1. 召开项目组会议，汇总审计过程中发现的审计差异，根据错报的重要性确定建议被审计单位调整的事项，编制账项调整分录汇总表、重分类调整分录汇总表、列报调整汇总表、未更正错报汇总表以及试算平衡表草表 |
| 2. 与被审计单位召开总结会，就下列事项进行沟通，形成总结会会议纪要并经双方签字认可：<br>（1）审计意见的类型及审计报告的措辞 |

续表

（2）账项调整分录汇总表、重分类调整分录汇总表、列项调整汇总表、未更正错报汇总表以及试算平衡表草表

（3）对被审计单位持续经营能力具有重大影响的事项

（4）含有已审计财务报表的文件中的其他信息对财务报表的影响

（5）对完善内部控制的建议

（6）执行该项审计业务的注册会计师的独立性

获得被审计单位同意账项调整、重分类调整和列项调整事项的书面确认；如果被审计单位不同意调整，应要求其说明原因。根据未更正错报的重要性，确定是否在审计报告中予以反映以及如何反映。在就上述有关问题与治理层沟通时，提交书面沟通函，并获得治理层的确认

3. 编制正式的试算平衡表

4. 对财务报表进行总体复核，评价财务报表总体合理性。如果识别出以前未识别的重大错报风险，应重新考虑对全部或部分交易、账户余额、列报评估的风险是否恰当，并在此基础上重新评价之前实施的审计程序是否充分，是否有必要追加审计程序

5. 将项目组成员意见分歧的解决过程记录于专业意见分歧解决表中。汇总重大事项，编制重大事项概要

6. 评价审计结果，形成审计意见，并草拟审计报告：

（1）对重要性和审计风险进行最终评价，确定是否需要追加审计程序和提请被审计单位做出必要调整

① 按财务报表项目确定可能的错报金额

② 确定财务报表项目可能错报金额的汇总数（即可能错报总额）对财务报表层次重要性水平的影响程度

（2）对被审计单位已审计财务报表形成审计意见并草拟审计报告

7. 由项目负责经理复核工作底稿

8. 由项目负责合伙人复核工作底稿

9. 必要时，实施项目质量控制复核

10. 向适当的高级管理人员获取经签署的管理层声明书，并确定其日期与审计报告的日期一致

11. 撰写审计总结

12. 完成审计工作、完成情况核对表

13. 完成业务复核核对表

14. 正式签发审计报告

## （二）汇总审计差异

在审计测试后，项目经理应当在复核每一位注册会计师形成的审计工作底稿的基础上汇总审计过程中发现的所有审计差异。

审计差异分为核算误差和重分类误差。核算误差是指因企业对经济业务进行了不正确的会计核算而引起的误差；重分类误差是指因企业未按有关会计准则、会计制度规定编制财务报表而引起的误差。

在实务中，注册会计师应当从核算误差的金额和性质两个方面考虑是否建议被审计单位更正。

（1）对于单笔核算误差超过所涉及财务报表项目（或账项）层次重要性水平的，应建

议被审计单位更正。

（2）对于单笔核算误差低于所涉及财务报表项目（或账项）层次重要性水平，但性质重要的，如涉及舞弊与违法行为的核算误差、影响收益趋势的核算误差、股本项目等不期望出现的核算误差，应建议被审计单位更正。

（3）对于单笔核算误差低于所涉及财务报表项目（或账项）层次重要性水平，并且性质不重要的，注册会计师可以容忍被审计单位不做调整；但当若干笔同类型单笔核算误差汇总数超过财务报表项目（或账项）层次重要性水平时，应从中选取几笔建议被审计单位更正，使其汇总错报降至重要性水平之下。

注册会计师应当把审计中查证出来的所有审计差异都与被审计单位交换意见，并获得被审计单位同意账项调整、重分类调整和列报调整事项的书面确认；如果被审计单位不同意调整，应要求其说明原因，并根据未更正错报重要性，确定是否在审计报告中予以反映，以及如何反映。

汇总审计差异的审计工作底稿包括账项调整分录汇总表、重分类调整分录汇总表、列报调整汇总表和未更正错报汇总表。

**（三）编制试算平衡表**

试算平衡表是注册会计师在被审计单位提供的未审财务报表的基础上，考虑调整分录、重分类分录等内容以确定已审数与报表披露数的表式。

（1）试算平衡表中的"期末未审数"栏，应根据被审计单位提供的未审计财务报表填列。

（2）有些财务报表项目在审计调整分录中多处出现，需要利用"丁"字形账户，区分调整分录与重分类分录分别进行汇总，然后将按会计报表项目汇总后的借、贷方发生额分别过入试算平衡表中的"调整金额"和"重分类调整"栏内。

（3）在编制完试算平衡表后，应注意核对相应的钩稽关系。

**（四）评价审计结果**

注册会计师评价审计结果，主要是从整体的角度确定将要发表意见的类型以及在整个审计工作中是否遵循了审计准则。为此，注册会计师必须完成两项工作：一是对重要性和审计风险进行最终的评价；二是对被审计单位已审计财务报表形成审计意见并草拟审计报告。

1. 对重要性和审计风险进行最终评价

对重要性和审计风险进行最终评价，是注册会计师决定发表何种类型审计意见的必要过程，该过程可通过以下两个步骤来完成。

（1）按财务报表项目确定可能的错报金额汇总数（即可能错报总额）。可能错报总额包括：通过交易和财务报表项目实质性测试所确认的未更正错报；通过测试样本估计出的总体错报减去在测试中已识别的具体错报所得的推断误差；通过实质性分析程序推断出的估计错报。另外，还要考虑上一期的任何未更正且仍对本期财务报表产生影响的错报。

（2）确定各财务报表项目可能错报金额汇总数（即可能错报总额）对财务报表层次重要性水平和其他与这些错报有关的财务报表总额的影响程度。

随着可能错报总额的增加，财务报表可能被严重错报的风险也会增加。如果注册会计师得出结论，审计风险处在一个可接受的水平，可以直接提出审计结果所支持的意见；如果注册会计师认为审计风险不能接受，应追加实施额外的实质性测试或者说服被审计单位做出必要调整，以便使重要错报的风险被降到可以接受的水平；否则，注册会计师应慎重考虑该审计风险对审计报告的影响。

2. 对被审计单位已审计财务报表形成审计意见并草拟审计报告

在审计过程中，要实施各种测试。这些测试通常是由参与本次审计工作的审计项目组成员来执行的，而每个成员所执行的测试可能只限于某几个领域或账项，所以，在每个功能领域或报表项目的测试都完成后，审计项目经理应汇总所有成员的审计结果。

在终结审计工作阶段，为了对会计报表整体发表适当的意见，审计项目经理应当将分散的审计结果加以汇总和评价，综合评价后，再逐级交给部门经理和主任会计师认真复核。

在对审计意见形成最后决定之前，会计师事务所通常要与被审计单位召开沟通会议。在会议上，注册会计师可口头报告本次审计所发现的问题，并说明建议被审计单位作必要调整或表外披露的理由。当然，管理层也可以在会上申辩其立场。最后，通常会对需要被审计单位做出的改变达成协议。如达成了协议，注册会计师一般即可签发标准审计报告，否则，注册会计师则考虑发表其他类型的审计意见。

（五）与治理层沟通

1. 选择与治理层沟通的方式

在一个现代企业中，治理层是指对企业战略方向以及管理层履行经营管理责任负有监督责任的人员或组织，治理层的责任包括对财务报告过程的监督。管理层是指对企业经营活动的执行负有管理责任的人员或组织，管理层负责编制财务报表，并受到治理层的监督。

在终结审计中，注册会计师应当就与财务报表审计相关且根据职业判断认为与治理层责任相关的重大事项，以适当的方式及时与治理层沟通。

沟通的形式可分为口头或书面沟通、详细或简略沟通、正式或非正式沟通。有效的沟通形式不仅包括正式声明和书面报告等正式形式，也包括讨论等非正式的形式。

注册会计师在确定采用何种沟通形式时，除了考虑特定事项的重要程度外，还应当考虑下列因素。

（1）管理层是否已就该事项与治理层沟通。

（2）被审计单位的规模、经营结构、控制环境和法律结构。

（3）如果执行的是特殊目的财务报表审计，注册会计师是否同时审计该被审计单位的通用目的财务报表。

（4）法律法规的规定。

（5）治理层的期望，包括与注册会计师定期会面或沟通的安排。

（6）注册会计师与治理层保持联系和对话的数量。

（7）治理层的成员是否发生重大变化。

2. 与治理层沟通的内容

注册会计师应当直接与治理层沟通的事项包括以下几方面。

（1）注册会计师的责任。注册会计师应当向治理层说明，注册会计师的责任是对管理层在治理层监督下编制的财务报表发表审计意见，对财务报表的审计并不能减轻管理层和治理层的责任。

（2）计划的审计范围和时间。在与治理层沟通计划的审计范围和时间时，注册会计师应保持职业谨慎，以防止由于具体审计程序易于被治理层，尤其是承担管理责任的治理层所遇见等原因而损害审计工作的有效性。

（3）审计工作中发现的问题。注册会计师应当就审计工作中发现的问题与治理层直接沟通下列事项。

① 注册会计师对被审计单位会计处理质量的看法。

② 审计工作中遇到的重大困难。

③ 尚未更正的错报，除非注册会计师认为这些错报明显不重要。

④ 审计中发现的、根据职业判断认为重大且与治理层履行财务报告过程监督责任直接相关的其他事项。

（4）注册会计师的独立性。如果被审计单位是上市公司，注册会计师应当就独立性与治理层直接沟通下列内容。

① 就审计项目组成员、会计师事务所其他相关人员以及会计师事务所按照法律法规和职业道德规范的规定保持了独立性做出声明。

② 根据职业判断，注册会计师认为会计师事务所与被审计单位之间存在的可能影响独立性的所有关系和其他事项，其中包括会计师事务所在财务报表涵盖期间为被审计单位和受被审计单位控制的组成部分提供审计、非审计服务的收费总额。

③ 为消除对独立性的威胁或将其降至可接受的水平，已经采取的相关防护措施。

（六）获取管理层书面声明

1. 获取管理层书面声明的作用

管理层书面声明是指被审计单位管理层向注册会计师提供的书面陈述，用以确认某些事项或支持其他审计证据。这些陈述是在审计过程中，注册会计师与被审计单位管理层就财务报表审计相关的重大事项不断进行沟通而形成的。

注册会计师应当向被审计单位管理层获取适当声明，管理层书面声明有以下两个基本作用。

（1）进一步明确管理层对财务报表的责任。

（2）管理层书面声明可以作为重要审计证据。

2. 管理层书面声明的内容

注册会计师应当要求管理层对财务报表承担相应责任并了解相关事项的管理层提供书面声明。

（1）针对管理层责任的书面声明。

① 针对财务报表的编制，注册会计师应当要求管理层提供书面声明，确认其根据审计业务约定条款，履行了按照适用的财务报告框架编制财务报表（包括使其实现公允反映，如适用）的责任。

② 针对提供的信息和交易的完整性，注册会计师应当要求管理层就下列事项提供书面声明：按照审计业务约定条款，已向注册会计师提供所有相关信息，并允许注册会计师不受限制地接触所有相关信息以及被审计单位内部人员和其他相关人员；所有交易均已记录并反映在财务报表中。

（2）其他书面声明。除审计准则要求的书面声明外，如果注册会计师认为有必要获取一项或多项其他书面声明，以支持与财务报表或者一项或多项具体认定相关的其他审计证据，注册会计师应当要求管理层提供这些书面声明。

（3）书面声明涵盖的日期和期间。书面声明的日期应当尽量接近对财务报表出具审计报告的日期，但不得在审计报告日后。书面声明应当涵盖审计报告针对的所有财务报表和期间。

3. 获取管理层书面声明的程序及其对审计的影响

当管理层书面声明的事项对财务报表具有重大影响时，注册会计师应当实施下列审计程序。

（1）从被审计单位内部或外部获取佐证证据。

（2）评价管理层书面声明是否合理并与获取的其他审计证据（包括其他声明）一致。

（3）考虑做出声明的人员是否熟知所声明的事项。

虽然管理层书面声明是重要证据，但注册会计师不应以管理层书面声明替代能够合理预期获取的其他审计证据。如果管理层的某项书面声明与其他审计证据相矛盾，注册会计师应当调查这种情况。必要时，重新考虑管理层做出的其他声明的可靠性。

如果管理层拒绝提供注册会计师认为必要的书面声明，注册会计师应当将其视为审计范围受到限制，出具保留意见或无法表示意见的审计报告。

（七）完成质量控制复核

为了保障审计报告质量，审计工作底稿要经过多级复核，才能用以支持审计报告的签发。会计师事务所建立的多级复核制度主要包括以下内容。

1. 项目组内复核

（1）审计项目经理现场复核。审计项目经理对审计工作底稿的全面复核通常在审计现场完成，以便及时发现和解决问题，争取审计工作的主动。

（2）项目合伙人复核。项目合伙人是指会计师事务所中负责某项审计业务及其执行，并代表会计师事务所在审计报告上签字的主任会计师或经授权签字的注册会计师。在完成审计外勤工作时，需要项目合伙人对审计工作底稿实施复核，对项目经理复核的再监督，也是对重要审计事项的重点把关。

2. 项目质量控制复核

项目质量控制复核是指会计师事务所挑选不参与该业务的人员,在出具报告前,对项目组做出的重大判断和在准备报告时形成的结论做出客观评价的过程。项目质量控制复核与项目组内部复核在内容和目的等方面具有一定的相似性,但存在以下主要区别(见表 10-2)。

表 10-2 不同层次审计工作底稿复核内容对比

| 项 目 | 复 核 内 容 |
|---|---|
| 审计项目经理现场复核 | 评价已完成的审计工作、所获得的证据和工作底稿编制人员形成的结论 |
| 项目合伙人的复核 | (1)复查计划确定的重点审计程序是否适当,是否较好实施,是否实现了审计目标<br>(2)复查重点审计项目的审计证据是否充分、适当<br>(3)复查审计范围是否充分<br>(4)复查对建议调整的不符事项和未调整事项的处理是否恰当<br>(5)复查审计工作底稿中重要的钩稽关系是否正确<br>(6)检查审计工作中发现的问题及其对财务报表和审计报告的影响,审计项目组对这些问题的处理是否恰当<br>(7)复核已审财务报表总体上是否合理、可信 |
| 项目质量控制复核 | (1)对项目组和会计师事务所独立性做出评价<br>(2)在决定接受客户和保持客户时识别的风险<br>(3)识别的特别风险以及采取的应对措施,包括项目组对舞弊风险的评估及采取的应对措施<br>(4)在确定重要性时的演进程度,包括运用的假设和判断<br>(5)项目组是否已就存在的意见分歧、其他疑难问题或争议事项进行适当咨询,以及咨询得出的结论<br>(6)项目组在审计中识别的已更正和未更正的错报的重要程度及处理情况<br>(7)项目组拟与管理层、治理层以及其他方面沟通的事项<br>(8)所复核的审计工作底稿是否反映了项目组针对重大判断执行的工作,是否支持得出的结论<br>(9)项目组拟出具的审计报告的适当性 |

## (八)召开总结会并编制审计总结

在终结审计阶段,召开项目组会议主要是为了整体了解审计工作及其存在的问题,把整个审计中遇到的问题,尤其是专业意见分歧、重大事项及其解决情况进行汇总讨论,形成专业意见分歧解决表、重大事项概要汇总表等;召开总结会,主要是就下列事项进行沟通,形成总结会会议纪要并经双方签字认可。

(1)审计意见的类型及审计报告的措辞。

(2)账项调整分录汇总表、重分类调整分录汇总表、列报调整汇总表、未更正错报汇总表以及试算平衡表草表。

（3）对被审计单位持续经营能力具有重大影响的事项。

（4）含有已审计财务报表的文件中的其他信息对财务报表的影响。

（5）对完善内部控制的建议。

（6）执行该项审计业务的注册会计师的独立性。

在此基础上，编制审计总结。最后，注册会计师一般采用审计工作完成情况核对表来终结整个审计工作，这不仅可对那些经常容易被忽视的审计方面起到提醒的作用，还有利于检查审计证据的充分性和适当性。

## 二、审计报告

### （一）审计报告与财务报表

审计报告时注册会计师根据审计准则的规定，在实施审计工作的基础上对被审计单位财务报表发表审计意见的书面文件。财务报表是对企业财务状况、经营成果和现金流量的结构化表述。

治理层对财务报告过程的监督职责主要有：审核或监督企业的重大会计政策、审核或监督企业财务报告和披露程序、审核或监督与财务报告相关的企业内部控制、组织和领导企业内部审计、审核和批准企业的财务报告和相关信息披露、聘任和解聘负责企业外部审计的注册会计师并与其进行沟通等。

在被审计单位治理层的监督下，按照适用的会计准则和相关会计制度的规定编制财务报表是被审计单位管理层的责任。管理层对编制财务报表的责任具体包括：（1）选择适用的会计准则和相关会计制度；（2）选择和运用恰当的会计政策；（3）根据企业的具体情况做出合理的会计估计。

在治理层的监督下，管理层作为会计工作的行为人，对编制财务报表负有直接责任。注册会计师则应当在审计报告中清楚地表达对财务报表的意见，并对出具的审计报告负责。

财务报表的编制和财务报表审计是财务信息生成链条上的不同环节，各司其职，财务报表审计不能减轻被审计单位治理层和管理层的责任。

尽管审计报告与财务报表是性质不同的两种报告文件，但审计报告与财务报表通常要同时并列呈送委托人或正式对外公布，由于审计报告的鉴证作用，已审计的财务报表会增强其可信性。

### （二）对财务报表形成审计意见

在对财务报表形成审计意见时，注册会计师应当根据已获取的审计证据，评价是否已对财务报表整体不存在重大错报获取合理保证，注册会计师对财务报表形成意见的决策图如图 10-1 所示。

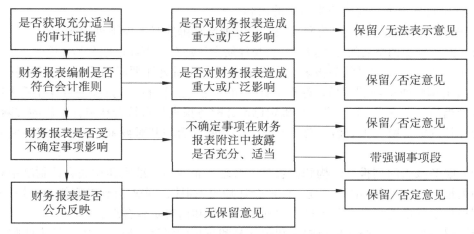

图 10-1 注册会计师对财务报表形成意见的决策

1. 评价财务报表合法性

在评价财务报表是否按照适用的财务报告框架编制时，注册会计师应当考虑下列内容。

（1）财务报表是否充分披露了选择和运用的重要会计政策。

（2）选择和运用的会计政策是否符合适用的财务报告框架，并适合于被审计单位的具体情况。会计政策是被审计单位在会计确认、计量和报告中采用的原则、基础和会计处理方法。注册会计师在考虑被审计单位选用的会计政策是否适当时，应当关注重要的事项。重要事项包括重要项目的会计政策和行业惯例、重大和异常交易的会计处理方法，在新领域和缺乏权威性标准或共识的领域采用重要会计政策产生的影响，会计政策的变更等。

（3）管理层做出的会计估计是否合理。会计估计通常是指被审计单位以最近可利用的信息为基础对结果不确定的交易或事项所作的判断。由于会计估计的主观性、复杂性和不确定性，管理层做出的会计估计发生重大错报的可能性较大。因此，注册会计师应当判断管理层做出的会计估计是否合理，确定会计估计的重大错报风险是不是特别风险，是否采取了有效的措施予以应对。

（4）财务报表列报的信息是否具有相关性、可靠性、可比性和可理解性。财务报表反映的信息应当符合信息质量特征，具有相关性、可靠性和可理解性。注册会计师应当根据《企业会计准则——基本准则》的规定，考虑财务报表反映的信息是否符合信息质量特征。

（5）财务报表是否做出充分披露，使财务报表使用者能够理解重大交易和事项对财务报表所传递信息的影响。

（6）财务报表使用的术语（包括每一财务报表的标题）是否适当。

另外，在评价时，注册会计师应当考虑被审计单位会计事务的质量，包括表明管理层的判断可能出现偏向的迹象。

2. 评价财务报表公允性应当考虑的内容

在评价财务报表是否做出公允反映时，注册会计师应当考虑下列内容。

（1）经管理层调整后的财务报表是否与注册会计师对被审计单位及其环境的了解一致。在完成审计工作后，如果财务报表存在重大错报，注册会计师应当要求管理层进行调整。管理层做出调整或拒绝调整后，注册会计师可以确定已审计财务报表是否存在重大错报，并形成恰当的审计意见。为了进一步确定已审计财务报表是否符合被审计单位的实际情况，注册会计师尚需对财务报表做出总体复核，并判断是否与其对被审计单位及其环境的了解一致。

（2）财务报表的列报、结构和内容是否合理。企业会计准则和相关会计制度中对财务报表的列报、结构和内容作了规定。注册会计师应当根据《企业会计准则第 30 号——财务报表列报》及其指南，考虑财务报表的列报、结构和内容是否合理。

（3）财务报表是否公允地反映了相关交易和事项的经济实质。在审计结束或临近结束时，注册会计师实施分析程序有助于验证在审计过程中形成的结论，并协助形成财务报表是否公允反映的整体结论。

（三）审计报告的基本要素

审计报告很简短，尤其是相对注册会计师所做的严格而冗长的审计程序以及所费的漫长的审计时间来讲，太简短了。简短的审计报告包括下列要素。

1. 标题

审计报告的标题应当统一规范为"审计报告"。

2. 收件人

审计报告的收件人是指注册会计师按照业务约定书的要求致送审计报告的对象，一般是指审计业务的委托人。审计报告应当载明收件人的全称。

3. 引言段

审计报告的引言段应当说明被审计单位的名称和财务报表已经过审计，并包括下列内容。

（1）指出构成整套财务报表的每一财务报表的名称。

（2）提及财务报表附注，包括重要会计政策概要和其他解释性信息。

（3）指明财务报表的日期或涵盖的期间。

4. 管理层对财务报表的责任段

管理层对财务报表的责任段应当说明，按照适用的会计准则和相关会计制度的规定编制财务报表是管理层的责任，这种责任包括以下几方面。

（1）设计、实施和维护与财务报表编制相关的内部控制，以使财务报表不存在由于舞弊或错误而导致的重大错报。

（2）选择和运用恰当的会计政策。

（3）做出合理的会计估计。

5. 注册会计师的责任段

注册会计师的责任段应当说明下列内容。

（1）注册会计师的责任是在实施审计工作的基础上对财务报表发表审计意见。注册会计师按照中国注册会计师审计准则的规定执行了审计工作。中国注册会计师审计准则要求注册会计师遵守职业道德规范，计划和实施审计工作以对财务报表是否不存在重大错报获取合理保证。

（2）审计工作涉及实施审计程序，以获取有关财务报表金额和披露的审计证据。选择的审计程序取决于注册会计师的判断，包括对由于舞弊或错误导致的财务报表重大错报风险的评估。在进行风险评估时，注册会计师考虑与财务报表编制相关的内部控制，以设计恰当的审计程序，但目的并非对内部控制的有效性发表意见。审计工作还包括评价管理层选用会计政策的恰当性和做出会计估计的合理性，以及评价财务报表的总体列报。

（3）注册会计师相信已获取的审计证据是充分、适当的，为其发表审计意见提供了基础。

如果接受委托，结合财务报表审计对内部控制有效性发表意见，注册会计师应当省略本条第（2）项中"但目的并非对内部控制的有效性发表意见"的术语。

6. 审计报告的说明段

审计报告的说明段是指审计报告中位于审计意见段之前用于描述注册会计师对财务报表发表保留意见、否定意见或无法表示意见理由的段落。

当出具非无保留意见的审计报告时，注册会计师应当在注册会计师的责任段之后、审计意见段之前增加说明段，清楚地说明导致所发表意见或无法发表意见的所有原因，并在可能情况下，指出其对财务报表的影响程度。

7. 审计意见段

（1）审计意见段的内容。审计意见段应当说明，财务报表是否按照适用的会计准则和相关会计制度的规定编制，是否在所有重大方面公允反映了被审计单位的财务状况、经营成果和现金流量。

（2）无保留意见的审计报告。如果认为财务报表符合下列所有条件，注册会计师应当出具无保留意见的审计报告。

① 财务报表已经按照适用的会计准则和相关会计制度的规定编制，在所有重大方面公允反映了被审计单位的财务状况、经营成果和现金流量。

② 注册会计师已经按照中国注册会计师审计准则的规定计划和实施审计工作，在审计过程中未受到限制。

当出具无保留意见的审计报告时，注册会计师应当以"我们认为"作为意见段的开头，并使用"在所有重大方面""公允反映"等术语。

无保留意见的审计报告意味着，注册会计师通过实施审计工作，认为被审计单位财务报表的编制符合合法性和公允性的要求，合理保证财务报表不存在重大错报。

（3）标准审计报告。当注册会计师出具的无保留意见的审计报告不附加说明段、强调事项段或任何修饰性用语时，该报告称为标准审计报告。

标准审计报告包含的审计报告要素齐全，属于无保留意见，且不附加说明段、强调事项段或任何修饰性用语；否则，不能称为标准审计报告。

8. 注册会计师的签名和盖章

审计报告应当由注册会计师签名并盖章。

注册会计师在审计报告上签名并盖章，有利于明确法律责任。《财政部关于注册会计师在审计报告上签名盖章有关问题的通知》（财会〔2001〕1035 号）明确规定：

（1）会计师事务所应当建立健全全面质量控制政策与程序以及各审计项目的质量控制程序，严格按照有关规定和本通知的要求在审计报告上签名盖章。

（2）审计报告应当由两名具备相关业务资格的注册会计师签名盖章并经会计师事务所盖章方为有效。

（3）合伙会计师事务所出具的审计报告，应当由一名对审计项目负最终复核责任的合伙人和一名负责该项目的注册会计师签名盖章。

（4）有限责任会计师事务所出具的审计报告，应当由会计师事务所主任会计师或其授权的副主任会计师和一名负责该项目的注册会计师签名盖章。

9. 会计师事务所的名称、地址及盖章

审计报告应当载明会计师事务所的名称和地址，并加盖会计师事务所公章。

10. 报告日期

审计报告应当注明报告日期。审计报告的日期不应早于注册会计师获取充分、适当的审计证据（包括管理层认可对财务报表的责任且已批准财务报表的证据），并在此基础上对财务报表形成审计意见的日期。

（四）审计报告的类型

审计报告分为标准审计报告和非标准审计报告。不同审计报告的对比如表 10-3 所示。

表 10-3　不同类型的审计报告的对比

| 类　型 | | 出具的条件 | 意 见 内 容 |
| --- | --- | --- | --- |
| 标准审计报告 | 无保留意见 | 如果认为财务报表在所有重大方面按照适用的财务报告框架编制，审计师应当发表无保留意见 | 如果对按照公允列报框架编制的财务报表发表无保留意见，除非法律法规另有规定，审计意见应当使用"财务报表在所有重大方面按照适用的财务报告框架（如国际财务报告准则或企业会计准则等）编制，公允反映了……"的措辞<br>如果对按照遵循性框架编制的财务报表发表无保留意见，审计意见应当使用"财务报表在所有重大方面按照适用的财务报告框架编制"的措辞 |

| 类　型 | | | 出具的条件 | 意 见 内 容 |
|---|---|---|---|---|
| 非标准审计报告 | 非无保留意见 | 保留意见 | 当存在下列情形之一时，审计师应当发表保留意见：<br>（1）在获取充分、适当的审计证据后，审计师认为错报单独或累计起来对财务报表影响重大，但不具有广泛性<br>（2）审计师无法获取充分、适当的审计证据以作为形成审计意见的基础，但认为未发现的错报（如存在）对财务报表可能产生的影响重大，但不具有广泛性 | 当由于财务报表存在重大错报而发表保留意见时，在审计意见段中说明：（1）审计师认为，除了导致保留意见的事项段所述事项产生的影响外，财务报表在所有重大方面按照适用的财务报告框架编制，并实现公允反映（当财务报表按照公允列报框架编制时）；（2）审计师认为，除了导致保留意见的事项段所述事项产生的影响外，财务报表在所有重大方面按照适用的财务报告框架编制（当财务报表按照遵循性框架编制时）<br>当无法获取充分、适当的审计证据而导致发表保留意见时，在审计意见段中使用"除……可能产生的影响外"等措辞 |
| | | 否定意见 | 在获取充分、适当的审计证据后，如果认为错报单独或累计起来对财务报表的影响重大且具有广泛性，审计师应当发表否定意见 | 在审计意见段中说明：（1）审计师认为，由于导致否定意见的事项段所述事项的重要性，财务报表没有在所有重大方面按照适用的财务报告框架编制，未能实现公允反映（当财务报表按照公允列报框架编制时）；（2）审计师认为由于导致否定意见的事项段所述事项的重要性，财务报表没有在所有重大方面按照适用的财务报告框架编制（当财务报表按照遵循性框架编制时） |
| | | 无法表示意见 | 如果无法获取充分、适当的审计证据以作为形成审计意见的基础，但认为未发现的错报（如存在）对财务报表可能产生的影响重大且具有广泛性，审计师应当发表无法表示意见 | 在审计意见段中说明：由于导致无法表示意见的事项段所述事项的重要性，审计师无法获取充分、适当的审计证据以为发表审计意见提供基础，因此，审计师不对这些财务报表发表审计意见 |

续表

| 类　　型 | | | 出具的条件 | 意 见 内 容 |
|---|---|---|---|---|
| 非标准审计报告 | 带强调事项段和其他事项段 | 带强调事项段 | 如果认为有必要提醒财务报表使用者关注已在财务报表中列报或披露，且根据职业判断认为对财务报表使用者理解财务报表至关重要的事项，审计师在已获取充分、适当的审计证据证明该事项在财务报表中不存在重大错报的条件下，应当在审计报告中增加强调事项段 | 强调事项段紧接在审计意见段之后。应当明确提及被强调事项以及相关披露的位置，以便能够在财务报表中找到对该事项的详细描述，并指出审计意见没有因该强调事项而改变 |
| | | 带其他事项段 | 对于未在财务报表中列报或披露，但根据职业判断认为与财务报表使用者理解审计工作、审计师的责任或审计报告相关且未被法律法规禁止的事项，如果认为有必要沟通，审计师应当在审计报告中增加其他事项段 | 其他事项段紧接在审计意见段和强调事项段之后。如果其他事项段的内容与其他报告责任部分相关，这一段落也可以置于审计报告的其他位置 |

（五）关于审计报告的特殊事项

1. 关于其他事项或其他报告责任的处理

对通用目的财务报表审计业务出具的审计报告仅用于对财务报表的合法性和公允性发表意见。在某些情况下，如果审计业务委托人要求注册会计师就财务报表审计中发现的某些事项进行详细说明，如销售业务和应收账款管理中存在的问题、存货管理中存在的问题等，注册会计师应当在审计报告之外出具专项报告来履行这种报告责任。如果法律法规有关政府监管部门要求注册会计师对被审计单位的其他情况发表意见，如中国证监会要求上市公司聘请注册会计师就其前次募集资金使用情况说明发表意见，就上市公司与关联方资金往来、对外担保情况的说明发表意见；国家外汇管理局要求外商投资企业报告其外汇收支情况表，并聘请注册会计师对该表编制的合规性发表意见等。注册会计师为了履行这种报告责任，应当在财务报表审计报告之外出具专项报告，并采用恰当的标题，以使这种专项报告明显区别于审计报告。如"前次募集资金使用情况审核报告""与关联方资金往来、对外担保情况审核报告""外汇收支情况表审核报告"等。

国际审计准则 ISA700 中提到在某些国家或地区允许注册会计师在审计报告中提及其他报告责任，此时，该其他报告责任应当在审计报告意见段后单列一段叙述。这样做有助于将其他报告责任同注册会计师对财务报表的责任和审计意见明确地区分开来。该段的形式和内容因其他报告责任的性质而异。在我国尚不允许注册会计师这样处理。

2. 关于与已审计财务报表一同披露的未审计附加信息的处理

被审计单位管理层可能会出于强制或自愿，在财务报表中附加一些信息。对于那些不能同财务报表进行明确区分的附加信息，由于其性质和表达方式，注册会计师的审计意见经常涵盖。然而，在其他情况下，法律法规可能并不要求对附加信息进行审计，管理层也并不要求注册会计师将其纳入财务报表审计范围。当并不打算对附加信息进行审计时，注册会计师应当考虑该信息的表述方式是否容易被认为是涵盖在审计意见中的，如果是这样，就应当提请管理层改变信息的表述方式。注册会计师应当考虑在哪里披露该未审计信息，是否存在已审计附加信息，以及是否明确该信息未经审计。注册会计师应当提请管理层删除财务报表中所有对未审计附加信息或未审计附注的交叉索引，以防止已审计和未审计信息不能明确区分。由于和已审计附注混合在一起的未审计附注往往会被错认为是已经审计的，注册会计师应当提请被审计单位将未审计信息移出财务报表，如果这样做不可能，至少应当提请被审计单位将未审计附注一起放在财务报表的末端，并明确标明未审计。

当注册会计师发现财务报表将在包含其他信息的文件中披露时，如果披露的形式允许，应当考虑将已审计财务报表在整个财务报告中的页码表示出来。这样做有助于报告的阅读者明确区分审计意见中未涵盖的其他信息。

如果注册会计师认为被审计单位对未审计附加信息的披露方式不能够将其与已审计财务报表进行足够的区分，就应当在审计报告中表示该信息未经审计。

对附加信息未经审计不能减轻注册会计师阅读该信息并发现与已审计财务报表重大不一致的责任，注册会计师应当确保能够将与财务报表一同披露的，但审计意见并未涵盖的附加信息同已审计财务报表明确区分开，并按照"含有已审计财务报表的文件中的其他信息"来处理。

# 案例十九　莲花味精审计案例

## 案　情

### 一、案件起因

2014 年 6 月 14 日，莲花味精对外发布公告称，公司近日收到证监会"行政处罚决定书"，公司存在的违法事实包括：信息披露违法以及 2007、2008 年虚增收入。

事实上，关于莲花味精信息披露违法最早可追溯到 2010 年 4 月。

2010 年 4 月 30 日，莲花味精股份有限公司发布一则公告，称接到河南证监局关于对莲花味精信息披露问题的监管关注函。该函称，"通过非正式调查发现公司存在涉嫌虚增会计利润、重大诉讼事项未及时履行信息披露义务等违反证券法律法规的行为，于 2010 年 4

月 25 日正式对公司立案调查"。

而在历经 4 年调查后，近日证监会终于对莲花味精开出罚单。

**二、被审计单位的基本情况及主要会计问题**

（一）被审计单位的基本情况

莲花味精股份有限公司由河南省莲花味精集团有限公司（简称莲花集团）独家发起，募集设立。发起人的前身是 1983 年成立的河南省周口地区味精厂。1996 年 10 月，整体改制为国有独资公司。1998 年 6 月 15 日，向社会首次公开发行人民币普通股 9 000 万股，另向本公司职工配售 1 000 万股。1998 年 8 月 25 日，公司发行的社会公众股在上海证券交易所挂牌上市，股票代码 600186。

2015 年 12 月 30 日经河南省工商行政管理局批准公司名称变更为河南莲花健康产业股份有限公司。

截至 2015 年 12 月 31 日，莲花健康向社会公开发行的总股数为 106 202.43 万股，10.62 亿元，总资产为 2 151 712 791.29 元。

经营范围：味精、鸡精、谷氨酸等氨基酸、谷氨酸钠、酱油、醋的生产、销售，以及相关副产品的生产、销售；面粉、谷朊粉、食品、淀粉、饲料、肥料的生产、销售；环保产品的生产与销售（限分支机构按国家有关规定）；生物工程的科研（国家专项规定的除外）；公司产品的运输、仓储业务；公司自产产品的出口业务和公司所需的机械设备、零配件、原辅材料的进口业务（国家限定公司经营或禁止进出口的商品及技术除外）。

（二）主要会计问题

经证监会查明，莲花味精存在如下违法事实。

1. 2006 年信息披露违法事实

2006 年，莲花味精未按规定披露诉讼事项。2006 年 2 月 22 日至 28 日，中国工商银行项城支行就莲花味精四笔逾期贷款提起诉讼，诉讼标的共计 295 879 389.94 元。2006 年 3 月 6 日，莲花味精收到项城市人民法院四份应诉通知书，并于 2006 年 8 月 30 日收到项城市人民法院（2006）项民初字第 04012—04015 号判决书，法院判莲花味精按期偿付上述款项。莲花味精未按照规定临时披露，也未在之后的定期报告中披露诉讼事项。

2. 2007 年信息披露违法事实

莲花味精将未到位的政府补助入账、虚增利润。莲花味精通过《关于申请项城市政府给予原材料价格补偿的请示》（豫莲股字〔2007〕62 号）向项城市政府申请补助 1.944 亿元人民币，项城市政府在《项城市人民政府关于对河南莲花味精股份有限公司原材料价格补偿请示的批复》（项政文〔2007〕91 号）中同意将项城市政府的 1.944 亿元作为粮食价格补偿冲抵成本。《项城市政府关于推动莲花化解债务风险工作进展情况及请求延期的函》（项政文〔2009〕64 号）、《项城市政府关于推动莲花化解债务风险工作进展情况及请求延期的函》（项政文〔2009〕65 号）以及《周口市政府关于莲花味精股份有限公司被省证监局立案稽查有关情况的报告》（周政文〔2010〕74 号）均承认政府补助的存在，同时也阐释了政府补助没有到位的客观原因。而莲花味精在政府补助没有实际到位的情况下，将尚未到位的政府补助款项入账，从而虚增 2007 年利润 1.944 亿元，导致 2007 年利润亏转盈，2007 年公司公开披露的净利润为 26 513 425.97 元。

3. 2008 年信息披露违法事实

（1）莲花味精通过《关于申请项城市人民政府解决人工费用的请示》（豫莲股字〔2008〕51 号）向项城市政府申请补助 3 亿元人民币。在《项城市人民政府关于对河南莲花味精股份有限公司解决人工费用请示的批复》（项政文〔2008〕156 号）中同意将项城市政府的 3 亿元作为人工费用补偿冲抵成本。《项城市政府关于推动莲花化解债务风险工作进展情况及请求延期的函》（项政文〔2009〕64 号）、《项城市政府关于推动莲花化解债务风险工作进展情况及请求延期的函》（项政文〔2009〕65 号）以及《周口市政府关于莲花味精股份有限公司被省证监局立案稽查有关情况的报告》（周政文〔2010〕74 号）均承认政府补助的存在，同时也阐释了政府补助没有到位的客观原因。而莲花味精在政府补助没有实际到位的情况下，将尚未到位的政府补助款项入账，从而虚增 2008 年利润 3 亿元，导致 2008 年利润亏转盈，并导致莲花味精 2009 年少计应付工行项城支行贷款利息。2008 年公司公开披露的净利润为 12 405 265.84 元。

（2）对政府补助的会计处理不符合会计准则的相关规定。2008 年 6—12 月，莲花味精分数次收到环保相关补贴资金共计 1 898 万元，政府淘汰落后产能补偿资金 2 272 万元。莲花味精将前述应计入营业外收入的政府补助共计 4 167 万元直接冲减生产成本。

（3）未按规定披露诉讼。2008 年，上海浦东发展银行郑州城东路支行、郑州分行诉莲花味精案，诉讼标的共计 272 278 921.96 元。莲花味精分别于 2008 年 1 月 17 日、2008 年 6 月 20 日收到应诉通知，法院于 2008 年 6 月 23 日、2008 年 9 月 16 日分别做出判决。同年，广东粤财诉莲花味精债务纠纷，诉讼标的共计 108 334 299.11 元。莲花味精于 2008 年 1 月 17 日收到应诉通知，法院于 2008 年 6 月 4 日对该案进行判决。对于以上诉讼，莲花味精既未进行临时披露，也没有在 2008 年年报披露，而是在 2009 年中报中进行披露。

4. 2009 年莲花味精违法事实

对政府补助的会计处理不符合会计准则的相关规定。2009 年 4 月，莲花味精收到政府企业发展促进资金 90 万元，外贸发展促进资金 17.69 万元。同年 5 月收到黄淮四市发展促进资金 80 万元。莲花味精将应计入营业外收入的前述各类政府补助款 187.69 万元直接冲减主营业务成本。

莲花味精时任董事长郑献锋、时任总经理高君、时任财务总监李先进、时任董事会秘书谢清喜、牧峻涛等人是莲花味精信息披露违法违规案直接负责的主管人员；莲花味精董事、副总经理申宏伟，董事、副总经理杨立，董事韩秋月、高政，监事会主席史克龙，监事薛冲、潘守前、刘成忠、于杰，副总经理郑德洲、付勇、武明、吴玉民、牛文中是其他责任人员。

### 三、审计主体的基本情况及主要审计问题

（一）审计主体的基本情况

亚太（集团）会计师事务所（以下简称亚太）前身是成立于 1984 年的河南首家会计师事务所——河南省会计师事务所，1993 年更名为亚太会计师事务所，1994 年取得了执行证券、期货相关业务资格，1998 年 11 月，经国家财政部财协字（1998）22 号文批准，在跨地区吸收了深圳亚太会计事务所、河南亚太会计师事务所等中介机构的基础上，组建了亚太集团会计师事务所，2001 年按照国务院关于经济鉴证类社会中介机构与政府部门实行脱钩改制的要求，由专业人员出资设立的改制为亚太（集团）会计师事务所有限公司。

2009 年 10 月，为了更好地发展，亚太集团把注册地和总部迁往北京市。2013 年 11 月，亚太（集团）会计师事务所有限公司整体更名亚太（集团）会计师事务所（特殊普通合伙）。

2001 年，亚太与摩斯伦国际会计组织达成协议，成为其成员所，在专业标准、执业规范方面初步与国际接轨。2011 年，亚太加入了国际组织——国际会计师事务所联盟（CPAAI），在其框架下，共享资源，共同发展。

2015 年会计师事务所综合评价排名第 29 名，事务所本身业务收入 26 718.57 万元，注册会计师人数 323 人。

（二）主要审计问题

亚太所对莲花味精 2007 年、2008 年审计报告意见类型均为标准无保留意见；2007、2008 年度莲花味精年报审计项目费用分别为 66 万元、66 万元。2009—2013 年，由于证监局的稽查尚未完结，稽查结果对涉及事项认定的影响无法估计，亚太所对莲花味精的历年财务报表审计意见均为保留意见。2014 年，亚太所对莲花味精出具带强调事项的无保留意见审计报告；2015 年，亚太所对莲花味精出具标准无保留意见审计报告。

经证监会查明，亚太所存在如下违法事实。

1. 2007 年年报审计中的违法事实

对于 2007 年莲花味精将未到位的政府补助入账、虚增利润事项，注册会计师未履行以下审计程序。

（1）政府补助中所指补助资产为项城市天安科技有限公司（以下简称天安科技）1.944 亿元欠款，对于该债权的真实性、交接手续、可收回性均没有履行相应的审计程序。

（2）其他应收款、其他应付款科目审计中，没有获得天安科技的函证。

（3）没有取得建行 1.98 亿元贷款的贷款合同。

（4）没有取得建行项城支行银行借款和银行存款的函证回函。

（5）在贷款卡信息内容不完整的情况下，没有实施进一步审计程序。

当年审计中，对公司 1.944 亿元政府补助和建行 1.98 亿元贷款债务转移的账务处理，因注册会计师专业判断错误和审计程序不到位、审计证据不充分，未能发现政府补助未到位和建行贷款实际未转移的事实，致使公司当年利润总额虚增 1.944 亿元，债务虚减 1.98

亿元。

2. 关于 2008 年年报审计中的违法事实

对于 2008 年莲花味精在政府补助没有实际到位的情况下,将尚未到位的政府补助款项入账的事项,注册会计师未履行以下审计程序。

(1) 政府补助中所指补助资产为天安科技 3 亿元欠款,对于该债权的真实性、交接手续、可收回性均没有履行相应的审计程序。

(2) 其他应收款、其他应付款科目审计中,没有对该 3 亿元、3.22 亿元发生额履行相应的审计程序。

(3) 没有取得工行贷款的贷款合同。

(4) 在银行借款科目的函证里,没有取得工行项城支行的回函。

(5) 在贷款卡信息内容与三方《债务转让协议》内容明显矛盾的情况下,没有实施进一步审计程序。

2008 年年报审计中,对于 4 167 万元政府补助的账务处理,存在的问题是:在已经发现一笔 575 万元政府补助会计处理错误并予以调整的情况下,未能保持职业怀疑态度,实施充分的审计程序,未能发现该 4 167 万元政府补助的账务处理错误并进行调整。

当年的审计中,对公司 3 亿元政府补助和工行 3.22 亿元贷款转移的账务处理,因注册会计师专业判断错误和审计程序不到位、审计证据不充分,未能发现政府补助的虚假性和工行贷款实际未转移的事实,致使公司当年利润总额虚增 3 亿元,银行贷款减少 3.22 亿元;当年公司有 4 167 万元收到的政府补助会计处理错误,审计中未能发现和调整,致使公司营业利润增加 4 167 万元,营业外收入减少 4 167 万元,影响了公司的利润结构。

## 四、案件结果

### (一) 被审计单位——莲花味精

莲花味精在当地政府的大力支持下已经完成了债务重组工作,并于 2010 年 8 月召开董事会,通过了关于会计差错更正追溯调整事项的议案,对相关会计数据及财务指标情况进行了更正,并对外予以公告。公告中包括 2007 年度、2008 年度的 1.944 亿元、3 亿元政府补助资金的调整情况。

莲花味精在调查终结之前积极整改的举动有利于企业的正常发展,减少市场上股价的波动,降低中小投资者的损失,维护了当地社会的稳定。莲花味精的上述情形,属于《行政处罚法》第二十七条规定的应当依法从轻、减轻行政处罚的情形,应当予以考虑。

根据当事人违法行为的事实、性质、情节与社会危害程度,依据《证券法》第一百九十三条的规定,证监会决定:

(1) 对莲花味精给予警告,并处以 50 万元罚款。

(2) 对郑献锋(董事长)、高君(总经理)、李先进(财务总监)给予警告,并处以 30 万元罚款。

（3）对董事会秘书谢清喜和牧峻涛给予警告，并处以 10 万元罚款。

（4）对申宏伟（董事、总经理助理）、杨立（董事、副总经理）、韩秋月（董事）、高政（董事）、史克龙（监事会主席）、薛冲（监事）、潘守前（监事）、刘成忠（监事）、于杰（监事）、郑德洲（副总经理）、付勇（副总经理）、武明（副总经理）、吴玉民（2004 年 8 月起任莲花味精总经理助理，2007 年起至调查时任公司副总经理、党委委员）、牛文中（监事、副总经理）给予警告，并处以 5 万元罚款。

（二）会计师事务所——亚太所

亚太所在莲花味精 2007 年、2008 年年报审计中未勤勉尽责，出具的审计报告内容有误导性陈述和重大遗漏，构成《证券法》第二百二十三条所述情形；注册会计师秦喜胜为 2007 年、2008 年年报审计中直接负责的主管人员，注册会计师赵强、张向红为 2007 年、2008 年年报审计中其他直接责任人员。

根据当事人违法行为的事实、性质、情节与社会危害程度，依据《证券法》第二百二十三条的规定，证监会决定：

（1）对亚太所给予警告，没收亚太所关于莲花味精 2007 年、2008 年年报审计项目收入 132 万元，并处以 132 万元罚款。

（2）对秦喜胜给予警告，并处以 4 万元罚款。

（3）对赵强给予警告，并处以 3 万元罚款。

（4）对张向红给予警告。

## 评 析

### 一、审计失败的原因

1. 注册会计师缺乏独立性

在 2004 年，莲花味精董事会对上市大量资金未经股东大会通过，表示强烈不满。2009 年，证监会对莲花味精虚增收益提出异议，而亚太会计事务所还是出具了无保留意见的报告，依旧认为莲花味精财务账目符合有关规定。一般状况下，假如被审计单位被证监局通报可能存在造假行为，会计事务所一般不会做出审计报告。但是亚太会计事务所无视证监会的通报，依然出具了审计报告。主要原因是，亚太会计事务所为了自身利益，已经成了莲花味精的利益连接体，违背了审计独立性。莲花味精给予亚太会计事务所高额的审计费用，严重损害了注册会计师的审计独立性，使其对问题视而不见，为莲花味精审计失败埋下了隐患。

2. 注册会计师职业胜任能力不够

注册会计师在审计亚太味精过程中，明显表现出职业胜任能力不够。

首先，缺乏审计专业知识。亚太审计事务所没有搜集相关审计证据，没有按照审计程序开展工作，对诉讼涉及的资金没有发函证实，没有对政府补贴入账进行证实。从而得出注册会计师没有具备审计专业方面的知识，不能出具客观的审计报告。

其次，缺乏审计对象相关领域的知识。在审计过程中，注册会计师对味精行业不了解，对味精进出口贸易不熟悉，导致不能确定审计重点，忽视了重要的审计事项，从而降低了审计报告的准确性，导致了错误的审计报告。同时，注册会计师缺乏必要的怀疑态度，对政府补贴入账没有提出异议，对应收款项计提比例仅为18%置若罔闻，对莲花味精关联企业不正常交易没有引起重视，从而导致审计失败。

最后，有关法律法规不健全。4年后莲花味精交纳了几十万元的罚款，亚太会计事务所也受到了惩罚。但是对照实施情况，如果莲花味精没有账目舞弊，没有虚增入账，有可能导致退市。尽管罚款处罚也接近了规定要求，但显得太低。尽管对于会计事务所的处罚有行政和刑事处罚，但目前的法律规定，在发生财务造假等重大事项时，仅仅受到社会谴责，受到的行政处罚较轻，很少受到刑事处罚，因此造成了违法成本过低，对注册会计师徇私舞弊起不到足够震慑，也就造成了会计事务所为了自身利益而以身试法，从而导致审计失败，严重损害了投资者的利益。

### 二、政府补助及其审计

目前，政府补助在部分上市公司及拟上市公司利润中占有较大比重，日益成为注册会计师审计的重要领域。

（一）政府补助会计处理的常见问题

《企业会计准则第16号——政府补助》规定，政府补助是指企业从政府无偿取得货币性资产或非货币性资产，但不包括政府作为企业所有者投入的资本。政府补助分为与资产相关的政府补助和收益相关的政府补助。此外，《企业会计准则解释第3号》对特定类型政府补助及其会计处理作了进一步规定。财会【2012】25号及会计部函【2013】232号（《监管问题解答》2013年第1期）对如何区分公司与政府发生的交易属于收入还是政府补助做出了说明，财会【2012】13号以及会计部函【2013】232号（《监管问题解答》2013年第1期）对期末有确凿证据表明能够符合财政扶持政策规定的相关条件且预计能够收到财政扶持资金可以按应收金额计量做出了规定。实践中，公司对政府补助会计处理通常存在以下问题。

（1）将政府有偿投入作为政府补助。例如，将政府作为公司所有者投入的资本或政府要求将无形资产权利的研发补贴等作为政府补助。

（2）公司通过非常规渠道与相关部门达成协议，将实质上来自于控股股东或集团内其他公司的捐赠作为政府补助。例如，控股股东或其他关联方将资产通过政府补助形式转移给公司。

（3）政府补助分类不正确。例如，将与资产相关的政府补助认定为与收益相关的政府补助，将可以区分的综合性政府补助认定为难以区分的综合性政府补助。

（4）将未到达确认条件的政府补助予以确认。例如，公司在未到达政府补助文件所附条件时即确认补助收入；对于不是按照固定的定额标准及不符合财政扶持政策规定的相关条件且预计能够收到财政扶持资金取得的政府补助，在未收到政府补助时即确认补助收入；对于补偿公司以后期间费用的政府补助，在费用尚未发生时即确认补助收入。

（5）将已到达确认条件的政府补助不予确认。例如，将本期已到达确认条件的政府补助推迟到后续会计期间确认。

（6）政府补助披露不完整和不准确。例如，将不符合经常性损益的政府补助披露为经常性损益。

（二）政府补助审计的常见问题

审计人员在对政府补助审计时通常存在以下问题。

（1）未关注公司认定的政府补助实质上是否符合政府补助的定义，对补助资产是否直接从政府取得关注不足。

（2）未收集充分、适当的证据支持公司对于政府补助分类的判断；对政府补助文件规定不明确的情况，未进行充分的分析和判断。

（3）未收集充分、适当的证据支持公司已满足或能够满足政府文件所附条件；未能支持公司已收到政府补助金额（按照固定的定额标准取得的政府补助以及符合财政扶持政策规定的相关条件且预计能够收到财政扶持资金除外）。

（4）未关注政府补助资金来源的适当性。如未关注政府补助资金的付款单位和资金来源是否正常，是否与有关批准文件一致。

（5）未关注与收益相关的政府补助所补偿费用对应的期间，未检查相关费用是否已经发生。

（6）未检查公司对政府补助的列报是否恰当、披露是否完整。

（7）工作底稿记录不完善，不能体现注册会计师执行的程序和得出结论的依据。

（三）审计应对措施

在政府补助对财务报告有重大影响时，审计人员应采取应对措施，防范与政府补助相关的重大错报风险，包括但不限于以下几方面。

（1）审计人员应分析公司以下粉饰财务报表的舞弊动机，主要包括：① 避免被特别处理或退市；② 满足融资业绩条件；③ 避免上市后业绩迅速下降；④ 满足股权激励行权条件；⑤ 满足重组承诺的业绩条件；⑥ 迎合市场业绩预期；⑦ 谋求以业绩为基础的私人报酬；⑧ 满足有关部门的考核要求。

（2）审计人员应充分了解公司的利润构成及主要来源。如果存在对财务报表影响重大的政府补助，项目组应将其作为重点关注领域并安排有足够胜任能力的人员对其进行审计。

（3）审计人员应认真检查政府补助相关文件，通常至少包括政府出具的补助文件和公司已获得相关资产的凭据。必要时，审计人员应检查公司申请文件、项目验收报告和重要会议纪要的相关资料，并将相关项目资料与政府文件内容进行比对。

（4）审计人员应对政府补助的真实性保持合理怀疑态度，并考虑补助项目是否明显违背国家产业政策和相关法律法规的规定，是否存在明显不合理的情形。

（5）审计人员应按照政府补助的定义认真核对公司认定的政府补助事项、对补助资产的来源单位及其与政府文件规定的一致性进行检查。

（6）审计人员应核对分析公司满足政府补助的确认条件并到达或者可以到达的政府补助的所附条件、检查补助金额收到与否（按照固定的定额标准取得的政府补助以及符合财政扶持政策规定的相关条件且预计能够收到财政扶持资金除外）。

（7）审计人员应对公司政府补助分类的恰当性进行充分核对，尤其是核对公司认定为与收益相关的政府补助中是否存在与资产相关的成分、公司认定为难以区分的支付补助是否确实难以区分。

（8）关注企业搬迁是否适用《企业会计准则解释第 3 号》相关规定。

① 为公共利益搬迁且收到财政预算拨付的搬迁补偿款。实务中较常见的公共利益搬迁，主要包括城市整体规划、公共绿地建设、道路修建等。遇到上述情况时，应对上述款项来源保持应有的执业敏感性。在确定是否是财政预算拨付时，除查验补助文件、收款单据等直接证据外，如果款项来源于非财政的其他政府部门、拆迁办、政府下属的投资公司等，应取得其款项来源是否为财政预算内款项的补充证据。

② 补助文件中是否明确补助的范围和相应金额。《企业会计准则解释第 3 号》规定"属于对企业在搬迁和重建过程中发生的固定资产和无形资产损失、有关费用性支出、停工损失及搬迁后拟新建资产进行补偿的，应从专项应付款转入递延收益，并按照《企业会计准则第 16 号——政府补助》进行会计处理"。如果补助文件中未明确属于上述补助范围或金额不明确，抑或扣除转入递延收益后仍有结余的，应作为资本公积处理。

（9）审计人员应充分核对公司政府补助的列报与披露的准确性、完整性，特别关注下列政府补助相关信息的披露。

① 财务报表附注的会计政策部分应披露下列与政府补助相关的具体会计政策。

第一，区分与资产相关政府补助和与收益相关政府补助的具体标准。若政府文件未明确规定补助对象，还需说明将该政府补助划分为与资产相关或与收益相关的判断依据。

第二，与政府补助相关的递延收益的摊销方法以及摊销期限的确认方法。

第三，政府补助的确认时点。

② 对于报告期末按应收金额确认的政府补助，公司应按补助单位和补助项目逐项披露应收款项的期末余额、账龄以及预计收取的时间、金额及依据。如公司未能在预计时点收到预计金额的政府补助，公司应披露原因。

③ 公司应当遵循重要性原则，对涉及政府补助的负债项目，在财务报表附注的相关项目下，逐项披露相关期初余额、本期新增补助金额、本期计入营业外收入金额、本期转入资本公积金额以及期末余额。对于相关文件未明确规定补助对象的政府补助项目，公司还应单独说明其划分依据。

④ 公司应当遵循重要性原则，对于计入当期损益的政府补助，分项披露本期发生额及上期发生额。对于相关文件未明确规定补助对象的政府补助项目，公司还应单独说明其划分依据。

⑤ 核对将政府补助作为经常性损益列报的依据是否充分，如作为经常性损益，则应在财务报表补充资料中逐项披露理由。

（10）审计人员应将所执行的审计程序、分析判断过程和得出的结论完整地记录在工作底稿中。

（11）政府补助文件规定不明确或存在明显不合理迹象时，审计人员应与相关政府部门沟通或执行函证程序，或在必要时聘请律师或其他外部专家提供意见。

## 思考与讨论

1. 2007—2015 年，亚太所对莲花味精的审计意见类型有何不同？出具保留意见的原因是什么？

2. 结合资本市场历年上市公司年报审计报告，举例说明什么事项会导致注册会计师考虑发表非标准意见的审计报告？

## 参考文献

1. 毛艳羚. 基于注册会计师的审计失败原因与对策分析——以莲花味精案为例[J]. 财会通讯，2016（16）：80-82.

2. 李晓慧. 审计学实务与案例 [M]. 北京：中国人民大学出版社，2014.

3. 中国注册会计师协会. 审计 [M]. 北京：经济科学出版社，2016.

4. 周科竟. 莲花味精别把投资者当傻子 [N]. 北京商报，2013-10-29（006）.

5. 程丹. 光大"乌龙指"主角杨剑波诉证监会案败诉[N]. 证券时报，2014-12-27（A02）.

6. 孙瑞丽. 莲花味精复兴之困 [N]. 新金融观察，2014-03-17（016）.

7. 王磊彬. 内忧外患莲花味精面临多重考验 [N]. 经济视点报，2014-06-19（003）.

8. 彭小东，金燕雯. 莲花味精虚增利润被警示自称"误录"第一大客户身份 [N]. 21世纪经济报道，2014-08-12（014）.

9. 张宪光. 莲花味精和亚太所双双受罚 [N]. 财会信报，2014-08-25（E01）.

10. 吕江涛. 莲花味精被疑利益输送 关联方变相占用资金？[N]. 证券日报，2013-10-23（C04）.

11. 锦年. 上市企业财务造假几时休？[N]. 财会信报，2015-04-27（A02）.

12. 中国证券监督管理委员会（http://www.csrc.gov.cn/pub/newsite/）

# 案例二十　南纺股份审计案例

## 案　情

### 一、案件起因

2012 年 9 月 18 日，南京市审计局发布名为《2012 年第 1 号：南京纺织品进出口股份有限公司 2001—2010 年资产负债损益审计结果》的审计公告，在公告中指出：南纺股份在高速增长过程中，没有按照规范的公司治理结构和议事规则去履行决策、执行、监督等方面的职责权限。在履行管理职责的过程中，公司主要高级管理人员和部分中层管理人员法律意识淡薄，未能正确和全面履行岗位职责。在应对快速发展的内外贸经济活动中，思想和管理方法陈旧，严重不适应市场，导致公司规模增长带来的效益和公司积累的资源大量流失，2006—2010 年进出口额年平均降低 7.66%，主营业务收入年平均下降 8.93%。经审计，南纺股份的不良资产总额 10.79 亿元，已形成损失 6.47 亿元。

2012 年 11 月 28 日，上海证券交易所发布谴责公告，认定南纺股份在信息披露、规范运作等方面存在多项违规行为，包括年度报告披露未能以客观事实为依据，如实反映财务数据及经营情况，严重违反了《上海证券交易所股票上市规则》，前任董事长兼总经理、前董事兼副总经理兼财务总监、前副总经理三人恶意串通、联手造假，对其公司的违规行为负有不可推卸的责任，其行为严重违反了《股票上市规则》第 2.2 条、第 3.1.4 条、第 3.1.5 条的规定，以及在《董事（监事、高级管理人员）声明及承诺书》中做出的承诺。

2014 年 5 月 16 日，南纺股份发布了《关于收到中国证监会行政处罚决定书的公告》。公告显示，经过证监会为期两年的调查，南纺股份被认定在 2006—2010 年连续 5 年虚增利润总数达到 3.44 亿元。并于 2014 年 5 月 15 日收到中国证监会的处罚公告，同时也做出了相应的处罚决定。公告曝光之后，各大财经媒体、网站均对此作了报道，公司被媒体称为"近十年国企造假第一股"。相关报道引起了股民、法律人士以及资本市场关注者的激烈讨论，南纺股份的股价接连下跌。

### 二、被审计单位的基本情况及主要会计问题

#### （一）被审计单位的基本情况

南京纺织品进出口股份有限公司，其前身是成立于 1978 年的南京市纺织品进出口公司，1988 年取得进出口自营权，1994 年 5 月改制为股份制公司；2001 年 3 月 6 日，在上海证券交易所挂牌上市交易，股票代码 600250。截至 2015 年 12 月 31 日，新南纺股份向社会公开发行的总股数为 5 500 万股，总资产为 1 721 876 306.84 元。主要从事纺织品、服

装、机电等产品的进出口贸易。

（二）主要会计问题

最近十余年，南纺股份由于行业本身不景气和其内部管理层面上的问题，使其市场表现不尽如人意，特别是 2012 年，南纺股份被上海证券交易所 ST。

南纺股份亏损并不是从 2010 年开始，剔除虚构利润之后可以看出，2006 年就是亏损的。2006—2010 年，南纺股份一共虚构了 3.44 亿元利润，如表 10-4 所示。

表 10-4　南纺股份 2006—2010 利润情况表　　　　　单位：万元

| 项　　目 | 2006 年 | 2007 年 | 2008 年 | 2009 年 | 2010 年 |
|---|---|---|---|---|---|
| 披露利润 | 2 440.50 | 2 792.74 | 1 579.36 | 1 582.78 | −104.89 |
| 虚构利润 | 3 109.15 | 4 223.33 | 15 199.83 | 6 053.18 | 5 864.12 |
| 真实利润 | −668.65 | −1 430.59 | −13 620.47 | −4 470.40 | −5 969.01 |
| 虚构利润占披露利润百分比 | 127.39% | 151.22% | 962.40% | 382.43% | 5 590.73% |

南纺股份在 2007 年年度报告中将 2006 年利润调整为 1 902.44 万元；南纺股份 2011 年年度报告披露，调减利润 39 688.71 万元，其中：2010 年以前年度的利润 31 769.7 万元，2010 年的利润 7 919.01 万元。

南纺股份主要造假手法如下。

1. 偷天换日，虚构交易

虚构交易主要表现为伪造收入，这是多数造假者常用的手段。给投资者造成损失最惨重的案件，几乎都是使用这种虚假会计信息的手法制造的，伪造交易是一场明显的骗局，也是投资者遇到最多的。

伪造收入主要包括以下手段：从虚构交易对象开始，虚构原材料购入发票、伪造材料购入合同、材料运输入库单据、材料出库单据、产品生产班组和记录、产品入库单据、销售合同、销售发票单据、产品出库单据、产品运输单据、税务发票以及国外交易方等。

2001 年的银广夏伪造了全部单据，包括销售合同和发票、银行票据、海关出口报关单和所得税免税文件，虚增巨额利润自 1998—2001 年合计超过 7 亿元。而近年的万福生科等也是采取虚增收入的方式造假。

另外，银河科技之前也被暴露出虚增收入，该公司在 2004 年度虚增销售收入 1.79 亿元，利润 6 931.87 万元之后，2005 年度又虚增销售收入 3 475.76 万元，利润 795.16 万元。同时，银河科技还隐瞒关联方资金往来事项，2004 年未经披露向关联方划款累计达 5.44 亿元，这些关联交易事项未以临时报告形式，也未在定期报告中披露。

南纺股份也有类似表现，在上证所之前发的谴责声明中就提到，南纺股份虚增合同收入。

2. 借鸡生蛋，少结转营业成本

南纺股份曾公告称，截至 2010 年 12 月 31 日，南纺股份由于少结转营业成本多计利润

4 287.78 万元，其中调减 2010 年年初未分配利润 4 287.78 万元，调减应收账款 4 287.78 万元。

2013 年度发现子公司南京建纺实业有限公司 2011 年度及以前年度少结转营业成本 951.3 万元，在编制 2011 年与 2012 年可比的财务报表时，已经对该项差错进行了更正，调减 2011 年度归属于母公司净利润及留存收益 193.1 万元、少数股东损益 289.63 万元及 2011 年期初留存收益 187.43 万元、调减 2011 年存货 951.29 万元。

另外，公司在调节坏账上也狠下手段，之前上证所曾提及，南纺股份利用转口贸易回款，调节客户往来款，达到调节坏账准备等目的。

南纺股份截至 2010 年年末时，公司因少提坏账准备多计未分配利润 2 438.38 万元，其中调减 2010 年年初未分配利润 3 899.28 万元，调增 2010 年应收账款坏账准备 102.14 万元，调减财务费用汇兑损益 1 563.04 万元。

### 3. 瞒天过海，骗取出口退税款

骗取出口退税款，是指故意违反税收法规，采取以假报出口等欺骗手段，骗取国家出口退税款。在 2011 年年报中，南纺股份在《关于前期会计差错更正的公告》提及，长期挂账不符合出口退税条件的应收出口退税款 1 100.11 万元。

在 2000—2011 年，南纺股份的出口货物单证中，经核实有 54 份备案单证为虚假单证，共涉及已退税款 1 033.74 万元。根据相关规定，定性为备案单证违法。

另外，在递延所得税问题上，南纺股份也是问题百出。递延所得税资产的确认与计量，直接关系到所得税费用的大小，进而影响企业的净利润和净资产。假如递延所得税大了，那么所得税费用就会小，企业的净利润就会上升；反之则下降。

资料显示，南纺股份 2009 年年末应纳税所得额余额为−33.00 万元，递延所得税资产余额 3 311.10 万元；南纺股份 2010 年应纳税所得额为−5 400 万元，当期计提递延所得税资产 2 080.72 万元，根据相关会计准则，南纺股份冲回并追溯调整递延所得税资产，调减 2010 年度递延所得税资产 2 080.72 万元，调增所得税费 2 080.72 万元，调减 2010 年年初未分配利润 3 311.10 万元。

### 4. 云遮雾掩，调节三费有妙招

除上述问题外，2013 年，南纺股份称，当年度发现子公司南京高新经纬电气有限公司于 2009 年将固定资产转让并租回使用，并由公司每月向其支付租金，截至 2012 年年末，公司尚有已支付的租金 239.85 万元挂账未进行处理，其中，属于 2011 年度的利息支出为 95.94 万元，属于 2011 年前期的利息支出为 143.91 万元，在编制 2011 年与 2012 年可比的财务报表时，已经对该项差错进行了更正，调减少数股东损益 2 974.15 元，调减少数股东损益 2 974.15 元，调增长期应付款 239.85 万元。

2004 年 11 月，公司与南京斯亚实业有限公司签署房产转让协议，公司购买南京云南北路 77 号南泰大厦第十八层，建筑面积 1 010.53 平方米，协议转让价格 650 万元，公司将该房产按照首次付款 500 万元入账，导致固定资产的账面原值较转让价格少计 150 万元，在编制 2011 年与 2012 年可比的财务报表时，已经对该项差错进行了更正，调整减少 2011

年归属于母公司净利润和留存收益 7.5 万元，调增累计折旧 52.5 万元，调增应付账款 150 万元。

### 三、审计主体基本情况及主要审计问题

#### （一）审计主体基本情况

南京永华会计师事务所，前身是 1981 年 7 月成立的南京会计师事务所，1998 年 12 月改制。2001 年 2 月，经财政部批准加入浩华国际会计公司，成为浩华国际成员所。2007 年 5 月加入立信会计师事务所管理公司，并更名为南京立信永华会计师事务所有限公司。

南京立信永华会计师事务所有限公司，作为立信管理公司成员所、BDO 国际管理公司成员所，是全国会计师事务所百强之一；是江苏地区最早从事审计、资产评估业务的会计师事务所，也是江苏省最大的注册会计师执业机构和资产评估机构之一。

#### （二）主要审计问题

连续 5 年让业绩造假丑闻的南纺股份享用着"标准无保留意见"的审计背书的南京立信永华会计师事务所曾跻身于会计师事务所前百家，它在此次审计失败事件中有着难以推卸的责任：

（1）无保留意见水分大。"标准无保留意见"作为最常见的审计意见类型，意味着审计机构认为公司财报"已按相关准则和制度规定编制，在所有重大方面公允反映了企业财务状况、经营成果和现金流量"，而南京立信永华会计师事务所却利用"标准无保留意见"连续五年为南纺股份的造假大开绿灯。

（2）恶性竞争导致事务所的独立性受质疑。在 2012 年年初，南纺股份遭证监会立案调查并对前期会计差错进行更正后，立信会计师事务所对公司 2011 年年报出具"保留意见"的审计报告（即认为报表存在错误）。当年，南纺股份终于炒掉了这家为之服务十八年的审计机构。而在此之前，公司对该所的"执业胜任能力，独立、公正的工作原则及勤勉、尽责的工作态度"曾赞誉有加。

（3）会计师事务所的内部利益分配制度。与国际同行不同的是，目前内资所在利益分配的操作上仍多实行佣金制度，即拿到客户的业务承揽合伙人将从审计收入中提取一定比例 的佣金收入（如 10%，不同的事务所具体比例有所差异），该佣金只与审计收入挂钩，与审计质量、审计程序实施成本均没有关联。早年直接被称为佣金，目前则多以"市场开拓费"的名义兑付。如此，即使项目审计收费再低廉，合伙人都有佣金可拿，但这其中的业务风险显而易见。

### 四、案件结果

根据当事人违法行为的事实、性质、情节与社会危害程度，依据《证券法》第一百九十三条、《行政处罚法》第二十七条的规定，以及《证券法》第二百三十三条以及《证券市场禁入规定》第三条和第五条的规定，证监会决定：

（1）给予南纺股份警告，并处以 50 万元罚款。

（2）给予董事长、总经理单晓钟警告，并处以 30 万元罚款；认定单晓钟为证券市场禁入者，自宣布决定之日起，终身不得从事证券业务或者担任上市公司董事、监事、高级管理人员职务。

（3）给予丁杰（董事、副总经理、财务总监）、刘盛宁（副总经理）警告，并分别处以 20 万元罚款；认定丁杰、刘盛宁为证券市场禁入者，自宣布决定之日起，10 年内不得从事证券业务或者担任上市公司董事、监事、高级管理人员职务。

（4）给予杨京城（董事、副总经理）、韩勇（董事、副总经理）、赵万龙（董事）警告，并分别处以 5 万元罚款。

（5）给予郭素强（董事、董事长）、汪纯夫（董事、副总经理）、徐康宁（独立董事）、杨忠（独立董事）、王开田（独立董事）、邱斌（独立董事）警告，并分别处以 3 万元罚款。

2013 年 5 月，南京市六合区人民法院一审判决：南纺股份原董事长单晓钟因犯受贿罪和挪用公款罪，被判处有期徒刑 13 年，没收个人财产 220 万元。

## 评　析

### 一、注册会计师独立性缺失

南纺股份造假时间长、规模大，会计师事务所如果严格审计一定能够发现问题。但事实却是毫无作为，究其原因主要是会计事务所独立性受到威胁。国内外的专家通过实证研究发现会计事务所的任期对审计质量的影响是消极的。当会计事务所的任期延长，被审计企业可操纵利润会上升。南京永华会计事务所从 1994 年开始就为南纺股份提供审计服务，截至 2012 年公司更换事务所，其已为南纺股份审计了 18 年。在其长达 18 年的审计中，只有在东窗事发的当年 2011 年才出具了保留意见的审计，其余都是标准无保留意见。有一点需要注意，南纺股份的掌门人单晓钟也是 1994 年开始担任董事长，直到 2011 年南纺股份丑闻爆发前夕才请辞。事务所与单晓钟的同来同去，不禁使人联想到一句话：一朝天子一朝臣。此外，南纺股份的审计和咨询业务是由一家事务所同时承担，并且审计费用一般只有咨询费用的零头。会计师事务所很有可能受到自利和胁迫威胁，而丧失独立性。南纺股份很可能以咨询业务丰厚的经济利益来诱使或威胁永华会计事务所出具虚假审计报告，而永华事务所也可能为五斗米而折腰。

### 二、单晓钟独掌董事会

在现代企业制度中，治理层和管理层代表不同的利益群体，需要各自保持独立性。而在单晓钟带领的南纺股份中，公司的管理层和治理层职位高度重叠。通过查阅南纺股份 2001—2010 年的年报，其董事会成员除独立董事有轻微变动，基本固定。以 2010 年董事会成员为例。单晓钟一人身兼董事长和总经理两要职长达 17 年，胡海鸽同时担任副董事长和副总经理。11 位董事中有 4 名同时担任董事和副总经理，其中丁杰还兼任财务总监。剩下的 7 名董事中有 4 名独立董事和 3 名不持有南纺股份的董事。由于我国在 2001 年才在中国证券市场全面引入独立董事制度，2006 年才将独立董事制度写入《公司法》，我国的独立董事制度非常不完善，独董"董而不独"。尽管单晓钟等人做了无数损害中小股东的事情，但这些独立董事没有对一项议案提出过异议。完全丧失了为中小股民看门的作用。单晓钟在凌驾于董事会之上后，就开始疯狂揽权。他在任期内 4 次修改董事会议事规则，以此牟取更大的职权，诸如决定董事会召开的时间、内容和参加人员。在 2005 年的版本中，更是获得了具有南纺特色的"董事会会议闭会期间董事长的职权"。

### 三、违规成本低

南纺股份等上市公司敢于违规的重要原因就是违规成本低。在美国，一旦上市公司违规损害了中小股民的利益，必然被罚得倾家荡产。《萨班斯—奥克斯利法案》规定由于虚假会计信息与财务信息使得投资者受到损失，相关责任人应承担的民事责任和刑事责任。对自然人和非自然人的处罚额度分别为 10 万美元以及 20 万美元以下，如果是故意行为则提高至 75 万美元和 1 500 万美元以下的罚款。而我国《证券法》第一百九十三条规定："发行人、上市公司或者其他信息披露义务人未按照规定报送有关报告，或者报送的报告有虚假记载、误导性陈述或者重大遗漏的，责令改正，给予警告，并处以三十万元以上六十万元以下的罚款。对直接负责的主管人员和其他直接责任人员给予警告，并处以三万元以上三十万元以下的罚款。"美国最高的罚款是中国的 150 倍，中国就违规经济成本方面实在太低。

### 四、挥之不去的审计潜规则

作为资本市场的"经济警察"，审计机构为何屡屡身陷上市公司财报舞弊的泥潭？又是怎样的"糊弄"和懈怠，令本该严格的审计程序退化成了走过场？为何南纺股份在大肆造假的年份仍享用着"标准无保留意见"的审计背书，是审计机构一时疏忽未能勤勉尽责，还是其中另有故事？

回查案例，就连万福生科这些在资本市场恶名累累的公司，事发前也都是审计机构眼中的"好孩子"。面对部分上市公司客户的假账，审计"沦陷"已成 A 股投资者不得不面对的痛处。

1. 潜规则："标准无保留意见"藏隐忧

"标准无保留意见"作为最常见的审计意见类型，意味着审计机构认为公司财报"已按相关准则和制度规定编制，在所有重大方面公允反映了企业财务状况、经营成果和现金流量。"简单而言，就是"没问题"。

不过，有时"没问题"的背后，可能隐藏着致命的大问题。南纺股份连续五年业绩造假，累计虚构利润高达 3.44 亿元，并借此躲避了本该退市的命运。

在市场惊愕于公司竟如此大胆地进行财务舞弊之时，可能忽视了这么一个细节：南京永华会计师事务所为南纺股份连年出具"标准无保留意见"审计报告。

并不能说公司造假审计师就一定有责任，但从南纺的舞弊规模来看，如果会计师严格执行审计程序不可能查不出来，至少应该写在强调事项里。所以只要实施了审计程序，审计师对舞弊不知情的可能性不大。一年发现不了，但是连续审计十几年，应该是能发现的。

试想，如无监管部门介入，南纺股份问题何时方能曝光？

2. 潜规则：恶性竞争催生偷工减料"放飞机"

所谓"放飞机"，指的是审计师在执行审计程序时（如核查原始凭证等）走过场，而非真正按规定认真抽查。当行业恶性竞争导致审计费用过低，偷工减料恐怕难以避免。

那么，审计师因何会"懈怠"至此呢？恶性竞争导致审计费用偏低，进而催生偷工减料恐怕是主要原因。"如果项目的费用不够，就只能简化程序了，能跳过去最好，'放飞机'也是常有的事儿。"

在涉及上市或拟上市公司的财务舞弊案中，审计人员"放飞机"的失职现象几乎比比皆是。如新大地 IPO 造假案、天丰节能造假案等。

但这些不良记录并未阻止上述会计师事务所的"发展"步伐：据中国注册会计师协会 2014 年 5 月底发布的会计师事务所综合评价百强榜，大华所排名第八，利安达则位列前二十名。

目前国内已在很短的时间内形成了十几个大型内资所并存的局面。但由于生存竞争，这些内资所往往是以解决重大会计问题为指导目标来出具审计报告，并没有形成一套富有逻辑性的审计技术，也无法像外资所那样在审计技术及配套审计作业规范基础上进行员工培训。

规模对事务所的重要性是不言而喻的，但站在业内看，这些年事务所在扩张的同时，在审计导向和利益机制方面其实都还没有理顺，这让审计师在面对客户公司的财务舞弊问题时，常常难以坚守，有的甚至还成了帮凶。2014 年以来随着监管层核查力度的加强，这些问题越来越多地被曝光出来。

具体而言，为争夺客户，一些事务所特别是中小型会计师事务所通过不断压低价格展开恶性竞争。可以说有些项目的审计收费低廉到了毫无行业尊严的地步，这样风险就出来了。而为了要完成监管机构需要检查的审计底稿，甚至还出现了填制底稿的应付办法。

这里所说的填制底稿，是指审计师无法形成有逻辑的审计底稿，而仅仅按照中注协的相关审计要求，逐条填制底稿作业，并不了解底稿背后审计程序实施的所以然。还有更过分的情况，就是连底稿都没有。如天丰节能案中，利安达会计师事务所对公司 2010～2011 年年报审计时，就既无总体审计策略、具体审计计划，也没有"风险评估汇总表"或其他风险评估底稿。

值得注意的是，针对审计收费过低的恶性竞争问题，近年来，中注协通过约谈等方式已多次提醒其中的审计风险。如 2014 年 4 月中旬，中注协分别向大华和致同两家事务所发函，提示审计费用显著降低的上市公司年报审计风险等问题。其中，中注协特别指出，绝不能因业务收费低而在审计过程中疏于管理或偷工减料。

3. 潜规则：管事的不签字，签字的不管事

那么，在中注协高度关注的背景下，以牺牲审计质量为代价来压低审计收费的无序竞争缘何无法根除？这与目前部分事务所的内部利益分配制度有关。目前内资所仍是按照承揽审计收入的一定比例提取佣金收入，该收入仅与审计收入挂钩，与审计质量、审计程序实施成本均没有关系。

这样的情况在 A 股上市公司的审计机构中不在少数，现在整个审计行业生态其实并不好，每家机构都有自己的压力，大的事务所要扩张，小的事务所要生存，除了与国际四大所的直接竞争外，内资所之间为争夺客户的贴身肉搏也非常激烈，有时开出的价格低得匪夷所思，这种竞争环境下都怕丢客户，所以报告是能签就签了；另外，内部成本控制有要求，有些审计程序的确容易走过场。

那么，审计风险如何承担？毕竟在内资所全面改制后，签字会计师的责任已大幅上升。

目前不少事务所在风险控制上采用的做法是设立一些专门签报告的合伙人，这些合伙人通常不做业务，也很少承揽客户，而仅负责签字。这样一来，事务所得以将风险"隔离"至少数合伙人身上，但这样的安排让其他合伙人在承揽业务时更加无所顾虑。

承揽合伙人不在审计报告签字，出了问题没法追责到真正的责任人。

## 思考与讨论

1. 如果南纺股份对 2006—2010 年的财务报表均做了前期差错更正，那么，注册会计师应对其出具何种意见审计报告？

2. 2011 年，南京立信永华会计师事务所为南纺股份出具保留意见的审计报告。请查找相关资料，并分析审计报告中列举的原因是否与所签署的审计意见类型相匹配。

## 参考文献

1. 中国证监会网站（http://www.csrc.gov.cn/pub/newsite/）

2. 王杏云. 南纺股份审计失败案例分析及启示[J]. 经济研究导刊，2015（18）：183-184.

3. 翟文佼. 浅谈 ST 公司的盈余管理——以南纺股份为例[J]. 现代经济信息，2016（04）：239，241.

4. 滕飞. 南纺股份连续五年造假　累计虚构利润 3.44 亿[N]. 上海证券报，2014-05-17（004）.

5. 梁箫. 盈余管理动机、手段与经济后果分析——基于南纺股份案例研究 [J]. 新会计，2015（01）：43-46.

6. 矫月. 南纺股份连亏 6 年不退市 5 年虚构利润 3.4 亿元 [N]. 证券日报，2014-05-19（A01）.

7. 宋戈. 南纺股份前董事长挪用公款被判 13 年 [J]. 21 世纪，2014（06）：34-35.

8. 周成成. 南纺审计失败案例分析 [J]. 企业改革与管理，2014（18）：33.

9. 郑珺，黄怡，李开伟. 南纺股份退市之争的案例分析与启示 [J]. 中国注册会计师，2014（11）：107-110.

10. 张露璐，王倩倩. 南纺股份舞弊案例研究 [J]. 现代商业，2014（12）：257-258.